网络营销

创意三十六计

徐茂权 著

電子工業出版社
Publishing House of Electronics Industry
北京•BEIJING

内 容 简 介

网络营销不能为了吸引眼球而不择手段，更不能平庸没有内容，内容营销是营销竞争的核心推动力。而内容营销依靠的是大脑的创意，是深入理解产品定位和模式之后，有针对性地基于网络营销工具和平台的整合和运用，所以要想有内容必须要有创意的方法。本书作者结合自己10多年从业实战经验，系统地总结了网络营销中的创意方法和规律，收录了数百个企业案例，有小微企业的销售创意，也有知名企业的品牌推广，有电商的引流创意，也有文案的创意落地。创意三十六计中每一计作者都结合大量案例展开分析，并给出具体的应用方法及注意事项。

本书通俗易懂，备在手边，偶尔翻阅，能给网络营销推广带来创意和具体的落地方法，适合中小微企业主，网络营销运营、文案、企划，电商从业人员作为工具书与参考书。

图书在版编目（CIP）数据

网络营销创意三十六计 / 徐茂权著. —北京：电子工业出版社，2017.5
ISBN 978-7-121-31190-1

Ⅰ. ①网… Ⅱ. ①徐… Ⅲ. ①网络营销 Ⅳ. ①F713.365.2

中国版本图书馆CIP数据核字（2017）第063988号

责任编辑：董 英
印 刷：三河市双峰印刷装订有限公司
装 订：三河市双峰印刷装订有限公司
出版发行：电子工业出版社
北京市海淀区万寿路173信箱 邮编：100036
开 本：787×980 1/16 印张：32.25 字数：664千字
版 次：2017年5月第1版
印 次：2019年8月第5次印刷
印 数：9701～11700册 定价：99.00元

凡所购买电子工业出版社图书有缺损问题，请向购买书店调换。若书店售缺，请与本社发行部联系，联系及邮购电话：（010）88254888，88258888。

质量投诉请发邮件至zlts@phei.com.cn，盗版侵权举报请发邮件至dbqq@phei.com.cn。

本书咨询联系方式：（010）51260888-819，faq@phei.com.cn。

自　序

近两年，特别是在微信迅速普及之后，小米手机、支付宝、余额宝、滴滴打车等新品牌和新业态的出现，让大家感受很深，不管我们愿不愿意，互联网和移动互联网已经开始迅速改变我们的生活。

另外一个方面，越来越多的中小企业感到生意难做了，不说宏观经济，也不提产品过剩，更不提人口红利消失殆尽，大环境不能逆转。我们唯一可以做到也必须要去做的是，在当下的环境实现自我突破。

我们今天面临的销售渠道正在发生变化。以海尔为例，张瑞敏以前引以为傲的两大杀手锏，一个是“8.2 万世界级的产业工人”，另外一个是“数万家终端销售渠道”，随着时代的发展，这两个都成为了海尔最大的痛点，海尔不得不在销售渠道方面乃至公司战略和定位方面做出新的布局和转型，向变革和创新的勇者们致敬！

我们今天面临的对手也正在发生变化。互联网和移动互联网让跨界营销不再是奇葩。你能想到小米做农业吗？你能想到小米做家具吗？乐视做手机，小米做电视，只有你想不到的，没有什么是发生不了的。有人说在互联网+的时代，往往都是外行打倒内行。更可怕的是，你不知道你的对手是谁，你不知道他将要干什么！

我们今天面临的传播方式也在发生深刻的变化。主流媒体的公信力我们没有必要去质疑，只不过在信息海量化、传播碎片化的今天，每一个人的资讯空间和生活空间从来都不缺信息，然而我们的大脑并没有因此而进化，因而传统营销的传播方式已经跟不上新时代的变化了。媒体都在面临或者实践着深刻的变革，在这个新时代关于传播的策略与技巧绝大部分人都在摸着石头过河！

说完这些，再来分享一下我曾经在西南财经大学网络营销总裁班上分享过的话题：为什么现在很多中小企业觉得网络营销没有效果？

我个人以为，不是这些企业没有意识到上面说到的这几个变化，而是他们在制定网络营销方案时停留在了表面，没有深入领会以上变化，更没有去深入落地和执行！

无论是国家提出的“互联网＋”还是“一带一路”战略，还是总理倡导的“双创”、“四众”，乃至2015年年底提出的“供给侧改革”，作为中小企业家和创业者，都必须要思考背后的原因和国家的政策导向，预测未来的趋势，从中找到自己的商机与未来。

爱学习的中小企业主大都听过很多网络营销的课程，张口都能甩出几句互联网+、O2O、F2C、互联网思维之类的新名词，遗憾的是，没有几个知道如何落地！

营销型页面？百度竞价？SEO？手机网站？微店？加粉神器？微商城？淘宝天猫？直通车？诚信通？微信分销系统……一些中小企业家对这些工具和平台都如数家珍，最终说到效果，大都是一声长叹！

2015年5月底，在广州，一个朋友请我去做足疗。足疗技师是个农村来的小姑娘，非要朋友教教她怎么开股票账户，并且推荐她两只股票。我的朋友很热心，真的教了。接下来发生了股灾，经过数日跌停后，那个小姑娘自己辛辛苦苦攒下的钱买来的股票，不知道股价如何了。

那段时间，还有一条新闻，让我内心很不是滋味。2015年6月30日，政府救市利好政策让股市反弹，激动的中国大妈在证券交易所里唱国歌。我们这里不去探求中国资本市场曾经出现的博弈与战争，只从我们普通百姓和中小企业主能看明白的事情来讲，事实已经不止一次证明，当中国大妈都知道干什么赚钱时，“风险”也就真的来临了！

在我看来，做网络营销也一样。我并没有对中国大妈失去敬意，这是一群非常可爱的人。我只想拿这件事情做个类比。工具和平台，你想到的别人都会想到，你能用上的网络推广工具别人也都能用上，当然只要银子到位。

那么，有什么东西别人想到却不一定能做到呢？有什么东西别人花钱也未必能买到呢？那就是内容营销！花钱可以买传播渠道，花钱可以买工具，花钱可以买平台，当然以上也需要投入精力研究，但是花钱最难买到的是专属于自己的内容营销方案！

未来几年内容营销将成为未来营销竞争的核心推动力量。那么为什么内容营销会有如此重要的地位呢？我认为答案很简单，内容营销依靠的是大脑的创意，是靠深入理解产品定位和模式之后，有针对性地基于网络营销工具和平台进行整合和运用。

举个并不一定完全恰当的例子。现代军事战争，无论武器多么先进，无论兵种多么齐全，依然需要军事战略，依然需要军事思想，依然需要各级作战将领的大脑！

从这个类比的角度来看中小企业的网络营销，平台工具越来越先进，可以吞下去的费用越来越多，可惜大量中小企业没有多少人能够从另外一个维度跳出来整合。

关于内容营销的话题，大家可以百度，也可以看我在罗友霸王课分享的视频。必须要声明一点，内容营销是一个庞大的课题，我研究软文营销十余年，写过的《网络营销决胜武器——软文营销实战方法·案例·问题》是电子工业出版社的畅销书，总结了一些经验和规律性的东西，尝试把这些好的方法与更多企业界的朋友们交流学习。

很欣慰，我写的这本书第一版印刷了 9 次，版权被输出到中国台湾，第 2 版做了 10%的内容修订，也印刷 5 次了。更感到欣慰的是，如今“软文营销”的书市场上出现了好几本，“众乐乐”比“独乐乐”爽多了，只不过希望某些“作者”不要照着抄袭，尽管改造，尽管借鉴就好了。

当“中国大妈”都在干的事情出现时，您就千万别做了。再小的企业，再小的个体，在移动互联网时代要有个性，要有情怀，也要有内容！

不要和我讲小米粉丝营销的经典案例，那是别人的，所有的案例都需要天时、地利、人和。“学我者生，似我者死”，只有找到适合你自己的路子，才有成功的希望！

一句话，内容营销能够让你的网络营销灵魂附体！这里不提事件营销的威力，说一下我们曾经做过的单篇文章传播效果测试。

一样的传播渠道，一样的传播时间段，我们团队测试的结果是，好文章的有效阅读量是普通文章的 5 倍！这也就意味着，同样的网络营销工具和平台，如果做好内容营销，网络营销的效果至少提高 5 倍！80%的企业家都听说过内容营销，为什么不愿意去做呢？

铺垫了这么久，赶紧说一下为什么要研究创意。创意是从微观角度说的，创新相对来讲宏观一些。更重要的是，我在这本书中主要是从网络营销或者营销的角度来谈创意的。

内容营销很重要，网络营销创意又是内容生产的重要手段！没有创意，内容营销就没有灵魂！没有创意，网络营销就会陷入一潭死水！没有创意，就不会有新的产品、新的商业模式！

创意不死，营销新生！

不过因本人水平能力有限，未能深入去探寻创意的方法和规律，只从我所能接触到的案例资料或者服务过的中小企业的营销中总结一些规律和方法，以飨读者。

另外，本书中的案例涉及很多企业、很多产品，我们仅从所讲方法角度进行论述，难免不够全面，或者有不妥之处，欢迎广大读者朋友批评指正。

最后，祝愿各位企业界的好朋友们，在创业路上打拼的你们和我们，网络营销硕果累累，在移动互联时代都能找到属于自己的位置，赢得一片崭新的天地！

徐茂权

2017 年 4 月于北京

目　录

第 1 章　创意是个啥东西……1

1.1　从创意和创新谈起……1

1.2　创意与创新简析……2

1.3　感受创意的力量……3

1.4　创意营销的概念……6

1.5　Web 3.0 与创意营销……7

第 2 章　创意价值几何……9

2.1　创意是商业奇迹的催化剂……9

2.1.1　所有大企业都曾经是小企业……9

2.1.2　遭遇风口，小米如何玩转创意……12

2.2　创意改变商业模式……14

2.2.1　从商业模式说起……14

2.2.2　构建商业模式……14

2.3　大数据让创意营销焕发生机……16

2.4　创意让不同模式跨界组合……17

2.5　创意开拓营销新境界……18

2.6　创意制胜品牌内涵……19

2.7　创意统领营销思维……20

2.8　创意放大社交传播……22

2.9　创意带来新天地……23

第 3 章 创意营销怎么玩……24
3.1 企业家该跟雷军学创意……24
3.2 经理人通过创意实现个人价值……25
3.3 员工通过创意营销提升能力……26
3.4 创意营销的基本原则……26
3.4.1 一定要聚焦目标……26
3.4.2 聚焦用户、潜在用户与非用户……27
3.4.3 聚焦价值、功能、场景……28
3.5 打造创意营销三部曲……29
3.5.1 打破砂锅问到底……29
3.5.2 构筑模型，充分发散的素材库……30
3.5.3 筛选排列，性价比、创新性与排除法……33
3.5.4 时刻总结，保持团队的积极性……36
第 4 章 三十六计详解……37
4.1 第一计：挖历史……37
4.1.1 曹操故里纷争背后是经济发展争资源……37
4.1.2 黄山改名后的尴尬：警示城市发展要重视历史……38
4.1.3 有历史支撑的企业营销更有内涵……39
4.1.4 国内外企业挖历史的营销案例……41
4.1.5 中小企业网络营销如何挖历史……46
4.1.6 挖历史的具体应用……50
4.2 第二计：借东风……54
4.2.1 赤壁之战借东风名垂史册……54
4.2.2 国庆大阅兵 TCL 的借东风……55
4.2.3 借天时……57
4.2.4 借地利……67
4.2.5 借人和……71
4.2.6 借东风的万能公式和注意事项……74
4.3 第三计：讲故事……77
4.3.1 国航温暖小故事换来国航服务好……77
4.3.2 情感故事……79

4.3.3 品牌故事……82
4.3.4 产品故事……83
4.3.5 个人故事……85
4.3.6 如何讲故事……87
4.4 第四计：曝内幕……88
4.4.1 各类曝内幕及案例……89
4.4.2 如何曝内幕……92
4.5 第五计：造新闻……93
4.5.1 光线传媒“造新闻”……93
4.5.2 汪峰上头条的“造新闻”……94
4.5.3 新媒体时代的造新闻……96
4.5.4 疯狂愚人节……98
4.5.5 最容易落地的“造新闻”形式：软文……103
4.5.6 造新闻万用表格……105
4.6 第六计：玩数字……106
4.6.1 玩数字玩出的电商节……106
4.6.2 奔驰 smart 玩数字玩出的急迫感……108
4.6.3 果汁玩数字，“真新鲜”……109
4.6.4 玩数字巧妙突出产品的品质……110
4.6.5 玩数字搞促销……111
4.6.6 新媒体营销玩数字海报……111
4.6.7 玩数字的创意……115
4.6.8 玩数字的好处……116
4.6.9 玩数字要点及注意事项……117
4.7 第七计：做对比……119
4.7.1 魅族的“做对比”创意营销……119
4.7.2 上海地铁出现的“做对比”巨幅广告……120
4.7.3 两个会变身的“做对比”案例……121
4.7.4 两则不光是人的“做对比”案例……122
4.7.5 新媒体营销中的做对比……123
4.7.6 为什么要做对比……124

4.7.7 做对比的七种具体操作方法……124
4.7.8 做对比落地思考的 15 个问题……132
4.8 第八计：傍名人……134
4.8.1 从名人效应说起……134
4.8.2 傍名人的八种方式……139
4.8.3 傍名人的注意事项……147
4.8.4 傍名人必须要懂得的 KOL 策略……148
4.8.5 傍名人的 13 个实用问答……152
4.9 第九计：玩情感……154
4.9.1 什么是情感营销……155
4.9.2 玩情感应该怎么玩……155
4.9.3 玩情感的实用表格……172
4.9.4 玩情感的若干问题和思考……173
4.10 第十计：逆思维……174
4.10.1 什么是逆向思维……174
4.10.2 逆向思维的特点……175
4.10.3 如何应用逆向思维……177
4.10.4 逆向思维要点及注意事项……181
4.10.5 逆向思维四个问题……182
4.11 第十一计：设奖赏……183
4.11.1 为什么要设奖赏……183
4.11.2 设奖赏应用时间点……183
4.11.3 设奖赏的六大类型及案例……184
4.11.4 设奖赏要点及注意事项……191
4.11.5 设奖赏若干问题思考……192
4.11.6 常用的 45 种设奖赏具体应用……192
4.12 第十二计：玩穿越……194
4.12.1 从影视剧的穿越说起……194
4.12.2 VR 带来的穿越营销……194
4.12.3 什么是穿越……196
4.12.4 营销中为什么要玩穿越……197

4.12.5 营销中的穿越怎么玩……198
4.13 第十三计：改名言……204
4.13.1 给改名言下个定义……204
4.13.2 如何改名言……204
4.13.3 改名言要点及注意事项……213
4.13.4 改名言需要思考的六个问题……214
4.14 第十四计：吹吹牛……215
4.14.1 什么是吹牛……215
4.14.2 为什么要吹牛……215
4.14.3 企业营销吹牛应该怎么吹……217
4.14.4 吹牛的注意事项……222
4.14.5 吹牛若干问题思考……223
4.15 第十五计：玩夸张……224
4.15.1 什么是夸张……224
4.15.2 夸张的类型及案例……225
4.15.3 玩夸张要点及注意事项……234
4.16 第十六计：拟个物……236
4.16.1 什么是拟物……236
4.16.2 拟物的应用及案例……236
4.16.3 拟物要点及注意事项……243
4.17 第十七计：拟个人……244
4.17.1 什么是拟人……244
4.17.2 为什么拟人……244
4.17.3 拟人的应用及案例……245
4.17.4 拟人要点及注意事项……254
4.18 第十八计：秀山寨……255
4.18.1 山寨有理……255
4.18.2 为什么要秀山寨……256
4.18.3 中国山寨建筑大批判……257
4.18.4 秀山寨的应用……260
4.18.5 秀山寨要点及注意事项……266

4.19 第十九计：换场景……267

4.19.1 什么是换场景……267

4.19.2 为什么要换场景……269

4.19.3 换场景的应用和案例……270

4.19.4 换场景要点及注意事项……277

4.20 第二十计：打比方……278

4.20.1 什么是打比方……278

4.20.2 为什么打比方……280

4.20.3 打比方的类型及案例……280

4.20.4 打比方的要点及注意事项……286

4.21 第二十一计：常假设……288

4.21.1 什么是常假设……288

4.21.2 为什么常假设……289

4.21.3 常假设要点及注意事项……293

4.22 第二十二计：玩暧昧……294

4.22.1 什么是玩暧昧……294

4.22.2 为什么玩暧昧……295

4.22.3 玩暧昧的应用……295

4.22.4 玩暧昧要点及注意事项……300

4.23 第二十三计：换角色……301

4.23.1 什么是换角色……301

4.23.2 换角色有啥用……302

4.23.3 换角色的类型以及案例……303

4.23.4 换角色要点及注意事项……308

4.24 第二十四计：玩互动……310

4.24.1 什么是玩互动……310

4.24.2 为什么要“玩互动”……310

4.24.3 “玩互动”的类型和案例……312

4.24.4 玩互动的要点及注意事项……319

4.25 第二十五计：做加法……321

4.25.1 做加法思维的重要性：互联网都在＋……321

4.25.2 做加法的营销案例……323
4.25.3 做加法的注意事项……332
4.26 第二十六计：做减法……334
4.26.1 什么是做减法……334
4.26.2 做减法案例……335
4.26.3 做减法要点及注意事项……342
4.27 第二十七计：偷偷懒……344
4.27.1 人为什么会懒……345
4.27.2 偷偷懒的价值……345
4.27.3 偷偷懒的应用案例……346
4.27.4 向偷懒致敬……353
4.28 第二十八计：创第一……354
4.28.1 为什么要“创第一”……354
4.28.2 创第一的方法和案例……355
4.28.3 创第一要点及注意事项……359
4.29 第二十九计：用卡通……362
4.29.1 为什么用卡通……362
4.29.2 如何用卡通及案例……366
4.29.3 用卡通的注意事项……374
4.30 第三十计：乱组合……376
4.30.1 什么是乱组合……376
4.30.2 乱组合案例……377
4.30.3 乱组合的注意事项……385
4.31 第三十一计：乐一把……387
4.31.1 为什么乐一把……387
4.31.2 乐一把的应用形式和案例……387
4.31.3 网络营销中如何乐一把……393
4.31.4 乐一把的注意事项……394
4.32 第三十二计：换用途……396
4.32.1 为什么要换用途……396
4.32.2 换用途的案例……397

4.32.3 换用途要点及注意事项……406
4.33 第三十三计：做公益……408
4.33.1 什么是做公益……408
4.33.2 为什么做公益……409
4.33.3 做公益的类型及案例……409
4.33.4 做公益要点及注意事项……416
4.34 第三十四计：敢联想……418
4.34.1 什么是联想……418
4.34.2 联想类型及案例……420
4.34.3 联想的方法……424
4.35 第三十五计：干一仗……428
4.35.1 什么是干一仗……428
4.35.2 干一仗的类型以及案例……428
4.35.3 干一仗要点和注意事项……437
4.36 第三十六计：玩跨界……439
4.36.1 什么是跨界……439
4.36.2 玩跨界的经典案例……439
4.36.3 玩跨界的要点和注意事项……445

第 5 章 创意营销的误区……448

5.1 创意营销不能本末倒置……448
5.2 创意不能违背公序良俗，更不能违法……449
5.3 创意不能走两个极端……450
5.4 创意营销不要一味追求手段……451
5.5 简单复制创意要不得……452
5.6 永远不要和消费者对着干……454

第 6 章 创意营销的载体……456

6.1 自媒体和企业自媒体……456
6.2 适合创意施展的 H5……458
6.3 软文……459
6.4 图片……461

6.5 动漫（卡通）……462
6.6 音频……463
6.7 视频……464
6.8 平面广告……464
6.9 户外广告……465
6.10 其他载体……467

第7章 创意营销的风险……469

7.1 法律风险……469
7.2 道德和社会接受度风险……471
7.3 舆论风险……472
7.4 效用风险……476

第8章 十大行业创意营销案例……480

8.1 农业：“状元蟹”改名一举成功……480
8.2 汽车行业：最擅长整合的宝马创意营销……481
8.3 互联网：谷歌创意营销“请给我爸爸放一天假”……483
8.4 房地产：不再高大上，成都儿童广告画成明星……484
8.5 交通运输：情感、卖萌、自黑你喜欢哪一个？三家航空公司的创意营销……486
8.6 餐饮业：吃客不死，创意不息……488
8.7 家电业：小狗电器玩空白广告……491
8.8 家居行业：TATA 木门玩爽世界杯……493
8.9 电商行业：走正字辈的八百方……495
8.10 零售行业：黑色星期五停业一天……499

创意等于零——如果没有落地和传播，就别折腾了……501

第 1 章

创意是个啥东西

1.1 从创意和创新谈起

狄更斯在《双城记》中说："这是一个最好的时代，也是一个最坏的时代。"这句话放在当下仍然适用。互联网特别是移动互联网，开创了一个点石成金的新时代。

这个时代创意将成为最强的生产力。其实，多伦多大学商业与创意教授理查德·佛罗里达早就曾提出"创意阶层"的概念，指出 21 世纪将是创意经济的时代，伴随这个时代崛起的是一个新生的社会阶层——创意阶层。不同于旧有的阶层划分标准，创意阶层更看重的是个人创意在所从事领域内起到的作用。不论你从事何种职业，只要你的创意在发生着作用，你就属于创意阶层。

对照着看看罗辑思维，再看看一年吸金 3 亿的电商网络红人张大弈，再想想一次拍卖广告 2000 万元的 Papi 酱，他们都因为自己的创意影响着粉丝，为自己也为平台带来了巨大的财富。

创意阶层不但改变着整个社会的工作方式、文化价值观，而且使得新兴行业和商业模式层出不穷。这个正在发生的重大变化让我们不得不深思，创意对于经济发展、社会进步以及生活方式的转变都将是根本性、革命性的。

特别是互联网技术带来的信息革命，让"传统企业转型"成为热词和现象。传统的商业模式正在被改变或者被颠覆。无论个人还是企业，要想生存和发展就必须紧跟时代步伐，最关键的生存法则就是创意和创新。

正因为此，李克强总理在达沃斯论坛上提出，要在 960 万平方公里土地上掀起“大众创业”、“草根创业”的新浪潮，形成“万众创新”、“人人创新”的新态势。此后，在首届世界互联网大会、国务院常务会议和各种场合中总理开始频频阐释这一关键词。每到一地考察，总理几乎都要与当地年轻的“创客”会面，他希望激发民族的创业精神和创新基因。

李克强总理在政府工作报告中这样表述：推动大众创业、万众创新，“既可以扩大就业、增加居民收入，又有利于促进社会纵向流动和公平正义”。

既然国家这么重视“创新”，那么我的这本书为什么不从研究创新开始呢？为什么这本书命名用“创意”呢？下面来分析一下创新，相信你会找到答案。

1.2 创意与创新简析

创新，英文是 Innovation，是指改变旧事物、创造新事物的方法或手段。创新偏重技术性，如技术创新。创新强调从无到有的过程，也指创造出前所未有的东西、方法或者价值，或者是找到新的办法让现存事物变得更好，从而引起根本性的更新和变革。

创意，英文是 Creative，是指具有新颖性和创造性的想法。创意偏重思想性，如营销创意。创意产出的东西可以是有形的，也可以是无形的，它可以是一幅画或者一部文学作品，也可以是一个点子或者一项科学理论。创意一般都会建立在一定的已有条件基础之上。

创意和创新，一字之差，两者的含义大不一样。以苹果和三星为例，苹果是创新的赢家，三星则是创意的王者。苹果是从无到有，是创新发明，实现了苹果产品的霸业；而三星是在触屏的基础上把屏幕尺寸加大，在苹果的基础上做得更好，特别是在营销方面“黑苹果”的手法多次运用，也实现了手机业绩的辉煌。

再比如，Facebook、Twitter 是创新，微信是创意。Facebook、Twitter 基本是从无到有，微信尽管现在已经在国内傲视群雄，甚至在海外影响也越来越大，但是更多的是借鉴和升级改造。

笔者个人认为，相对来讲，创新对于企业和个人来讲，难度较大，风险相对较高。在创新力度很强的领域，创新就意味着研发，意味着提前投入。创新自然离不开研发人才，有些技术含量高的研发还要找行业专家，这种创新的成果并非一朝一夕能成就的，结果有成功自然也会有失败。三星 Note7 手机电池爆炸，最主要的原因就是技术创新的失败。

作为一个企业，要想创新不仅要从资金运作以及业务模式设计、人才储备等方面来考虑，还要考虑客户的需求、产业链的整合，这些都考虑到了，再谈创新才会有比较大的成功概率。

对于企业来讲，创意就比较轻松了。创意，一般不需要提前进行大的研发投入，只是需要一个很快的反应，不需要从无到有，而是从现有的事物当中挖掘机遇，找到缺陷，找到痛点，发挥自身优势。

综上，创新不一定适合每一个企业，不一定适合每个岗位，而创意却可以做到。把这两个概念区分一下，可以让中小企业和个人创业者更有信心。

因为创意可以从我们身边做起，一件生活小事儿，一个产品包装，一个服务客户的细节，一张图片，一篇文章，一个电话，一条微信，都可以融入创意，都可以让灵感散发智慧之光，去照亮我们个人和企业在经济转型期为梦想拼搏的道路。

在讲《网络营销创意三十六计》课程时，我经常和学员这样说，创意是创新的基础，创意是创新的先锋官，创意也可能会与创新成为“一字并肩王”。

如果非要我用一句话告诉你创意与创新的区别，那就是：

创意改变生活，创意改变营销，创意成就创新，创新改变国家，创新改变世界！

1.3　感受创意的力量

创意相对来讲，比创新更接地气，不过依然容易被误解。很多中小企业家认为创意是少数人的天赋，也更容易联想到某些特定的职业类型，比如艺术家、设计师、作家、营销专家等，而认为企业家与创意关系不大。

当然，将创意归结为某类人的天赋，没有争议。不过要知道，每个人的能动性都可以充分发挥。中小企业的营销必须要有创意，这样才能找到定位的差异化，找到推广的路径。正如微信打开的界面所展示的文字，“再小的个体也有品牌”，小微企业不要觉得品牌遥不可及，有创意一切皆有可能。

我在太原有个学员，最早是做中小学生教辅图书的。2013 年开始开发教育软件。这个软件最初叫超趣点读王，是可以安装到 PC 端使用的，原本想迅速替代点读机。结果没想到手机和平板电脑迅速普及，这款软件推不动了。花费了几百万积蓄做的开发面临着打水漂。在我的课程上，我们一起探讨营销创意让他深受启发，决定用免费的模式来做推广，让“羊毛出在猪身上狗来买单”。

他把软件转换成手机、平板电脑能用的格式，之后做了一个微信公众号，把软件与公众号接口打通。然后做成学习卡，凭学习卡上的账号和密码可以使用这套软件。接下来开始找一些企业，把企业的广告信息印到学习卡上。学习卡标上价格，随着企业的产品一起赠送给中小学生家长。派单营销效果越来越差的企业，很多愿意为此买单。没想到，一做就是几十万张。

对于他来讲，收取了企业的广告费用，赚到了现金流。对于企业来讲，免费推广获得了大量用户数据，用学习软件的内容价值做了赠品，与自身产品绑定促销也得到了销量增长的业绩。最重要的是，一个公众号因此引来的忠实粉丝目前已经累计几十万，一不小心成了大 V。公众号的媒体属性也出来了，这些粉丝非常精准，全部是孩子家长！接下来，大数据变现的价值也看到了希望。

2016 年 4 月份，他们在深圳前海股权交易中心挂牌了，于是开始有投资人洽谈投资。一个免费的创意，让面临绝境的小企业起死回生，这就是创意的力量！

再来看一个古代的案例。古埃及建造金字塔的石头是不是很坚固？据考证，建造金字塔的年代，还没有一种类似今天这样现代化的电钻工具，那么如何在那些巨石上凿孔呢？

铜是古埃及人当时掌握的最硬的金属，因此每名采石工人会配有一把铜制凿刀。他们用铜凿刀将巨石凿开小孔，打入木楔，并在上面浇水，木楔浸水膨胀的力量就可以将石块胀裂。

这个小创意让巨型石块得以完成凿孔，才使得石块之间衔接紧密，让埃及的金字塔在经历了数千年的风雨侵蚀后依然屹立不倒。直到现在，人们也很难把锋利的刀刃插入石块之间的缝隙。

我们再来看一个近代的案例。洗衣机筒中的小网兜儿，大家是否知道有什么作用呢？洗衣机洗后的衣服上会沾上小棉团之类的东西，这曾经是洗衣机发明后面临的一个难题。洗衣机企业的科研人员研究了很多方法，他们提出的办法需要增添不少设备，既增加洗衣机的体积和使用的复杂程度，还会提高洗衣机的成本价格，解决这个问题让厂商们认为得不偿失。

可是家庭主妇们却要为解决这一问题大伤脑筋。日本有一位很有创意的女士也碰到同样的情况。她想起幼年时在农村山坡上捕捉蜻蜓的情景，联想到洗衣机，小网可以网住蜻蜓，洗衣机中放一个小网不是也可以网住小棉团一类的杂物吗？许多洗衣机企业的科技人员都认为这样的想法太缺乏头脑了，未免把科技上的问题想得太简单。这位家庭主妇却不管这些，自己动手不断试验，终于获得满意的效果。

一个小小的网兜，构造简单，使用方便，成本低廉，完全符合实用发明的一切条件，投入市场后大受欢迎。很快，世界上很多洗衣机厂商都采用了这一最简单却又最实用的发明。这种洗衣机小网兜，专利期限为 15 年，仅在日本，这位女士就获得了高达 1 亿 5 千万日元的专利费。

再讲一个当代的案例，那就是 2014 年曾经盛行的慈善行业创意推广案例“冰桶挑战”。其规则是这样的：参与者要将一桶冰水从头浇下，不敢挑战者则要向 ALS 协会捐赠 100 美元；成功完成挑战者，公开点名 3 人参与挑战，被点名者要在 24 小时内完成挑战，不敢挑战者也要向 ALS 协会捐款 100 美元，如此传递下去。

可以说“冰桶挑战”不只是一个好玩的游戏，而是一种公益募捐活动，目的在于资助 ALS 病人（中文俗称“渐冻人症”）。我们认为，这个游戏的背后是创意的作用，是慈善行业开展营销推广的经典案例。

在 2014 年炎热的夏天，一桶桶冰水当头倒下。微软的比尔·盖茨、Facebook 的扎克伯格和桑德博格、亚马逊的贝索斯、苹果的库克全都不惜湿身入镜。这些硅谷的科技人，不顾自身的狼狈相频频参加“演出”，其实全为了慈善。

紧随其后，俄罗斯投资巨头 DST 创始人 Yuri 点名小米科技的创始人雷军，这项活动成功跨越了太平洋，正式传入中国互联网圈。没有想到的是，“冰桶挑战”传到国内，出现的疯狂传播程度超过美国的扩散和创新。

这种互动性较强、颇吸引眼球的有创意的募捐形式，让传统的集中募捐汗颜。在新时代做慈善，要想获得足够的社会影响力和募捐效果，就是要进行形式创新，搞一些“创意慈善”。

在“冰桶挑战”之前，ALSA org 日平均访问量接近 8000 次。在随后的 4 个星期内，这一数据发生了显著变化，日平均访问量骤升至 63 万次，增长了 7775%。

据接受捐款的 ALS 协会称，仅在美国就有 170 万人参与挑战，250 万人捐款，总金额达 1.15 亿美元。有专家表示，ALSA 在很长一段时间内将不会再为“钱景”担忧了。其实除了中国之外，“冰桶挑战”风靡了全世界，让世界范围内的“渐冻人”都因此而受益，这就是慈善行业创意的力量。

也许有人会说，“冰桶挑战”在国内的募捐数额并不理想。这个涉及多方面的原因，在这里不展开分析，至少“冰桶挑战”这个创意传播案例带给我们很多思考和启发。慈善募捐的形式只要不违反道德和法律，应该通过网络疯传，唤起公众的慈善意识。在慈善活动中不仅应该关注那些需要帮助的人，也可以关注行善者，为什么不能将行善者也推上前台，让他们行善的同时享受快乐，去分享和传播快乐呢？

中国的慈善行业自“郭美美事件”以来，可以说降到了一个低谷，至今依然在重塑公信力的过程中。如何让公益募捐变得越来越时尚，越来越接地气，如何让公众快乐地掏钱、快乐地行善是当下及未来值得持续研究的课题。

1.4 创意营销的概念

创意营销的概念有多种说法，有的强调创意方案，有的强调营销活动，有的强调带来的利润增长结果。笔者认为，理解创意营销的概念要吃透四点。

首先，创意不应仅仅体现在营销上，更应该体现在技术及对产品的影响上。当下，很多企业已经以营销为主导在开发产品，以用户思维在做市场。对中小企业来说，船小好调头，在产品、渠道、品牌的话语权都相对较弱的情况下，不妨以营销为导向，及时调整产品策略，独辟蹊径，避免与“狼群”共舞。

BAT 是中小企业面前的三座大山，要么被收购，要么被抄袭，要么被钱砸死。实际上这是市场竞争不可避免的结果，一旦小企业的技术创新超越巨头，很难避免这几种情况。因而对中小企业来说，硬碰硬不是好办法，打造出独辟蹊径的产品定位或服务模式，不仅可以生存得更好，哪怕被收购，估值也会更高些。

其次，创意也不应该仅仅是专门的营销活动，应该是贯穿于企业营销中的长线思维，要善于抢抓机遇。2016 年 5 月份，“北京和颐酒店女房客被歹徒殴打拖曳”的视频引爆新浪微博，吸引了大量网友的关注。事件爆发后，360 董事长周鸿祎迅速发微博表态，称和颐酒店为 360 签约酒店，360 公司差旅员工有不少入住和颐酒店的，360 已经立刻全面停止与和颐酒店的合作，让出差员工改住其他品牌酒店。周鸿祎的表态引发大量粉丝点赞，称：“老周，就喜欢看你得罪人的样子！”笔者把这种借力的营销归纳为借东风，在后面章节的三十六计里有详述。

再次，任何一个优秀的创意在营销方面都不可能持续多年，更多、更密集、更灵活地用创意做短线营销才能保持新媒体上的传播热度。因此，创意营销更应该是多维度的、快速迭代的行为，这也是新媒体环境下一个品牌持续发声过程中自带风格属性的态度。

最后，创意营销不一定必然带来销量或赢利的增长，但是至少能为塑造品牌加分。一家企业的 CEO 会因为一个创意营销方案执行后，销量没有增长就责怪负责人吗？这需要具体问题具体分析。

联想曾经推出过一款上网本（低配置但非常小巧轻便的便携笔记本电脑），曾经运用过多种创意营销方式。为产品拍摄的微电影很有创意，最终成为当年的刷屏级广告。然而，这样成功的广告并没有拯救联想“上网本”的销量，究其原因，莫过于这种产品的产品力有限，无法打动大多数消费者。最终联想的上网本与其他众多品牌的上网本一起悄然离开了人们的视野。创意营销不能必然带来销量增长，而只能达到扩大关注、增加流量的作用。用一句时髦的网络语言来说就是：只能帮你到这儿了！

一个创意营销如果已经达到了足够的消费者共鸣，引发了大量关注、转发和好评，那么这个营销活动在传播上就可以说是成功的，但是否会引起消费者的购买则要综合考量产品力、所在市场、目标消费者等多种因素。

综上所述，笔者认为，创意营销是综合各种创意思维的营销手段，可以指导企业产品、市场战略规划，引领企业展现品牌价值、产品概念、产品亮点，使公众对企业及其产品、品牌进行持续关注并产生良好印象。

1.5　Web 3.0 与创意营销

在传统传媒时代，由于技术成本的限制，媒体垄断了主要大众传媒渠道，企业及个人的传播渠道不仅手段简单，而且传播范围非常窄。由于缺乏互动，这一阶段的传播几乎完全是单向的。但随着互联网技术的诞生，这种局势逐渐被改变。

在 Web 1.0 时代，传统大众媒体的单向传播开始打开渠道，走向线上。但当时普通大众无法使用互联网技术建立信息传播源，更多的人依然只是围观的看客，无法参与到信息的传播过程中，更难成为信息的制造者。企业同样如此，Web 1.0 仅仅是为企业打开了另一个单项的营销传播渠道而已。

进入 Web 2.0 时代，技术赋予用户共同建设网络内容、参与讨论与观点输出的能力。由于双向互动的产生，单向传播的时代结束。用户开始掌握话语权，互联网信息更加个性化、互动化、去中心化。博客、微博、社区等场景让用户的价值得以体现，越来越多的人有能力成为最初的一批“自媒体”。

如今我们已经开始进入 Web 3.0 时代，每个人不仅能够参与到创造信息、传播信息的过程中，而且可以实现全平台的交互。无论企业还是个人，已经可以在一个平台上创造内容，几乎可以在所有平台开放传播。我们能够在互联网上建立并积累所有的数据，实时调取。

无论微博还是微信，都已经集成了大量的第三方平台，游戏、购物、娱乐、新闻、支付、生活等各种需求都可以在交互的世界中随时解决。在这样的 Web 3.0 时代，过去 Web 2.0 时代的营销手段也需要升级。

在新时代中，营销者与消费者的界限正在逐渐模糊，营销者同时也是其他产品和服务甚至概念的消费者，而消费者也无时无刻不在分享信息、扮演着营销者的角色。在这种趋势中，营销者应该主动融入“全网营销”的氛围中，扮演消费者也扮演营销者，与用户一起享受消费产品和服务带来的满足感，同时与所有互联网用户一起创造营销和传递价值。

在 Web 3.0 时代，过去互联网用户的散点分布状态被打破，无数深度细分的社群自发形成，在这些社群消费、分享、营销、生产价值、产生内容的过程中，也创造出无数的数据。对这些数据进行深入挖掘能够帮助企业迅速精准地锁定各类用户，准确地发现其特征和核心价值，进而进行精准营销。

与此同时，用户特点又是千差万别的，深度满足每一个精确个体的需求成为重要趋势。如何满足这种个性需求呢？还是需要创意。

还需要指出的是，Web 3.0 时代“移动营销”已经成为重要基石，从已经普及的智能手机到 VR 和刚刚兴起的 AI（人工智能），企业的营销不断有新的技术和方法可以更新使用。

可口可乐欧洲营销副总裁 Javier Sanchez Lamelas 曾经这样说过：“与营销相关的科技似乎正以‘天’为单位迅速更新，而这些科技也常被宣称能革命性地改变新产品的创意效力，为其营销添砖加瓦。但是，让用户被品牌的情绪感染、打动，才是关键。在大数据和科技盛行的今日，各位营销者或许应该冷静一下，想想在追求数据与趋势的同时，自己的品牌是否印记了创意的灵魂与情感。”

笔者认为，营销的本质就是得到用户的忠诚、信任与偏好，而创意营销则是不断创新，紧跟时代发展，用一切新颖的方式、渠道、思维达到营销的目标。

因此，无论技术如何变化，不变的规律是营销需要创意！

第 2 章

创意价值几何

2.1 创意是商业奇迹的催化剂

有外媒曾经指出，近年来中国维持工业高速增长变得日益困难，另一方面互联网行业培育出诸多新的经济活力。中国企业正在采用更为先进的电商策略，并且伴随着创新公司不断地模仿和学习美国和其他发达国家的同行，这种创新正在发挥着越来越大的价值。

在这一过程中，伴随着客户的年轻化、互联网化发展趋势，越来越新鲜的互动化、营销化的经营模式逐渐被引进和效仿。无论其中哪一环，创意营销都是各种产业链中各个环节的必备要素，也是企业创造商业奇迹的必要条件。

2.1.1 所有大企业都曾经是小企业

有人曾经说，创意营销是大企业的事情，我们是小企业，创意营销有用吗？笔者认为，这个观点不值得争辩，因为没有哪家公司起步时就是巨无霸。

很多大企业都是在创立之初，仅有一个有创意的 IDEA，伴随着自身产业的发展稳步经营，踏踏实实做出自身不可替代的优势，在产业的机遇期把握好，最终经过一轮轮残酷的淘汰而成长为各自领域的霸主。如今在创新和创业浪潮之下，我们能够更清晰和完整地观察到这种崛起的历程。

以 Uber 为例，起步的时候并不令人惊奇。2010 年创业初期，在旧金山成立的时候只有可怜的 4 个人，种子轮投资仅 20 万美元。“我们当时并不知道自己将来会做什么，也不知道未来是否可以成功，但我们只是去做自己喜欢做的事情。”该公司创始人兼首席执行官 Travis Kalanick 曾经如此评价当时的 Uber 公司，“我们需要确保自己能够一直生存下去。”

在艰难中起步，不过 Uber 抓住了消费者的需求，提供了一套高效的解决方案。幸运的是，Uber 诞生于“互联网＋投资”盛行的时代。Uber 天使轮融资额是 150 万美元，由 First Round Capital 领投，当时公司估值 400 万美元。经过 C 轮融资后，又在 2014 年获得了 D 轮融资，融资规模高达 12 亿美元，公司估值超过 170 亿美元。该轮融资使得这家当时仅仅创立 4 年的 APP 应用估值超过了 Airbnb 和 Dropbox，成为当时世界上未上市科技创业企业中排名第一的公司。

Uber 只是一个缩影，当今雄霸世界的巨头们无不有着“小企业”的“穷酸历史”，当然也都曾经历企业发展的艰难时刻。

再来看看 Intel。当人们听见 Intel 的名字，都会自动脑补“灯！等灯等灯！”的经典声音。然而，Intel 的发展历程却并不像百度百科所描述的那样顺风顺水。

1929 年戈登·摩尔和集成电路的发明者罗伯特·诺伊斯一起创办了 Intel，当时的目标是致力于开发计算机工业尚未开发的数据存储领域，公司生产的第一个重要产品 Intel1103 存储芯片于 20 世纪 70 年代初上市。但很快，美国的存储器市场受到日企的冲击，本土企业非常不景气，在选择继续在存储器市场苟活和另辟天地之间，Intel 做出了到目前为止最重要的决定：去做 CPU！这样的决定放在今天的视角里一定是“理所当然”，因为我们已经见证了后面 30 年 CPU 市场的大爆发。但在当时，Intel 转行创新去做 CPU 之后很长一段时间内，日子也是不好过的。

直到 20 世纪 90 年代末，各个时期性能最佳的 CPU 名单中根本找不到 Intel 的影子，Intel 面临着 MIPS、PowerPC、Alpha 等一系列强劲对手。

在这种形势下，时任 Intel CEO 的 Andy Grove 顶住压力不与竞争对手飙性能，而是让 Intel 的芯片在永远向前兼容的基础上，稳步提高性能。当时最重要的竞争对手 Alpha 的 CPU 性能极其强大，不过没有与过去的软件兼容，所以 Alpha 每开发一款 CPU，软件商就必须重新开发一遍代码。反观 Intel，虽然 CPU 还是比对手慢了点，但软件可以完全兼容，PC 生产厂商显然是不愿意花一大笔钱重新开发软件的。结果大家都知道了：20 世纪 90 年代末，一系列对手灰飞烟灭，从此 Intel 一家独大。

国内互联网巨头百度、阿里、腾讯由小到大的故事不再啰嗦，说一下新诞生的小微企业。2012 年 8 月创立的“超级课程表”，是一款由几个 90 后以课程表为基础而展开的校园实用工具，面向高校大学生。这个小小的创意抓住了大学生的痛点和需求，发展迅速，截至 2016 年 5 月底，估值已经超过 6000 万美元。目前，已有阿里巴巴集团、红杉资本参与投资，尽管创始人余佳文的“放肆”言论曾经不断引来非议，但是在经历调整后，在余佳文成熟起来之后，谁又敢说未来不会打出一片新天地呢？

Intel 前 CEO Andy Grove 有一句经典语录：“Bad companies are destroyed by crisis, Good companies survive them, Great companies are improved by them.”（差劲的公司会被危机摧毁，好的公司会挺过危机，伟大的公司会借危机上位。）

实际上，危机仅仅是机遇的一种。换句话说，能够抓住机遇，利用机遇上位的公司就有机会成为伟大的公司。这种借危机上位，靠的也是创意的思维和方法。

1996 年 4 月 29 日，四通利方的第一个中文网站的建设工程启动，当时，四通利方还只是中关村的一家科技创业公司，一家单纯的民营软件公司。四通利方论坛，新浪网前身，只是当时大规模涌现的中文论坛之一。

1997 年，发生了中文论坛发展历程中的一个里程碑事件。这便是牵动了全中国万千球迷泪腺、被尊称为中国第一足球博文的《大连金州不相信眼泪》。1997 年 10 月 31 日，大连金州体育场，中国队以 2∶3 的成绩惜败卡塔尔，第 6 次喋血世界杯之路，之后网友“老榕”发布了该帖。

次日，新浪网前任总编辑陈彤敏锐地发现了这一营销机遇，将其冠上了编者按并置顶。短时间内这篇神帖不仅在体育沙龙内部回帖众多，更传遍了整个中国互联网，成为一个里程碑事件。之所以成为里程碑，是因为这篇帖子引发了三大前所未有的现象：让当时国内颇具领袖地位的纸媒《南方周末》全文登载，直接引发传统媒体关注网络媒体；使一个叫“老榕”的 ID 成为当年最著名的 ID；也带动了众多网民对四通利方论坛的关注。

该帖 48 小时内点击率超过两万，而 1997 年 10 月统计的中国网民数量仅为 62 万，被当时几乎所有中文论坛转载，又被超过 600 家传统媒体转载。

这一事件迅速为四通利方带来高速发展的机遇。当传统媒体第一次因一篇帖子而投来关注目光时，他们立即决定加大对网站的投入。这篇“全球中文网上最著名的帖子”，对于四通利方决心打造“竞技风暴”（现在新浪体育乃至整个新浪新闻的前身）有决定性作用。

1997 年 11 月底，四通利方推出了首个频道——体育频道，分为国内足球和国际足球。

当大量的新闻在体育频道出现后，它的流量很快超过了其他火爆一时的论坛，体育沙龙的黄金时代开始到来。

陈彤在《新浪之道》一书中回忆：那时，四通利方网站正在进行中国互联网历史上从无先例的多媒体网上直播。四通利方网站对于 1997 年世界杯足球赛亚洲区十强赛的直播，开创了网络直播的先河，使得网站访问量在短时期内大幅上升，迅速确立了中国第一足球网站的地位。也正是那时，《电脑报》调查显示，利方在线已经足以与网易、上海热线并驾齐驱，成为三足鼎立的国内最受欢迎网站之一。后来，四通利方脱胎换骨成了新浪。1998 年 10 月，四通利方与北美最大的中文网站华渊生活资讯合并，12 月 1 日，全球最大的中文门户网站“新浪网”面世。

除此之外，新浪还于 2009 年抓住了社会化媒体发展的机遇，在强化“全球最大中文门户”的地位同时推出微博产品。

企业大小并不重要，重要的依然是创意的种子，依然是创意营销需要不断践行，唯有此，才可能不断诞生各个领域伟大的企业。

2.1.2 遭遇风口，小米如何玩转创意

小米创业一路走来，估值最高峰曾到 450 亿美金。6 年时间内，小米估值增长了 190 倍；高管团队也强劲扩张，延伸到包含 Hugo Barra 的超豪华阵容；小米的产品线也不断拉长，增加了净化器、电视、路由器、智能硬件等多条产品线。尽管目前国内市场小米手机销量有些下滑，但是从小米的系统性布局和国内外市场来看，无论硬件的出货量，还是品牌的知名度，小米依然是非常成功的。

对于小米成功的原因，有诸多分析与争议，包括商业模式效仿苹果、赶上了智能移动手机爆发的机遇、产品定位准确，当然也包括优秀的营销能力。无论如何争议，营销都被公认为是小米迅速崛起的重要原因。

小米最重要的营销阵地就是两个微博，一个是小米手机的官网微博，另一个就是雷军本人的微博。雷军利用自己在 IT 产业的影响力不断发声，目前已有粉丝 1300 多万，雷军每一次发声都能够对粉丝产生重要影响！

其实，雷军的微博只是小米“粉丝营销”的渠道之一。小米联合创始人、MIUI 副总裁黎万强在离开小米前夕撰写了一本企业营销畅销书——《参与感》，这可以视为小米首次以官方身份出版书籍来解密小米快速成长的原因。

在《参与感》一书中，黎万强将小米营销的“参与感战术”分解为三三法则，三个战略和三个战术：三个战略是做爆品、做粉丝、做自媒体；三个战术是开放参与节点、设计互动方式、扩散口碑事件。三大战略中最核心的就是粉丝。

小米论坛是小米获取粉丝、扩散口碑的根据地。小米通过全员参与论坛运营、与粉丝互动来带动忠实粉丝帮助口碑宣传，在小米创业之初，通过粉丝运营扩大“米聊”与 MIUI 的影响力，进而带动市场和用户关注小米手机，这种营销手段对小米的起步尤为重要。

同时，利用粉丝群体形成的口碑效应，小米充分放大了每一次企业事件、营销事件的传播效果。也正因此，对于企业来说，最为耗费成本的发布会不仅仅实现了线下活动推广和广告投放的作用，同时也实现了线上让忠实粉丝推广口碑的过程。

小米在传播点的创意方面，也打得很精准。小米强调性价比，一方面向消费者灌输硬件即性能的概念以强化“发烧”形象，同时也将同质低价战略与性能捆绑在一起，巧妙地隐藏了价格战的直接说法。

在中国市场上，由于大多数消费者的不成熟，低价与高品质实际上是商业逻辑中最难兼容的两个关键词，而小米恰恰将其同时提出，如何解决低价就是“品牌溢价低”的声音？在小米创业的最初阶段，小米强力地营销另一个概念：国产手机起步艰难，做企业要让利消费者，换取销量。这样的宣传中包含两个维度的心理暗示：其一是小米作为民族企业并不贪婪，唤起消费者的民族同理心；其二是小米让利是为了获得市场销量的增长，目标是明确的，消费者并不需要怀疑其背后的逻辑，以博得消费者的放心及同情心。

此外，小米扛起民族品牌的大旗也是从来没有放弃过的营销重点。而随着其他品牌的跟进，小米手机的增长也进一步放缓了，价格战为小米带来的优势被削弱甚至被取代了，所以小米已经许久没有在其产品宣传中大肆传播“性价比”概念了。

小米已经成为现象级的成功案例，小米的成功是多种因素共同发酵的结果，营销只是其中的必要因素之一。虽然我们不可能复制小米的模式，但其营销思路和手段依然具有巨大的借鉴价值：粉丝经济依然是现在重要的营销创新思路。

如今，小米国内手机业务销量有下滑，产业链布局比较庞大，公司估值有些下降，但是任何一个人都不能否认小米创造了商业上的传奇，这个传奇中有太多的点点滴滴的创意支撑。通过小米这样的现象，我们能够发现，创意营销能够帮助企业取得巨大的商业成功。

2.2 创意改变商业模式

近年来，由于互联网创业大潮的崛起，仿佛全世界都在谈论“商业模式”。实际上，商业模式并不是一个新概念，长期以来商业模式一直是管理学的重要研究对象之一，而人们普遍讨论的真正内涵是“商业模式创意”。

要理解商业模式创意，首先要了解什么是商业模式。

2.2.1 从商业模式说起

商业模式就是一家公司通过何种途径或方式来赢利。举例，饭店通过卖食物实现赢利；地产公司通过售卖房屋实现赢利；中介公司通过提供中介服务实现赢利。只要是通过一定途径实现赢利，就必然存在相应的商业模式。

商业模式的核心是创造价值，即企业在一定的价值链或价值网络中以何种方式向客户提供何种产品和服务，并在哪些环节获取利润。

商业模式创意则必然具备几大特点：要么生产全新的产品，要么提供前所未有的服务，要么开创全新的产业领域，要么以前所未有的方式提供市场中已经存在的产品或服务。

如 3D 打印企业提供了过去不存在的产品。淘宝平台所出售的商品与线下渠道并没有什么不一样，但它提供的售卖服务与线下渠道完全不同。乐视电视同样提供电视产品，但它的运营方式已经完全不同于过去的电视生产商。

IBM 对 700 余家其所服务的企业进行调查的数据表明，那些更看重对传统模式的改造和创新的企业，相对于只注重产品或工艺创新的企业，在互联网经济泡沫破裂后的 5 年中营收利润增速远高于竞争对手。

“大众创业，万众创新”的时代，商业模式创新及对传统行业、企业、模式的改造是其中最核心、最高级的部分。商业模式的创新尤为重要，创意就是商业模式创新的重要手段。

2.2.2 构建商业模式

商业模式是一套企业为客户或者用户创造价值的系统，企业通过这套系统确定企业发展目标，并围绕此目标协调匹配企业的资源，越不容易被复制的商业模式就越成功，越容易被复制的商业模式就越没有竞争力。

构建这个系统，需要明确逻辑结构中众多的考核要素。

1．价值

价值是指我们向用户提供的商品或服务为消费者带来了哪些价值。这些价值可以是物质层面的，也可以是精神层面的。比如，同样是玫瑰花，鲜花供应商为花店提供的仅仅是鲜花本身的实物价值，而街边花店为消费者提供的价值除了鲜花的物品价值以外，还包括观赏价值甚至赠送他人的礼物价值。

鲜花连锁品牌“Rose Only”就是典型。它为消费者提供“同一客户终生只能为另外一人购买玫瑰的服务”，其产品包含了“对爱情忠贞专一”的巨大精神价值，通过这种价值传递大幅度提高了产品价值。显然，应用创意在价值链条中的选择对商业模式有很大影响。

2．目标群体

目标群体是指公司的产品或者服务针对的是哪一种消费群体。这一群体具备哪些共同特点，如年龄段、性别、购买力、精神特质、区域特征、家庭情况、职业发展情况、身体健康状况等。这些特质使其具备充分理由选择公司产品而放弃竞争对手的产品。

这个目标群体应该有人数规模及购买产品的方式统计。目标群体的确定对商业模式的其他要素具有重要影响。如前文提到的“Rose Only”，其定位必然是高收入群体，因此产品的包装、品牌形象策划、传播渠道等也必然要针对该目标群体。

3．分销渠道

分销渠道是指公司的产品或服务及营销行为通过何种途径展示在消费者面前。它决定了公司的市场战略及分销策略、营销方式。在互联网冲击下，传统的代理商渠道、线下渠道是否需要调整？电商渠道与线下渠道如何协同？这些都是需要用创意思维解决的问题。

4．核心能力

核心能力是指公司为特定目标群体提供商品或服务的核心能力及不可替代性，另外更加重要的一点是进入该领域在政策或法规中所规定的资格。特别是医药保健品类产品，不同的品类管理规定大不相同。比如同一个产品，如果有保健品资质，就可以按照审批的效果来宣传功效，但是如果是消字号产品，就不能宣传功效，如果宣传了功效就是违规。

5. 成本结构

成本结构是指企业如何使用货币衡量企业各阶段的运营成本。不要只关注直接成本，低估了营销和销售渠道推广成本和售后服务成本、研发成本。

6. 收入模型

收入模型是指公司在提供产品或服务过程中能够获取利润的环节，或者说规划中能够获取利润的环节。在不融资的情况下，收入现金流必须在填补所有支出的情况下依然有足够的剩余。当然，如果是 IT 类企业，可能注重的是用户流量，前期不一定关注收入模型，但是也要找到赢利模式。

7. 市场竞争

竞争者过多可能意味着市场火爆，也可能意味着市场饱和；没有竞争者可能意味着市场潜力巨大，但也很可能意味着没有市场，因为消费者需要教育和引导。

我曾经见到过一款能自制富含硒微量元素的水杯，某电视台主持人代言，打了很多广告，铺了很多渠道，最后还是以失败告终。这就是消费超前，消费者需要漫长的教育和引导。因此必须要充分理解目标市场的发展状态，同时衡量投入该市场的风险：市场大小、增长情况和各竞争对手的份额等。

对于转型中的企业，不妨在过去的基础之上思考商业模式核心要素的改变，例如是不是要深入挖掘某一消费群体的更深层次价值需求？是不是可以通过改变销售渠道和营销渠道降低企业和用户的交易成本？是否能够在产品或服务的某一环节提升核心能力？

以上要素中，任何一个点都有可能通过创意发生质的改变。

2.3 大数据让创意营销焕发生机

现在，当我们用联网设备打开网络页面，经常会出现电商平台的推荐广告。我们会发现，这些广告与我们日常在电商网站上浏览的商品深度关联，如果我们浏览过女装，则推荐的大多数是女装，如果我们浏览过婴幼用品，那么推荐的也大都是婴幼用品，背后实际是数据的挖掘和应用。

线下实体店呢？一家实体店的老板怎么知道自己有多少客户是男性、多少客户是女性？他们的年龄段如何？他们购买物品的频率如何？在购买一件商品的同时，他们还需要哪些商品与之关联？即便有粗略了解，数据的精度、广度、深度都是非常有限的，因而也无法清晰地指导企业发展。

这里举一个沃尔玛的例子。连锁超市已经是非常成熟的传统企业模式，早在十余年前，沃尔玛就已经将数据带入了自己的经营流程。每一件商品被售卖之后，其数据都会进入自己的数据库。因为沃尔玛充分地掌控各家门店卖出的具体商品的数量、频率，通过这些数据，沃尔玛可以对自己的供货体系进行管理，补充库存、调整供应商的区域选择、调整物流的频率和物流车送货路径等，从而大幅降低运营成本，提高门店经营效率。

随着技术的发展，整个世界的信息、生活、经济方方面面都在实现数据化，当整个社会实现了智能城市、智能交通，每个家庭实现了智能家居，每个人拥有全套的智能装备的时候，整个物理世界都将通过数据相连接，通过数据进行指导行动，无法数据化的企业注定只有被淘汰的出路。

相比需要十几年乃至数十年来实现的全智能时代，在营销领域，营销渠道的数据化正在切实地在当下发生，如果营销渠道没有能够打通微博、微信、各种客户端而切实地到达用户，那么，再好的营销活动和营销创意都无法发挥作用。大数据是创意营销的决策依据，也是执行过程中的重要支撑。换一句话来讲，有了大数据，创意的功力就会倍增。

2.4　创意让不同模式跨界组合

在菜市场，我们经常会发现商家的一种搭售行为，某种菜品的售价较贵，消费者挑选的时候经常会砍价，商家经常会选择一些廉价商品进行赠送，来促使消费者接受较贵商品的价格。比如买菜搭几根香菜，买菜搭几根香葱。这在我们总结的网络营销创意规律中列入了“乱组合”这一招，后面章节部分有详述。

中国的保险行业是市场潜力巨大的掘金场，虽然市场仍然混乱，但众多保险中介公司仍然轰轰烈烈地排队进入市场。然而，由于产业链上游的保险公司并不依赖保险中介，拥有绝对强势的话语权和渠道掌控权，所以绝大多数保险中介都处于利润微薄的状态。寿险行业进入门槛高，赢利期长，三到五年甚至更长时间都无法摆脱亏损；车险行业进入门槛低，然而利润微薄。如果把传统的货摊销售技巧，应用到保险代理行业上会有什么效果呢？

中国众合有限公司从保险行业切入，大胆玩跨界整合的创意。众合以保险为基础，整合各种汽车俱乐部资源，将服务和营销渠道形成合力，使客户成为会员，并通过各种渠道的呼叫中心在适当时间为客户提供对应的服务，逐渐培养客户形成消费习惯。在这种渠道优势的前提下，以车险为中心，广泛涵盖寿险、财险等各类保险，并提供金融投资、理财服务、融资担保等金融服务。

在这样的模式下，就出现了接下来的场景：当一个消费者需要买一辆价格百万元左右的重型卡车时，这位消费者首先成为众合保险的会员，然后众合保险找到合作银行，为消费者买车贷款提供担保，找到与自己合作的重型卡车经销商，在经销商处提车，同时售卖自己提供的为期三年的车辆保险产品，并销售贷款担保工具车载 GPS 电子锁，在车辆交付后向会员提供 GPS 导航、汽车救援等多项服务。

于是在消费者的整个购买行为中，众多利益相关方被众合保险捆绑在一起，而相关各方均为众合保险提供了远远高于单纯售卖保险的利润。

在这样的模式中，一家保险中介公司整合了“产品超市”、“交易平台”、“整合营销”等多种模式的优点，形成了独具特色的链式销售综合金融服务平台。合众跳出保险做保险，打造了一个链条式的销售模式。

从合众这个案例中，我们可以总结出几个创意营销背后的规律或者方法，“乱组合”、“玩整合”，其中最主要的还是跨界。总之，营销无定式，关键还是要找到适合自己的路子。

2.5 创意开拓营销新境界

千万不要相信那些说“我们不做营销，只专注于产品”的公司，它们只不过是利用这句话为自己营销而已。企业的营销活动是不创造产品的，更不会生产“功能”，而是生产让消费者对产品及功能产生满足欲望的幻想“支点”。

期望通过产品来取得胜利，而不懂得为产品使用创意营销手段的公司，也会面临资金的尴尬。当然，强大的产品力是营销的最坚实保障，但不是充分必要条件。因为无论产品的功能多么强大，也一定会有缺陷，正如手机越轻薄也就意味着电池容量越小，苹果 4S 如何完美，也最终被苹果 5S、6S 取代，这是产品自身的迭代。

当我们依然幻想更多产品的时候，其实早有技术大牛尝试过。例如早在苹果之前，就已经有公司开发过没有按键的触屏手机。但是这些专注产品的人并不懂得营销自己的产品，最终没有获得市场的认可，产品力、产品价值没有机会得到展现。

仔细回顾我们使用过的手机，功能局限会一目了然，从最初的单色屏幕、中文显示、中文输入开始，这些并不高级的功能就在挑动消费者好奇的神经，彩壳、和弦、游戏等实际上非常没有技术难度的功能也曾因此被人们疯狂购买，双屏、彩屏等刚刚在上一次产品改革大潮中被淘汰的功能也曾引发人们的狂热追捧。

实际上，回想我们每一次赶上的“时髦”，绝大部分人的消费行为也经常只是为了“时髦”本身而已，与功能并没有多大关联。即使今天的“手机之王”iPhone，也依然存在着数年来一直被用户吐槽而尚未修改的功能 Bug。

总结一下，以上种种情况，人们只不过是中了创意营销的招而已。许多时候，企业之间的经营博弈并不是真实世界的功能对抗，而是通过营销抢占存在于消费者对功能的幻想之中的精神世界，将产品变成一个个虚拟符号来填补这种精神空间的空缺，这些虚拟“符号”的意义，正是创意营销的价值。

2.6　创意制胜品牌内涵

符号填补精神空缺，不同的人拥有不同的精神空缺，因而打造符号必须满足你想要从其身上攫取利益的群体。满足特定群体的需求一定要抓住他们的感情需求，只要牵住感情的引线，引爆“冲动的魔鬼”就对了。另外，符号还要与产品的支持点紧密相连，找准“点”，用最大倍数的放大镜无限放大。

来看看尽管已经作古但是其创意毋庸置疑的几个案例，看看它们是怎样用创意玩转品牌这个符号的吧！

- 百事可乐是全球仅存的能够与可口可乐对抗的可乐品牌了，百事发现向消费者证明自己的口味比可口可乐好实在太难了，于是百事通过各种手段告诉消费者，那个品牌“太老了”；
- 康佳曾经给自己找了个符号叫作“高清”，TCL 迅速跟进，不惜兼并了一个即将死掉的跨国品牌，然后为自己打造了一个符号叫作“国际化”；
- “中国移动”的国旗形象及傲慢服务令人讨厌，于是准备在 3G 业务大展拳脚的联通迅速为自己包装了一个符号叫作“新势力”，将移动比了下去，而发觉形势不利的移动迅速包装了一个符号叫作“动感地带”，甚至还找来另一个带动年轻群体情绪的“符号”周杰伦来强强联合，虽然移动的地盘依然是移动做主，但是刚刚转向联通的“叛逆的羔羊”就这样回到了“我的羊圈”。

创建品牌符号，远远不能只是因为好记，那是太初级的事情，高级的做法是满足目标消费者的情感幻想。还是那句话，只有满足了情感幻想，才能“引爆购物冲动”。创建品牌符号，还要像软件一样不断升级，建立一个完整的循环过程，比如隔几年就搞一次“年轻化战略”。

如果进入市场竞争的白热化阶段，那就学习孙悟空，创造出一群符号形象，这就叫“多生孩子好打架”，就像可口可乐、健怡可乐、零度可乐、雪碧、芬达、醒目、冰露、原叶茶饮、爽健美茶、酷乐仕、美汁源，总有一款适合你！

2.7 创意统领营销思维

当下的时代，商品品牌越来越丰富，竞争对手前仆后继，广告越来越无效但广告费用却居高不下，顾客还没有形成品牌忠诚度就已经迅速开始了消费升级。总之，企业的产品及品牌能够传达到用户，获得用户的认可，并产生购买行为越来越困难。更要命的是，为了达成销售而付出的成本越来越高。

前文已经提到，制造营销符号的核心是填补情感需求。满足目标消费者的情感需求无论在生产过程中，还是传播过程中，都是需要注意的。这一环节的要点在于把握目标消费群体在体现出该情感需求时所扮演的社会角色。

只有把握住角色，才能真正把握目标消费者想要消费的对象，同样的人在扮演不同角色时必然产生不同的购买需求。例如运动、工作、恋爱三种情境中人的角色是完全不同的，其对服装产生的需求也是完全不同的。

如果继续分，每一种情境又都可以继续细分。同一个人，如果第二天就要从执行者升职为管理者的时候来到商场，他购买服装的需求可能会产生变化，他需要购买的可能不仅仅是衣服，而是与其角色转变相适应的身份象征或者提升自信的工具。所以巧妙地抓住其扮演某一角色的心理状态进行营销，这也将对结果产生非常积极的影响。

抓住了其角色特质之后，剩下的就是赋予产品“支点”以营销创意，来打动其情感诉求。以下三种方式是比较常见的创意营销思维。

第一，重新定义。

在现有产品或服务形态下，对旧的产品或服务重新包装定义，达到优于过去产品形象的效果。特劳特定位理论的四步骤中提到的“区隔概念”也可以从这个角度去理解。

“我不在办公室，就在星巴克；我不在星巴克，就在去星巴克的路上。”尽管星巴克没有提及其咖啡的产品特点，但是营造了一种抽象的场景，在办公室和家之外的与人产生重要关系的活动场所和生活空间，通过对空间的重新定义暗示目标群体，如果需要享受同家和办公室一样熟悉且自在的空间，可以来星巴克。

如果消费者被这样的情感诉求击中，那么来到星巴克的同时当然也意味着可以消费星巴克的产品。星巴克的这个创意如今已经成为了“名言”、“时髦语”，一直被模仿，从未被超越。

第二，占领类别。

一个品牌要成为市场中的强势品牌，最好的方式是为自己在市场中创造一个类别。类似“XX 行业第一品牌”、“XX 行业领导品牌”等已经不能算是高明。成为品类、开创品类、代表品类远优于代表品类中的最强企业。

以微博为例，不是新浪特有的，但是新浪微博成为了微博这个品类的代名词。2010 年，微博大潮席卷而来，继新浪之后，腾讯、搜狐、网易等互联网平台纷纷推出微博产品，寄望于抢夺足够的市场份额与新浪微博分庭抗礼。

但是只有新浪微博从域名（www.weibo.com）到搜索引擎排名到营销传播，完全不在乎新浪两个字，而是全部重点突出微博。这就是在告知目标群体，这个就是微博，也只有这个才叫作微博，通过强调品类而将品牌营销成了品类的代名词，结果各路对手的微博产品很快名存实亡。

第三，灌输概念。

白加黑，“白天吃白片，不瞌睡；晚上吃黑片，睡得香”。白加黑的这条广告在阐明产品“支点”的同时，间接向消费者传递了“其他感冒药都不科学”这样的潜台词。通过灌输“普通感冒药引发身体反应异常”的概念，跳出药品成分、功效的营销套路，并成功地在消费者内心建立起“感冒药应该分昼夜用不同的药”的概念。一旦用户接受了这种概念，选择白加黑的产品也就成为必然。

2.8 创意放大社交传播

伴随着移动互联网的迅速崛起，社会化媒体营销成为最新、最热门的营销手段。以杜蕾斯为代表的企业紧紧抓住社会化媒体营销的机遇，使自身品牌形象渗透到各种公共话题的讨论中，每当出现热点事件，很多粉丝的第一反应甚至不是去新闻网站，而是去看一下杜蕾斯的微博，去看一下新的创意。

微博 GIF 广告不论是对于广告主还是代理商，都是基于移动社交媒体而产生的绝佳营销工具。在当下，H5+GIF 的组合已经被广泛应用于各种渠道的网络营销行为中。虽然微博针对 GIF 播放的开发是必然选择。GIF 动图的特点是格式兼容设备最多，扩大了传播渠道，容量足够小，降低了传播门槛，便于用户进行二次传播。巴西世界杯期间新浪体育官方微博实时更新比赛进球镜头 GIF，并在每个 GIF 播放完毕后加上广告商 LOGO。

数据显示，2014 年世界杯，新浪体育官方微博的这种 GIF 图片直接传播总量超过 4 亿次，二次传播及后续转发传播次数不可估量。

在世界杯期间，创意互动游戏的参与人数也非常多。仍以 2014 年的世界杯为例，微博客户端欢迎界面广告结束后就进入“微博踢球”游戏界面。该游戏界面由长安福特进行广告投放，在游戏中深入植入长安福特产品及品牌形象，游戏上线仅 4 天超过 1000 万用户参与。游戏结束后，会提醒用户将成绩分享至微博，并在分享页面自动生成长安福特广告文案。整个过程已经将游戏改造为品牌与消费者深入互动的形式。

微信在朋友圈玩的广告也曾成为品牌传播的经典之作，可惜少了点儿互动，倒是网友之间的话题在做互动的补充。从 2015 年 1 月起，微信朋友圈广告开始启动，由于整体基数偏低，腾讯效果广告一直保持较快的同比增长速度。但从环比数字表现来看，腾讯广告收入进展速度一直较为缓慢。2015 年第四季度的财报显示，虽然腾讯效果广告环比增长 22%，但增幅跟前几个季度大致相同，并没有爆发性增长的趋势。

为了增加效果广告的客户数量，2016 年 1 月，微信先是自降身价，将投放门槛由 20 万元 / 条调整至 5 万元 / 条。随后朋友圈广告自助投放功能以邀请制方式进行了开放测试。腾讯称，推出自助广告投放工具，将三四线城市产生的微信朋友圈流量商业化，特别是满足了长尾广告主的需求。但从目前的情况来看，这种方法显然不太奏效。

一位投放过微信朋友圈广告的知名外企营销负责人曾向媒体介绍，微信朋友圈的曝光点击转化率大概在 2%左右；随着更多广告的入驻，这个数字也在逐渐下滑。相比效果，朋友圈广告的更大作用或许在于公关层面。与此同时，微信为了保证用户体验，会优先挑选创意能力强的广告通过审批，因此微信朋友圈广告投放的内容成本会远远大于其他平台。

综上，以微博和微信为代表的社交媒体的营销，创意成了制胜的关键。好的创意，不用广告形式投放，用社交媒体做话题也能取得较好的传播效果。差的创意，话题做不起来，直接用硬广拉动，花费大把银子不说，效果也未必尽如人意。

2.9　创意带来新天地

创意不仅能够起到营销层面的作用，对于企业的经营思路、架构设置、员工培养等各个方面均能注入新的活力。

例如 Uber，在每个城市只有三名员工，以营销职能为主导，拉动用户增长冷启动，就是创意营销影响企业架构和部门职能的案例。在小米的创业过程中，通过粉丝营销创造出全员皆客服的社会化媒体客服应用机制也是可圈可点的。

小米把全体员工变成客服人员，让懂得产品问题的人回答客户的问题，根据客户的意见更直接地对产品进行改进。客户通过微博向小米反映其产品的功能问题，得到的服务并不像其他企业只会说套话的客服中心一样，而是得到真正开发产品的工程师的意见，并顺利实现双向沟通。

目前还没有公司能够学习小米的全员客服机制，因为为了规避风险，大多数公司没有人能够代表公司发言，即便是企业高层站出来表达观点，也是经过企业管理层或董事层决议的结果。这一点可以说是小米的一个创新，也是创意改变组织架构的经典案例。

总之，灵活创新地利用创意营销的各种手段不仅能够放大营销效果，同时也能够促进其他业务职能部门改变工作方法，提升效率。能不能够做到，就看决策层和企业领袖的魄力及眼界了。

第 3 章

创意营销怎么玩

3.1 企业家该跟雷军学创意

很多人以为，创意营销是企业投资密集的领域，相关人力成本和渠道成本必然提升。事实上，只要有足够的创意，即便投入很少的钱也能带来很大的价值。

举个例子，如果让一个中小企业拿出一万元钱，不做宣传，也不做广告，而是捐赠给公益组织，企业管理者的第一反应可能是：捐赠一万元也太少了吧？能引起关注吗？这一万元钱还不如投入到其他方面。

捐助一万元做公益，看似很平常的事，雷军却玩出了不一样的效果。前面章节讲过“冰桶挑战”的事情，雷军接受挑战的同时，通过微博公布：向美国 ALS 协会捐款 100 美元，向中国的“瓷娃娃罕见病关爱基金”ALS 项目捐款 1 万元人民币。

不仅接受挑战，雷军遵守游戏规则还向美国 ALS 协会捐款，而且还特别为中国的基金项目捐款 1 万元（不在游戏规则之内），尽管钱不多，但名人效应通过这样一个行为，把中国的“瓷娃娃罕见病关爱中心”推到了众人面前。要知道当时的“瓷娃娃罕见病关爱中心”持续 6 年都没有收到超过 1 万元人民币的单笔捐款。在雷军的推动下，接下来的一天多时间内，该组织接受捐款数额超过 4 万元人民币。雷军的这个行为，让他本人和小米再次获得公众的好评。随后国内的诸多名人也参加了“冰桶挑战”，但是在营销方面都没有达到雷军参与“冰桶挑战”的效果。

在这个案例中，雷军的行为不仅借势“冰桶挑战”，同时拉入中国本土公益组织为自己的公益行为添彩。更重要的，雷军也在顺其自然的行为中为自己的企业小米赢得了大众好感。如果不考虑雷军的公益动机，单纯考虑营销动机，这一万元的投入太值了！同样是做公益，雷军抓住了风口，巧妙地引入中国公益项目，取得了营销的曝光度和美誉度。雷军做营销“借东风”、“玩公益”看似不露声色，却是非常有智慧。在本书第 4 章的创意营销三十六计中，会详细介绍“借东风”、“玩公益”这两招。

也许有人会说雷军是“被点名”而参与的，没错！关键是人家“被”点名之后有创意的玩法，积极参加，主动曝光，主动推动中国的公益项目，难道不值得学习吗？

3.2　经理人通过创意实现个人价值

创意营销对于企业来讲意义重大，对于职业经理人个人来讲，也是实现个人价值的重要途径。7 天连锁酒店的 CEO 郑雁南就是一个例子。

众所周知，在 2008 年奥运会举办前，北京及周边的酒店客房无疑会成为稀缺资源，几乎所有客房都会涨价。然而这种简单的涨价行为让消费者难以接受，大多数消费者会认为酒店趁火打劫牟取暴利。

7 天连锁酒店并没有涨价，而是宣布该酒店在北京、天津两地的 9 万间客房全部通过网络平台进行竞拍。所有客房都设最高限价，实际拍卖价超过最高限价的部分，全部用于公益捐赠。这个创意的玩法很吸引人，借公益的噱头既多赚房费又赚口碑，一举两得。

7 天酒店的拍卖模式，让消费者更清晰地见证了奥运期间酒店资源的稀缺性，又有参与感，又有公益活动，大大降低了心理接受门槛。当时在线酒店预订并没有像今天这样普及，7 天酒店的拍卖模式可谓一个经典的创意营销。

时任 7 天连锁酒店集团 CEO 的郑南雁因此次营销事件，获得“中国十大营销人物”、“中国饭店业十大风云人物”等荣誉称号。几年后创立铂涛酒店品牌，任铂涛酒店集团联席董事长兼首席品牌建构师。

3.3 员工通过创意营销提升能力

创意营销不仅对企业家及职业经理人十分重要，即便是普通员工，参与创意营销的过程中也可以培养创意思维的能力。

不过，创意营销需要多做实践和思考，大部分小微企业主都会觉得自己企业的员工缺乏创意。其实仅靠学习和思考其他企业的成功案例很难培养出真正的创意营销能力。正如韩寒在电影《后会无期》中的经典台词：听过很多道理，却依然过不好这一生。

要培养员工的创意营销能力，必须让员工深入参与到创意营销的策划、执行等过程中，学会创意的方法，掌握创意背后的规律，解决创意与落地之间的问题，学会动用一切资源将创意的效果最大化。

本章接下来的部分，希望你对有启发的部分做一下笔记，无论是启发你写一篇文章还是做一个图片，或者是写一个视频的创意脚本，都不要等待，请立即行动，因为创意的灵光就在刹那间，来得快，去得也快，先做完再接着看书吧。

3.4 创意营销的基本原则

3.4.1 一定要聚焦目标

创意营销的目标应该是什么？毫无疑问，首先应该是公司的战略目标。创意营销的所有活动都必须与公司的整体目标结合起来。

例如，某个电影非常火爆，成为了当下最受关注的社会话题，如果公司官方的微信公众号策划一个深入探讨电影的话题，也可能引发公众的高浏览量和关注度，以及带来一些粉丝的增长。

但是这种做法如果从营销的角度来分析，是值得商榷的。即便真的实现了高流量，关注话题的消费者也是因为对电影本身的讨论而关注的。在信息爆炸的时代，任何关于火爆话题的信息都可能受到高关注，毫无疑问消费者不会只关注“一个”信息的讨论。即使话题中有我们的广告植入，也未必能起到作用。

更重要的是，如果企业后期通过积累的粉丝来推动企业信息，目标人群并不精准，消费者瞬间“粉丝转路人”是再正常不过的事情。这就是很多企业公众号粉丝不少，却不能将流量转化为销量的原因。

再举个例子，微信营销刚开始普及的时候，很多企业为了公众号吸粉，做地面推广活动赠送礼品拉人头。当然，我们不排除地推活动中也能收获精准目标人群，但是更多的企业公众号得到的并不是自己的潜在客户群。那些加粉的人是为了得到礼品而扫码加入，这样的粉丝不管有多少，都是“僵尸粉”，没有太大的价值。

因此，创意营销必须与企业的目标直接相关才能具有足够高的转化率。作为公司的领导和管理者，必须清楚地明白，在不同的阶段，公司运营部门的目标不同，盲目地进行营销活动并不一定会给企业带来最佳回报。这也是当下大数据营销进行得如火如荼的一个重要原因。

企业的运作是一个整体，公司的营销活动必须要聚焦到公司战略，在总体战略之下制定具体目标任务，只有这样，才能与其他部门聚焦成一个大目标。在创意营销工作中，能够提升工作的效率，同时也能够从其他部门吸收更多的创意灵感，也更容易把握营销的最佳时机。

综上所述，企业的创意营销首先应该根据企业的目标、企业内部其他各部门的目标制定全年乃至更长远的营销目标规划；其次在品牌、产品、销量、公关活动等多方面对营销工作的目标进行细分；最后要掌握好节奏，逐步落地，创意营销才能产生最佳效果。

3.4.2 聚焦用户、潜在用户与非用户

企业的一切目标都是围绕客户的需求，创造满足客户的价值，并在此过程中获得利润。因此，在规划企业营销工作的同时，应该进行用户分析并以其为指导，创意营销也不例外。

对于用户，企业需要明确一个核心的问题：目标用户是谁？

我们将用户进行逻辑梳理，把用户分为几个层次。第一层是最核心的用户，当下已经成为用户的消费者，对于他们的分析应该更注重忠诚度。他们持续使用我们的产品吗？是否同时也会使用竞争对手的产品？他们出于哪些需求选择了使用竞争对手的产品，或用了什么其他的产品替代了我们？

也许有人会提出反对意见，认为现在的消费者根本没有忠诚度。其实不然，有黏性的产品是有忠诚度的。举个例子，北鼎养生壶在 2016 年的双 11 期间卖了 35000 把，成为天

猫养生壶类销量第一名。他们的老客户复购率很高，因为他们不仅仅是卖壶，他们还时刻推广养生的内容和理念。有价值的内容，卓越的产品，加上频繁的使用率，让客户自然产生了忠诚度。

第二层是潜在用户，他们目前没有购买我们的产品，但将来可能会产生这样的需求。例如洗衣液，与父母生活在一起的年轻人大部分不会自己购买洗衣液，甚至不知道自己家都用了什么品牌的洗衣液，因为大部分父母都包揽了这样的工作。

但随着时间的推移，这些年轻人会组建家庭，这时他们就会有购买洗衣液的需求。因此，企业也应该考虑到如何通过营销让品牌和产品吸引潜在的用户。想要打动年轻一代的消费者，包装的创意、产品的创新就显得很重要了。

第三层就是“非用户”。与潜在用户不同的是，他们现在不购买产品，未来可能依然不会或很少购买产品。比如玫瑰花，属于快速消费品，国人在日常生活中对于此类产品的购买率并不高。

绝大部分女性不会为自己购买玫瑰花，因此玫瑰花看似以女性用户为目标，实际上女性却是玫瑰花产品的“非用户”。实际上玫瑰花扮演礼品的角色，抓住送礼的客户心理才是关键。礼物的“特别”是追求女性的男人最关键的心理需求，因此“蓝色妖姬”才成了鲜花市场的宠儿。

实际上，“蓝色妖姬”并不是蓝玫瑰，而是来自于荷兰的一种人为加工的花卉，市面上的蓝色妖姬几乎都经过染色加工。但经过营销策划和包装就大不一样了，比如“蓝色妖姬”的花语是：“相守是一种宿命，人世轮回中，怎样才能拥有一份温柔的情意！”蓝色妖姬便瞬间成为一种有情调的鲜花。

对于企业来说，有时候抓住“非用户”群体能够帮助企业更有效地挖掘产品背后的价值，进行更有针对性的创意营销。

3.4.3 聚焦价值、功能、场景

我们分析了消费者的一些特性，然而市场是时刻变化的，竞争对手的策略也在不断调整，那么我们应该如何紧追市场和竞争对手的步伐进行创意营销呢？答案还是要聚焦。

聚焦什么呢？聚焦价值、功能和场景。

首先是聚焦价值。只要存在就是有道理的。你的产品能在市场上销售，肯定是存在价

值的。这个价值信息如果能够传达给更多的消费者，那么必然就有成交的可能性。创意聚焦价值，就是说创意要围绕表现产品价值的信息去操作，就能把握住营销的本质。

其次要聚焦功能。一般的产品都有很多功能，特别是数码产品。功能是产品价值的具体表现。在大部分情况下，推广产品的功能要根据不同人群做出调整。比如，有一个企业开发的“聚宝盆”多功能签字笔。这支笔能拧十字螺丝、一字螺丝，能测量尺寸，能验钞票，有很多功能，不同的人群对其功能的关注点也是不同的。因此，需要聚焦到最核心的功能，也就是说要聚焦到大部分人群都会关注的功能。

需要指出的是，创意聚焦功能是把产品最核心的特点展现出来。产品特点有时候并不一定是产品的功能。比如，苹果曾经推出的一款 13 寸笔记本电脑，小巧玲珑，边缘非常薄。显然，“薄”是给人的直观特点，不是产品的功能，但的确是产品的重要卖点。有网络推手做创意，用这款笔记本去切菜（后文有介绍），这个创意营销表现手法很成功，但是聚焦的却不是功能，而是产品的特点。

最后是聚焦场景。任何消费者的消费行为，都具有相应的场景。比如，过年一定要吃饺子，北方人吃饺子就会吃醋。如果缺乏一个吃饺子的场景，那么醋的购买就不是消费者当下要解决的事情。我们做创意营销，在聚焦场景上恰到好处，各种氛围就能够塑造出来，营销的目的也容易达成。关于场景营销，本书第 4 章在“玩场景”这一计中有详细的案例和分析。

3.5　打造创意营销三部曲

3.5.1　打破砂锅问到底

有非常多的企业在进行创意营销的过程中容易陷入死循环，开会讨论——想点子——想不出契合实际的点子——休息一下——继续开会讨论……不了了之。最终企业会照本宣科式地一次又一次重复过去的营销模式，当发现效果达不到预期甚至越来越差时，再重新开始开会讨论，再到没有结果，再到继续循环老的营销模式。

在前面的章节中，我们提到客户、客户的需求及客户需求背后的本质，并强调这是创意营销的根本。这并不是一个“绕口令”和空洞的理论，而是必须要重视的问题。当你的团队再一次陷入“不了了之”的陷阱时，不妨开始这样发问：

我们的产品的真正价值在哪里？

我们的产品的功能有哪些？

我们的产品应用的具体场景是什么样的？

我们的营销活动究竟要影响谁？

无论答案有多少，一定要详细讨论至某一细分人群，以及他们扮演着何种社会角色。不怕宽，也不怕窄，就怕不细分、不深入。

接下来继续发问：

这种角色需要这一产品或营销的心理动机是什么？

在回答这一问题时，必须要让团队的每一个人深入地进入角色情景。可以让有这种角色经验的人分享自己的经验，甚至可以发动整个团队去询问自己身边的这种角色。

然后让我们继续发问：

如何才能刺激目标角色的情感需求，让他们产生购买动机呢？

在回答这一问题时，不仅要把团队成员都带入角色，还要开始联想我们所有能够想到的生活场景，从自身出发思考刺激手段。

通过这样的思考，相信很多团队都能够走出创意困境，打开创意营销之门。

3.5.2 构筑模型，充分发散的素材库

思考完相关问题，我们可以开始模拟一下构筑创意模型的场景，并充分利用自己生活中的素材，开始一场创意会议。

假设你的公司是一家贺卡公司，再假设母亲节即将到来，如何通过母亲节进行一场创意营销来广开销路呢？

当你召集自己的营销团队走进会议室，首先依然提出第一个问题：

我们的营销活动究竟要影响谁？

针对母亲节，我们的营销目标应该是子女对吗？无论是康乃馨还是我们销售的卡片，都应该是子女送给母亲的礼物。

接下来继续发问：

子女送礼物给母亲的心理动机是什么？

可能是：

a．别人都送，我也应该送；

b．平时很少表达对母亲的情感，借着节日好好回报母亲一回；

c．我的母亲很辛苦，我必须感谢我的母亲辛苦将我培养成人；

……

理由可能会有很多。

但是总结各种理由，我们会发现，最重要的是感恩心理。

好了，接下来提问：

如何才能刺激消费者的感恩需求，让他们产生购买动机？

最关键的点到了，就是要刺激需求！必须要深度刻画感恩心理，我们要让消费者明白，母亲究竟有多辛苦！那么就通过会议中所有做过母亲的员工来描述母亲有多么辛苦，如果没有，那么就发动所有员工跟自己有子女的亲戚、朋友聊天，获取所有信息，然后再总结作为母亲的辛苦程度，接下来就只剩下确定一个表现形式——创意的外壳了。

以上的场景设想来自于一个真实的案例，我们可以看看美国的一家卡片公司是如何在母亲节进行创意营销的。

公司叫作 Cardstore，曾经在一年的母亲节前夕，用网络推动了一则“Rehtom 集团公司”的招聘广告。招聘运营总监，职位描述如下：

这是一项充满挑战性且非常重要的工作，责任和要求相当广泛，具体为：工作地点不固定；有充分的体力与耐力（因为，有时你不得不通宵熬夜地工作，各种节假日、公休日都难得休息，还必须随叫随到）；要具备金融理财、行政管理、烹饪技巧、医疗常识和艺术修养；要有出色的谈判技巧和人际交往能力；要每时每刻关注员工；能容忍员工带给你无法想象的感受。

薪金待遇：零。

面试方式：面试官通过视频与应聘者交流。

特别提醒：请你不要为这则招聘启事表示惊诧或愤怒，我们要告诉你的是，这份工作有机会让你获得本公司员工最高的尊重与爱戴，并期待你对这份工作报以热情，祝各位好运！

通过各种网络渠道的宣传，这条奇葩的招聘广告获得的浏览量超过 240 万次，但依然有 24 位好奇者接受了面试，最终所谓的“Rehtom 集团公司”挑选了 12 人进入面试环节。

虽然网络上发布的职位描述已经很奇葩，但是面试过程中“Rehtom”面试主考官通过视频与应聘者交流时依然重复提出了这些问题。

以下是面试官与一位应聘者的视频交流片段：

面试官：这一职位要求掌握理财、管理、烹饪、医疗等知识，因为你要照顾你的同事，为他们做饭，并等到他们吃完，你才能吃，等到他们睡着，你才可能去睡一会。这个你能做到吗？

应聘者：呃……这个……我可以接受吧？

面试官：如果你做了这份工作，要放弃你个人喜欢的生活，甚至在同事遇到危险的时候，你要用生命去保护他们。

应聘者：听上去很吓人，是特种兵吗？还是消防兵？

面试官：都不是。每周你要 24 小时在岗，工作超过 130 个小时，你能承受得了吗？

应聘者：我又不是机器人，我也要休息啊？即使是机器人，也需要维护保养啊！

面试官：不仅如此，所有节日你都必须坚守工作岗位，这个要求你能接受吗？

应聘者：不能请假吗？如果这是一份有前途的工作，我倒是可以考虑。

面试官：这份工作你一旦签约，就要终生在岗，不能辞职，也没有任何发展空间。

应聘者：呃……

面试官：如果没有工资，没有奖金，除了尊重和爱戴，你不会得到一分钱回报，你会签约吗？

应聘者：简直在开玩笑！没有报酬我怎么生活？这个条件太苛刻，我不能接受，也不会签约！

……

面试官：你确认不能接受这份工作吗？

应聘者：不能接受！

面试官：你相信有人会接受，并且正在做这项工作吗？

应聘者：我不相信有人可以接受，我说的是正常人。

面试官：我如果告诉你，世界上有几十亿人正在做着这项工作，你相信吗？

应聘者：这到底是一份什么工作，会让这么多人感兴趣？

面试官：包括你在内的所有面试者都认为这个工作变态、不可能存在，我现在就告诉你，这个岗位确实存在，她的名字就叫“母亲”！所谓的“Rehtom”，其实是“母亲”（英文 Mother）倒过来的拼写，“运营总监”就是我们的母亲。请你想想，每个母亲是不是都符合这些工作内容？只是我们常常忽略而已！

类似以上这样的对话是通过 12 位面试者的面试视频剪辑出来并呈现在公众眼前的。视频中，面试官揭晓谜底的一刻，几乎所有的面试者都经历了从大笑到情不自禁哽咽流泪的过程。

而视频的最后，也暴露出广告主的目的，一句广告语显示在屏幕中：母亲节，给你们的妈妈送一张卡片吧！

这是 2014 年发生在美国的一个真实营销创意，当时这个视频在互联网上引发了巨大的反响，该公司获得的回报也相当可观。而且视频一经流传到中国，就迅速有人抄袭了这一创意，同样引发了一定的传播量。

怎么样？如果按照上文提出的三步进行提问：

消费者是谁？情感诉求在哪里？如何刺激他们的情感诉求？

你的团队能够想出这样的创意吗？

即使体现形式不一样，也一定会产生很有趣的创意吧？

只要掌握了以上的创意构筑模型，并充分调用员工在生活中积累的素材库，相信你的营销团队一样能够产生非常棒的营销创意。

如果你的团队中有年轻的员工，他们给出的答案可能会很有趣。当然，有趣的创意不一定能全部落地，创意也必须具备可行性，不过至少你已经有了挑选创意方案的资格。

3.5.3　筛选排列，性价比、创新性与排除法

当我们准备开会讨论营销创意时，有几个重点是我们必须重视的。首先就是参会人员

的差异化，男性与女性，少年与长者，高管与基层员工，各种教育背景和专业人才，各种经济状况的人，参会者越丰富越好。足够的差异才能产生碰撞，如果是一群生活经历十分类似的人，是绝对不会产生好的创意的，伟大的创意往往来自于意想不到的冲突。

同时，会议的氛围也非常重要，充满诡辩和敌意的会议是不会成功的，会议的组织者必须判断每个在场的人的表现，鼓励在冲突中提出具有建设性的意见，鼓励参会人员更积极地发言。

会议的组织者在会议中提出的讨论问题不能过于聚焦于公司的某款产品或某个服务，一定要抽象出更深层的概念，比如讨论公司为客户提供的产品时，就可以替换成“价值”，或者“服务”、“解决方案”等。这样就能够避免讨论向非常细节的方向发展，而更能引发发散性的思考。

在进入总结和评价阶段之前，必须保证我们已经想出了足够多的创意方向，甚至确认所有创意已经被压榨干净了。

当我们面对几个或更多灵感爆发的营销创意时，需要做的就是从中挑选出最佳方案。千万不要认为这是简单的工作，尤其是通过主观判断来进行选择。实际上，最容易扼杀好创意的人恰恰是企业高管和企业老板，一旦对好创意的评价由权威主导，选出真正的创意的概率就大大降低了。

我们必须创立一套合理的程序来对创意进行评判，而这套程序必须能够帮助整个团队放下偏见，纵观大局，客观地分析每个创意。

首先，必须在评选过程中规定不记名上交方案，否则很难排除“让老板开心”的意识。而且在流程中也不能让任何人知道其他人选择了什么，甚至包括留下笔迹。这样才能做到绝对公平。

除了公平以外，我们还必须设立标准，这些标准与我们进行创意营销活动的目标息息相关。只有符合标准，才能成为真正的营销创意。以下问题可以作为参考标准：

- 这个创意解决了营销痛点吗？
- 这个创意足够独特吗？
- 这个创意比竞争对手更高明吗？
- 这个创意能提升消费者对我们的印象吗？
- 这个创意切实可行吗？

- 这个创意的收益能够高于成本投入吗？
- 我们具备执行这个创意的能力吗？

根据上文提到的公平和匿名原则。我们可以用纸条和贴纸的方式对创意进行打分。例如每人都会得到红、黄、蓝三色的贴纸，分别代表 1 分、2 分、3 分，还有一张打分表格，在各个问题的后面贴上三种颜色的贴纸。最终根据得分对几个创意进行排名，在这一轮中有一些明显无法参与竞争的想法会被淘汰掉。

除了会议中的评判外，还要鼓励成员对大家提出的创意进行调查。办公室会议的最大缺陷就是"想当然"，团队里的每一个人都已经对自己的产品太过了解，这种了解也极有可能成为偏见。

最可怕的是，团队成员自己并不会感觉这是一种偏见，也绝不会四方求证自己的观点是否正确。因此，一定要鼓励自己团队的员工走出办公室、走出自己的部门，广泛地征求意见，通过其他人的眼睛，尤其是外行人的眼睛来审视创意方案。即便结果有可能与我们常年培养出的团队的判断相反，也一定不要重拾自己的假设，一定不能忽视外来意见的重要性。经过外部调查后我们可以再次开会专门分享这些调查结果，并再次进行打分，重新排名，进而通过两轮筛选评选出最优方案。

在我们经过重重测评确定了创意方案之后便可以进行以下工作。

小范围推广：将创意做成简单的 Demo，在身边的朋友或公司员工中小范围地寻找目标群体，在不公布真实情况的前提下进行小范围传播，试探大家的反应。观察是否能够引发大家的兴趣，是否能够打动、影响或者感染目标用户。

持续改进：当营销创意经历小范围推广而取得好的效果时，我们依然要对创意进行深入挖掘，能否再精彩一点？能否再意外一点？能否更加与众不同？能否更感人？语言能否更精炼？能否通过其他手段放大效果？即使到了执行阶段的最后一秒，创意都依然有改进的空间，千万不能松懈。

全面推广：走到这一步，创意营销活动就已经没有退路了，在经历各种最终改进、检查与评估后，创意营销活动最终会走向市场，可控性已经并不完全掌握在企业手中了，而能否成功完全取决于此前的功课是否做得足够，另外就是执行的程度和对于创意营销活动过程的引导了。

3.5.4 时刻总结，保持团队的积极性

有了创意，不努力地执行，之前的所有努力都是零。要让创意营销有效落地，就必须在筛选过后从 Demo 到最终推广的过程中不断对创意进行改进。这种改进不仅仅包括文案、细节等文字、图像、表现形式的改进，同时也包括继续扩大用户调查，根据用户反馈和数据不断论证和调整我们的方向。

我们永远无法保证我们提出的情感需求能够感染所有用户，也不能幻想我们的创意能够迅速击中用户内心最敏感的神经。因此，必须通过不断调研对用户的需求进行深入细分，在广度与精确性这两点上不断权衡，才能尽量接近最平衡的阈值。

另一方面，除了我们自己的经验，也不能过多地受到其他成功营销案例的影响，哪怕是竞争对手的案例都不能使其对我们的判断产生过多影响。时间不同、场景不同、公司体制不同、营销传统不同，经验最多只能作为参考而不能直接效仿。一切营销的成功案例中一定带有某些偶然因素，必须基于当下的情况来决定自己的方向。

福特野马团队就曾经犯过缺少调研、主观臆断的错误。野马是福特历史上最成功的车型之一。“大马力美式肌肉车”是其定位，但在一次改款之后，虽然换代版马力稍有提升，但却收到大量用户抱怨：新款野马的马力不如老款好。经过大量调查，最终发现企业对于“马力”这一概念的理解与消费者的理解出现了偏差，企业的理解是机械动力概念，而用户却是通过车辆的平稳性、噪声等来理解“马力”的。所以在新款改进了车辆噪声与平稳性后导致消费者认为“马力”不如从前。这也就是福特野马没有调查用户心理，也没有结合这种心理调整营销策略、宣传产品新卖点的结果。

在营销方案真正执行前，无论调研还是小范围“试水”，其深度、广度与精度上都无法与真正的营销群体重合，只有在创意营销真正落地执行以后，其效果才能显现出来。没有人能够百分百地预判营销落地效果。

因此，作为企业管理者，对于创意营销方案的效果，应该乐观地看待，无论当下的效果如何，都应该鼓励团队成员总结经验，继续努力，切记不可破坏团队成员创新的积极性。

第 4 章

三十六计详解

前面章节讲过创意的价值，那么如何在网络营销中玩转创意呢？除了依靠自身的积累，创意也是有一些规律的。特别是在网络营销应用中，创意有一些方法可以遵循。本章是本书的重点，将详述网络营销创意背后的方法和规律。

4.1 第一计：挖历史

我们先来看一句中国的古语，叫作“欲灭其国，必去其史。”这句话出自清代著名学者龚自珍，原句为：“欲要亡其国，必先灭其史，欲灭其族，必先灭其文化。”大概意思是说要消灭一个国家，首先要篡改和抹黑它的历史。

向历史追溯，唐太宗曾经说过：“以铜为鉴，可以正衣冠；以史为鉴，可以知兴替；以人为鉴，可以明得失。”也在强调研究历史的价值，强调历史的重要性。

4.1.1 曹操故里纷争背后是经济发展争资源

下面我们来看一下发生在 2009 年的一个事件。

从 2009 年 12 月开始，三国的曹操在媒体圈和公众视野里很是火了一把。导火索是当年 12 月份北京的一场新闻发布会，发布会上有关部门称“安阳县西高穴村抢救性发掘的西高穴 2 号墓，经权威考古学家和历史学家确认为魏武王曹操高陵”。一时间，关于曹操的出生地、曹操的故里、曹操的墓地、曹操的籍贯，都有学者和地区政府官员频频在媒体发声，甚至组织专家研讨会，各路史学专家、考古专家、评论家纷纷撰文，争相晒考古证据。

为什么会出现这种情况呢？接着来看新闻。

据中国新闻网《亳州想与安阳共同打造“曹操牌”》一文中报道：

“曹操墓在安阳的发现，在曹操出生地安徽亳州也引起了很大的震动，安徽亳州市旅游局副局长赵威接受采访时称，亳州市派出考察组赴安阳现场察看，从反馈回来的信息，结合三国志和其他史料分析，基本可以断定这座曹操墓是真的。赵威还表示，这次安徽亳州派人去安阳，还有一项任务，就是希望能和安阳建立旅游方面的合作，共打“曹操牌”，共同开发，实现双赢。与河南的许昌、安阳联合，形成一个完整的曹操文化游旅游线路。如果想了解曹操的身世，就到安徽亳州，如果想了解他的丰功伟绩，就到安阳和许昌。”

“毕业于南开大学历史系的裴钰最近几年一直致力于人文研究，他认为，曹操墓的发掘和保护，必然会有商业旅游开发，这是很自然的事情。”“曹操墓作为全新的一个文化旅游景点，比殷墟、岳飞故里更加引人注目，按照安阳旅游业平均值 214.8 元（安阳在黄金假期里，从每个旅游者腰包里“赚取”了 214.8 元）计算，比照兵马俑的参观人数，曹操墓最低有 4.2 亿元的收益。”

根据上面引用的两段原文报道，显然争论的背后是区域旅游业的发展，是影响区域经济发展的重要问题。当然，如果是在尊重历史的基础上，有理有据地争论无可厚非，如果是捏造史实就不可取了，因为在历史的长河中，任何弄虚作假都经不起考验。

笔者把这个案例引入，只是想让大家看到历史背后的价值，特别是对于旅游文化产业来讲，有深厚历史的区域挖掘历史有重大的经济效益。

4.1.2 黄山改名后的尴尬：警示城市发展要重视历史

20 世纪 80 年代，不少地区为发展旅游业，把行政区的名字改成辖境内景点的名字，如崇安县改名为武夷山市（1989 年）、大庸市改名为张家界市（1994 年）、南坪县改名为九寨沟县（1998 年）、中甸县改名香格里拉县（2001 年）等。1987 年，安徽省的原徽州地区因境内辖有黄山风景区，改名为黄山市（地级），原黄山市（县级）成为其下的一个区。

当时，黄山市的改名确实在一定程度上能借一点黄山景区的光。但是黄山市却丢掉了

“徽州”这个有近千年历史的旧称，城市少了太多的文化底蕴。黄山市、黄山区、黄山风景区也经常给游客带来困扰。

1998 年，《人民日报》发表《可惜从此无徽州》时，黄山市政府还曾致函人民日报报社，说文章“在社会上造成较大负面影响”，“观点也是有违党中央、国务院关于黄山发展的批复和要求的”。

30 年后的 2016 年 4 月，有学者呼吁黄山恢复“徽州”旧称，得到相当多的支持。笔者认为，随着旅游经济对文化历史的日渐依赖，各地都在积极打造集自然、人文于一体的航母级景区，有近千年历史的徽州有着广阔的想象空间，远非黄山一个景区所能比肩。“徽州”作为符号所代表的名人故里、徽商文化、徽派建筑等一系列历史文化价值，是旅游驱动经济发展的新动能。从这个角度来讲恢复旧称是有现实意义和长远意义的事情。

然而，历史就是历史，不是小孩子过家家。“徽州”改名“黄山市”已经 30 年，再改回来，将会有数亿元的直接经济损失。

再以石家庄为例，现在想改名“正定市”或者“西柏坡市”，有专家算过一笔账，将至少耗费 10 亿元，其中公章、证件重置成本 1 亿元，还不包括市民要付出的隐性成本（更换证件的时间和路费）。

笔者认为，历史的价值就像老酒，要细细品味才会有弥久的芳香。一些区域和企业不珍惜历史，甚至为了追逐眼前利益毁灭历史文化（文物），在人类历史发展的长河中最终会遭到唾弃。

4.1.3　有历史支撑的企业营销更有内涵

我们思考一下，一个没有历史、没有文化的城市将会怎样？一座城市没有了历史，没有了文化，不但会失去记忆，也会丧失灵魂。同样，一个在营销上从不重视历史和文化的企业，必然缺少信仰！

笔者认为，挖历史对于当代的企业营销而言有重要的现实意义。很多企业正是凭借着对自身深厚历史的挖掘而打响了品牌，走上巅峰之路。

相信很多人对于这样一则广告并不陌生，它有着精美的画面表现、古风的经典配乐、富有磁性的播音及深厚的历史内涵，自 2001 年播出至今，这段广告词也已经深深扎根在消费者脑海里：“你能听到的历史 124 年，你能看到的历史 162 年，你能品味的历史 428 年，国窖 1573。”

（扫码即可观看，2001 年国窖 1573 第 1 支广告视频）

（扫码即可观看，2016 年国窖 1573 第 1 支广告视频）

从这两则广告可以看出，国窖 1573 不但善于挖掘自身品牌的历史，还有着相当强的整体历史文化意识。国窖 1573 是泸州老窖旗下最高端的白酒品牌，源于明朝万历年间（即公元 1573 年）的“国宝窖池”，品牌名称由此而来。在 LOGO 设计上，“国窖”两字也将手写仿宋体“国窖”刻在中国传统建筑瓦当的图形上，以加强历史的厚重感和沧桑感。而 1573 更加明确背书了国窖这款白酒的历史。

与此同时，国窖 1573 这则广告还追溯了留声机和照相机的历史：留声机于 1877 年发明，照相机产生于 1839 年，与这两大人类文明产物相比，国窖 1573 可以品尝的历史却还要长久得多，更加凸显出它源远流长的历史脉络。另外，这则广告的有趣之处还在于，随着时间的推进，它每年都会更改广告语的时间，把过去的时间也加入历史中，就这样一直延续到今天成为经久不衰的经典。

不过近年来，传播的媒介渠道和内容都已经碎片化了，国窖 1573 的品牌推广还没有进行相关尝试。笔者认为，展现历史也不一定非要用传统的方式，也可以用新技术比如 VR 去表现历史文化。在这方面，国窖 1573 还可以有很大提升空间。

同样运用挖历史打造出品牌知名度的酒类企业不在少数，比如剑南春，从取名到定位都离不开历史。剑南春产于四川省绵竹市，因绵竹在唐代属剑南道，故称“剑南春”。四川的绵竹市素有“酒乡”之称，早在唐代就产闻名遐迩的名酒——“剑南烧春”，所以又称“大唐国酒”。不过大唐国酒的内容传播需要解释，否则没有信任度。

4.1.4　国内外企业挖历史的营销案例

“从结绳记事，到圆周率；从万有引力定律，到二进制；科技文明的每一次飞跃，都由计算为其注入能量。阿里云看到，计算的价值，绝不止于计算本身；计算，让人类突破科技极限，探索未知。它助力基因测序技术，解码生命的奥秘；帮助提升新能源产能，为下一代造福；它让金融展现多样性，把平等普惠带给每个人。有时，它也温暖人心，帮助万千家庭拥抱团圆。无论现实生活，还是未来的运筹帷幄，阿里云发挥计算的力量，为了无法计算的价值。”

在 60 秒的宣传片里，阿里巴巴用抽象的方式向人们介绍了“云计算”的重要性，以及它如何改变人们的日常生活，比如你可以在广告中看到孝顺的儿子帮助母亲把积蓄存入余额宝；春运时人们顺利买到了回家的车票，这些让生活更加便利的现实场景，均建立在阿里云的技术支持上。对于不了解“云”为何物的大众而言，阿里巴巴的这次科普式广告应该算是一次很不错的尝试。

阿里云，为了无法计算的价值

阿里云品牌形象广告

不仅国内的品牌重视历史，国外的品牌更是深谙此道。

香奈儿自1910年创立以来，一直将创始人可可·香奈儿视为品牌的精神偶像，在进行品牌宣传的时候，从来没有离开过它的创始人香奈儿女士以及由香奈儿所代表的独立精神。事实上，追溯历史一直是香奈儿品牌所津津乐道的："香奈儿品牌秉承了创始人香奈儿女士划时代的创新理念与前瞻创意，成为现代女性美学的风向标。无论时尚精品、香水与美容品、腕表与高级珠宝，都致力于为女性塑造自由、优雅、与众不同的风格。"

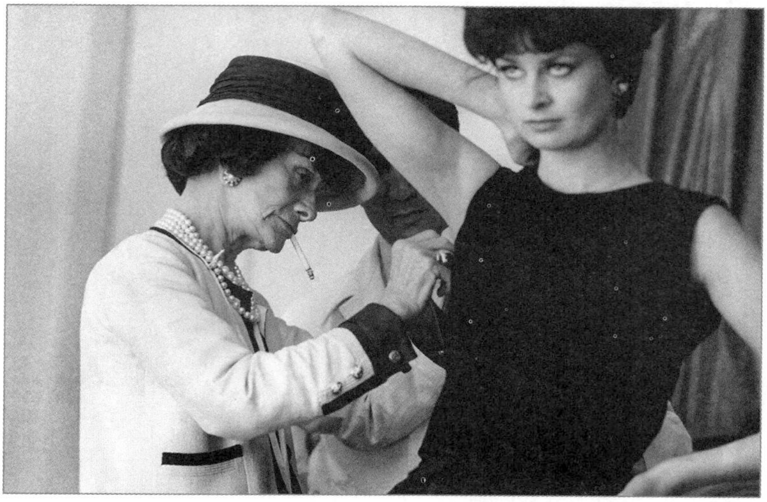

香奈儿在工作坊中

香奈儿一生都没有结婚，但是她的爱情故事流传甚广，她生命中交往过的每一个男性都是激发她创意的泉源，在她不懈的努力下，终于创造出一个伟大的时尚帝国，同时追求自己想要的生活，其本身就是女性自主最佳典范，也是最懂得感情乐趣的新时代女性。

不仅仅香奈儿，其实大部分奢侈品都很会挖历史。下面这张广告海报以生动的方式表明了路易威登的诞生历史。1854 年，路易威登品牌成立于法国巴黎，从做旅行箱起家，这张海报反映的就是背着 LV 旅行包的时髦男女，时至今日，路易威登的种种经典设计一直顺应着旅行历史的重要发展趋势。

路易威登广告海报

2015 年，“路易威登系列二——过去、现在和未来”时尚展览在北京举办，展览以种种出人意料的现代手法，回顾和解读了路易威登一百多年的发展历史，同时向观众展示设计师和他们的创作世界，并以此为根基，塑造路易威登的未来。

2015 年路易威登北京展览图片

再来看看支付宝的营销创意。支付宝十周年，发布了第一支广告片——《账单日记》，记录了一位女孩十年的经历。十年，“3 亿人的账单算得清，美好的改变算不清。”《账单日记》从一个女生的视角讲述 2004 年至 2014 年的人生经历和变化，而支付宝账单为她记录下了这些成长。

同时支付宝推出了用户历史账单日记：“算账的时候到了！”

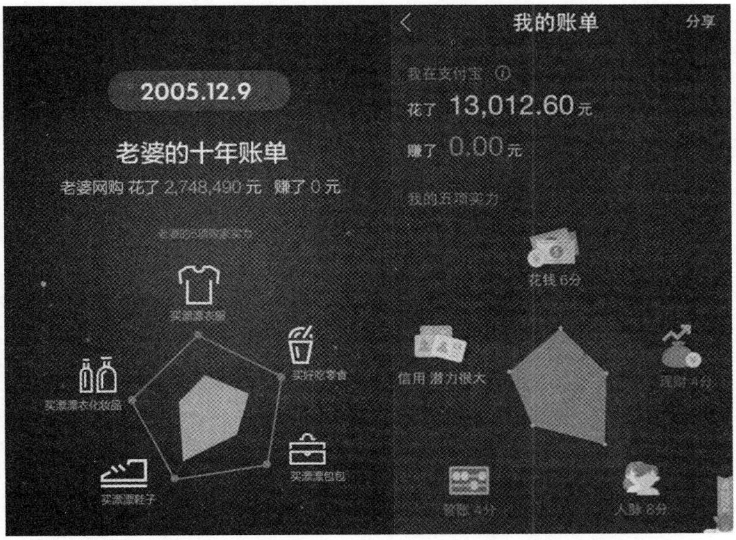

网友晒账单："账单"连接十年的记忆，触达用户内心情感

支付宝为用户做了过去十年的账单日记，挖掘了可能被用户自身遗忘的历史，这些故事承载了用户过去十年生活中的点点滴滴。比如，买了什么东西，给谁缴了电话费，甚至过去的邮箱账号、过去的密码，过去的很多回忆会浮上心头，建立起用户与支付宝的联系。

正如意大利学者所说："一切历史都是当代史。"历史以当前的现实生活作为参照，没有当前的生命，就没有过去的历史可言。而真实的历史对人类的发展和文明社会的建设具有强大的启发和借鉴意义。

习主席也说过："昨天、今天、明天，过去、现在、未来，三点连成一线，串连出历史发展的惯性和趋势。制度方法探索变迁可以超越，价值理念从古至今一脉相承，'知止而后有定'，目标的确定才是道之所在。"

综上所述，历史是最好的老师。无论城市经济发展，城市品牌建设，还是中小企业的营销，都可以从历史中获得启发，获得收获。那么企业应该怎样挖掘自身的历史？又该如何找到企业与历史的契合点，以此进行品牌增值和创意营销呢？接下来我们用一系列的表格来总结和说明。

4.1.5 中小企业网络营销如何挖历史

这套表格是笔者本人多年的创意营销经验，凡是苦于不知道如何入手挖历史的朋友，可以带着你要做营销推广的产品或者服务，先从下文的表格开始思考。我们先看第一个表格。

挖历史应用表格：挖产品的历史

挖历史的角度	六个问题	表现形式
挖产品的历史	你的产品名称和品牌名称是怎么来的？	软文
	你的产品和品牌名称历史资料中有没有依据？	品牌故事、活动营销
	你的产品是第几代产品了？	活动策划
	你的产品老客户如何评价？	客户见证
	你的产品原材料是否有历史？	软文
	历史上有没有名人评价过你的产品？	软文、事件营销
	历史上有没有名人评价过你的行业？	软文

对照这个表格，我们给出一个实际案例进行比对，以加强它的实际操作性。

1996 年，露华浓进入中国，这家来自美国的日化公司为了更好地打开市场，将其品牌的名称 Revlon 翻译为“露华浓”，为什么这么翻译呢？其实就是为了让品牌更容易被中国人接受，于是从品牌名翻译就开始挖中国的历史。

露华浓的广告

李白描写杨贵妃的《清平调词》有这么一句：“云想衣裳花想容，春风拂槛露华浓。”于是“露华浓”便这样诞生了。在中国古典文学历史中找到了与品牌完美契合的诗句，产品名称迅速为人所熟悉。虽然露华浓在 2014 年宣布退出中国市场，但是这个美好的名字依然留在了消费者的记忆中。

谈及在中国市场的最终失败，有业内人士表示，露华浓“既没能成为一个专柜型品牌，也没能成为一个走量的大众型品牌；既不是很专业的护肤品牌，也不是很专业的彩妆品牌”。

“不光价位，品牌定位也偏向低端。专柜的东西怎么可能在超市卖呢？像雅施兰黛如果在超市里面卖，那商场还会要它吗？所以它在商场和超市都不受欢迎。上下都想通吃，这是不对的。”

尽管 2014 年露华浓就已经宣布撤出线下渠道，但是其品牌的知名度依然有影响力，在京东、聚美优品、唯品会等电商平台上，我们可以看到其产品仍然有一定的销量和数十万的关注度。产品价格策略和渠道策略出现失误，但是从脍炙人口的诗词中找到的品牌灵感依然在发挥作用，这就是挖历史带来的价值。

我们再来看第二张表。

挖历史应用表格：挖行业的历史

挖历史的角度	六个问题	表现形式
挖行业的历史	你所在的行业起源于什么时间？	软文
	你所在的行业发展史是怎样的？	软文、品牌故事
	你所在的行业发展过程中的大事件有哪些？	活动策划
	你所在的行业有没有名人轶事？	事件营销
	你所在的行业领军人物和企业有哪些？	软文、宣传册
	你所在的行业国外发展历史如何？	软文

以上表格中的问题，只要系统梳理，不仅可以通过文字、图片、漫画、视频、音频等落地，在事件营销、软文营销、活动营销中都可能应用到，甚至梳理过后很有可能给你带来新的灵感和创意。

再来看第三张表格。

挖历史应用表格：挖区域的历史

挖历史的角度	六个问题	表现形式
挖区域的历史	你的公司或者产品所处的区域有没有历史？	软文
	区域历史中哪些元素可以为你的产品增加好感？	品牌故事
	什么样的区域历史不能用？	事件营销
	区域历史在中国历史中的地位如何？	软文
	人们对于区域历史的认知程度如何？	产品手册
	区域经济发展现状与区域历史的关系如何？	营销战略

这个表格中的前两个问题不需要回答，相信读者能自己找到答案。那么什么样的区域历史不能用呢？那就是不能给我们带来品牌美誉度或者不能给我们的产品带来好感的，比如同样是陕西苹果，如果说是“革命老区的苹果”，是不是就会让消费者自然有好感呢？

同样，如果销售江宁特产，没有几个商家敢说是“秦桧家乡特产”，当然秦桧故乡到底是不是江宁还有争议。不过如果逆向思考一下，按照老百姓的道德标准转换一下，特产也就能卖了。

据民间传说，岳飞被秦桧夫妇施计杀害于风波亭，军民对此无不义愤填膺。临安一户饮食摊贩得知消息后也深感不忿，就搓捏了形如秦桧和王氏的两个面人，绞在一起放入油锅里炸，并称为“油炸桧”。人们为了发泄愤怒，便争相购买。随着顾客越来越多，店铺就简化制作工序，直接把两条面缠绕起来油炸，成为现今常见的油条。至今，有些地方仍把油条称为油炸桧或油炸鬼。

试想一下，如果江宁旅游也按照这个思路来做，秦桧这个历史人物也可能给当地的旅游带来一些效益。

在挖区域历史的过程中，还要重视区域历史的认知程度，如果影响力太有限就没有必要挖了。如果要做全国市场，也要考虑区域化的标签对未来发展是否有障碍。如果区域发展历史能够和区域经济相结合，这样的区域历史必须要深挖。

我在贵阳有个企业家学员，在梵净山脚下拥有 2 口泉水，各项指标均符合国家矿泉水标准，特别是高锶低钠，在天然矿泉水中属于上品。我介绍了中国科学院上海技术物理研究所姚鼎山教授给他，姚老师鉴定了 2 口矿泉水的相关材料，给予充分肯定。恒大冰泉做水，又有资金，又有渠道，团队也不差，到 2016 年上半年为止累计亏损高达 40 亿。那么他这款水如果生产出来后应该怎么推呢？当然，在推广之前还是定位和定价这些老问题。

在这里我们讲挖区域历史，我建议他先研究贵州省的生态旅游发展规划，如果梵净山政府投入宣传和推广，正好可以拿过来直接用，梵净山天然矿泉水自然也就出来了。因为梵净山的旅游未来对于贵州省的经济增长将会有重要拉动作用，政府必将花大力气推动梵净山的营销。这款天然矿泉水的推广必须要和区域历史结合起来。回过头来再看恒大冰泉，如果集中火力打长白山水源历史，或许结局就不一样了，至少能在东北市场打出一片天地。

（扫码延伸阅读：恒大冰泉巨亏 40 亿，到底败在哪？）

挖完产品的历史、区域的历史，还可以挖创业的历史，请看第三张表格。

挖历史应用表格：挖创业的历史

挖历史的角度	六个问题	表现形式
挖创业的历史	你是什么时候开始创业的？	软文
	你是什么时候开始做现在的项目的？	软文
	创业过程中哪些事情印象最深？	软文
	创业历史的精神内涵在哪方面？	企业文化
	创业过程中谁给你的帮助最多？	宣传册
	创业团队人员流动或者产品更新是否值得回顾？	软文

以上表格的内容，基本都不需要回答，对照每一个问题认真思考，从中找出值得传播的点，就可以演变为企业营销的方法和具体的落地点。

最后一张表格是万能表格，任何企业，无论处在哪个规模都可以很容易地使用。

挖历史应用表格：挖唐诗宋词

挖历史的角度	六个问题	表现形式
挖唐诗宋词	你的产品唐诗宋词里有没有？	漫画
	你的品类词唐诗宋词里有没有？	漫画
	你的品牌词唐诗宋词里有没有？	软文
	你的客户关注的关键词唐诗宋词里有没有？	搜索营销
	如果以上情况唐诗宋词中有，如何应用？	列表择其主
	是不是所有的情况都可以应用唐诗宋词？	必须有美好寓意

以我 2015 年创办泉之媒为例，一直也没有找到合适的名字，最后着急注册，就以我的笔名青泉最后一个“泉”字来命名，“泉之媒”。对外讲品牌故事，总不能这样讲出来啊，于是我们也用了挖历史这一招。

我们在礼记中找到这样一句话“天降甘露，地出醴泉”，于是我们在官方网站上这样阐述“泉之媒”的寓意：泉，“水原也”。通俗地说就是地下水天然露出地面的地点，因此泉水是人类最好的饮水之源。

古人提到泉水，必讲“醴泉”。“甘雨时降，万物以嘉，谓之醴泉”，说醴泉是及时雨，恩泽万物。

《礼记》中记载：“故天不爱其道，地不爱其宝，人不爱其情，故天降膏露，地出醴泉，山出器车，河出马图。”意思是说，苍天不吝惜自己的神通，大地不吝惜自己的珍宝，人们不吝惜自己的感情，于是苍天降下丰美的雨露，大地涌出甘甜的泉水，山中出产适于制造车子的树木，河底现出富有含义的龙马图形。在这里，古人视“醴泉”为祥瑞之物。故人们有“天降甘露，地出醴泉”的美好夙愿。

在网络新经济的大时代下，信息传播的载体已经碎片化，内容接收的主体高度个性化，内容的表现形式更加多元化，中小企业必须要适应这种变化，在营销方面才能有所作为。专注内容与传播的新平台因此诞生了。

“做好内容，玩转传播”是这个平台要做的事情。取名“泉之媒”，寓意这个平台能够为中小企业带来祥瑞，让网络营销变得有灵魂。泉之媒创造优质内容，整合传播渠道，为企业创造财富和品牌价值。

我每次把“泉之媒”挖完历史的寓意讲给客户听时，他们都觉得很高大上，很有格局和品味，这就是挖历史的价值。

总结一下，挖历史很实用，无论是一个品牌故事，还是一篇软文，或者是一个视频，都很容易落地。不过挖历史一定要注意做到言之有物，证据确凿，内容新颖，简单易懂。

4.1.6 挖历史的具体应用

最后，我们看一下“泉之媒”学员运用挖历史这一招做的营销策划和软文呈现。我们有个客户是做精油产品的，品牌名叫“云妞”。计划新推出一款以茉莉花为主打的精油，产品名称叫“茉莉纯露”。这个名字已经非常美了，其卖点主要是茉莉。自然用茉莉文化去找一下营销的点会更容易推动。

结果在唐诗宋词库里查了一下关于“茉莉”的诗词，发现诗词非常优美，只要读者仔细品读，自然会对茉莉产生由衷的喜爱。最有意思的是发现古人的诗词也有“抄袭”的现象。我们迅速根据这个发现写了一篇文章，标题是“唐诗宋词也有抄袭，三大证据遭曝光”，在公众号和微信朋友圈转发，收获了很高的传阅量和关注。以下为全文摘录。

唐诗宋词也有抄袭，三大证据遭曝光

云妞新品“茉莉纯露”9 月 1 日上市啦！

“花开满园，香也香不过它”，这就是“一卉能熏一室香”的茉莉花。千百年来，茉莉花虽无艳态惊群，但玫瑰之甜郁、梅花之馨香、兰花之幽远、玉兰之清雅，莫不兼而有之。

尽管如此，小编还是一直没有喜欢上茉莉花，因为她的花和牡丹相比太小了，不过直到看完这些诗句，瞬间被融化了，要夸人还是得看文人骚客啊！

清代文人郑金昌这样赞美茉莉花："暮春郁绽茉莉花，玉骨冰肌影香纱。"怎么样，看到玉骨冰肌，有点儿感觉没？小编又搜罗了一番，发现清代文人盛行抄袭啊，原来对茉莉的描述宋代文人姚述尧在《行香子·茉莉花》中早有描述："天赋仙姿，玉骨冰肌。"同样咏茉莉，用词都一样。

接下来，小编又发现了一个有力证据，宋代文人赵师侠对茉莉也有这样的描述，"玉骨无尘，冰姿有艳，雅淡天然别。""玉骨冰肌"四字已经有了三个字。

抄不抄袭那是人家的事儿了，都已经作古。如果说"玉骨冰肌"的感觉您还不够，那再来看看南宋大文豪辛弃疾在《小重山（茉莉）》中的描写："倩得薰风染绿衣。国香收不起，透冰肌。""国香"都用上了，颜值爆表啦！与辛弃疾齐名的苏轼、李清照有很多关于花的诗词，却单没有留下有关茉莉的诗词，不知道是不是被辛大文豪的"国香"用词惊呆了？！

经过又一番查找，小编发现还有几位意境派，把茉莉描写得更销魂。唐代名妓赵莺莺这样描写茉莉："衔杯微动樱桃颗，咳唾轻飘茉莉香。"茉莉香，美人驾到！

茉莉纯露的广告

清代文人王士禄更为直接："冰雪为容玉作胎，柔情合傍琐窗隈，香从清梦回时觉，花向美人头上开。"找美人，就找茉莉吧。如果说以上文人骚客们对茉莉的描写有点意境，看完下面这三位的描写彻底是醉了。宋代尹焕只用了五个字"冷香清入骨"，宋代韩淲用了三个字"香滴滴"，宋代吴潜更狠，用了六个字让写茉莉的文人简直要绝笔了，"香茉莉，正清绝。"

本来以为点赞到吴潜结束了，小编正准备退出唐诗宋词库的时候，突然发现了一个更绝的："天香开茉莉，梵树落菩提。"把宗教的文化搬上来了，无敌！

找完了国内的文人骚客，小编心血来潮，看看国外文人怎么赞茉莉吧！希腊乔治·塞弗斯这样写："不管是黄昏/还是初露曙色/茉莉花总是/白的"。太牛了，居然还能认出颜色！

为中华传统文化的意境之美喝彩吧！

茉莉花清香四溢，能够提取茉莉油，是制造香精的原料，茉莉油的身价很高，相当于黄金的价格。"茉莉纯露"到底是啥东西，9 月 1 日云妞品牌携全国合作商团队为您揭晓！

4.2 第二计：借东风

提到借东风，不得不提到诸葛亮借东风的故事。尽管有史学家认为是杜撰，但其在《三国演义》中的演绎至今传为佳话，留给后人的启发也很深远。

4.2.1 赤壁之战借东风名垂史册

建安十三年（公元 208 年），曹操率兵数十万，进攻孙权。孙权兵弱遂与刘备联合，加起来兵力也不过几万人，只得凭借长江天险，拒守在大江南岸。

这年十月，孙权和刘备的联军，在赤壁与曹操的先头部队遭遇。曹军多为北方兵士，不习水战，很多人得了疾病，士气很低。因此，两军刚一接触，曹军就吃了一个小败仗。曹操被迫退回长江北岸，与孙刘联军隔江对峙。

曹操苦于寻找渡江的好办法，命令工匠把战船连接起来，在上面铺上木板。这样，大大减轻了船舰被风浪推动引起的颠簸，船身稳定多了，人可以在上面往来行走，甚至可以在上面骑马，这就是所谓“连环战船”。

但是，“连环战船”目标大，行动不便。所以，有人提醒曹操防备吴军乘机火攻。曹操却认为“凡用火攻，必借东风，方令隆冬之际，但有西北风，安有东南风耶？吾居于西北之上，彼兵皆在南岸，彼若用火，是烧自己之兵也，吾何俱哉？若是十月阳春之时，吾早已提备矣。”周瑜也想用火攻，只是由于气候条件不利火攻，急得他“口吐鲜血，不省人事”。诸葛亮用“天有不测风云”一语，点破了周瑜的病因，并密书十六字：“欲破曹公，宜用火攻；万事俱备，只欠东风。”

为什么诸葛亮敢说“天有不测风云”呢？诸葛亮家住赤壁不远的南阳，对赤壁一带天气气候规律的认识，比曹、周两人更深刻、更具体。西北风只是气候现象，在特殊情况下，可以出现东风，这是天气现象。于是诸葛亮为糊弄周瑜，设坛祭神“借东风”。

十一月的一个夜晚，果然刮起了东南风，而且风很大。周瑜立即派出部将黄盖，带领一支火攻船队，直驶曹军水寨，假装去投降。船上装满了饱浸油类的芦苇和干柴，外边围着布幔加以伪装，船头上插着旗帜，驶在最前头的是十艘冲锋战船。

这十艘船行至江心，黄盖命令各船扬起帆来，船队前进得更快，逐渐看得见曹军水寨了。这时候，黄盖命令士兵齐声喊道："黄盖来降！"曹营中的官兵，听说黄盖来降，都走出来伸着脖子观望。曹兵不辨真伪，毫无准备。黄盖的船队距离曹操水寨只有两里路了。这时黄盖命令"放火"，号令一下，所有的战船一齐放起火来，就像一条火龙，直向曹军水寨冲去。

东南风越刮越猛，火借风力，风助火威，曹军水寨全部着火。"连环战船"一时又拆不开，火不但没法扑灭，而且越烧越盛，一直烧到江岸上。只见烈焰腾空，火光烛天，江面上和江岸上的曹军营寨，陷入一片火海之中。这也就是有名的赤壁之战。

唐朝诗人杜牧有两句名诗道："东风不与周郎便，铜雀春深锁二乔。"意思是多亏老天爷把东风借给了周瑜，使他能方便行事，否则孙策的老婆大乔和周瑜的老婆小乔都会被曹操掳到铜雀台去了。

这个经典故事中，"东风"成了胜败的关键。

所谓借东风，也就是借势营销。顾名思义，重点在于借，即使目前手中没有所需要的资源，但你要学会思考和观察，去收集、整理、并将它们重新组合起来，以达到推广自身品牌的目的。在网络营销中，因为互联网让传播更迅速，只要借到东风，效果就会事半功倍。

4.2.2　国庆大阅兵 TCL 的借东风

2015 年国庆大阅兵现场，习主席乘坐红旗牌检阅车进行检阅，对于红旗品牌而言，这无疑是一个借势营销的大好机会。

然而，我们却看到，红旗对阅兵式上检阅车的相关报道只有如下图所示寥寥几行，显然没有借好这次东风。

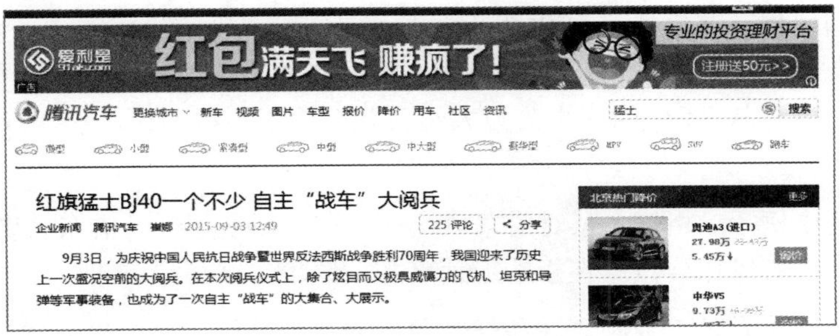

红旗检阅车报道

与红旗汽车慢半拍的速度相反，有的企业恰恰抓住了阅兵的时机大力营销自身品牌，TCL 就是如此。2015 年 8 月初，TCL 曲面电视成功登陆大阅兵前线指挥车和国旗护卫队荣誉室。同时，TCL 积极进行借势营销，对此事件展开各种相关报道，一时占据舆论焦点，话题不断发酵，引起了各大媒体持续的关注。

TCL

同时，TCL 还在微信社区举办有奖参与活动，只要为中国送祝福，关注大阅兵就有机会获取同款曲面电视。此外，TCL 也在线下展开万人献礼国防事业活动，成为阅兵前夕的热门话题。笔者的很多朋友平时工作都很忙，没有时间了解电视的最新趋势及主流产品，曲面电视的信息就是从 TCL 的这次借力大阅兵获得的。不得不说，这次 TCL 借大阅兵的东风借得很漂亮。

看过以上两个例子，相信大家对借东风这一计有了一些了解，借东风讲究天时、地利、人和。借东风的核心操作要点就在于响应速度和关联度。

我们接下来就从天时、地利、人和三个角度来总结分析一下，借东风究竟怎么借。

4.2.3 借天时

什么是天时？古人称天时为天道运行的规律。我们这里所讲的借天时，范围相对来说更加广泛和具体，主要分为两大类：时令和时机。时令容易理解，即自然物候，也包括节日；而时机则包含广泛，是做一件事情的条件具备程度。

1．借时令和节日

想借东风，但是东风却不是每天都有。但是，时令却是大自然中最客观的存在，利用好时令，它也可以成为我们做营销最得力的“东风”。

春天是赏樱花的好季节，当人们忙着到处赏樱花、拍樱花、发朋友圈的时候，品牌商们可没闲着，聪明的他们从樱花季中看到了无限商机。这一大好时令不善加利用，更待何时？也许你又会问，樱花怎么跟品牌结合？相关品类会不会太狭窄？下面这些案例一定会让你打开创意的思路，迸发出更多灵感。

2016 年，日本最大的饮料生产厂商三得利宣布为百事可乐推出首款樱花味可乐，继专为冬季打造的 White Pepsi 和为万圣节打造的 Ghost Pepsi 之后，又一创意新品。三得利充分利用时令变化，随着春天樱花季节的来临，将百事可乐打造为粉红色的浪漫口味，为赏樱花再填乐趣。

樱花味可乐

如果你说樱花味的可乐不可思议，那么，樱花味的红牛你是否想尝一尝呢？为了迎合樱花季的粉红主题，借赏樱花这个东风，红牛公司 2016 年特意在日本推出了第一款樱花味的能量饮料。这恐怕也是世界首款，粉红和银色组合的产品包装令这款产品妩媚十足。2016

年 2 月，红牛樱花饮料开始在日本上市发售，因为是春季限量版，数量有限，引发了白领们的热捧。

红牛樱花饮料

看过了樱花饮品，我们再看看服饰怎样借樱花推品牌。耐克适时推出了新款樱花系列运动鞋，整体风格清新柔美。我们看到下图宣传照中鞋子被樱花枝簇拥，以蓝色为背景渲染出蓝天的氛围，而鞋面精美的樱花与此交相辉映、浑然一体。爱美的女生是否还能 HOLD 住呢？想在女友前表现一下的小男生是否还会无动于衷呢？

耐克樱花系列运动鞋

以上说的是借时令，接下来说说借节日的东风。

一年一度的五四青年节到来时，也是很多品牌活跃度非常高的时候，比如下图世纪佳缘的《佳缘日报》发出来的“年轻不恋爱，老来毁三生”这则营销海报，不但形式新颖，内容也让人忍俊不禁，给人留下深刻印象。

世纪佳缘营销海报

不是只有相亲品牌才有资格借五四青年节这股东风，下图的保时捷也顺势用简短的“马力沸腾，才是青年”强调了品牌的动力和性能，勾勒出一个年轻化的品牌基调。

保时捷借五四青年节东风

如果你恰巧没赶上五四青年节，没关系，翻翻国际日历，各式各样的节日应有尽有。定在每年 7 月 6 日的世界接吻日，又名国际亲吻节（International Kissing Day），你可以好好借个势头。这个节日由英国人率先发起，每年的这一天世界上的许多城市都举行各种接吻活动，品牌商也不例外。下图就是雷诺汽车在国际亲吻节上推出的“差一点就吻你”微博广告。

雷诺广告

易到用车也适时设计了一款文艺又励志的海报，附上“所有努力，只为让美好更易到”的易到品牌标语，不仅拉近了与消费者的距离，也暗示了商家奋发上进的决心。

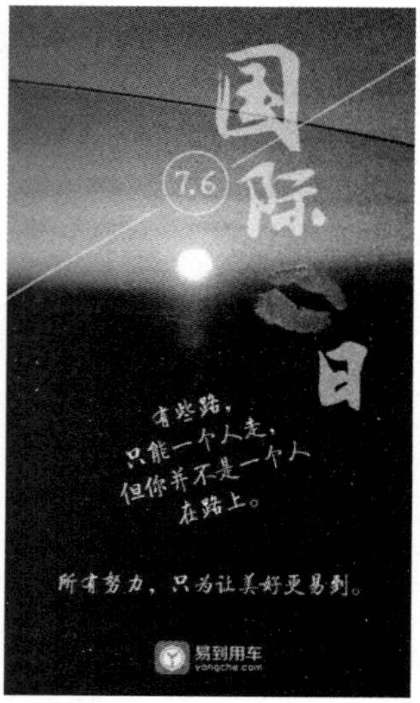

易到用车海报

那么，如何借时令的东风呢？

在回答这个问题之前，你可以先问自己另外几个问题：

- 节日前后是否有重大事件？
- 节日和自己的品牌关联度如何？
- 节日借力与活动促销能否挂钩？
- 节日的传统与内涵在哪里？
- 如何与品牌结合落地？

当你能够很好地回答这几个问题之后，最初的问题也就迎刃而解了。

为了提示大家一年可以用来借东风的时令、节日及重要的时间点，下面给大家制作了一个月份“天时”表格，细心研究观察，其实每个月都有东风可以借。

借东风月份“天时”表

月份（公元纪年）	重要时令、节日、时间节点
1 月	元旦
2 月	2 月 14 日情人节
3 月	3 月 8 日国际妇女节、3 月 12 日中国植树节 3 月 14 日白色情人节
4 月	4 月 1 日愚人节、4 月 5 日清明节
5 月	5 月 1 日劳动节、5 月 4 日中国青年节 5 月第二个星期日母亲节
6 月	6 月 1 日国际儿童节、6 月 7、8 日高考 6 月 13 日四六级考试 6 月第三个星期日父亲节
7 月	毕业季暑假时间
8 月	8 月 12 日国际青年节
9 月	9 月 10 日教师节
10 月	10 月 1 日国庆节、10 月 31 日万圣节
11 月	双 11
12 月	CET-4/6、双 12、考研
农历正月初一	春节
农历正月十五	元宵节
农历五月初五	端午节
农历七月初七	七夕节
农历八月十五	中秋节
农历九月初九	重阳节
农历腊月初八	腊八节
农历腊月廿九或三十	除夕

不过借节日的东风搞营销，一定要注意节日的历史内涵，否则让人贻笑大方就有损品牌内涵了。

四川乐山城区水晶城小区物业曾经在清明节时打出“恭祝全体业主节日快乐！”的标语，引发业主不满，遭到大量投诉后不得不仓促撤下。

10086 也曾遭遇过这种情况，清明节当天发短信“祝您清明节快乐”惹怒用户，最后不得不道歉。其实清明节是两节合一，祭祖，踏青。有专家表示，在清明节，除了扫墓其他场合说清明节快乐没问题。清明节是节气和节日的结合，它的特点是把春天的勃勃生机充分地表现出来，扫墓祭祖让我们获得精神上的慰藉和支撑，踏青、荡秋千、放风筝则让人们动起来。这些东西加在一起，都是为了要让我们快乐地度过清明节，所以说清明节快乐没有问题。

但是生活中大多数人还是认为清明节说“节日快乐”是不合适的，这也就是乐山小区物业挂横幅祝业主清明节快乐引起不满的原因。借东风的创意营销必须要考虑到公序良俗和大众的认知。当然，如果想故意引发关注和引起争论，那就是事件营销的一种思路了，应该另当别论。

2．借时机与事件：火候最关键

借天时中一个最重要的元素就是时机，无论时令、节日或其他因素如何有利，缺少时机必然不成，或者说时机不合适也无法借成东风。赤壁之战中，如果没有曹军的“配合”，把战船连在一起，即使有了东风也未必能用火攻取胜。

时机即机遇，机遇包括很多种，借东风借时机还要区分哪些能借，哪些不能借。金龙鱼借力美食申遗的营销活动尽管可圈可点，还是没有形成更广范围的“加油体”。

金龙鱼借力美食申遗

2015 年 8 月 4 日，金龙鱼携手八大菜系领军大师集体登上了《人民日报》，助力中国美食申遗，金龙鱼这次助力迅速演化为“加油体”走红网络，成为人们关注的热点。随后，各大品牌商家争相借东风，自创“加油体”。

其实“加油”相关的创意文案，早就有企业做出来，金龙鱼并不是第一个。不过金龙鱼在《人民日报》登了广告，之后在新媒体进行话题炒作，想炒出个“凡客体”，这是标准的广告公司操作的手法。

特别是金龙鱼能让作为主流传统媒体的《人民日报》参战，确实进行了很多创意实践，实在难得。

不过对于金龙鱼来讲，打造“加油体”还是有点儿难，因为最近几年“凡客体”式的创意营销操作越来越多，大众的注意力多少有点麻木。更重要的是，如今媒体碎片化了，在庞大的信息面前，如果不精心策划，内容不精良，传播不到位，就更难实现营销传播的效果了。

笔者认为，金龙鱼这次“加油体”的营销，推出的时间稍微早了些，缺少一个事件嫁接的母体。笔者在优米网无锡公司参加活动期间，无锡优米网就推出过一篇借东风的软文，效果特别好。记得那是大阅兵之前，借东风的文章标题是：“枪杆子顶到哪里，国界就在哪里！”在振奋人心的大阅兵即将到来之际，非常容易引起读者的关注和共鸣。

设想一下，如果金龙鱼把“加油体”的集中传播和推广放在国庆大阅兵期间，角度改成“为中国官兵加油，为世界和平加油，为中国梦加油”，这样的新闻才能引起大家的共鸣，话题引导才能让大家跟着一起干，才有可能形成一个全民狂欢的“加油体”。

再来看一下冬奥会，作为借东风的“东风”，屡屡被借。北京赢得申办 2022 年冬奥会的主办权，引发的关注可以说是一股劲风。

2015 年 7 月 31 日，国际奥委会第 128 次全会在吉隆坡举行，投票选出 2022 年冬奥会举办城市，经过 85 位国际奥委会委员的投票，北京以 44∶40 击败对手阿拉木图，赢得 2022 年第 24 届冬季奥林匹克运动会的举办权。

2022 年北京-张家口冬季奥林匹克运动会申请成功的消息一经发布，各大品牌纷纷借东风，第一时间推出自己的创意营销，引来大量网友围观。

当当网借冬奥会东风的宣传海报

支付宝借冬奥会东风的海报

好的事情有人围观，口水战自然更少不了观众。网易与陌陌之战的高潮源于网易发表了一个关于网易前员工、现任陌陌 CEO 唐岩的爱恨情仇故事，并炮轰其没有操守。内容爆点十足，将陌陌与网易之间这场战争推进到白热化阶段，在社交网络上备受关注。网友也加入讨论，各种观点百花齐放，当天又恰逢网易“有态度”的盛典，于是全民皆欢。

各大品牌没有放过这个时机的东风，于是，纷纷结合自家品牌推出相关文案，参与这场口水大战。

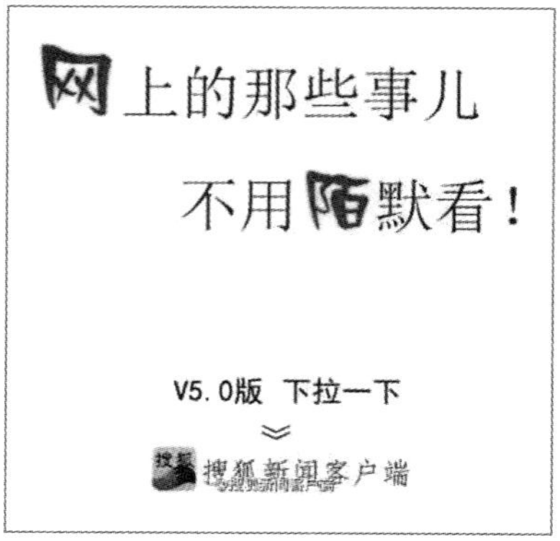

2014 年网易与陌陌文案大战：搜狐借东风

京东借东风

当然，在网易盛典之际此事件达到最高潮，也没有证据能够证明两家互撕不是双方私下研究的营销方案。不管怎么说，这几个案例告诉我们，借东风中借事件必须要迅速，要把握火候。

3．若干问题与思考

必须要指出的是，借东风中的借不是随意攀扯，生硬地拉关系只能适得其反。借也有一定的章法和规律可循，下面总结了借东风的若干思路与问题，逐条反问自己，一定可以找到你借东风的创意突破口。

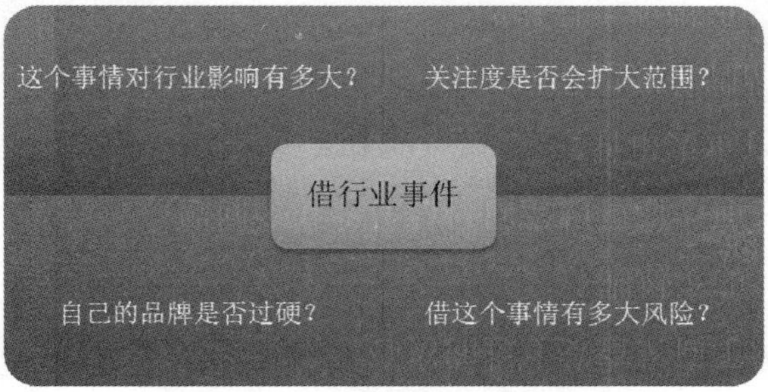

借行业事件的思路与问题

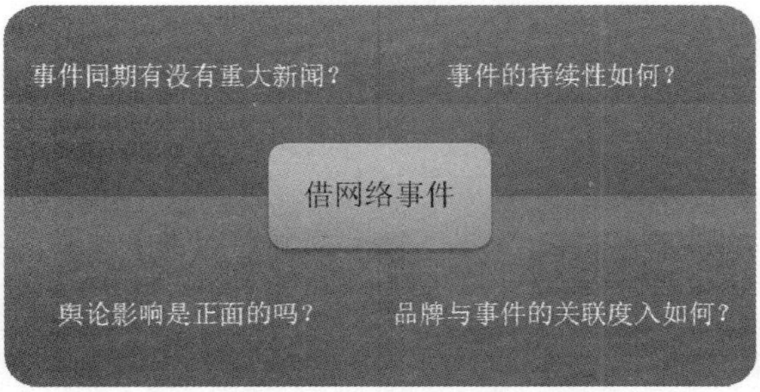

借网络事件的思路与问题

大事件作为东风很好，但不是每时每刻都发生，而且一旦跟进不及时，就失去了传播力度。我们也可以来关注一下身边那些天天发生的小事件。什么事情每天都发生，而且还有传播效应呢？那就是热门电影和电视剧了。下面我们来分析两个借电影、电视剧的东风。

下图中，电影《捉妖记》除了高票房，留给观众的记忆就是那个“胡巴”，ThinkPad 的小黑还真没怎么注意到，除非你是联想笔记本的用户。这样来看就有些自娱自乐了。好在联想在随后的营销中用软文去总结，再去做二次传播，靠着捉妖记和胡巴的知名度还是赚取了一些眼球。

结合《捉妖记》，ThinkPad 推出的广告页面

笔者认为，对于 ThinkPad 来讲，与其讨论这个电影植入营销案例有多成功，倒不如认真思考一下如何更好地利用“胡巴”来带动“小黑”，最终吸引笔记本老用户和潜在用户的青睐更实在。

电视剧《琅琊榜》在爱奇艺的播放量累积突破 19.3 亿，其热播后，多地争抢“琅琊阁”地名，下图为滁州琅琊山风景名胜区内的“会峰阁”改名为“琅琊阁”。这是景区借力影视剧的一个典型案例。

“会峰阁”改名为“琅琊阁”

总结一下，借影视剧东风的思路与问题如下。

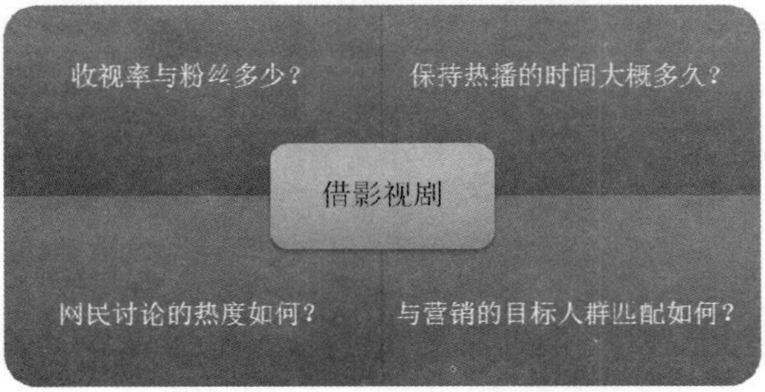

借影视剧的思路与问题

4.2.4　借地利

《管子·牧民》中有句话叫作“不务天时，则财不生；不务地利，则仓库不盈”，这也是创意营销要强调的道理。地利除了指对农业生产有利的地理条件之外，尤其指有利的地理优势。

2003 年，刘若英与黄磊在乌镇携手拍摄完成了电视剧《似水年华》，古朴的乌镇及乌镇的温婉爱情给观众带来了一阵审美的清风。此后，乌镇特别邀请刘若英担任代言人，制作了一部关于乌镇的旅游宣传片，主题为“中国最后的枕水人家·乌镇”，整部短片引领观众跟随刘若英摆脱城市喧嚣，漫游乌镇，片子风格温馨惬意，刘若英的旁白也诗意盎然：

“……光影里的小桥流水人家
满载的是生活里饱满的笑容
时间改变了许多事物
却不曾改变过这里
……
生活在梦里的乌镇
枕水江南乌镇”

（扫码看乌镇宣传片视频）

这部短片引起了人们对乌镇的各种美好遐想，加之《似水年华》中的铺垫，宣传效果自不必说。或许你会问，讲了半天这部乌镇短片，可借的东风在哪里？别急，下边揭晓。

没过多久，一家乌镇的床品企业看好了“中国最后的枕水人家”这个卖点，抢先注册了“枕水人家”这个品牌商标，推出真丝特色高档床品，在产品宣传上也与乌镇宣传片大力呼应，床品介绍上着重强调小桥流水的江南风韵，巧妙地借了一下乌镇刘若英的宣传片，一下子成了知名品牌。

试想一下，枕水人家的老板高舟武会不会在招商会上先播放一下乌镇的免费宣传片，再优雅地介绍一下自己“枕水人家”的品牌呢？

枕水人家真丝床品

不费吹灰之力，乌镇旅游宣传片成为了“枕水人家”真丝床品最有力度的广告营销手段。这个借东风的案例中企业占据了“地利”的核心优势，同时巧用时机，将产品与地理风貌完美融合，不愧是一个“务地利，仓库盈”的典型代表。

借地利，也可以是一些引人注目的重要场所，比如大型企业倾向在人民大会堂举办新闻发布会，在鸟巢和水立方等地标建筑召开企业年会。这些也是行业地位、经济实力的象征。而且由这里发布的消息，传播速度快、可信度更高，这也是地利的另一大优势。

接下来我们再来看一只北漂蟹的借东风案例。

老储，人称“螃蟹哥”，江苏常州人，养螃蟹多年。2015 年的中秋，“螃蟹哥”的大闸蟹面临促销难题。尽管他的大闸蟹有品牌，个头大，不用稻草绳子充重量，味道鲜美。但是这年头，酒香也怕巷子深。老储一直在思考整个啥创意，让微信朋友圈的好友一下子都关注他的大闸蟹。

天赐良机，世界反法西斯 70 周年纪念日，中国大阅兵，老储找到了机会。在全民大阅兵成为舆论焦点之际，“螃蟹哥”带着他的螃蟹坐着高铁就冲到了北京天安门广场。

老储和他的储福记大闸蟹在天安门广场上合了几张影，发到了微信朋友圈，图片在朋友圈和网上传播得很厉害，比普通的图片传播量多了几十倍！比他精挑细选，“搔首弄姿”的图片传播量都多 10 倍！一些微信好友主动转发，一些点赞，一些求证，问他有没有被当成恐怖分子抓起来。

一只储福记大闸蟹，不远千里，从长荡湖爬到了北京天安门广场，大闸蟹主人螃蟹哥将这一事迹拍成视频，上传到了网上，于是网友们议论纷纷，为这只大闸蟹取名为“北漂蟹”。

去啊：又在挑战去哪儿！

支付宝：做梦都在想着打微支付！

耐克：不忘体育精神！

天猫：折腾了半天，还是这个能来钱！

紧接着，老储在我们的建议下，用大闸蟹把各个品牌的口水战做了一次盘点，在微信公众号和微信朋友圈发了一下，最后链接指向他的螃蟹微店，也得到了较高的转发率和不错的促销业绩。

可见，一次成功的借东风的创意营销并非只依靠一个因素，以上案例里只是强调地利是核心优势。实际操作中，软实力和硬实力必须兼备。

其实，借地利与第一计"挖历史"有异曲同工之妙。历史也是你的东风，上一计我们就讲过，品牌历史、所在区域历史、产品历史、行业历史等都是可以发掘的主题，也是借地利中的有利东风，可以参照第一计继续延伸，这里不多赘述。

4.2.5　借人和

"天时不如地利，地利不如人和"，这句话相信大家都不陌生，语出《孟子·公孙丑下》，"人和"历来被中国传统文化视为最重要的因素，其重要性甚至可以超出天时、地利。

《长生殿·定情》中洪升也说："天喜时相合，人和事不违。"人和在乎的就是人事和谐，民心和乐。在互联网时代，铺天盖地的信息每天都占据着人们的生活，想借人和真是理由多多，关键就看你会不会善加分辨、为我所用。

黄晓明和 Angelababy 领证就引领了众品牌和社交媒体的一场狂欢。在黄晓明微博发布领证婚讯之后，各个品牌及时跟进互动，结合自身品牌特点发出祝福，祝福不断，笑点不断，营造出轻松、接地气的氛围，让明星的美誉度持续增长。

肯德基发出“爱吃和爱妻”祝福

脉动发出“脉向明天的幸福”

连一向看似沉稳的品牌“美的”也坐不住了，在微博上推出了“娶了 baby，还差一个‘baby’”的段子，打起儿童空调的广告。

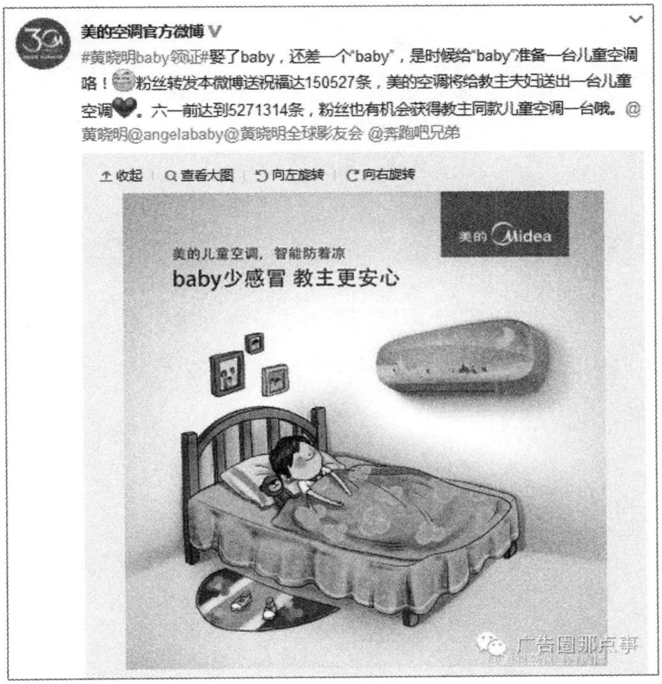

美的发出“娶了 baby，还差一个‘baby’”

借有影响力的公众人物，推出自己品牌的方式并不鲜见，相似的方法多年之前就被企业应用得很好。天津“飞鸽”自行车曾经向布什总统赠送自行车，并利用这一事件提高企业知名度，当年“飞鸽”自行车出口就达到了 20000 辆。

借人和的案例先分享这些，现在提出一个问题，请大家思考：同样是娱乐事件，刘翔离婚为什么没有太多的大品牌再借这个风呢？如果想不出原因，请认真阅读本书创意营销误区的章节。

借东风，特别是借娱乐八卦的事件，有几个问题必须要想清楚，请看下图。

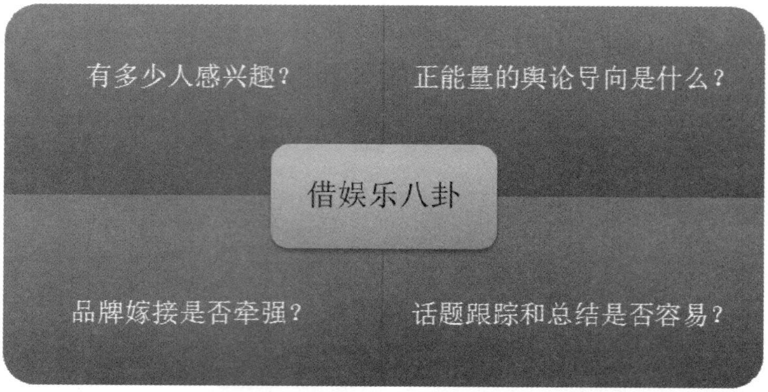

借娱乐八卦东风的思路与问题

借东风的东风，除了上文分析到的之外，还可以借民俗、宗教、特产、人物等，道理和方法是相通的，不再举例。

4.2.6 借东风的万能公式和注意事项

天时、地利、人和，是借东风的三要素。借东风最容易的表现形式有以下几个方面。

- 软文，主要是发表评论。
- 海报，美工和文案要一起设计。
- 段子，需要一定的文案功底。
- 盘点，顺手植入自己的广告信息。

借东风的万能公式其实是大整合：“**嫁接一个事件营销与活动促销的结合＋系列的线上、线下推广＋软文前期预热后期总结**”。

最后，还是要指出，有些东风是不能借的。重大政治事件违反官方定调的东风不能借。借东风也要讲政治、讲原则、讲党性，比如马航事件和天津大爆炸这种事件的东风不能借。借东风要想成功，请记住，一定要锦上添花。

下面这个案例是马航事件中借东风营销的经典，转发了央视微博原文后加了一句评论，最后一句倡导“同意的，请默默转起”，赢得了朋友圈的疯狂刷屏。植入广告的方式更是经典，公众号的“途牛旅游网”和图片水印让植入变得不能再“软”。

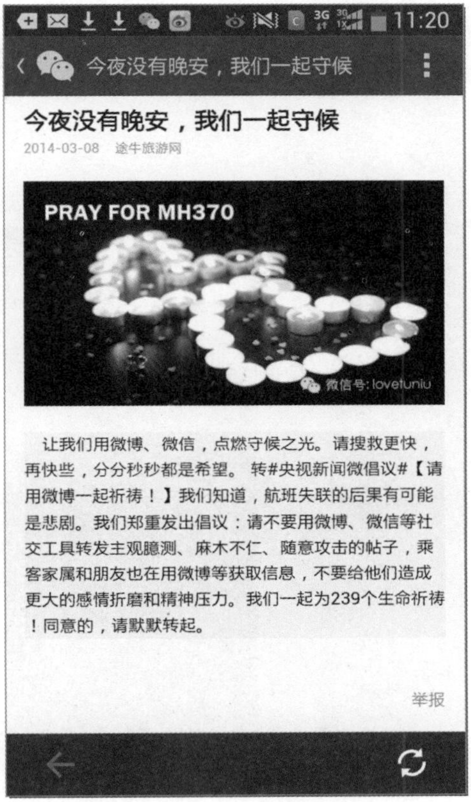

借马航事件东风

必须指出，很多时候出现一个时髦的东西，大都会引起一股“跟风潮”，可是别人的成功之路不一定适合自己。正如互联网+企业转型，每个企业都可以去学习别人，但是绝对不能照搬。借东风能够成功的企业和品牌，都是借得符合自己的品牌内涵，时机成熟，执行到位。

此外，借东风要讲究正能量。凡是涉及色情、暴力、恶俗的负能量事件往往都是歪风，最好不借。2015 年 7 月刷爆朋友圈的优衣库事件，同样有大品牌借东风营销，可惜随着母体事件遭受谴责，主角被追究法律责任，借东风的诸多品牌一下子成了“裸奔”，最后弄得灰头土脸，草草收兵。

神州专车借东风

优良集借东风

文章和马伊琍的事件发生后，诸多品牌也借“且行且珍惜”做网络营销的内容和创意。有一家手机专卖店，也来借这个东风。用换老婆和换手机做类比，引起民众反感，有激动的粉丝冲进去差点砸了店面。

总之一句话，借东风讲究天时、地利、人和，借得要巧，要有正能量。

4.3 第三计：讲故事

请大家思考一个问题：你认为哪个航空公司的服务好？这个问题笔者问过很多人，大多数人的答案都是国航。

4.3.1 国航温暖小故事换来国航服务好

笔者认为，其中很大的原因，在于国航最会讲客服的小故事，而且在长期坚持讲。现在我们在微信朋友圈或者 PC 端上，依然会经常看到一段又一段的国航温暖小故事，这些故事一次又一次地强化我们的认知：国航的服务好！

接下来我们看一下手机微信截图和 PC 端的截图再来感受一下国航的小故事。

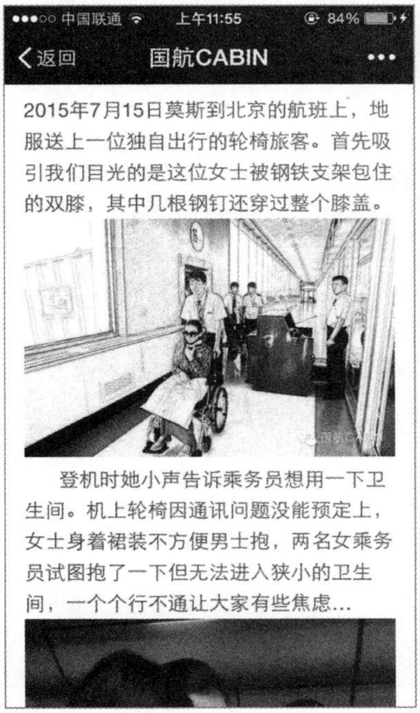

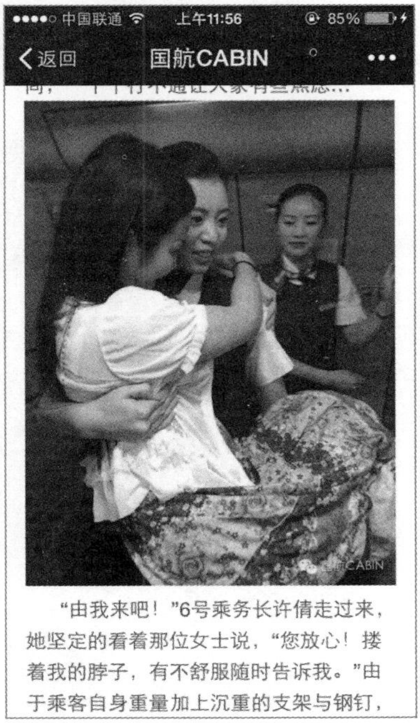

手机微信国航温暖小故事

大延误 小故事--记国航浙江延误服务片段_民航新闻_民航资源网

2011年6月15日 - 5月26日下午2点35分,一个电话打破了中国国际航空股份有限公司(Air China Limited,简称 国航)浙江分公司地服调度室原有的平静, CA1705航班因为...

news.carnoc.com/list/193/193367.html - 快照 - 民航资源网

我与国航的故事(连载)--(一)从手书到国航标准字体的完美转变_邵新_...

最近发生的一件事情勾起了我许多跟国航合作的回忆,这些回忆最早的可以追溯到1988年,唠叨这些故事,即谈不上为自己书写业绩,也谈不上抚今追昔的感慨,只是希望让文字代替...

blog.sina.com.cn - 快照 - v 新浪博客

感谢信背后的故事国航奥运专机保障工作侧记-搜狐旅游

2008年9月4日 - (通讯员朱佳万庆朝)8月28日,中航集团总经理、国航董事长孔栋收到了一封美国驻华大使馆发来的感谢信,信中提到:在北京奥运会期间,中国国际航空公...

travel.sohu.com/20080904...74.shtml - 快照 - v 旅游频道搜狐

图片机长故事:国航747惜别法兰克福_民航新闻_民航资源网

[图文] 2012年12月10日 - 机长故事:国航747惜别法兰克福 机长故事:国航747惜别法兰克福 图:法兰克福机场留念... 随着中国国际航空公司机型的调整和国际航线的合理调配,一...

news.carnoc.com/list/239/239134.html - 快照 - 民航资源网

国航机长讲述飞行的故事-豆丁网

国航客舱服务部微故事大赛正式开启

来源：中国民航网 2015年6月5日 13:47:14

中国民航网 通讯员阎开 报道：为了贯彻客舱服务部党委“每天激励一名员工，每天感动一名旅客”的相关工作精神，使全体员工更好地践行“四心服务”理念和“金凤精神”，加强思想文化建设，传递客舱正能量，把来自身边的感动传递、升华、转化为乘务队伍的内生力，客舱服务部于6月3日起正式开启“感动在身边--最美微故事”大赛。

“感动在身边--最美微故事”大赛本着突出“感动”这一主题，鼓励全体员工多观察、多发现身边的感人故事，传递正能量，形成客舱服务部全员上下“传递感动，共同打造暖心服务”的优良风气，营造“员工小进步带来客舱大变化”的良性互动氛围，更好提升服务品质，提树服务品牌。

此次微故事大赛将历时6个月，在国航cabin微信平台上每周推送，最终依据点赞数量和专业评审的打分评选出月度和年度最佳微故事。

PC 端国航温暖小故事

怎么样？国航的温暖小故事从点滴传播给予了公众对国航服务的认知吧。这就是故事的穿透力。

我们再来回顾一个耳熟能详的故事。

《一千零一夜》相信大家都不陌生，它是一部阿拉伯民间故事集，又名《天方夜谭》。

相传古代印度与中国之间有一萨桑国，国王山鲁亚尔生性残暴嫉妒，因王后行为不端，将其杀死，此后每日娶一少女，翌日清晨即杀掉，以示报复。

宰相的女儿山鲁佐德为拯救无辜的女子，自愿嫁给国王，用讲故事的方法吸引国王，每夜讲到最精彩处，天刚好亮了，使国王不忍杀，允许她下一夜继续讲。她的故事一直讲了一千零一夜，国王终于被感动，与她白首偕老。这个故事说明了讲故事的魅力，是不是很有趣呢？

讲故事对于营销来说同样是一个好方法，故事是通过知识厚度的累积对人产生潜移默化的影响，通过长时间的、不同形式的故事积淀，品牌的形象就会悄悄地在用户的脑子里形成了。所以，故事就是一种品牌资产。讲故事就相当于在给自己的品牌和产品播种。

长话短说，我们来总结一下讲故事的好处。

首先，讲故事能够清晰地表达价值主张。故事可长可短，都有中心思想，其价值主张就可以融入故事中。

其次，讲故事的表达方式容易被受众接受，易于传播。小朋友都爱听故事，成年人同样如此。故事的情节及人物往往被人津津乐道。

再次，通过讲故事建立起来的品牌认知更容易深入人心。品牌和价值主张被植入故事中，或者与故事融为一体，这样讲故事的营销就会像春雨润物，细致无声。

下面我们将营销中的讲故事分门别类，看看每种类型的故事是靠什么吸引受众的。

4.3.2　情感故事

企业营销需要会讲故事，歌手营销自己最好的方式也是讲故事。美国偶像团体 Maroon 5 在新曲《Sugar》即将推出之际，策划了一次出人意料的 MV 拍摄。他们花了 6 个星期在洛杉矶秘密突击粉丝婚礼现场，并现场献唱新曲，最终将这些经历拍摄成为新曲 MV。

最终发布时，这首 MV 所传递的已经不仅仅是歌曲本身，而是其中包含的故事、欢笑、惊喜和各种美好瞬间，可以想象，它的受众会比原来增加多少倍。不出所料，这首 MV 短时间在全球范围内大量被转载，吸足了眼球。没错，有情感的故事就是这么有魅力！

除了爱情可以讲故事，亲情、友情同样都有故事可讲。

另外，情怀也可讲故事，而且可以讲出好故事。情怀可以让你的产品有温度，因为“故事”是温度和情怀的天然载体。

（扫描二维码可观看 Maroon 5 的 MV《Sugar》视频）

2012 年 12 月 3 日，湖南省岳阳市公安局官方微博@岳阳公安警事发布了一则消息，村民凌某在购买新疆人核桃仁糖果时，因语言沟通不畅造成误会，双方口角导致肢体冲突引发群体殴打事件。微博称有两人轻伤，赔偿被损坏的核桃仁糖果约 16 万，加上受伤人员医药费及受损车辆费用，总共赔偿约 20 万，事后经过调查，此前发布的微博并非真实情况，官方证实凌某应支付后段医药费 1700 元，损坏核桃仁糖果 5520 斤，共 96600 元。被损摩托车 16 台，损失 6825 元。16 名新疆籍商贩返程路费、误工费、伤者营养费等。四项总计 15.2 万元。这个事件被网友称为“天价切糕事件”，很多人担心购买切糕会引发纠纷，开始对街头新疆人售卖的切糕望而却步。

“天价切糕事件”让来自新疆的阿迪力·买买提找到了商机，正如他所说“作为一个从新疆走出来的大学生，我想为切糕正名，消除大家对切糕的误解”。

怀着这个梦想，他和两个朋友开始了创业之旅，用家传秘方制作出货真价实的切糕。他开始普及切糕的营养价值，并放到淘宝上售卖。阿迪力的事迹一夜之间在网络上爆红，切糕供不应求，他也因此被戏称为“切糕王子”。他的品牌标语是“梦的最初，是为被误解的美食呐喊”，正是这样的情怀扭转了人们先前对切糕先入为主的糟糕印象，帮助阿迪力在市场上赢得了一席之地。

值得欣慰的是，如今越来越多的中小企业也开始加入讲故事的行列。在微博、微信、淘宝上的营销也越来越讲究情怀，经过故事包装的产品不再是流水线上没有温度的冷冰冰的产品，在后续的公关和市场推广上也更有优势。

2014 年，星巴克推出了它成立以来第一支品牌广告“Meet Me at Starbucks”（相聚星巴克），这则广告并没有直接介绍星巴克咖啡有多么醇香，也没有任何大牌明星的参与，而是拍摄了日常生活中在星巴克相聚的普通顾客及在他们身上发生的故事，让顾客成为绝对的主角，通过讲述他们的故事来展现星巴克的魅力。

新娘在星巴克梳妆，准备婚礼的行头

短片一共收集了同一天来自全球 28 个城市 59 个星巴克店铺的人们在星巴克发生的点滴故事，向人们呈现了星巴克的幸福快乐瞬间。影片由 39 名摄像师和 10 名摄影师制作完成，拍摄的门店包括纽约、巴黎、柏林、里约热内卢、波哥大、北京、孟买、多伦多等全球各大城市。虽然每个故事都是独立的，但是串联在一起之后却显得非常和谐自然，主题呼之欲出。

在星巴克谈布料生意的商人

在星巴克相聚的有朋友、家人、情侣、生意伙伴，他们庆生、谈天说地、恋爱、谈生意……这就是每天在星巴克发生的最平常的事，也让人们看到幸福本来的面孔，而星巴克就是这些美好故事的聚集地。

一对甜蜜的情侣

星巴克试图向消费者传达这样一个理念：它不仅是出售咖啡的商店，它更是让人们建立联系、保持交流的公共空间。每天成千上万个故事在全世界的星巴克上演，星巴克就是人们日常生活自然又不可分割的一部分。正如星巴克最后那句广告语所说“当我们相聚在一起的时候，美好的事情就会发生”，相聚星巴克，好事变现。

看过这则广告语，是否对你如何讲述自己的产品故事有很大的启发呢？讲故事不但可以自己讲，也可以让客户讲。

当然，你不一定非要找那么多摄影师跑到全世界去拍摄，你只要去采访你的客户，让他们讲讲他们的生活、故事及与你产品相关的事情。这可能比你自己讲品牌故事更有效，毕竟他们站在客观的角度，更具有说服力。

这样的广告也更容易在社交网络上掀起热潮，因为当普通人成为主角之后，会牵动背后很多关注的普通人，这些人是他们的观众，这样的信息因为真实和接地气能够传播得更久远。

4.3.3 品牌故事

故事本身就是品牌，一个好故事能激起消费者无限的兴致，同时也能激发产品的活力，成为品牌历史的重要组成部分。

不相信？那就来看一下 ZIPPO 的品牌故事。

长久以来，许多 ZIPPO 和鱼的故事一直为人们所津津乐道。特别是纽约环保局的亨利·贝斯特带来的故事，令人难以忘怀。

1960 年，一位渔夫在奥尼达湖中打到了一条重达 18 磅的大鱼。在清理内脏的时候，他发现一支闪闪发光的 ZIPPO 打火机赫然在鱼的胃中。这支 ZIPPO 不但看上去崭新，而且一打即燃，完好如初！单凭这一点，就可以知道为什么不必把 ZIPPO 小心翼翼地收藏在工具箱里，而可以把它放在任何伸手可得的地方！

1911 年，在南越战场上的一次攻击中，美军曹安东尼在敌军炮火的攻击下，左胸口受到枪击，子弹正中了置于左胸口袋的 ZIPPO 打火机，机身一处被撞凹了，但却保住了安东尼的命。战后，尽管 ZIPPO 公司期望他能将那支打火机送修，但安东尼却视“它”为自己的救命恩人，不仅慎重收藏，更希望永久保存它那受伤的机体。

1974 年 10 月 1 日，空军飞行员丹尼尔驾机飞离旧金山机场不久，发现飞机的引擎油门不顺，只好采取紧急追降行动。事后，报上出现了一则这样的消息：“空军飞行员丹尼尔在旧金山海域内，利用 ZIPPO 打火机的火焰发出求救讯号，并以火焰引导海岸警备队的直升机迅速发现其迫降位置而安全获救。让我们向 ZIPPO 公司表达最高的谢意。”

其他有历史沉淀的品牌，无论国内的还是国外的企业，你都能找到属于他们的品牌故事。那些故事大都已经成为其品牌资产的一部分。

4.3.4　产品故事

台湾茶里王饮料的产品营销，跳出传统的开盖惊喜营销模式，利用情感和故事营销让客户在看完故事后会心一笑，分不清是心中感情的甜还是茶本身的回甘，很有意境。营销本质上就是与消费者沟通，互动也好、娱乐也罢，洞悉客户的想法与客户产生共振，才能影响力持久。

在生活中我们很难理解逻辑与抽象事物，唯有故事可以在潜意识中形成具体图像，让客户的潜意识接受故事中的隐藏指令，甚至用自己的故事丰满我们的故事，进而改变想法和行为。因此，无论是品牌故事还是产品故事，对中小企业的网络营销来讲都是应该具备的核心技能。

除了以上与消费者相关的产品故事以外，一个产品的品牌名称、创业大事记及公司愿景都是品牌故事的来源，哪怕只是很小的细节。

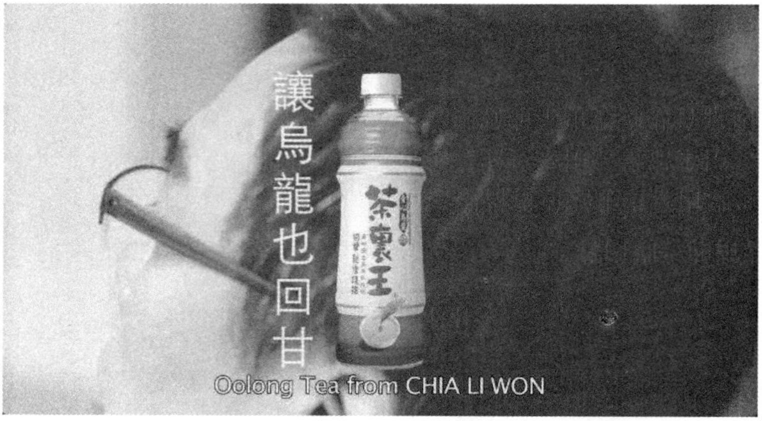
讓烏龍也回甘
茶裏王
Oolong Tea from CHIA LI WON

給青春的大人
不甘長大
就回甘
Cheers to the forever young at heart.

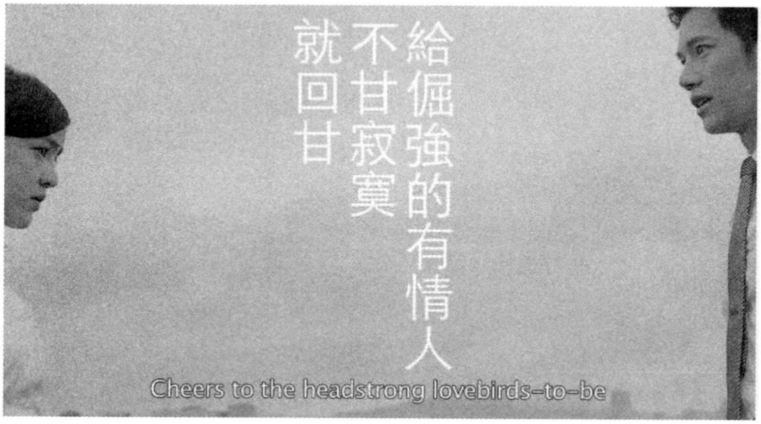
給倔強的有情人
不甘寂寞
就回甘
Cheers to the headstrong lovebirds-to-be

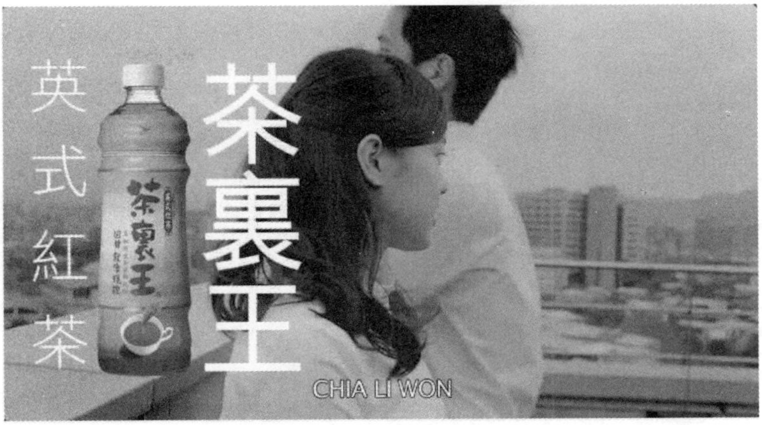

台湾茶里王的回甘系列视频广告

谷歌的 Logo 只是把“Google”中的字母“G”往上移了一个像素，字母“L”往下移了一个像素。故事的标题为“99.9%的人都没有发现的改动”。谷歌把这个故事讲出来，就是要展现一丝不苟、精益求精的形象。

“国窖”是历史的味道，“茅台”是国酒的味道，“洋河”是绵柔的味道，“古井”是年份的味道，“种子”是柔和的味道……每一种味道都是一个故事。

4.3.5　个人故事

个人故事如果讲得好，也能有营销的较好效果。

对于创业团队来说，讲故事的能力是一项标配。还记得乔布斯吗？他每次召开的产品发布会都是一场演讲秀，至今被各大互联网公司所效仿。小米的发布会，逻辑思维的演讲，柴静的《穹顶之下》，哪一个没蕴藏着自己的故事呢？

褚橙现在已经家喻户晓，人们对这个品牌的了解大都来自这样一个励志故事：曾经的“中国烟草大王”、红塔集团的董事长褚时健，75 岁从监狱里保外就医回到家乡，承包云南一座荒山的橙园，历经数十载的种植培育，橙子终于在他 85 岁时进入北京市场，并借着互联网的营销模式走到了数以亿计的年轻网民面前，他也从谷底走向人生巅峰。因此他种的橙子也叫“褚橙”，也被人们称为“励志橙”。

点燃整个事件的故事中有这样一句话：“衡量一个人的成功标志，不是看他登到顶峰的高度，而是看他跌到低谷的反弹力。”这个故事使产品的知名度迅速攀升，成为人们津津乐道的励志故事。

褚时健的褚橙

抛去诚信层面不谈，马云的创业史，就是他个人创业中的 N 多个故事。一个故事接着一个故事讲，讲十年前一个老板不做电商的故事，讲店小二的故事，讲阿里巴巴的故事……终于把阿里巴巴讲到了美国成功上市。

也许有人会问，自己的过去没有那么多故事，个人故事怎么讲？

如果你没有励志的经历，或者恰好不是很想提及自己的过往，那么，完全可以参考刘强东和奶茶妹妹，保持在大众娱乐视野里，在掀起一个又一个话题的同时，让故事一直进行下去。

除了励志类个人故事，英雄类的人物故事也非常受消费者喜爱。那些富有正能量、超能量的英雄故事怎么听都不嫌多，作为正义化身的他们简直是完美故事的最佳素材。

其实除了营销中讲故事用得到，如今就连企业融资、项目路演都要会讲故事。一场好的路演随时可能为公司带来新的投资和商业机遇。相反，一个项目再出色，如果讲不好，没人听得懂，寻找资金支持就会相对困难。

把复杂的事情用简单的故事讲述出来，是高手。对于企业营销来讲，能否用一个个的小故事讲述自己产品的卖点呢？

4.3.6　如何讲故事

赢利的企业都相似，亏损的企业各不同。讲故事也是同样的道理，好的故事必然有共性，而糟糕的故事各有各的失败之处。要讲好一个故事，有所取舍，才会终有所得。

下面的九宫格总结了讲故事的核心、关键点、注意事项，以及一个好故事的特点，同时还给出了目前比较受欢迎的故事主题，相信举一反三之后，你一定能有所收获。

讲故事九宫格

三核心 讲给谁？受众 谁来讲？主题 讲什么？内容	**一个中心** 价值主张	**关键点** 故事情节　有传播点 隐喻精神　引起共鸣 言简意赅　有利益点
网民都喜欢的主题 爱情、生命、美德、尊重、个性	讲故事	**年轻人喜欢的主题** 人品、情怀、颜值、娱乐
好故事的三个特点 这个故事好像和我有关 这个故事我能很快听懂 这个故事我想分享一下	**应用扩展范围** 软文表现 视频表现 硬广表现	**注意事项** 围绕品牌定位、产品价值去讲 尽量不讲引起争议的事情 故事与传播的内容相关

以上表格中的内容无须解释，非常容易理解，不过我们需要梳理一下讲故事的流程。

首先，确定故事讲给谁听。有的放矢，才会有效果。

其次，把讲故事的价值主张确定，三句话就可以成为一个故事，价值主张要明确。

再次，确定具体主题，到底是用爱情还是用生命还是用美德为主题，是用第一人称还是第三人称（谁来讲）。

接着，确定故事情节，注意到表格中提到的三个事情即可。

最后，确定故事的传播形式和应用范围。

只有按照这个流程，讲故事的营销妙招才能在互联网时代被更广泛合理地应用。

4.4 第四计：曝内幕

曾经红极一时的《中国好声音》为什么会被曝出很多内幕？让我们带着这个问题先来看下面的截图，请大家注意看标题。

中国好声音周杰伦战队四强产生 被淘汰学员内幕曝光

刘伟男这两场对局,更是听不到对战、厮杀的硝烟味,反倒像是各自两位学员,以组合的形式完成了一首配合默契的作品。尤其是徐林和刘伟男演唱的《Just the Way You Are》+《稻香...

凤凰网 2015-09-07 09:32 去评论>>

关诗敏有何内幕?《中国好声音》再现回锅肉学员

首先,回锅肉是肉,说明好歹条件不错,唱功不错,可是对于她的演唱水平,很多观众并不是多买账,认为其很业余,完全是KTV的水平。也不知道周董是怎么辨别声音潜质的?之所以说...

华声在线 2015-09-07 09:48 去评论>>

挖不完的《中国好声音》内幕 华少并不是原定主持

有种感觉:好像从2012年7月《中国好声音》唱响的那一刻,各种内幕爆料就像吃了炫迈一样。 有种感觉:好像从2012年7月《中国好声音》唱响的那一刻,各种内幕爆料就像吃了炫...

新华网 2015-08-27 10:58 [相关新闻：7] 去评论>>

中国好声音第四季那英战队四强出炉 晨悠组合对战长宇遭淘汰内幕曝光

有种感觉:好像从2012年7月《中国好声音》唱响的那一刻,各种内幕爆料就像吃了炫迈一样。 最近《好声音》再爆"黑幕",华少据说并不是《中国好声音》的原定主持听到这个你...

凤凰网 2015-08-29 10:50 [相关新闻：2] 去评论>>

揭秘《中国好声音》九大内幕 传最少办六季

10月7日,浙江卫视中国好声音第三季总决赛在北京首都体育馆举行,张碧晨、余枫、帕尔哈提、秦宇子争夺年度好声音的桂冠。最终,张碧晨力压帕尔哈提夺冠。 皮皮看到,这场...

国际在线 2014-10-09 17:15 [相关新闻：22] 去评论>>

揭秘中国好声音导演选人内幕 学员个个唱功了得

播出三季以来,收视频频夺冠,之所以能在那么多选秀节目脱颖而出,源于他独特的选秀手段,导师们不看样貌,只听声音。 而近日有曝料称《中国好声音》的选拔基本不靠"海选",...

中国日报网 2014-08-15 20:59 [相关新闻：3] 去评论>>

中国好声音第二季内幕爆料:搭斯肯刘雅婷曹曹张欣奕刘籽辰

@一雯仙姑的帐号的认证信息为电视台导演,但没有写明是何家电视台。根据与她相互关注的对象以及她平时所发布内容分析,她是中央电视台综艺频道的一名导演,并疑似为《星...

ent.iqilu.com 2013-08-06 11:24 [相关新闻：2] 去评论>>

《中国好声音》第二季内幕回顾 争议学员遭"扒皮"

《中国好声音》第二季在争议、剧透、黑幕中草草收场,相比第一季的良好口碑,第二季无疑是挫败的。灿星过早的操控整个好声音剧本,难奈低估粉丝人肉实力,不少充满争议的...

齐鲁网 2013-10-09 11:08 [相关新闻：3] 去评论>>

网曝中国好声音第四季巅峰之夜广告1分钟3千万 成史上最贵

来源：新浪娱乐 | 2015-08-31 10:03 编辑：邱恒

28日，有网友爆料称，浙江卫视“《中国好声音》第四季巅峰之夜”钻石广告位招标中，宣布冠军前的60秒广告以500万底价起拍，某二手车平台以3000万中标，最终以3000万元人民币的价格成交，只播一次，再刷中国电视史上单条广告之最。

《中国好声音》相关截图

看完请大家打开电脑或者手机，百度搜索一下，看看你能想到的选秀类节目有没有曝内幕？再认真思考一下，影视娱乐圈还有哪些人没有内幕？！

4.4.1　各类曝内幕及案例

1．娱乐圈的曝内幕

为什么非要曝内幕呢？答案我想聪明的读者已经猜到了，就是为了吸引眼球，引起关注，同时还可以获得免费的二次传播。

从营销角度来讲，这是一个小投入大产出的事情。西方谚语说“好奇害死猫”，网友对于各类内幕的兴奋点和好奇心也是如此。娱乐圈的各种“曝内幕”，大都经过公关公司或者经纪公司精心策划，用“内幕”维持着某一事件的热度，用“内幕”保持一些明星的曝光度。

2016 年 11 月体育圈曝出的林丹出轨，细心的网友如果把所有的报道全部列出来进行标题对比，不难发现其操作手法。林丹行为不检点是事实，但是“小三”持续曝内幕的动机何在？智慧的网友自然会得出结论。

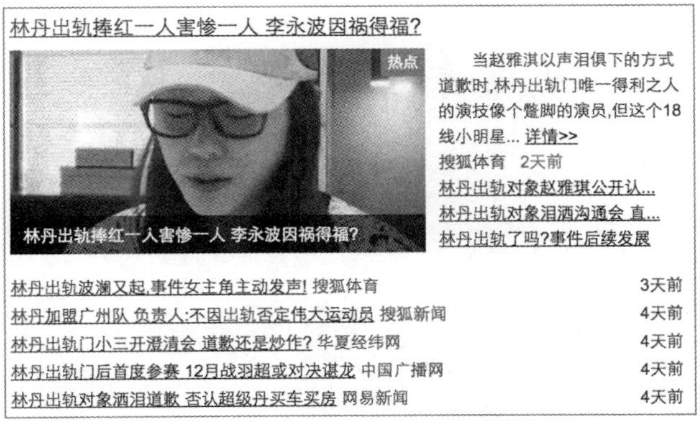

林丹事件相关报道

2．企业营销的“曝内幕”

娱乐圈的“曝内幕”手法值得借鉴，对于中小企业的网络营销来讲，“曝内幕”的操作也能博得眼球，引来流量，引来关注。不过对于企业的营销来讲，“曝内幕”要讲究尺度，即使是明星曝内幕有些底线也不能破。

下面我们看一下与“优衣库”有关的一个网络事件。笔者从优衣库在中国的营销进展中梳理一下脉络：

- 2014 年 7 月京东与优衣库推出虚拟试衣，结果市场效果不理想。大家对虚拟试衣间的体验感并不买账。
- 2015 年营销部门决定就“试衣间”重新推出推广策略。
- 2015 年 3 月，推广策略和计划通过，锁定关键词“优衣库试衣间”，计划在事件引爆后让网友自己搜索过程中发现“试衣间”。
- 2015 年 7 月，商场监控存档期过，果断出手。
- 2015 年 7 月 14 日，三里屯优衣库性爱视频一夜之间刷爆微信朋友圈，火遍微博。随后，火遍整个互联网。

在整个事件过程中，在大量文章的助推之下，我们注意到，有一类文章点击量和传阅量非常高，那就是“曝内幕”相关的文章。

笔者认为，如果从吸引眼球和关注度方面看，事实上优衣库成了最大的受益人，其股票价格随着事件火爆而飙升。从这个方面来讲，优衣库是成功的。

然而笔者个人认为，这与优衣库的品牌内涵不符，从长远来讲，弊大于利。

3．三则企业“曝内幕”营销案例

除了“好奇心”、“求真相”以外，人们对于“新鲜感”及一切未知的领域，充满了期待。“曝内幕”从这个角度来讲，更容易落地。2015 年 8 月 11 日，海尔宣布“开放透明工厂”。

海尔自动化物流配送系统

海尔打造了全球第一个对外开放的透明互联工厂，把制造生产过程向公众曝光，这种自曝内幕的方法让用户从产品使用者变身为“产品设计者与生产监督者”，能够取得更多消费者的关注和信任。

之所以建立透明工厂，海尔认为，在当前探索“中国制造 2025”高端制造的时代大背景下，透明工厂能够快速响应和满足全球用户的个性化需求，真正做到个性化定制的全流程可视化。据媒体报道，海尔是目前行业内唯一敢于向用户全程开放制造过程的工厂，这是海尔对自身智能制造能力的自信，也标志着中国与世界发达国家高端制造竞争进入新时代。

另外一个小案例，一家销售阳澄湖大闸蟹的电商，为了吸引流量和关注，站在消费者的角度，打起了曝行业内幕的主意。“普通蟹套牌变阳澄湖大闸蟹，揭秘造假内幕”，这样的文章在网络上传播，有消费意向的客户会感兴趣点击，文章内容讲述了造假的过程，最后教育客户如何辨别真伪，植入自己的营销信息。

普通蟹"套牌"变阳澄湖大闸蟹 揭秘造假内幕

2011-09-19 13:16:55　http://www.gmw.cn　来源：京华时报

海淀区四道口京港海鲜市场，一店主正在给普通蟹扣假的防伪戒指。

曝内幕案例

最后也是一个小案例，更容易操作，在笔者的《网络营销决胜武器——软文营销》一书中有类似的软文案例。

“知名整形医生曝行业内幕：1/4 手术是为补救失败”、“知名整形医生曝行业内幕：国内 80%韩国医生是假冒”，不单单是标题，文章内容实实在在地揭露了一些行业内幕，以此来警示消费者，最后融入自己的营销信息。

4.4.2 如何曝内幕

话题回到如何曝内幕，首先要看一下自己的行业有没有可以曝的内幕。可以把行业的关键词做多个变换在网上搜索一下，媒体已经曝光的我们可以再继续曝光，曝光要有媒体报道的依据，有可信度。此外，如果是消费者不知道而行业内都知道的，而消费者又最关心的内容，这样的内幕也可以曝。

总之，内幕吸引眼球，找好立足点，在合适的时间以合适的方式，大胆曝一下吧！

曝内幕营销万用表格

曝内幕能曝啥	注意事项	技巧	表现形式
产品缺陷	不伤害行业根本利益	曝内幕不给答案	软文
技术短板	不引起众怒	让客户自然得出结论	漫画
包装问题	曝同行不点名	留余地	视频
价格陷阱	曝内幕要有依据	有依据要评论	专题
虚假宣传	图片＋视频最有力	植入自己的营销信息	
违法问题	媒体报道可采用	从负能量转化成正能量	
道德缺失	不痛不痒不要曝	掌握时间点	
发展瓶颈	不要无中生有	掌握尺度	
财务数据	不要恶意诋毁行业		
专利技术	曝内幕时机要把握好		
团队管理	曝内幕要避免法律风险		
对外合作	曝内幕的传播要找主阵地		
客户服务	曝内幕不要引起别人反感		
制度规则			

4.5　第五计：造新闻

4.5.1　光线传媒“造新闻”

2015 年 6 月，传闻称，光线传媒电视事业部将宣布解散，今后光线传媒不再制作电视节目。

传光线电视事业部解散为电影让路 原电视总裁拒绝回应-闽南网

2015年6月30日 - 6月30日有传闻称,光线传媒电视事业部将宣布解散,其人员被分配到其他部门,今后光线传媒不再制作电视节目。曾以《中国娱乐报道》(现更名为《娱乐现场》...

www.mnw.cn/news/ent/93... - V2 - 百度快照 - 85%好评

光线总裁回应电视事业部解散传闻:是重组|光线|电视|电..._新浪娱乐

【原创】作者：何小沁/文 - 发表时间：2015年06月30日

新浪娱乐讯6月30日有传闻称,光线传媒电视事业部将宣布解散,其人员被分配到其他部门,今后光线传媒不再制作电视节目。当天,原光...

ent.sina.com.cn/tv/zy/... - V3 - 百度快照

光线传媒相关新闻

经过短暂的沉默，原光线传媒电视部总裁张航对此事在微博上发表了一篇充满情怀的回应文章。不是“解散”，而是“重组”；不是“黯然退场”，而是“重新出发”。一句话否定了光线电视部解散的传闻。同时，也正因为此前的解散传闻，他的这次回应无疑引起了更多人的关注。

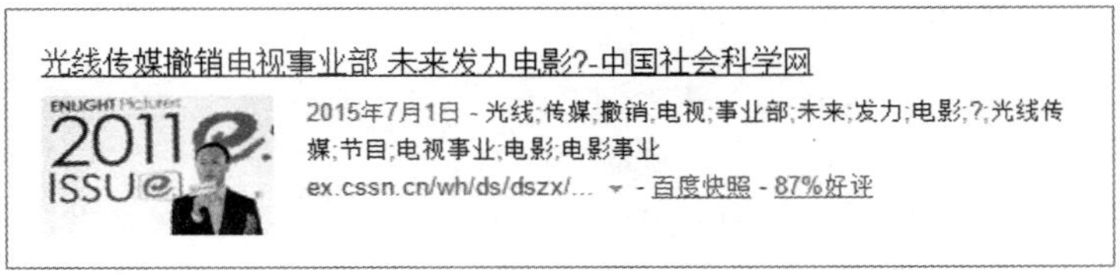

光线传媒撤销电视事业部 未来发力电影?-中国社会科学网

2015年7月1日 - 光线;传媒;撤销;电视;事业部;未来;发力;电影;?;光线传媒;节目;电视事业;电影;电影事业

ex.cssn.cn/wh/ds/dszx/... - 百度快照 - 87%好评

光线传媒回应

光线传媒是干什么的呢？看一下光线传媒投资过的影片的名字就知道其厉害了：《泰囧》《爸爸去哪儿大电影》《同桌的你》《分手大师》《秦时明月》《四大名捕大结局》《我就是我》《亲爱的》《我的情敌是超人》《我叫 MT》《港囧》《钟馗伏魔》《鬼吹灯之寻龙诀》《左

耳》《古剑奇谭》《改头换面》《全民危机》《大鱼海棠》《水果大逃亡》《谁的青春不迷茫》《从你的全世界路过》《致我们突如其来的爱情》。

那么光线传媒为什么会传出电视节目事业部被解散呢？接着看新闻，原来光线传媒2015年年度大片《港囧》于9月25日上映，此前光线传媒股价展开强势预热。在《泰囧》上映后的10个交易日里，光线传媒股价大幅上涨，开启了A股市场“看票房炒股票”的新时代。也许光线传媒不是有意为之，但是时间点上“造出的新闻”依然被营销人士推理成策划。不过也无可厚非，毕竟这不是什么坏事，也不是负能量的事情。

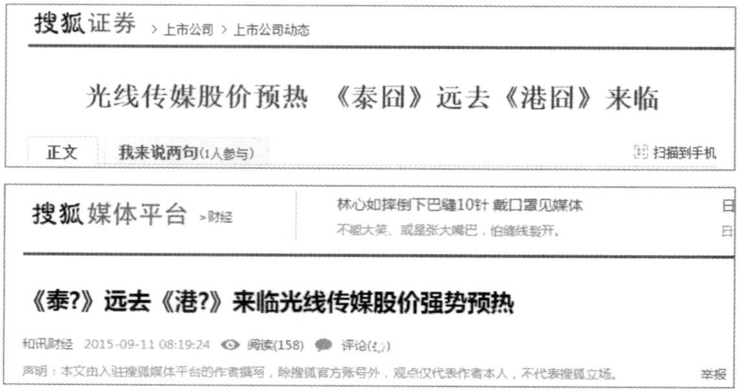
搜狐证券 > 上市公司 > 上市公司动态

光线传媒股价预热 《泰囧》远去《港囧》来临

正文 我来说两句(1人参与) 扫描到手机

搜狐媒体平台 >财经

林心如摔倒下巴缝10针 戴口罩见媒体

不能大笑、或是张大嘴巴，怕缝线裂开。

《泰?》远去《港?》来临光线传媒股价强势预热

和讯财经 2015-09-11 08:19:24 阅读(158) 评论

声明：本文由入驻搜狐媒体平台的作者撰写，除搜狐官方账号外，观点仅代表作者本人，不代表搜狐立场。 举报

《港囧》上映的新闻

4.5.2 汪峰上头条的“造新闻”

如果说光线传媒“造新闻”比较含蓄，“汪峰上头条”这个新闻还真就造出来了，动静还挺大，成了传统媒体和新媒体整合传播的一个经典案例。

汪峰上头条的这个案例我们在三十六计的第九计“玩情感”中还将提到，同一个案例，站在不同的角度思考，自然会产生不同的理解。也说明一下，网络营销创意三十六计不是孤立的，可以综合运用，也可以单独运用，我们只是总结了大量网络营销案例背后的创意规律，营销无定式，只要是能落地、能有效果的营销都应该得到支持。

汪峰上头条，其实是策划团队想把汪峰推出来，一直寻找合适的时机，也在媒体传播上花费了一些钱。不过事有凑巧，每一次传播都碰上热点事件，汪峰的相关报道被信息淹没了。连续几次之后，就有意思了，正如其策划团队总结梳理的网络帖子中所记录，如下图所示。

天涯论坛 > 娱乐八卦　[我要发帖]

已经连败14次，汪峰上不了头条

楼主：痴情的鱼 V　时间：2014-08-22 19:06:00　点击：19184　回复：20　脱水模式　给他打赏　只看楼主　阅读设置

第一次：13.9.13汪峰发表长微博宣布离婚，次日王菲李亚鹏离婚。
第二次：13.11.9汪峰演唱会告白章子怡，第二天恒大夺亚冠冠军。
第三次：13.11.10汪峰发布新专辑，结果碰上吴奇隆刘诗诗和杨幂刘恺威两对恋人秀恩爱。
第四次：汪峰爬上3900米的苍山，接着王力宏李云迪宣布恋情。
第五次：汪峰微博打歌，接着张艺谋超生，保罗沃克去世。
第六次：汪峰新专辑问世，嫦娥三号却发射成功！
第六次：14.3.8汪峰宣布要举行世界巡回演唱会，结果马航失事。
第七次：14.3.31汪峰过风云榜奖，然而文章英勇挺身而出。
第八次：汪峰又准备出专辑，李代沫拿出大麻去自首。
第九次：汪峰好声音学员获奖，黄海波从宾馆冷静地报了警。
第十次：汪峰准备在6月27日带着好声音学员举行演唱会的时候，宁财神掏出白粉，调皮地报了警。
第十一次：汪峰7.9日后台打人，然而巴西放弃荣誉1-7负德国！
第十二次：汪峰七月准备新一轮演唱会，张默再一次拯救了世界！
第十三次：汪峰8.2七夕演唱会深情告白，昆山爆炸，次日云南地震！
第十四次：汪峰微博感叹，然而我柯震东神勇敢站了出来！！！

汪峰上头条连败 14 次

新华网 新闻　安徽频道 > 新闻中心 > 正文

汪峰终于上头条 个唱首秀“峰暴来临”巡演近尾声

2015年09月14日 11:45:56　来源：　中工网娱乐

如今《好声音》上头条全靠汪峰了
生活日报 - 2天前
如今《好声音》上头条全靠汪峰了是有心还是无意,汪峰对评审团发飙传闻难辨真假...9月10日晚《中国好声音》第四季导师混战第二场在嘉兴录制,汪峰战队PK哈林战队...
shrb.qlwb.com.cn/shrb/content/201509... - 百度快照

汪峰上头条的最新相关信息
汪峰新发型上头条 换发型真的能改变人生

作为一名歌手,出过那么多专辑,举办那么多演唱会,求婚国际章,汪峰老师上头条的愿望都没能实现!这么多年坚持每天打发蜡无果,如今的一次“素发”竟得到...
深圳新闻网　5天前

汪峰终于上头条 个唱首秀“峰暴来临”巡...　中工网　1天前
汪峰又要上头条了?一人“战”众媒体:你们...　中国青年网　2天前
汪峰发型上头条 这发际线可怎么办好　MSN时尚频道　3天前
苹果上头条已不新鲜 请替汪峰想想!　搜狐　4天前

汪峰上头条相关新闻

正是这一系列的巧合，策划团队才有了灵感。于是我们看到“帮汪峰上头条”的段子、图片发布到网络后，立即引发网友的兴趣，“帮汪峰上头条”的话题，在网上逐渐演变成持续了两个多月的全民狂欢。随着这个话题，汪峰的新歌获得了 9 小时 100 万的破纪录收听量。

网友是在帮汪峰上头条，还是在造头条？

汪峰上头条之前话题是什么？

汪峰的三十二场演唱会！

说实话，笔者身边几个朋友都不是追星族，也不是音乐圈人士，如果不是“汪峰上头条”这个事情，有一半不知道汪峰是谁，知道汪峰的两个朋友也对其并无好感。这里只是客观地告诉读者相关的事情背景和最终结果：“汪峰上头条”，造新闻成功了，汪峰真的上了头条！

4.5.3 新媒体时代的造新闻

两个案例看完之后我们讨论一下概念。

造新闻，其实属于新闻营销方式的一种，就是通过制造新闻引起关注，将其作为宣传的一种营销方式。造新闻可以综合运用各种传播手段，创造最佳传播效果，以达到多角度、多层面地诠释企业和产品文化、品牌内涵、引导消费市场的目的。

造新闻讲究时机和时效，还要强调自身产品的独特性。成功的新闻营销必然带有强烈的目的性，同时具有易于传播的特性。一则好的新闻有利于在较短时间内快速提升产品的知名度，塑造品牌的美誉度和公信力。

腾讯游戏利用吴亦凡造了一次新闻，利用 H5 显得更时尚、更炫，传播的方式已经不局限于传统网络媒体了，在新媒体特别是微信上的传播更是到位。当然，腾讯游戏和微信毕竟是一个大家庭，看图吧！

腾讯游戏通过造新闻的方式，立刻引起粉丝对偶像动态的关注，并引发观众好奇心让观众打开新闻，在一步一步引导下，实现了真实事件的传播，而且这则新闻页面使用最新的 H5 技术制作，时尚炫酷。

2015 年 8 月，朋友圈被吴亦凡要入伍的消息刷屏！

连忙打开，乍一看以为是腾讯新闻做的事实派宣传，没想到好戏在后边。

再一看，原来是腾讯游戏招小鲜肉入伍战队了！

这条新闻中包含了很多营销关键点：出人意料的创意、用户的参与感与专属感、披上娱乐新闻的外衣、明星效应发酵（标题党）、酷炫技术。

以上几个案例分析完，造新闻在企业营销中的价值毋庸置疑了吧。

有人也曾经问过我，新闻发布会是不是造新闻呢？其实每一场新闻发布会，都是在造新闻，因为所有的事情都已经筹备好，只是履行一个形式或者一个仪式而已。筹备中的叫计划，已经发生的就是新闻了。

4.5.4 疯狂愚人节

造新闻运用得登峰造极的时间段和最有创意的新闻，非愚人节莫属。愚人节造新闻吸引眼球在国外早已成为传统。国外媒体就喜欢在愚人节当天编造各种天马行空又令人难辨真假的新闻，越荒诞不经越惹人注目，大不了第二天发一个声明承认是假新闻作罢。

2004 年的愚人节，《伦敦每日邮报》用一整版刊登报道，英国女王牵着宠物狗去彩票店买彩票，还附上了照片。当然这篇报道全部是杜撰的，照片也是合成的。愚人节要是没点假新闻，恐怕英国人还真不习惯了。

2013 年愚人节当天，谷歌宣布 YouTube 网站即将在午夜关门大吉，并将彻底删除所有人上传的视频。他们给出的理由更是让人哭笑不得：要选出这 8 年间最优秀的视频。

英国女王遛狗买彩票

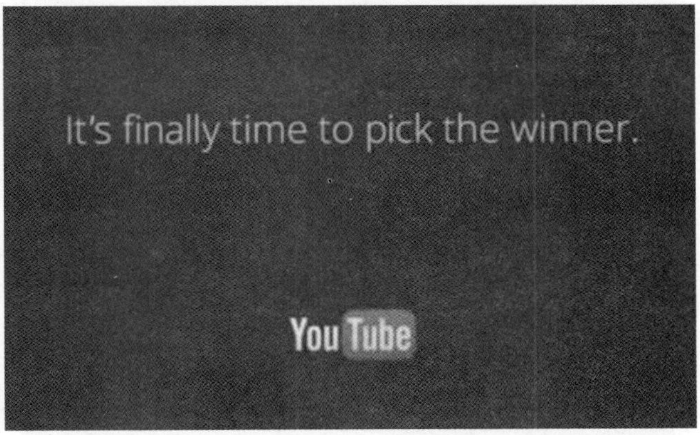

YouTube 网站消息

谷歌最喜欢把各种奇思妙想应用在首页 Logo 上，2015 年愚人节自然也不例外。当天，如果你打开谷歌页面，就会发现谷歌首页网址变成了 com.google，不但如此，仔细观察还会发现这个页面里的一切都是左右翻转的，连光标和打字顺序都会倒过来。

在国内，各大商家也瞄准了愚人节，纷纷放出大招造新闻。愚人节创意往往能够长久地为人所津津乐道，既给品牌赢得了讨论度，又测试了市场反响，这无疑让愚人节营销变得更有意义。

谷歌愚人节首页 com.google

愚人节网上曾经盛传支付宝即将推出“意念支付”（造新闻）。据介绍，进入“意念支付”的页面后，点击“开始”按钮，盯着液晶显示屏中央，并集中注意力，默念需要转账的联系人姓名，在短暂的信息接收和处理之后，屏幕上就会出现联系人，点击姓名就会跳转至转账付款界面。这个新闻唬住了很多中国网友。

支付宝愚人节造新闻

Uber 曾经在愚人节这天发出新闻宣布推出免费周公专车，专门提供给失眠人士，失眠一族只要在 Uber App 中输入“SLEEPNOW”优惠序号后，再返回 Uber 主界面地图页就可以看到 Uber 周公专车，接下来即可点选“呼叫周公”来搭乘。

2015 年愚人节当天，微博上流传这样一则消息，当天 12 点，你可以去奇酷网立即付款购买一部“手机”，并配有一张“发货时间，配置，长相，都不知道，只有 10 部，12 点开卖，恕不退钱，360 元，仅限今天”的图片。尽管引来大量围观，不过因为是愚人节，真还是假就靠你自己甄别了。

愚人节 Uber 推出“呼叫周公”

没料到当天下午，360 官方宣布“假戏真做”，并发布“我们年纪轻轻的，不学那些老油条看破红尘”为主题的海报，还感谢了网友对 360 的信任，如约将手机发送给选出的 10 个网友。假新闻变成了真新闻，此举引发了众多关注，再一次为产品做了营销。这让不熟悉“造新闻”营销大招的人士看得眼花缭乱。

360 假戏真做卖手机

2015 年愚人节当天，腾讯称，出于成本与环保考虑，“鹅厂”在深圳、天津和上海的大型数据中心将于 2017 年起陆续搬往南极。而在位于南极洲的“帝企鹅大厦”目前正在建设中，计划于 2019 年竣工投入使用，届时将成为腾讯新的全球总部。

愚人节，腾讯宣布数据中心将搬去南极

此外，腾讯还宣布另一条新闻，即微信将推出一项新功能——摇一摇识气味。当用户闻到未知的气味时，打开摇一摇，就能根据云端大数据的分析结果，由系统自动显示出这是由何种物质散发出的气味。

摇一摇识气味

2015 年 3 月 26 日，魅族官方发布“当全世界都在骗你的时候，我们来说句实话”提前拉开了愚人节营销战幕，这则新闻所打出的“现货”主题吸引了不少关注和参与。

魅族愚人节造新闻

“假作真时真亦假”，以上的多个案例，造新闻都可以引来关注，实现营销的目的，其核心就是创意，其“东风”就是愚人节。

4.5.5　最容易落地的“造新闻”形式：软文

我们自己在今日头条开设账户的时候，曾经做过“造新闻”的尝试。我们获得了一些内部人士消息，北京交通委正在讨论要不要取消进京证，所以赶紧在自媒体上释放了一下这条新闻，为了避免后期变为不实消息，所以标题用了“网传进京证即将全面取消，五大理由证明信息或靠谱”。结果信息发布后，一个早上阅读量 5.4 万次，转发和收藏都超过了 200 人。

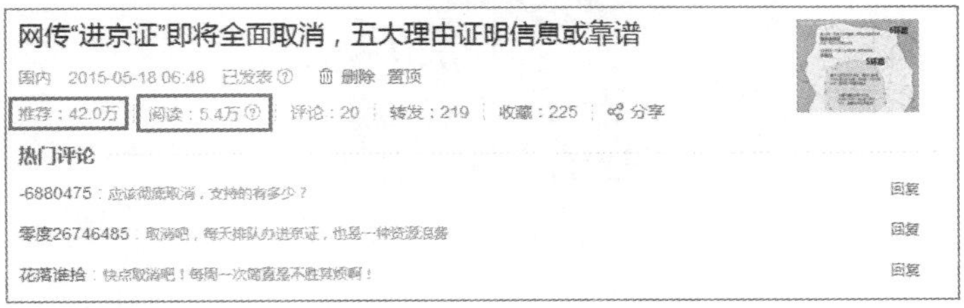

造新闻尝试

为什么进京证即将取消这样一则新闻点击量如此之高？因为它找到了北京外地车主们共同的痛点。所以造新闻要想传播量高，就得抓住受众的痛点。

另外一个我们操作的“造新闻”见到效果的案例，是我的《网络营销决胜武器——软文营销》第一版上市销售时，我写的新闻稿“软文营销实战书籍电子工业出版社发行，当当网已接受预订”，就是这样一条网络新闻在百度首页检索“软文营销”、“软文营销书”就能直接看到这条新闻，也能看到书的封面图片。

事实就是如此，你不说出来，别人就不知道，特别是有需求的客户也不知道。网络营销也如此，不要“有爱在心口常开”，要用 PC 端和移动端的网络传播渠道，把“爱”传出去。

软文营销的最新相关信息

博得时代新闻软文营销中的超级航母--热点新闻--南昌... 南昌新闻网 14小时前

博得时代新闻软文营销中的超级航母,,黄玉娟,热点新闻,娱乐频道,南昌市委宣传部主管,南昌市政府新闻办、南昌市广播电视局、南昌日报社主办,南昌市广...

领告传媒新闻软文发布平台 已成为网络营销推广最佳... 中华网财经频道 20小时前

粉我吧:要善于利用软文营销这把利剑 天极网 2天前

软文营销实战书籍电子工业出版社发行,当当网已接受... 南昌新闻网 3天前

浅谈新闻软文泛滥问题 a5论坛 7小时前

软文营销相关新闻

另外一则造新闻经典软文营销案例“八成消费者购买防辐射服孕妇装时存在盲目性”以及点评在我的软文营销书中有介绍，百度搜标题也能查看原文。

下面一则“造新闻”的软文案例可以扫码直接阅读。尽管最后的植入方式硬了一些，技巧不够，但是整篇文章的价值主张还是比较到位的，这也是“造新闻”在这篇文章中的亮点，价值主张部分有理有据，分析得合情合理，很有说服力。

（扫描阅读软文案例）

最后总结一下“造新闻”的好处：

第一，搜索营销有补充。可以用网络软文的玩法补充百度竞价的点击付费，也可以用来解决 SEO 效果漫长的等待。简单说就四个字：写稿、发布。

第二，释放品牌势能。什么是品牌，“再小的个体也有品牌”，敢于亮剑，用“造新闻”的方式不断释放利好消息，累积多了，就是品牌！

第三，直接促进销售。我写的软文营销书的新闻，就是能够带来读者登录当当网下单购书的新闻。

第四，危机公关。如果企业达到一定的体量，“害人之心不可有，防人之心不可无”，当影响到行业利益的时候，就会有竞争对手背后下刀，也会有谋取不正当利益的机构和团体背后下手。如果有了“造新闻”的思维，应对起来至少不会手忙脚乱。

“造新闻”本质上就是软文营销的重要组成部分，不了解软文营销的读者推荐阅读一下我的《网络营销决胜武器——软文营销》一书，不是为了让你买一本书，是为了让你的知识更系统。

4.5.6　造新闻万用表格

还是用一张表格结束本章节。

造新闻万用表格

哪些角度可以造新闻	要点	注意事项
公司直接发生的事情	提炼	要提升高度
与公司业务有关系的事情	建立联系	不要太牵强
创造新闻	围绕公司业务	要合情合理
第三方报道改造	抓有用的核心点	合理改造
向竞争对手学习	创新性模仿	千万不照搬
造新闻的三个基本原则：传播正能量、提炼角度有高度、内容合情理		

4.6 第六计：玩数字

数字，是一种既陌生又熟悉的名词。它由 0～9 十个数组成。数字不仅包括计数，还有丰富的哲学内涵。阿拉伯数字并不是由阿拉伯人创造出来的，是由古印度人在生产和实践中创造出来的。

数字在营销中有很多妙用，这一计总结的就是“玩数字”。人们对于数字的理解有直观的，有联想的，应用到营销上就各有各的妙处。

4.6.1 玩数字玩出的电商节

11 月 11 日，本来是一个普通的日子，硬生生地被阿里推成了双 11 电商节。“11.11”从数字变成代名词。

双 11 数字大战

每年的双 11，淘宝都会来一场数字秀，不服看下图。

双 11 天猫成交额精确计算到每时每分

2015 年双 11 天猫以展示数字形式成交额的形式狂欢

2016 年双 11 天猫销售数据再创新高

4.6.2 奔驰 smart 玩数字玩出的急迫感

如果说双 11 期间的玩数字大都拼总量，数字惊人，那么 smart 曾经做过的玩数字，就是小切口切入，塑造了热销的急迫感，同样达到了营销效果。

smart 推出淘宝团购

2010 年 9 月 9 日上午 10 点，奔驰 smart 在淘宝聚划算上推出一次国内从未有过的大宗团购，在网购消费者的密切注视下，24 秒售出第一辆 smart，3 分钟售出 39 辆，6 分钟售出 55 辆，37 分钟已经售出 99 辆，1 个小时售出 116 辆，2 个小时售出 143 辆……为应对火爆局势临时加售 5 辆，最终在 3 小时 28 分的时候，最后一辆车被买家拍下。仅仅耗时 3 小时 28 分，205 辆奔驰 smart 被抢购一空。

最主要的，这次网络销售所用的时间与数字交易额为奔驰 smart 做了非常好的营销广告，直到今天我们还在这里津津乐道。

4.6.3　果汁玩数字，“真新鲜”

人们都喜欢买鲜榨的果汁，为了体现果汁的新鲜程度，法国一家名为 Intermarché的超市推出了一款最新鲜的橙汁品牌，为什么说它是最新鲜的？只要看品牌名字就知道了，下页图中的 8:36 就是这瓶果汁生产出来的准确时间。

按照这个逻辑，他们每瓶果汁的时间都是不同的，保证生产日期透明。加之果汁价格实惠，新果汁上市三周，到店客流增加 25%，橙汁销售更是猛增了 4600%，在社交媒体上被称为“最新鲜的果汁”。

这让国内大批厂商汗颜。很多厂商不仅不敢打具体生产日期，恨不得把生产日期能推迟多久就推迟多久，甚至不想打生产日期。

瓶身上的时间即果汁的准确生产时间

4.6.4 玩数字巧妙突出产品的品质

当纯净水刚开始盛行时，所有纯净水品牌的广告都说自己的纯净水纯净。消费者不知道哪个品牌的水是真的纯净或者更纯净的时候，乐百氏纯净水在各种媒介推出卖点统一的广告，突出乐百氏纯净水经过 27 层净化，为其纯净水的纯净提供了一个有力的支点。

这个系列广告在众多同类产品的广告中迅速脱颖而出，乐百氏纯净水的纯净给受众留下了深刻印象，“乐百氏纯净水经过 27 层净化”很快家喻户晓。“27 层净化”给消费者一种“很纯净，可以信赖”的印象。毫无疑问，这个“27 层”数字玩得好！

雕爷牛腩是一家“轻奢餐”餐厅，其烹饪牛腩的秘方，是向周星驰电影《食神》中的原型人物——香港食神戴龙——以 500 万元购买而得的。很多人因此慕名而来。除此之外，这家店还有一个特色，就是在菜品方面只供应 12 道菜，追求简洁极致的精神。单是 500 万和 12 道菜这两个数字足以引起人们的好奇心，一尝究竟。

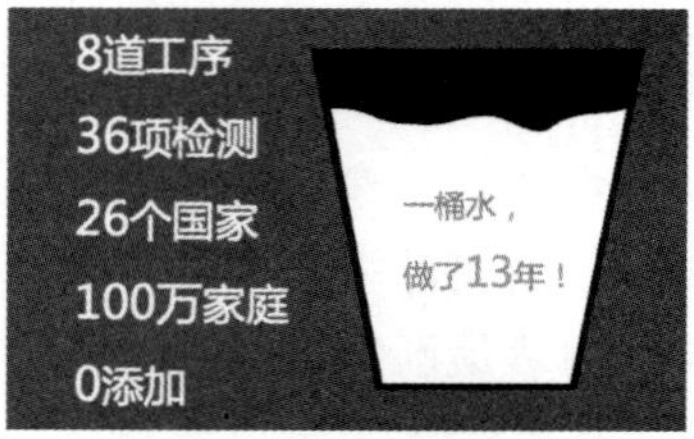

一款面包的描述

右图是笔者讲的网络营销创意三十六计课程 PPT 中的

一页，当我们描述一款面包时，“8 道工序，36 项检测，26 个国家，100 万家庭，0 添加”，怎么样，是不是有一种瞬间高大上的感觉？

有一次，笔者在讲总裁班的课程中，让大家自我介绍，其中一个学员是这样介绍的：“大家好，我是叶子。我不会干别的，只做了一桶水，用了 13 年！”一桶水做了 13 年，这句朴实的话让人心中生畏，之后是全班雷鸣般的掌声，课后调查，只有这个自我介绍传播率和有效记忆率最高，甚至还产生了两个有意向的代理商。这都要归功于“玩数字”的营销创意妙招。

4.6.5　玩数字搞促销

日本有个银座绅士西装店，这家店把打 1 折的销售策略用到极致，曾经轰动了东京。当然，规则并不是单单打 1 折那么简单，而是循序渐进地打折：第一天打 9 折，第二天打 8 折，第三天第四天打 7 折，第五天第六天打 6 折，第七天第八天打 5 折，第九天第十天打 4 折，第十一天第十二天打 3 折，第十三天第十四天打 2 折，最后两天打 1 折。

这个策略看似没什么稀奇，消费者只要最后两天去购买就可以买到低价商品，而实际情况却大相径庭：前两天光顾的人很少，局面还没有打开。从第三天开始消费者就多了起来，等到第五天第六天商品打到 6 折时，客人就像洪水般涌来开始抢购，再之后就连日客人爆满，当然等不到打 1 折时，商品就全部卖完了。

我们大家只要留意，都会见到过消费者凭身份证在生日当天打折的各类商家。我们也曾见到过玩数字游戏的促销，这在本书三十六计的“设奖赏”中再详述。

4.6.6　新媒体营销玩数字海报

玩数字不仅在传统营销和传统的传播渠道中可以应用得很好，在新媒体中这一招，都能迅速落地。

泉之媒，是一个“PC＋新媒体”的媒介平台，拼不过“传播易”的资金和资源，但是也能够“小而美”地生存和发展。如何把优势发挥出来呢？如何简单地告诉客户呢？那就是适合微信传播的海报。

我们梳理了一下，用数字形势列出了优势：

- 泉之媒调查，80%的企业内容营销做得很烂

- 泉之媒已经有 3000 家媒介深度合作的平台
- 泉之媒已经直接掌控 100 万以上粉丝的新锐自媒体
- 泉之媒已经有 50 位软文营销疯子的兼职团队
- 泉之媒已经有 1 个软文和创意培训的基地
- 泉之媒目标是 10000 家企业会员
- 泉之媒未来会成为 1 个让人羡慕的明星企业孵化器
- 泉之媒只专注一件事：内容与传播
- 泉之媒资深写手有 10 年以上码字经验
- 泉之媒能为一个产品找出 36 个角度撰写文章
- 90%的老客户在不断为我们介绍客户
- 泉之媒目标是帮助 1 万家企业用内容和传播实现利润倍增

……

我筛选了一些，用微信海报形式排了出来，节选部分如下。

泉之媒玩数字宣传海报

怎么样，是不是容易落地？是不是看起来也高大上了？如果美工更厉害一些，排版再有一些创意，那视觉冲击力就更好了。

下面这组海报，是学员企业北京新境界除甲醛听完我的课后所做的海报。

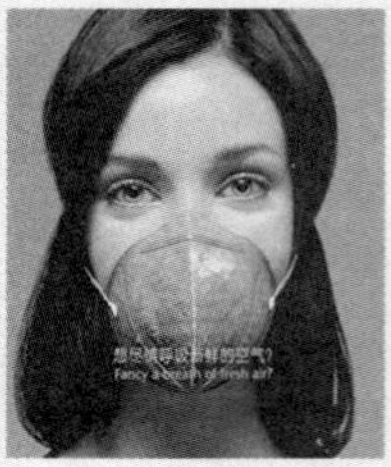

13年来，新境界

只专注**壹**件事

除甲醛

新净界光触媒材料粒径为

5纳米

涂膜与污染物接触面积更大

新净界光触媒产品

0污染 **0**损害 **0**刺激

逾

50000家客户

为新净界点赞

中国上门室内净化企业“新净界”广告

如果你也有感觉了，赶紧放下本书，也做一组吧！

4.6.7　玩数字的创意

除了中规中矩的营销，玩数字也可以成为娱乐化的一种重要手段。

用玩数字的方法，随时都有营销的机会，就看你有没有一双发现营销创意的眼睛。2016 年 5 月 20 日，这三家酒店玩出了新解释、新想象。

三家酒店玩数字

不过这还不是最牛的，接着看。

请问，世界上最牛的宝马车是啥样的？

答案见下图“BMW760”！

最牛宝马车

娱乐之外，玩数字黑对手，也是醉了。看加多宝的这张海报吧。

加多宝海报

不说自己是老大，说“每卖 10 罐凉茶 7 罐加多宝”，暗示自己是品类中的老大。

4.6.8 玩数字的好处

现在我们来总结一下玩数字的好处。

首先，增加可信度。

央视曾经做过一组节能减排相关报道，一提到减排，都感到很抽象，看看人家主流媒体，硬生生科普了一把，把粉尘、二氧化碳、二氧化硫、氮氧化物这么抽象的东西用亿吨来表示，不管你信不信，反正这组数据已经把你打懵了。还是要肯定一下，这样数字化的表述增加了可信度。

节能减排报道

其次，通俗易懂。

用数字表现，都很容易懂。

笔者有一次在杭州讲课，有一位学员是做倒立机的，一直做出口，没有做国内市场。他介绍产品的时候需要几分钟才能介绍清楚产品价值。我现场给他建议用“玩数字”＋“做对比”来表现：锻炼 2 小时不如倒立 10 分钟！

众所周知，无论是哪种体育运动，对身体都很好，但是需要耗费时间，现代人都以忙为由推脱。如果用 10 分钟的锻炼时间，效果能超过 2 小时，会不会感兴趣？会不会体现倒立运动的特点呢？

再比如，“一分钟醒酒的方法”，是不是很容易懂呢？是不是很容易唤起人的好奇心呢？

最后，玩数字还能丰富内容营销的形式。

数字可以表现绝对值，不同的算法有不同的效果。数字还可以表现时间点、时间段，每一种玩法都能有出其不意的效果。比如中国十大好片排行榜，“十大”非常有冲击力。

4.6.9　玩数字要点及注意事项

玩数字，很容易，不过要玩得有新意也不太容易，特别是玩数字过程中不要忘记营销才是我们的根本目的。

如何玩数字呢？下面给出三种方法。

- 第一种是直接创意，围绕着产品的卖点，结合数字去做创意，用数字体现产品的卖点。比如，上文提到的倒立机玩数字案例。
- 第二种，把产品嫁接过去。比如能不能用你的产品摆成数字？能不能把你的产品装入与大家敏感数字有关的东西里面去？
- 第三种，用数字做软文标题的创意。比如“泉之媒告诉你一个微店如何做到三天引流 1500 单”。

玩数字，要注意绝对值数字的准确度，否则就用模糊化的数字。因为数字是不能含糊的，比如 IT 企业的融资额，只要开了新闻发布会公布过，就会有热心的网友随后检索年报，如果你写的数字和年报公布的有差别，就可能为后期的负面信息出现埋下深水炸弹。

（扫码阅读：吹大牛！超八成创业公司融资造假）

此外，玩数字，还要注意巧妙植入自己的产品信息，这样才能传播得广。

最后，玩数字要玩得有创意，数字上不惊人不罢休，至于怎么惊人，就要根据你的产品和项目而定了。

笔者曾经点评过一篇软文：《中国禽疫苗十强乾元浩的协同之路》，标题也用了玩数字，有“十强”的定语。不过不够醒目，还应该修改。内文中有一个小标题，“协同 OA：公文流转一年省下 6 万元 11 万分钟”。请大家思考，如果一个软件在企业应用，要不要花费资金和时间成本，要不要花费管理成本，结果却只节省了 6 万块钱，显然是不够有吸引力的。那么同样的计算价值，为什么不把数字放大呢？放到一个集团公司，放大到五年、十年呢？不要和我说还没有实现不能那么计算，那就不能大大方方地进行预测吗？

总之，玩数字不玩好，就没有吸引力！

4.7　第七计：做对比

4.7.1　魅族的“做对比”创意营销

好东西，不怕比，先看图。

魅族手机新品发布会广告

这是魅族新品发布会上推出的几组对比图片，广告中魅族向同行致敬，感谢诺基亚、索尼、小米等手机品牌对魅族的帮助："感谢诺基亚，北欧的坚固耐用，教会了我们用心对待品质"、"感谢索尼，教会了我们要尽量把不可能变成可能"……

魅族用"做对比"的手法，把自己产品的卖点全部展现出来了。事实证明，魅族手机的销量随后大增。

4.7.2 上海地铁出现的"做对比"巨幅广告

2014年11月21日，IPG集团旗下极致传媒（Initiative）携手亚马逊推出Kindle Paperwhite——千书随行活动，其户外广告亮相上海静安寺地铁站引起强烈反响。

试想一下，一个高2.8米、长25.6米，放置了2000本书的巨型书架出现在来往人群的视野中，书架上的灯箱广告语写道："想把这里的书全带走，享受阅读随时随地？一部Kindle Paperwhite就够了！""Kindle Paperwhite我的移动图书馆！"

Kindle的户外广告充分运用了对比的方式，首先是视觉上的对比：封闭空间里突然出现2000本书的巨型书架，形成的反差效果在视觉上非常震撼。其次，第一次将纸质书与电子书进行如此直观的比较，一面书墙都可以用一部Kindle带走，呈现出纸质书和电子书的对比，突出电子阅读器的便利性和大容量。

这样"做对比"的创意广告直奔主题，让客户印象深刻。

Kindle的"做对比"广告

4.7.3　两个会变身的“做对比”案例

阿里数娱和迪士尼联合推出的“迪士尼视界”是国内目前唯一的一款以儿童和家庭为核心受众的综合性少儿智能娱乐学习产品，它更侧重关怀孩子的成长体验，为家庭亲子关系播下爱的种子，让所有孩子都不再“熊”。

视频广告中，熊孩子化身一只小黑熊，在家里各种捣乱搞破坏，等到妈妈回家时家里已经惨不忍睹。妈妈惊讶之余，拿出了迪士尼视界，打开开关，视频中捣乱的小黑熊一秒变回萌娃，俨然一个安静的宝宝，前后对比十分鲜明。呼应了短片中的广告语：“世上没有熊孩子，只是少个好伙伴”，这个伙伴就是指迪士尼视界。

（扫描二维码观看熊孩子视频广告）

熊孩子变萌娃的对比看起来比较靠谱，但是大妈变少女这件事听起来多少会让人觉得不可思议，至少有违自然规律。但是，尼桑的新车广告中就上演了这一幕。

片中上演了奇妙的变身术：大妈遇到 DAYZ 后一秒变花仙子，仿佛重获青春。

DAYZ 新车发布会的创意运用了“做对比”和“玩夸张”的手法，变身前后的对比强烈，让观众看得惊喜连连，短片中还穿插着不少路人触摸 DAYZ 之后华丽变身的场景，最后大妈化身花仙子的桥段更是幽默又有趣，让品牌在接地气的同时还给人带来了出其不意的欢笑。

（扫描二维码观看 DAYZ 新车广告）

DAYZ 车系是 NISSAN 旗下一款迷你微型车，外观设计非常可爱，虽然车型不大，但在如此紧凑的空间中，NISSAN 却施展了设计魔法、赋予 DAZY 相当实用的车内空间及实用的配备。正如广告中所展现的魔法一样，接触 DAYZ 的人前后对比强烈，呼应了 DAYZ 车身与车内空间的对比。另一方面，各种神奇的变身也突出了人们对它“多快好省”实用方面的盛赞。

4.7.4 两则不光是人的“做对比”案例

Sedal 是联合利华公司旗下的一个品牌洗发水。在拉美地区销量非常好，因此广告中也使用了野生动物的形象，狮子在使用 Sedal 之前与之后进行发型对比，突出洗发水柔顺功能的同时，令观众会心一笑。

无独有偶，博朗剃须刀也曾经这样做过对比。博朗的一组广告所使用的对比手法可谓非常夸张、同时又风趣传神，让消费者印象深刻。下图为其中一张，画面左侧是早上 8:00，右侧标注着 8:05，5 分钟之内博朗就帮助主角完成了一次从动物到男人的蜕变，着实非常有吸引力。这组广告图片左下方都搭配不同型号的博朗剃须刀，它的广告语是“Bring out the Human in men”，意思为“将人类打造成男人”。

Sedal 洗发水广告的“做对比”

博朗剃须刀广告的“做对比”

4.7.5 新媒体营销中的做对比

国氏全营养素是中国减肥市场上的一个老品牌，基于著名营养学教授国敏元发明的“全营养减肥法”而研制。在新媒体上开始推广，介绍产品卖点，迟迟不见销售增量。后来，改为晒单，晒客户的减肥前和减肥后的效果对比。一组照片没有见到反馈，当坚持了一段时间后，大量真实的对比照片，唤起了微信朋友圈的关注和直接下单。

国氏全营养素做对比的朋友圈晒图

有什么能比大量的真实客户见证更有说服力呢？这个推广思路就是“做对比”。

估计有的读者肯定会问，要是产品没有这样直接对比的效果，怎么“做对比”呢？其实，能够直接比出上下高低或者产品效果的，就直接对比，如果不适合那就得比产品背后的东西，比如“文化”、“荣誉”、“历史”，以及其他有附加值的东西。

嘀嗒拼车是一款免费的拼车手机软件，被用户称为“拼车神器”，在公众号和部分微信朋友圈中推送的一则软文“如何提高订单的应答率”也用了“做对比”的思路。文章把软件的使用规则逐项列出，对两种不同的用法展现的效果逐项对比，传达的信息清晰明了。

嘀嗒拼车的“做对比”

4.7.6 为什么要做对比

通过以上几个“做对比”的案例，我们现在总结一下为什么要做对比？

创意营销的对比就是企业通过各种方法将产品与竞争对手的产品在各个方面的优势展现给消费者，帮助消费者进行判断和选择。市场竞争的核心就是对比，消费者习惯购买商品时“货比三家”，一种产品之所以受到消费者青睐，靠的就是在质量、价格、性能等方面或者某一方面胜出同类其他产品。直接的对比其实更能凸显品牌的真实状态，不仅节约成本，还能展现出公平竞争的一面。使用对比营销，还能够迅速建立起市场话语权，快速占领市场。

做对比的工具表格

怎么比	要点	注意事项
找出核心竞争力 以己之长比别人之短 没有明显优势的	对比　提炼 分析　对比 比文化　比服务	含蓄 不诋毁对手 总要找到突破口

4.7.7 做对比的七种具体操作方法

做对比，找到自己的核心竞争力之后，就要确定具体比什么了，以下七种具体方法供大家参考。

1. 比表象

可口可乐和百事可乐，这对营销中的“老冤家”，一直在用“做对比”的操作手法互黑，让看客们自得其乐，各得粉丝。

下图中，百事可乐的吸管顺利放到易拉罐内，而可口可乐的吸管放不进去，暗指吸管都不愿意选择可口可乐，强调百事可乐口感更好。

下图中，可口可乐售卖机前结了厚实的冰，前面没有路。百事可乐售货机干净整洁，前面被人踩出了路，暗指可口可乐无人问津。

比表象，无论是直接比外表，还是有点娱乐化或者内涵地比表象，视觉冲击力都很强，营销也有创意和效果。

百事可乐与可口可乐对比 1

百事可乐与可口可乐对比 2

2. 比文化

比文化，是产品没有办法直接感受到竞争力时的选择。汇丰银行曾经做过一组硬广，主题为“我们一向看重本地智慧”，与其广告语“环球金融、本地智慧”一脉相承，不得不说是一种创意营销的智慧，其表现思路就是“做对比”。

当有人为你的咖啡杯或者茶杯续杯的时候，在中国大多数人会用单手在茶杯后边点指桌面表示感谢，而在意大利同样的行为会被认为不耐烦。招财的吉祥物是企业主、创业者的最爱，在日本是“招财猫”，在中国则是“关公”。

3 秒钟，只需要 3 秒，1 秒看图片，1 秒看主题文字，1 秒看 Logo，甚至阐述的详细文字都不用看，用大家都熟悉的内容，用图片做对比，把复杂的事情表现得很简单，汇丰银行很轻松地把想要传播的主题和核心理念进行了渗透。不相信，那就自己看一下，体验一下吧！迅速看完，回想一下能记住什么？

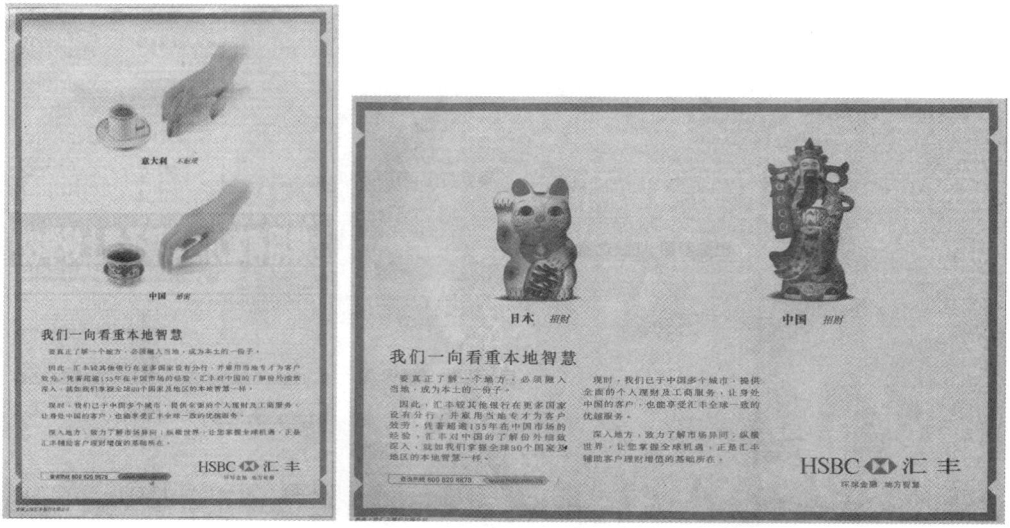

汇丰银行硬广

3. 比数据

前面讲过“玩数据”这一计，大家可以再回顾一下，这里不再赘述。做对比，比数据，是硬邦邦的 PK，简单也好，粗暴也罢，都很容易落地。

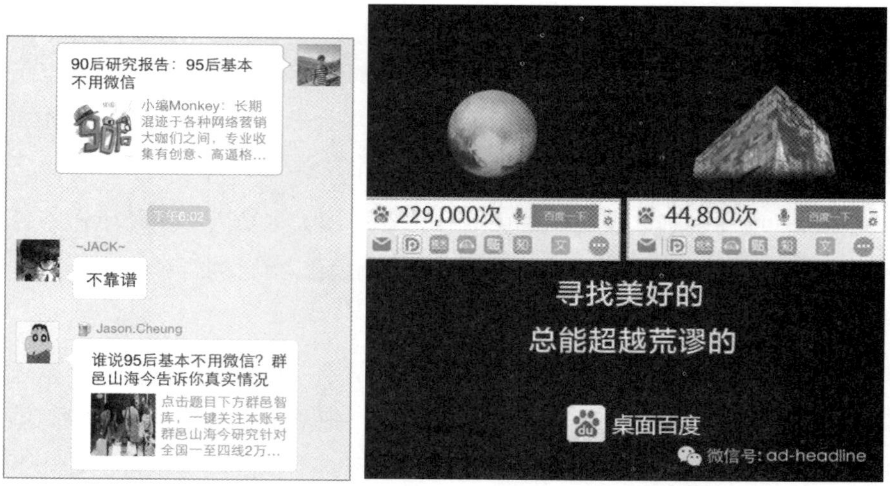

比数据案例

数据可以与自己对比，可以与别人对比，可以宏观，可以微观，关键要在比的过程中融入创意。

4. 比内容

提起凉茶，不得不提到王老吉，已经成为了一个品类的名称。“王老吉”商标拥有者是广药集团，很早就在生产销售王老吉凉茶。大约 20 年前，王老吉的一个销售商提出合作，租用王老吉的商标，范围是红罐或红瓶王老吉。这个租赁者，现在叫作加多宝，是香港鸿道集团的全资子公司。加多宝投入巨资，把红罐凉茶做起来了，在国内销售额早就超过了可口可乐。2010 年起，广药集团与加多宝集团纷争不断，核心焦点就是“王老吉”品牌的使用权。从打官司到线下渠道商争夺，乃至广告资源争夺，两家打得天昏地暗。

商业就是商业，我们不去研究到底是加多宝“想吃独食”，还是王老吉“见钱眼红”，总之，一个事实是加多宝集团不能再用“王老吉”商标及外包装设计、颜色等。

2010 年开始，王老吉与加多宝集团的纷争序幕拉开。加多宝要重塑凉茶品牌，重新崛起，从营销和渠道等各个方面发力，打得王老吉有点懵。其中诸多的网络营销活动中，以“对不起”、“没关系”这种生活中的场景嫁接过来，玩了一场比内容的大战，让网民感到很“过瘾”。

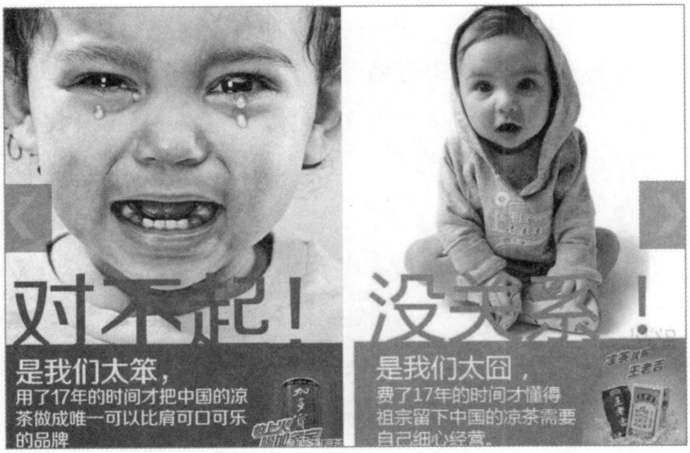

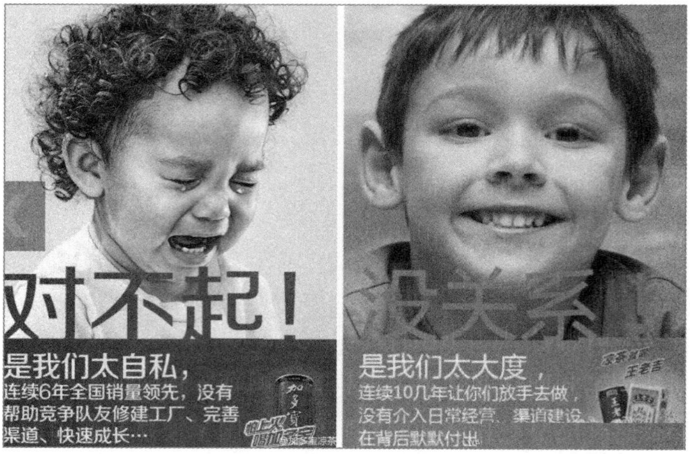

比内容

不管两家凉茶的后续竞争如何，加多宝与王老吉大战，在内容对比上出尽了风头，硬生生在凉茶品类中新切入一个全新的品牌。加多宝创造的做对比手法的经典案例值得研究和借鉴。

5．扬长避短

还记得田忌赛马的故事吗？下等马 PK 对手的上等马，自取其辱。中等马 PK 对手的下等马，赢得轻松。上等马 PK 对手的中等马，赢得无悬念。三场 PK，稳操胜券。

我们在营销中做对比，如果和竞争对手比，可以借鉴这种方式，我归纳为“扬长避短”。以己之长，比别人之短。必须要注意的是，尽量尊重对手，不要直接诋毁对手，尊重别人的品牌也自然会被别人尊重。

下面节选了一篇软文，尽管案例是几年前的，但是其手法一目了然，非常有代表性。

春光明媚踏春游　三款主流 7 座跨界 SUV 推荐

又是一年春来早，柳絮儿满天飘。3 月初，各地气温都有大幅回升，人们的心仿佛也被柳絮儿挠得痒痒的，想去外面舒活舒活筋骨，抖擞抖擞精神。

以前一提到自驾游，人们马上会想到 SUV；而如果要多人同行，那么首选 MPV。不过，现在你有了更两全其美的选择——7 座 SUV。它既有 SUV 的多功能和通过性，又有 MPV 的大空间，不管是七口之家春游、还是公司团队建设、或者发小死党野营，都可以得到全面满足。目前市场上的 7 座 SUV 不少，日系代表是汉兰达，美系代表是全新进口酷威，韩系代表是新胜达。对于 7 座 SUV 来说，后两排通常坐的要么是老人和孩子，要么是朋友和同事，他们是最需要照顾的，所以我们重点考察一下后两排乘客的福利，看看哪款 7 座 SUV 能够在“三国大战”中胜出。

后座空间：有容才真大

既然 7 座 SUV 集中了 MPV 和 SUV 的长处，显然空间尤其是充裕的第三排空间是它最大的卖点。乍暖还寒，春装还较厚时，正可以检验车内空间。从三款 7 座 SUV 的尺寸上看，汉兰达曾经是最大的，但是全新进口酷威一上市，汉兰达立即“矮”了一截。新酷威的车身三围为 4910×1878×1751mm，轴距更是达到同级最大的 2890mm，酷威的轴距整整比汉兰达大了 100mm。汉兰达的第三排基本上只能坐小孩，而新酷威的后座则可以舒服地坐下身高 175mm 的成年男性，哪怕 7 名乘客全都是男人也不怕装不下。相比而言，新胜达的车身三围只有 4725×1880×1686mm，轴距也只有 2700mm，后座只能坐儿童或自己的宠物。

从第三排进出的便利性来看，汉兰达和新胜达都是通过第二排座椅尽量前移以进入第三排，留出的通道实在有限。而新酷威独有的“巧易滑”功能，只需要搬动靠背上方的一个扳手，坐垫和靠背就能自动收起，不仅省力而且进出更方便。近 90°开启的后车门，乘员皆可轻松上下车，即使大件物品也能轻松取放。在第三排的头部空间上，汉兰达和酷威相差无几，而新胜达则因车身较矮且后三角窗过小，给人压抑之感。

除车身尺寸外，车内空间的灵活性也很重要。三款 7 座 SUV 第二排和第三排后座都可翻起，但容量各有不同。新酷威最大，可以达到 1914 升，足以放下一顶过夜帐篷；汉兰达则在 1200 升左右，可以放下一张行军床。

在车内储物空间上，新酷威还分别在车内副驾驶席的座位下、第二排座椅的地板下和后备箱里的翻板下藏了三处储物空间，可以分别放贵重物品、车载冰箱、食品饮料以及一些运动用品，大家尽可各取所需，人再多也不怕东西没处放，对于部门同事一起去 teamwork 再合适不过。

后座乘客：舒适是王道

对一辆 7 座 SUV 而言，仅有空间大还不够，舒适性同样重要，而乘坐舒适性则与底盘悬挂系统直接相关。从底盘上来看，三款车的前悬都是麦弗逊式，后悬则有所不同。汉兰达是双连杆，新酷威和新胜达则是多连杆，因此稳定性和舒适性更好，尤其是新酷威还采用气动减震，使后座的乘坐人更加舒适。

去春游自然要享受阳光和新鲜空气，汉兰达仅在高端车型配有天窗，而新酷威和新胜达均标配了天窗。尽管汉兰达、新酷威和新胜达都有空调分区，但新酷威显然更为体贴：它在三款车中唯一全系标配后排带独立出风口的三区空调，第二排和第三排都有独立控制风量的出风口，从此和“第一排冷风刺骨而第三排闷热难当”说拜拜。

一般汽车的多媒体系统均集中在中控台，因此开车时只能用用导航、听听音乐，许多功能都浪费了，而新酷威除配备同级最大 8.4 寸中控液晶屏外，在第二排也设置了娱乐系统，提供了同级唯一的 9 寸液晶独立视频娱乐系统，并配备了为兰博基尼等高级跑车配套的 Alpine 音响，在长途行车时可以用来看电影、打游戏、听音乐，后座乘客再也不会烦闷无聊。如果孩子同行，还可以让他在后座看动画，不用担心他们闷坏了。

后座安全：防护到牙齿

在安全方面，三款车型都配备了侧气帘，都有儿童安全座椅固定装置，但是新酷威则重点为坐在后座的孩子提供了一体式儿童安全座椅，可以保护 4～12 岁的儿童，父母就无须为这个年龄段的孩子专门去买更大的儿童座椅了。为儿童设置专座，既可以提高父母们的安全意识，也让孩子有专属的满足感。

在其他安全配备上，尽管名称各异，但 ABS、制动力分配（EBD/CBC 等）、刹车辅助（EBA/BAS/BA 等）、牵引力控制（ASR/TCS/TRC 等）、车身稳定控制（ESP/DSC/VSC 等）、上坡辅助三车均有配置，而在美国和欧盟都获得了五星级安全评价的新酷威则多了 ERM 电子防翻滚控制系统和 TSC 拖车稳定系统，前者在突发状况紧急转向时能够有效地减少车辆侧倾；TSC 可以控制被拖曳的车辆的摆动幅度和对前车的影响，为 SUV 提供更高的安全级别。

开一辆大 7 座 SUV，拉着家人或朋友，在这春光明媚的日子里一起享受自然的恩赐，乐受一份其乐融融的纯真与自在，岂不乐哉？还在等什么？赶紧选一辆最宽敞、最舒适、最安全的座驾，开始你的踏青之旅吧！

5. 比绝对优势

对于一种开创品类的新产品，一般来讲都会有绝对优势。这种优势也是新产品创新的基础。比如，曾经在市场上热销的极草 5X 冬虫夏草，看似简单的净制野生冬虫夏草纯粉片，创新面临的困难除了产品创新、技术创新、营销创新之外，最大的困难是产品身份的问题，食品、药品、保健品、试点产品？在这里不讨论这个话题。笔者有幸为其提供顾问服务一年，深入考察和调研了该企业，自己也学习到了很多东西。

记得极草 5X 比较有效的营销广告，除了“冬虫夏草现在开始含着吃”之外，就是“嚼七根不如含一片”。为什么效果会好呢？那就是比出了绝对优势。以前服用冬虫夏草，磨粉、咀嚼、熬药、熬汤、做菜，无论哪一种都比较麻烦，含着吃优势明显，最明显的是七根虫草不如一片纯粉片利用率高，因为含片吸收好。一句广告语，一语双关，既有服用方便不说都能知道的优势，又有吸收好、利用率高的优势。创意的背后也是“做对比”的规律。

极草 5X 冬虫夏草：嚼七根不如含一片

前面的“玩数字”中也讲过倒立机的案例，用“锻炼 2 小时不如倒立 10 分钟”，也能比出绝对优势。

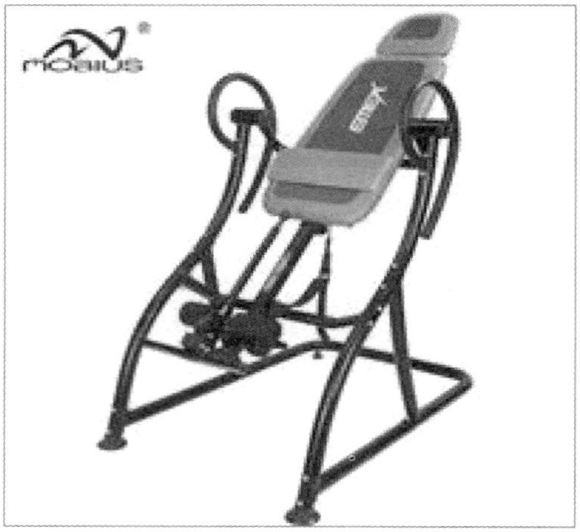

锻炼 2 小时不如倒立 10 分钟！

4.7.8 做对比落地思考的 15 个问题

- 你的客户使用产品的前后效果如何做对比？
- 国产品牌和洋品牌之间能不能做对比？
- 你的企业文化和大企业的能不能做对比？
- 你的员工和大企业的员工能不能做对比？
- 同样一个产品，不同的人的看法能不能做对比？
- 服务能不能和同行做对比？
- 能不能和不同行业做类比？
- 你所在的行业能不能放到世界范围内做对比？
- 你的生产技术能不能和别人做对比？
- 你的生产/服务流程是否能和别人做对比？
- 你的市场份额是否可以和别人做对比？
- 你的产品安全性是否可以和别人做对比？
- 你的企业管理制度是否可以和大企业做对比？

- 是否可以用玩文字的方式做对比？
- 你的企业的历史是否可以和别人做对比？

认真思考完以上问题，可以用一句话来结束本小节内容：

玩创意，

做对比，

比出营销新天地！

4.8 第八计：傍名人

4.8.1 从名人效应说起

先来感受一下名人带来的狂热。

2015 年 6 月 18 日，英国伦敦，维多利亚和贝克汉姆将女儿小七穿过的衣服捐赠给 Save the Children 慈善机构。这些衣物在英国伦敦樱草山开售的第一天，早上还没开门，店铺前就排起了长队。

店铺前排队

国外名人吸引力如此，国内追星现象更可怕。我们在这里讲的傍名人，实际上就是利用营销学上所讲的名人效应，从应用角度做的归纳。

那么什么是名人效应呢？

名人是人们生活中接触比较多，又比较熟悉的群体，名人效应也就是因为名人本身的影响力，而在其出现的时候达到事态扩大、影响加强，从而带来产品销售和品牌曝光的效果，这就是名人效应。

名人效应已经在生活中的方方面面产生深远影响，比如名人代言广告能够刺激消费，名人出席慈善活动能够带动社会关怀弱者等。简单地说，名人效应相当于一种品牌效应，它可以带动人群，它的效应可以和疯狂的追星族媲美。

1．名人效应的应用

中国的名人效应其实在古代已经早有记载。

中国自南唐李煜起欣赏小脚，以至于此后世代兴起缠足风，一直延续到民国时期。究其原因，也是李后主宠爱的名妃的名人效应——这个名妃用绫子缠足，脚小可人。“上有好者，下必甚焉”，于是女人竞相仿效。

还有一个“伯乐相马”的故事。有个要卖马的人，一连卖了三天都无人过问，他就去见相马专家伯乐，说：“我要卖一匹马，可一连三天都无人过问。请您无论如何帮助我一下。您只要围着我的马看几圈，走开后回头再看一看，我奉送您一天的花费。”伯乐同意了，真的去市场上围着马看了几圈，临走时又回头看了看，伯乐刚一离开，马价立刻暴涨了十倍。

紫光物联是一家物联网公司，旗下代理商数百家，产品线涉及智能家居、智能睡眠、智能健康、智能养老等方面，目前业绩喜人，发展速度很快，已经跻身物联网行业前三名。紫光物联华北区总经理郭健先生是笔者创业最初的 62 个合伙人之一，通过他的介绍，2016 年 5 月份，笔者有幸与紫光物联董事长叶龙先生深入探讨内容营销。当笔者问到他公司名字的时候，“公司开展业务是不是沾到了‘清华紫光’的光”，他笑笑，没有否定。

显然，一般的消费者和合作伙伴，看到“紫光物联”四个字，就会想起“清华紫光”，瞬间对紫光物联充满信任和敬重。当然，叶龙先生本人曾经在清华紫光担任过高管职务。不用说了吧，紫光物联很好地傍了一下名人！

其实，名人效应的应用是很普遍的，在广告方面，几乎大部分广告都在利用名人效应，因为受众对名人的喜欢、信任甚至模仿，从而转嫁到对产品的喜欢、信任和模仿，这是典型的利用名人效应的方法。

2．耐克不忘“榨取”科比最后的“剩余价值”

科比·布莱恩特（Kobe Bryant），1978 年 8 月 23 日出生于美国宾夕法尼亚州费城，前美国职业篮球运动员，整个篮球职业生涯（1996—2016 年）一直效力于 NBA 洛杉矶湖人队。

科比是 NBA 最好的得分手之一，突破、投篮、罚球、三分球他都驾轻就熟，几乎没有进攻盲区，单场比赛 81 分的个人纪录就有力地证明了这一点。除了疯狂的得分外，科比的组织能力也很出众，经常担任球队进攻的第一发起人。另外科比还是联盟中最好的防守人之一，贴身防守非常具有压迫性。科比在世界范围内，拥有大量粉丝。

2016 年 4 月 14 日，在结束了生涯最后一场主场对阵爵士的常规赛之后，科比 · 布莱恩特正式宣布退役，科比退役这个事件引起诸多媒体报道。

作为与科比合作最久的品牌，Nike 为科比 20 年的职业生涯推出了 13 代黑曼巴经典球鞋，算是科比广告界中的最佳合作伙伴了吧！4 月 14 日科比退役日 0 时，Nike 推出了 Nike 科比退役广告，将“科比退役”的广告营销做到极致。其表现形式不仅仅用一个视频 *The Conductor* 记录和回顾科比的辉煌，更是再次推广科比 13 代黑曼巴经典球鞋，甚至请设计师专门为科比创作了属于他的字体。

Nike 广告

耐克傍科比，傍得非常高明，既再一次“榨取”了科比的最后一次也是绝无仅有的一次“剩余价值”，又显得非常有人情味。对比国内姚明的退役，刘翔的退役，曾经的广告商们又去了哪里呢？中国企业的创意营销真的还有很长的路要走。

接着看科比退役，看看国内其他企业是如何傍科比的。

腾讯云致敬科比“你是传奇，我们不会忘记”，“见证伟大瞬间，腾讯云始终在身边”，这张海报既向科比致敬，又融入了自己产品的功能，傍得很好。

腾讯云海报

E 袋洗傍科比，用“从衣而终”来与 E 袋洗的业务挂钩，虽然牵强了一点，总算也是傍上了。

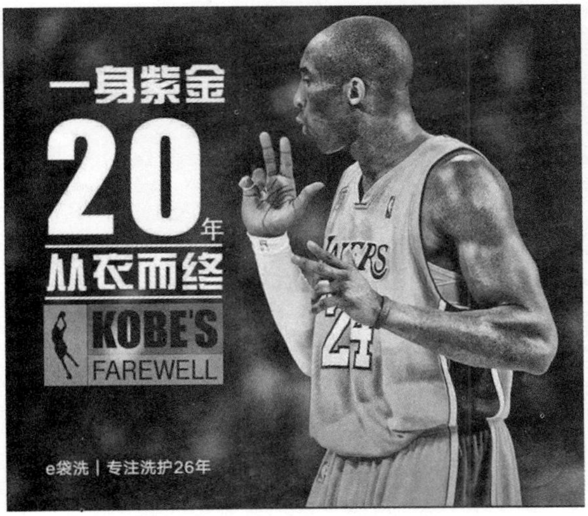

E 袋洗海报

3．雀巢的傍名人

傍名人，如果理解宽泛一些，这个名人可以包括明星、社会名流，甚至知名的一切事物，比如知名企业、名胜古迹等，这方面与借东风有相同和类似之处。营销无定式，找到适合自己的就是最棒的。

2015 年，雀巢咖啡联合滴滴出行、天猫超市两大品牌，三方强势跨界合作，共同打造了最有意思的雀巢咖啡“大咖节”。身在首都的网民只要使用滴滴出行，就有机会以咖会咖，遇见有意思的人。

艾力（《奇葩说》男神辩手艾力）、好妹妹乐队、顾中一（高级营养师，传说中女神高圆圆每天吃什么都是他说了算）、丁小晨四位大咖更是会突袭现身咖粉的办公室，送去热气腾腾的雀巢咖啡。这还没有结束，他们还将与幸运咖粉一起享受大咖下午茶，说说八卦，聊聊人生，并送上价值 500 元的天猫超市大礼包。

看看人家雀巢傍名人傍的，既有当红的名企“滴滴打车”，又有老牌电商“天猫”，还有当下人气很高的几个小鲜肉。这一网下去，收获是满满的。

雀巢咖啡“大咖节”

傍名人，雀巢的“网兜策略”怎么执行的呢？以“一杯雀巢咖啡，遇见有意思的人”为主题，集中资源来推广这个活动。

传播点：在《奇葩说》中汇聚万千宠爱和槽点的暖心男神辩手艾力，正开着滴滴专车一路风尘仆仆，准备与你第一次亲密接触！如果当天打开滴滴出行，就会看到雀巢一键呼叫大咖的活动。

在执行的过程中，还增加了多位在新媒体上有一定粉丝量的大咖。雀巢的这次营销有人说是整合营销，也有人说是跨界营销，这些都很对，但是这并不重要，因为视角不同，创意营销关键要能落地。

笔者个人认为，雀巢这次营销最成功的是既把雀巢老品牌通过新媒体时代的大咖展现，品牌形象继续年轻化（免得被新一代消费主力遗忘），又能充分利用这些大咖的人气，利用他们的粉丝去玩传播。难怪推广渠道以 H5 为主，美中不足的是应该增加一些网络媒体的传播作为这个营销活动的沉淀，否则单纯靠新媒体，来得快，去得也太快。

4.8.2　傍名人的八种方式

1. 直接请明星代言

百事可乐的代言人郑秀文、F4 等人的宣传照片曾经被印在公共汽车的车身上。黎明的形象曾经被印上乐百氏纯净水的外包装，还在广告牌上放置于各个卖点。三星数码产品的大幅广告牌上可以看到陈慧琳的倩影，各大商场的郑明明化妆品专柜前曾经都有一张蔡少芬的照片。

日本化妆品 DHC 的中文网站上，其中国区代言人金喜善的头像几乎成了这个网站的一大标志，而这个公司所寄出的广告宣传单上也必有其代言人金喜善和翁倩玉极力推荐产品的画面。就连网络游戏近年来也纷纷请明星代言，周星驰为网络游戏《大话西游》代言，张柏芝为游戏《求婚 365 天》代言。

长安标致雪铁龙旗下第一款 SUV 车型正式上市时，邀请了有“法兰西玫瑰”之称的苏菲 • 玛索代言，其拍摄的《王牌三部曲》谍战广告片也与 DS 一同推出。DS 系列是法国标致雪铁龙集团旗下的高端车系，该品牌诞生于 1955 年，全称为 Déesse，即法语“女神”的意思，由此看来，苏菲 • 玛索真的是不二人选。作为 DS 在中国推出的豪华 SUV 车型，DS6 定位野性、优雅、豪华，正如谍战片中的苏菲 • 玛索。

所以如果你的企业发展到了一定阶段，有资金实力，渠道丰富，仍然可以考虑用明星直接代言，在明星的代言表现形式上做足创意。

不过必须要指出的是，傍名人直接使用明星代言，要对人家也负责任。近年来也有明星代言产品涉嫌虚假和产品质量问题，让部分明星名誉扫地。成龙、葛优、笑林等娱乐圈鼎鼎大名的人物，都曾深陷虚假代言门。

特别是随着新广告法的出台，保健食品的广告以后恐怕很难再有明星敢代言了。新版广告法第十八条中明确规定：“保健食品广告中不得含有下列内容，表示功效、安全性的断言或者保证；涉及疾病预防、治疗功能；声称或者暗示广告商品为保障健康所必需；与药品、其他保健食品进行比较；利用广告代言人作推荐、证明。”

此外，新版广告法在第二十八条也对虚假广告做出了界定：“广告以虚假或者引人误解的内容欺骗、误导消费者的，构成虚假广告。”同时在第三十八条中也明确指出：“广告代言人在广告中对商品、服务作推荐、证明，应当依据事实，符合本法和有关法律、行政法规规定，并不得为其未使用过的商品或者未接受过的服务作推荐、证明。”

对于企业而言，选择明星代言，在选择明星上不要只看热度，也不要只看容貌，要结合明星的人品、事业发展规划、公众形象与企业品牌符合度、具体配合程度、代言费用等几个方面去考量。

比如，曾经吸毒的某明星，如果当初请了他做代言人，因为吸毒事件会导致代言广告不能再使用，这样的傍名人除了获得眼球之外，在销售方面丝毫借不上力。

2. 明星明示

我的产品 XX 明星也用。

我的游戏 XX 明星也玩。

我的饭店 XX 明星来过。

张柏芝代言游戏，不但微笑的面容被印上了游戏的包装盒，她还作为隐藏的女主角在游戏中出现，吸引人们的注意；玉女歌手侯湘婷曾经代言游戏《明星志愿 2》，游戏中的女主角的名字也改为侯湘婷。

……

我们经常看到这种类似的表达或者宣传，都是傍名人的具体应用。

王菲的小女儿李嫣因为自拍成为社交网络达人，有一次因为拍摄了王菲的化妆台而一石激起千层浪，短短几十秒的视频在网络上不断转发，天后用的品牌迅速成为被关注和营销的焦点，在消费者中掀起一阵与天后买同款的热潮。

随着新媒体的崛起，这种方式比明星直接代言还具有说服力，结果只有一个，就是产品的热销！

河狸家是一个从美甲服务切入的上门 O2O 项目，想单点突破，横向挖掘女性这个特定人群的需求点，打造美业 O2O 平台。河狸家截至 2015 年 2 月，已经完成三轮融资，公司估值 3 亿元。我们暂不去预测河狸家和 58 到家之间的竞争结果，给新业态一个宽容和理解，最终结局市场和时间就是最好的答案。

这里我们要说河狸家的营销，的确可圈可点。其中最大的卖点就是大 S、李小璐、六六、周冰倩、张歆艺和刘涛等明星都亲身体验过他们的美甲服务，更有多位时尚圈意见领袖也在自媒体上盛赞过河狸家美甲。众多明星和时尚人士的追捧使河狸家 APP 的用户数从无到有迅速膨胀至数十万，并成为时尚女性圈中的热点话题。

傍名人是河狸家创始人雕爷的拿手戏，其跨界创造的雕爷牛腩，曾经请苍井空助阵。在河狸家上，也毫不例外，唯一不同的是更加注重新媒体上的传播。

河狸家美甲

《英雄联盟》的傍名人也很有特色，他们曾经组织游戏比赛，请来大批媒体现场报道。为什么会有媒体来呢？请看比赛当天的豪华阵容。

王思聪队：上单朱桢、打野林更新、中单若风、ADC 国民老公王思聪、辅助平野绫。

周杰伦队：上单刘耕宏、打野周杰伦、中单五五开、ADC 小苍、辅助韦神。

LOL 职业选手大家可能不熟悉，但是前面几位大家都耳熟能详了吧，这种傍名人的打法真是大手笔，没有足够的资金、传播渠道、团队支撑是不敢去玩的。

3. 明星暗示

美国心理学家曾做过一个有趣的实验，在给大学心理系学生讲课时，向学生介绍说聘请到举世闻名的化学家。然后这位化学家说，他发现了一种新的化学物质，这种物质具有强烈的气味，但对人体无害。在这里只是想测试一下大家的嗅觉。接着打开瓶盖，过了一会儿，他要求闻到气味的同学举手，不少同学举了手，其实这只瓶子里只不过是蒸馏水，“化学家”是从外校请来的德语教师。

这个试验是名人效应的一个证明。关于明星暗示，营销界流传着这样一个小故事：

在美国肯塔基州的一个小镇上，有一家格调高雅的餐厅。店老板察觉到每星期二生意总是格外冷清，门可罗雀。

又到了一个星期二，店里照样客人寥寥无几。店老板闲来无事，随便翻阅起了当地的电话号簿。他发现当地竟有一名叫约翰·韦恩的人，与美国当时的大明星同名同姓，这个偶然的发现，使他的心为之一动。他立即打电话给这位约翰·韦恩说，他的名字是在电话号码簿中随便抽样选出来的，他可以免费获得该餐厅的双份晚餐，时间是下星期二晚上 8 点，欢迎他偕夫人一起来。约翰·韦恩欣然应邀。

第二天，这家餐厅门口贴出了一幅巨型海报，上面写着“欢迎约翰·韦恩下星期二光临本餐厅”，这张海报引起了当地居民的骚动和瞩目。

到了星期二，来客大增，创下了该餐厅有史以来的最高纪录。尤其是那个晚上，6 点钟还不到就有人在等着被安排座位，7 点钟队伍已排到大门外，8 点钟店内已挤得水泄不通。大家都想一睹约恩·韦恩这位巨星的风采。

过一会儿，店里的扩音器广播到：“各位女士，各位先生，约翰·韦恩光临本店，让我们一起欢迎他和他的夫人。”

霎时，餐厅里鸦雀无声，众人的目光一齐投向大门口，谁知那儿竟站着一位典型的肯塔基州老农民，身旁站着一位同他一样不起眼的夫人。原来这位矮小的仁兄就是约翰·韦恩。

店老板非常尴尬、惶恐，后悔这个安排太荒谬、离谱，但就在这时，人们开始一愣，当明白了这是怎么回事，在寂静了一刻之后，突然爆发出掌声和欢笑声，客人们簇拥着约翰夫妇上座，并要求与他们合影留念。

此后，店老板又继续从电话号码簿上寻找一些与名人同名的人，请他们星期二来吃晚餐，并出示海报，普告乡亲。于是，“猜猜谁来吃晚餐”、“将是什么人来吃晚餐”的话题，为生意清淡的星期二带来了高潮。

除了以上故事中提到的这种方式以外，还可以用“没玩过？没用过？XX 明星好像也在用！”这种方式引起消费者的好奇和跟风。

4. 明星无语

“XX 同款”的方法造就了无数淘宝爆款。

引起好奇

明星同款

某某明星同款的方式，屡试屡爽，这种傍名人的方式成本最低。不过也要注意侵权问题。比如电视剧《虎妈猫爸》的出品单位新丽电视文化公司起诉了一系列著作权案件，认为京东商城上销售服装的商家在宣传中使用《虎妈猫爸》剧名、剧照、海报和电视剧截图，侵犯其著作权。

又如电影《捉妖记》中“胡巴-WUBA”系列美术作品的著作权人安乐（北京）电影发行有限公司认为，京东的 41 家注册商户未经许可销售“胡巴-WUBA”形象的毛绒玩具，侵犯了“胡巴-WUBA”系列美术作品的著作权，京东商城作为网购平台没有履行审查监管义务，且为商户的侵权行为提供便利，将京东及其他涉案商户一并起诉到西城法院。经调解，绝大部分商户均承认侵权事实，并积极向原告进行赔偿。

从电商平台到微商平台，乃至微信朋友圈，监管将会越来越严格。这种傍名人的法律风险越来越高，建议不要直接使用所傍对象的剧照和形象。

5. 对名人钓鱼

名人也是人，明星也是人，他们也有喜怒哀乐，他们也有沟通、交流需要。充分利用社交媒体工具，多与名人自媒体互动，为其点赞，转发其文章等，坚持久了，一旦名人与我们互动或者说的话有利于我们的产品，立即可以截图保存。如果涉及硬广宣传，一定要请名人本人核实一下。

浦发银行借宁泽涛营销

6．直接绑定

无论是“莫言醉”，还是“曹操贡”，都是傍名人的简单粗暴式绑架。即便手段并不高明，傍名人的营销却见到了效果。据笔者了解，无论是莫言醉还是曹操贡，在本地区域市场销售都不错，而且比较平稳。

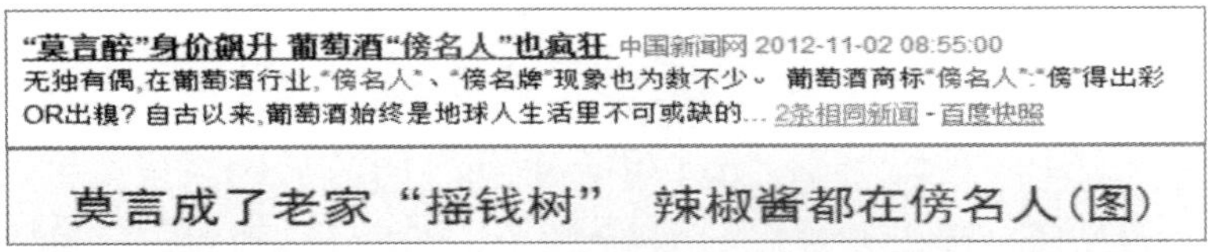
“莫言醉”身价飙升 葡萄酒“傍名人”也疯狂 中国新闻网 2012-11-02 08:55:00
无独有偶,在葡萄酒行业,“傍名人”、“傍名牌”现象也为数不少。 葡萄酒商标“傍名人”:“傍”得出彩OR出糗? 自古以来,葡萄酒始终是地球人生活里不可或缺的... 2条相同新闻 - 百度快照

莫言成了老家“摇钱树” 辣椒酱都在傍名人(图)

直接绑定

思考一下，为什么这种白酒有人买呢？有相当一部分买单的本地人是把这样的酒当成家乡特产购买，送给外地的亲朋好友的。因为傍名人已经让白酒有了区域文化的属性。

7．模仿抄袭

看看下面这个“晶锅英雄”，毋庸置疑，傍的是“巾帼英雄”，“花木男”傍的是“花木兰”。

模仿

模仿式创新是中小企微企业的必经之路，不过模仿一定要加上改造，不断进步，才能有所建树。

8．名人驾到

还记得那个“习主席套餐”吗？2013 年 12 月 28 日中午，习近平总书记来到北京市西城区庆丰包子铺月坛店，排队买包子，还自己买单、端盘子、取包子。随后来到包子铺，现场已经有大批媒体记者赶来采访。习书记点了二两猪肉大葱包子，共六个，一碗炒肝，一份芥菜，一共消费了 21 元。用餐 20 分钟。习书记点的餐，后来一段时间成为庆丰包子铺客人必点，被称为“习主席套餐”。

在一家命名为“毛家饭店”的餐厅，你可以见到墙上的“名人见证”，这比很多广告都有效果，客人进店只要看到照片一般都会停留，或者浏览，或者仔细欣赏。

如果名人到访过你的企业，一定不要忘记傍上去。再和大家分享一个小案例：

泰国美女总理英拉不仅是女人们羡慕的对象，更是很多男人心目中的“女神”。泰国总理英拉 APEC 会议之前在北京购物经媒体报道后，很多购物的场所都曾经因为这个拥有超级粉丝的英拉光顾而走红。

2015 年 10 月 25 日，英拉莅临极草 5X 国贸店购买极草产品，经媒体报道后，据该店反馈信息，每天进店的顾客特别留意新推出的双层片，部分顾客甚至询问英拉具体买了多少。

所以，名人驾到，要时刻准备着。

4.8.3　傍名人的注意事项

第一，正能量。

我们做营销傍名人，主要是为了吸引名人的粉丝关注，为了自己的产品以及品牌形象，要有正能量，发自内心地多赞扬名人，挖掘名人的闪光点。

第二，找潜力股名人。

选对人，能够花小钱办大事。

TCL 曾以 1000 万人民币的酬劳邀请金喜善为其代言手机广告，一年内赚得 3 亿人民币。东风-千里马慧眼选用当时才崭露头角的刘翔，不仅在资金投入上得到了实惠，而且后来刘翔的成功更使千里马的形象提升数倍，投资决策的成功做成了这笔绝对超值的品牌形象策划。而日本松下公司曾耗巨资请“飞人”刘易斯为其做电器广告，后来刘易斯在世界赛场上毫无建树，再无往日风采，公司被迫与刘易斯分手，巨额广告投资如泥牛入海。

第三，不要频繁地傍，也不要选择频频代言的名人。

今天傍姚晨，后天傍范冰冰，大后天傍王石，傍得太多会迷失自己的品牌，特别是在产品代言上更不能频频更换。即使有大把资金去选择明星做代言，也要注意不要选择已经为很多产品代言的明星。

许多名人不顾自身形象与所代言产品有无关联与结合，随意迎合，频繁转换，过度曝光。从服装到家电，从通信产品到化妆品，从药品到食品等，似乎可以成为所有产品的忠实消费者。被冠以“亚洲小天后”的孙燕姿仅 6 个月内代言了 8 个广告，产品从手表到运动服装、卫生用品、手机、麦当劳、力士沐浴露、牛仔裤和咖啡果冻，五花八门，特别是这些产品、品牌之间“风马牛不相及”，消费者的好感会大打折扣。

第四，不要傍争议太大的名人。

现在除了明星、名流，基于网络媒体和新媒体出来了一大批草根网红，这一群体还在迅速扩大。不过有些网红争议非常大，某财经网站曾经请某网红做主笔，引起圈内大批人士反感。我们不是对网红有偏见，人家当初为了谋生只是不停地“说大话”，又没有真的去干伤天害理的事情，迅速成名是个人的事情，是“屌丝”网民集体的话题谈资、娱乐看点的结果。

但是对某财经网站来讲，没有去真正研究该网红代表的群体和精神，只是为了吸引眼球做这个事情，尽管营销费用很低，传播量很大，但是这个财经网站的品位和格调去了哪里？品牌厂商又凭什么在这里继续花钱？事实证明，这是傍名人的一个败笔。

第五，不要喧宾夺主。

无论用什么形式去傍，都不能忘记营销我们自己。请明星代言，再高大上的广告片，如果以明星为主，很可能观众只是再一次记住明星，没有记住我们的产品。怎么办？还是需要具体的创意来解决，记住不要喧宾夺主已经成功了一半。

如果前面讲过的八种形式你都觉得还傍不上，那就玩软文吧，软文傍名人可以用盘点的方式，可以直接让你的品牌与名人为伍，写好稿子多花点钱用在传播上就好了。

4.8.4 傍名人必须要懂得的 KOL 策略

随着科技的进步和新媒体的迅速发展，信息本身已经碎片化，信息传播的渠道更加多元化，人们接受信息受到时空的影响相对较弱。在快速成长期的企业，营销费用预算充足，需要把销售业绩持续稳定地拉升，这个时候傍名人就需要考虑 KOL 策略。

国内策划界大腕叶茂中老师曾经这样感叹：

“过去我一直推崇明星代言，在十五年前还写过‘明星广告最便宜’，但是最近几年我感觉明星代言效果直线下降，甚至对代理商也无刺激了，史玉柱讲明星代言完全无效?

还能想象，一个李连杰、成龙代言能让品牌从零到全国经销商网络+知名度的日子吗?

还能想象，意见领袖就等于娱乐明星，说一句‘某某某我的选择’就可以引领舆论导向？还能想象，电视台就是唯一的选择？”

世界在变，传播渠道在变，消费者的观念也在变。那么，什么是 KOL 呢？

KOL（Key Opinion Leader，KOL）关键意见领袖。不同的行业，不同的圈子，都有自己的 KOL，因此在做营销的时候结合自身的行业圈子，请一些影响力很大的人来给自己的圈子做推广，也可以简单理解为傍名人的一种具体表现方式。

下面以唱吧营销案例来讲述 KOL 的操作策略。

唱吧，是一款免费的社交 K 歌手机应用。这款应用内置混响和回声效果，可以将你的声音进行修饰美化。应用中除提供伴奏外，还提供了伴奏对应的歌词，K 歌时可以同步显示，并且能够像 KTV 中一样精确到每个字。此外，唱吧中还提供了有趣的智能打分系统，所得评分可以分享给好友。

唱吧不仅仅商业模式创新成功，在创意营销方面也是大获成功。

唱吧创立之初，营销上首先借了一把湖南卫视“天天向上”节目的东风，也可以理解成傍了一把湖南卫视。随后又傍了一把“中国好声音”，接下来粉丝增长量用“爆炸”一词并不为过。

让唱吧不花钱做营销的是发现平民领袖顺势而为，平民的 KOL 利用。

曾经有个四川小姑娘用四川话唱了一首《火》，太奇葩了，所有人都觉得无法忍受，听 10 秒就关掉。但是关掉之后，大家马上去转发一把，就是觉得太奇葩了。唱吧工作人员发现的时候它的转发量在 1 万次，然后通过加量加到三四万次。唱吧在平民领袖方面的经验很中肯：不要去传播本身就没有传播能力的东西，那是浪费钱。

借力湖南卫视

网友走调版《我的歌声里》唱哭众人

李代沫一首《我的歌声里》唱哭了“好声音”的评委。而一名来自广东韶关(微博名为@Leeking说道)的网友翻唱《我的歌声里》，据说震惊了中国网络界，唱哭了万千网友。就连微博女王姚晨也忍不住转发并留言“亲，我在你的歌声里哭了”。究竟是个神马情况？莫非这是被“中国好声音”走宝的民间天籁？

记者好奇上网一听，也哭了。因为唱歌的这位亲，能将调从太平洋跑到北冰洋，还敢放上网供大家鉴赏，这份勇气确实“感天动地”，忒不容易了。

“@Leeking说道”本月22日将翻唱的版本发布在其微博。截至记者发稿，该版《我的歌声里》已被10余万网友膜拜聆听。不少网友还纷纷搞笑留言，“一直在努力，却始终找不着调”，“我真的想哭了~我笑哭了”，“加油，你是最棒的”，“哥们你红了”，让人忍俊不禁。

借力中国好声音

有了传播力的东西，要做的就是加大传播量，火上浇油，拿草根大号做硬推广。类似“全球 iPhone 精选”这样的草根大号，因为它的粉丝群很精准，它做一个很硬的推广，比如 iPhone 神器在唱吧推出来了，可以唱歌，可以……这就是很硬的推广，效果非常明显。

硬推广的好处就在于，用户看到这条广告语的时候，已经知道产品的功能是什么。只要是好的东西，用户一定会点击。这种东西是可以用草根大号去传播的，效果也非常理想。

草根大号为啥有那么多粉丝呢？这是很多人不能理解的，这就是互联网带来的改变，草根也可以变成红人，也可以变成圈子里的明星。

唱吧上最火的歌手是一名学民乐的大学生杨姣。杨姣目前的粉丝数近百万，每首歌曲都能获得上万次试听，上万个礼物，以及数百条评论。追随她的粉丝被称为“辣椒”，“辣椒团”QQ 群就有 8 个之多，每个都是数百人的大群。

几乎每个红人背后都有一个粉丝团，这些粉丝团自称“家族”。同一个家族成员在唱吧上往往有一个统一的标识，比如统一的昵称前缀或后缀。当他们支持的红人发新歌时，便一同前往试听、评论及献花。这也印证了互联网特别是移动互联网带来的社群营销的理论。

为了充分利用好这些平民意见领袖，唱吧还策划了麦霸节，尝试 O2O 传播。与其他音乐节不同的是，唱吧音乐节融入了更多“互联网玩法”，包括让唱吧红人上台演唱等，现场的观众不一定单纯去听歌，可以与唱吧内的网红一起唱，整个音乐节就是一场嘉年华。

傍了知名电视栏目，玩了 KOL，唱吧还傍了几家大公司，“借别人的鸡下自己的蛋”。

唱吧积极参与新浪微博的“随手拍”活动，联合了小米、拍拍等十几个不同的品牌、网站一起合作。在活动期间，软件或网站发布的内容带上“随手拍”三个字就算参加活动，新浪用官方的资源大力地帮着去推广。实际上唱吧通过“随手拍”顺利实现了资源互换，用户共享。

手游很火，唱吧也没有忘记捞这里的粉丝。唱吧与手游联姻后的《唱吧小飞侠》，导入唱吧流量，第一周就涌入了 100 万用户，唱吧随即把每天数百万的活跃用户变现。在《唱吧小飞侠》的带动下，唱吧 APP 的日活跃用户也增加了 10 万。最主要的是，唱吧在游戏内植入了唱吧红人、唱吧金币等内容，强化了唱吧的品牌。

随手拍

总结一下唱吧 KOL 策略：

- 平民 KOL 顺势而为。
- 草根大号传播火上浇油。
- 借别人的鸡下自己的蛋。
- 拿捏有度时刻营销唱吧。

4.8.5 傍名人的 13 个实用问答

傍名人，玩营销，请思考如下 13 个问题，当然如果你能想出更多你就更容易落地了，这里只是抛砖引玉。

如何花更少的钱傍名人？

请与借东风相结合，此外傍名人中的“明星无语”值得借鉴。

如何免费傍名人？

如果有关系，让名人暗示，不需要其出境做代言人。或者与公益结合，或者借名人为行业代言的内容来处理。

如何跟名人建立关系？

线下人脉，线上名人的微博、微信、公众号。

傍更出名的还是傍更合适的？

短期搏眼球要更出名的，长久考虑要更合适的。

没有当代名人可傍怎么办？

可以傍古代、近现代名人。为行业代言过的都可以拿来傍。

如何请明星去做客 / 参观？

没有钱就用爱心吧（公益）。

企业傍名人要注意什么？

不过度傍，选人品、预测其发展，选最适合自己企业的。

企业在哪些时候可以用到傍名人？

发布会、新产品代言、年会、宣传片等，表现为硬广、软文、视频等。

如何让名人来宣传你的品牌？

有傍名人的意识，线下活动结识合影，把产品送给名人，收集反馈意见。好的意见可以直接写成软文，给名人审核后即可传播。

如何去发现那些即将出名的人？

看人品，看能力，看资源。

软文中如何傍名人？

表扬名人，借用名人的评论为自己的产品说话。

软文傍名人要注意什么？

不做虚假宣传，新闻可以造，要造得合理。更不能诋毁名人。

如何把握好傍名人的度？

不谄媚，不奉承，狠抓产品本身，在傍名人的过程中不忘记自己产品的价值，自己的品牌内涵，自己的情怀。要让名人为我们所用，不要让品牌和产品成为名人选择的鸡肋。

4.9 第九计：玩情感

先看一组图片，看看你的感受如何？

请感受一下这些图片

看完前两张图片，你心中是否有些压抑，贫困人员的子女教育、财富的两极分化、留守儿童这类话题的思考是否能进入你的脑海？

第三张图片，画面中的人把食物递给北极熊，一只小熊突然紧紧抱住了他的腿。人与动物的和谐、人与自然的和谐，是否引起你的共鸣？

最后一张图片，一群孩子正从官兵们搭起的人桥上爬过去，下面就是滚滚洪水。谁说人民子弟兵不为人民，洪水无情人有情，是否能触动你的泪腺？

在现实中，不管承认不承认，大多数营销方式还是专注于企业和消费者之间的产品或者服务的交换关系，企业营销往往跟消费者获得使用价值和企业获得利润联系在一起。“花多少钱买什么样的产品或者服务”，“到底值不值”，“有没有更便宜的”，按照这样的逻辑思考下去，消费者掏钱的时候就会很理性，成交就会困难很多。

那么有没有一种情况让消费者变得不理性呢？

有，那就是情感。

情感是人们对客观事物是否满足自己的需要而产生的态度体验。亚里士多德曾经说过：“情感改变人们，影响着人们的判断，并且还伴随着愉快和痛苦感觉。这类情感有愤怒、怜悯、恐惧等，以及与它们对应的情感。”接下来我们就揭开情感营销的面纱。

4.9.1　什么是情感营销

情感营销是从消费者的情感需要出发，唤起和激起消费者的情感需求，诱导消费者产生心灵上的共鸣，寓情感于营销之中，让有情的营销赢得无情的竞争。玩情感的营销，消费者购买商品所看重的已不是商品数量的多少、质量好坏及价钱的高低，而是为了一种感情上的满足，一种心理上的认同。

玩情感，做营销，有三个好处：

首先，能够营造适合成交的营销环境。玩情感，让消费行为从理性走向感性。消费者在购物时更注重环境、气氛、愉悦感和追求尊重，用情感能够与客户建立融洽的关系，增加信任度，从而促成客户消费行为的爽快。

其次，玩情感能够提高消费者的品牌忠诚度。情感营销以攻心为上，把客户对企业品牌的忠诚建立在情感的基础之上，满足客户情感上的需求，使之得到心理上的认同，从而产生偏爱，形成相对忠实的客户群。

再次，情感营销是战胜竞争对手的强有力武器。在这个竞争激烈的商业社会，商业目的和商业行为无处不在。对客户真诚、尊重、信任，处处为客户着想，才能够在同行中脱颖而出，用情感赢得客户。

4.9.2　玩情感应该怎么玩

结合案例，我们归纳了几个规律。

1. 卖情怀

罗永浩认为传统厂商三星、LG、索尼做手机很大程度上是因为惯性，而小米、阿里云、百度做手机是为了移动互联网的入口。“而我们做手机的原因是，我们喜欢手机，我们想做手机。我们要做智能手机时代的工匠。”

老罗的情怀感动了大批粉丝，锤子手机一推出，在市场上就有不俗的表现。尽管如今受产品研发、产品软硬件提升之困，锤子的未来还需要努力奋斗。

有人问过笔者，锤子手机很难再做大，苹果手机销量很难撼动，华为手机迅速崛起，在手机领域，锤子不算成功。对此，我们并不否认。但是笔者重点要提的是，人家老罗一个跨界做手机的，资金、技术、团队都无法和传统手机厂商较量，但是凭借情怀，锤子手机也成功了。不以成败论英雄，在“大众创业、万众创新”时代，成功有大小，能力有高低，只要实现了自己的梦想就无愧于这个时代。

不服气，那你也做一个手机品牌试试看，看看能有多少销量？！

写到老罗的情怀，有感而发。笔者也卖一下自己的情怀，看到国内创意营销的书 90% 都是译本，看到国内企业的网络营销一直缺少内容和创意，我想写一本从网络营销的角度挖掘中国式创意思维的营销书，帮助中小微企业和创业者成功。

大量的资料阅读和案例思考，才有了这本书。尽管笔者个人的营销理论还不够成熟，案例也不够典型和全面，但是笔者敢于实践，书的销量对我来讲已经并不重要了，重要的是我想做这件事情，并且已经做到了！

如果你觉得这本书对周边的人有帮助，拍个封面可以帮我分享到你的微信朋友圈，也帮我在实现情怀的道路上走得更远。当然，如果你有更好的案例也可以加我微信与我分享。

刘强东也很会卖情怀。京东商城在 2015 年迎来 12 岁生日之时，CEO 刘强东与网球名将李娜、流行偶像谢霆锋共同录制了一部广告短片，三人分别根据自己的人生轨迹回首 12 年的心路历程，来折射京东 12 年的变与不变，透着满满的文艺情怀。

卖情怀的案例很多，要说近年来卖情怀最早也最经典的案例非耐克莫属。

2012 年伦敦奥运会期间，Nike 推出了一组“活出你的伟大”视频广告，引起了强烈的反响和好评。其实，Nike 并不是伦敦奥运的赞助商，也不能使用奥运的形象宣传自己，但是 Nike 却懂得观众的情感需求，一番励志广告语令人心潮澎湃，深深打动了人心，成功地将一个非赞助商与奥运联系在了一起。

Nike 这组视频的广告语如下：

这里没有盛大的庆典，没有激昂的致词，没有耀眼的灯光，但这里有伟大的运动员。

一直以来，我们只相信伟大是属于少数人的，只属于那些巨星。但其实，我们都可以伟大。这并不是说要降低伟大的标准，而是要提升我们每个人的潜能。伟大，不限地点，不限身份。伟大，属于每一个正在追寻它的人。

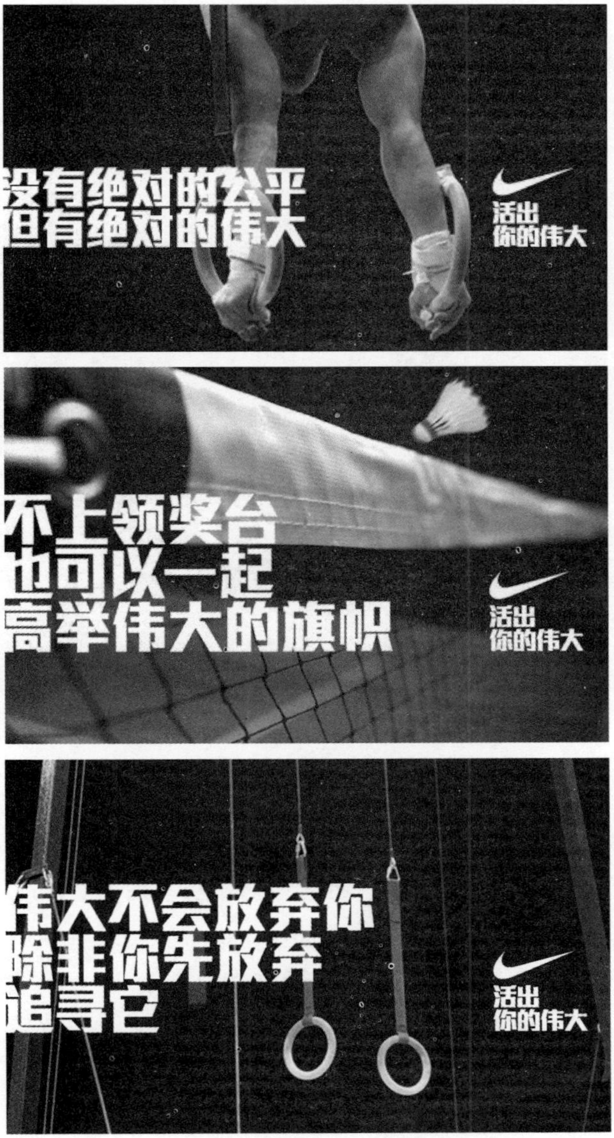

Nike 系列感人广告海报

美国特意对 1034 名消费者进行随机调查，结果显示，消费者根本不知道谁才是真正的奥运官方赞助商。有 34%的消费者误认为 Nike 是伦敦奥运合作伙伴，而只有 24%的访问者给出了正确答案——阿迪达斯才是真正出钱的那一个。显然，伦敦奥运会营销方面最大的赢家是耐克。

体育产品玩情感值得我们借鉴的思路：励志、正能量、替弱者说话、给强者辉煌。

2015 年上海国际马拉松鸣枪之前，独立创意厂牌 KARMA 为 New balance 打造的“尽管去跑”广告战役，也用卖情怀引起了一些人的共鸣。

上海国际马拉松广告——“尽管去跑”

2. 卖同情

加多宝与王老吉营销大战在前文已经简单介绍过，在“红罐凉茶改名加多宝”这句广告语被裁定禁止之后，加多宝迅速推出了四张“对不起”系列广告，成为网络热点。

四张海报均以道歉为主题，并配上哭泣的宝宝照片，极富感染力，立刻以一个弱者的姿态获得消费者的支持。同时加多宝在内容上不忘突出自己的成绩，树立良好的企业形象，以取得更多的信任。这四张主题为“对不起”的海报，打了一手精彩的悲情牌，迅速扭转了输掉官司的颓势，获得了很多消费者的同情。

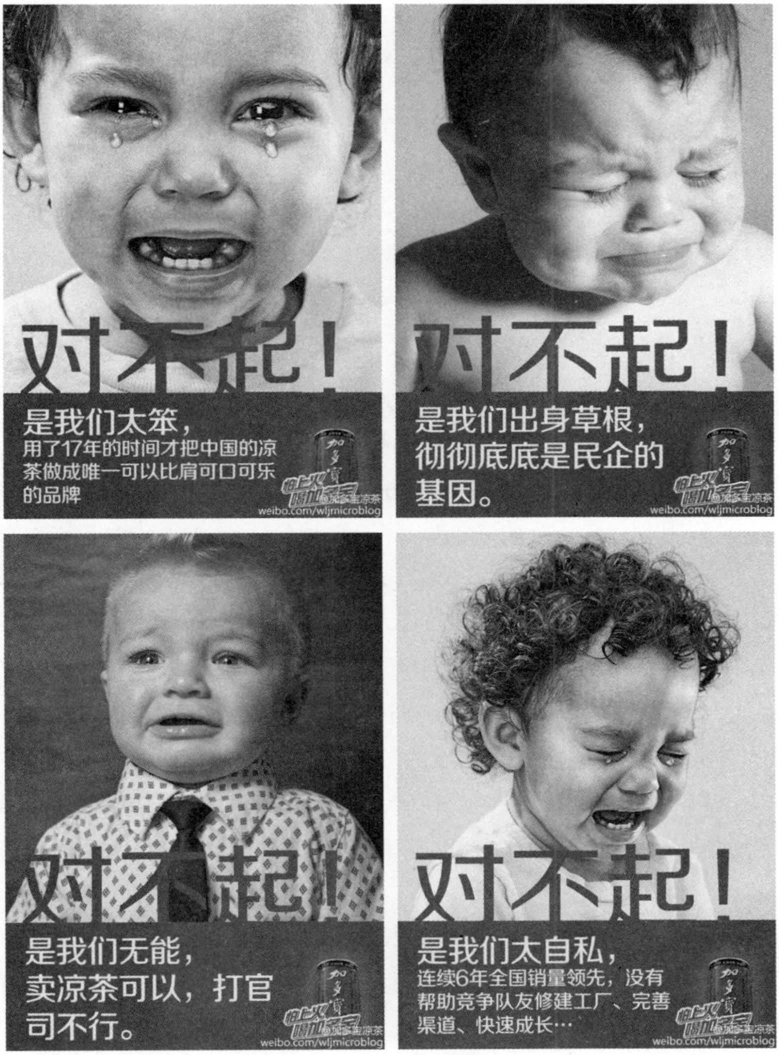

以情感人、博得公众同情，加多宝推出的“对不起”系列广告

在平面媒体受到互联网冲击的大潮中，《知音》杂志的发行量尽管也从最高峰的 700 万逐渐跌落到了 150 万，但是《知音》依然是平面纸媒中发行量排行榜中的佼佼者。《知音》，以老百姓的生活故事为主要内容，大部分是悲剧性的故事，看得人心酸掉泪。我认为《知音》的成功与引起人们的同情有很大关系。

国外有一部电影，很多人都看过，并且广受好评，那就是 *Bully*（翻译为凌霸或欺凌），一部以童年欺凌为题材的电影。在它上映之前，因为过于直白的台词被美国电影协会定义为 R 级，被禁。发行者 Hirsch 利用社交平台 Twitter 一样实现了发行电影的目的。

发行当天 Hirsch 发了一条 Twitter：“每年美国有 1300 万孩子会被欺负，300 万孩子会因为被欺负而退学，我支持@Bully Movie，让我们用实际行动支持吧！”结果当天这条 Twitter 被转发 100 多万次，人们纷纷在@Bully Movie 私人空间里观看了这部电影，制片方自然也赚得盆满钵满。

这个电影为什么被主流传播渠道禁播，却能在自媒体上热播呢？那就是影片的题材和内容，触动了人们的情感，特别是“同情心”。

国内电影利用“同情心”成功营销的非《百鸟朝凤》莫属。

著名导演吴天明遗作《百鸟朝凤》，自 2016 年 5 月 6 日上映之后一直处于“高口碑、低票房”的困境，首周票房仅有 154 万元，日均排片量不到 2%。2016 年 5 月 12 日，曾制作过《观音山》《二次曝光》《后会无期》等片的著名制片人方励，作为《百鸟朝凤》的“宣传志愿者”，利用直播平台为影片宣传造势时突然下跪磕头，隔空向全国的影院经理争取排片，一时间在电影圈引起热议。

这个 63 岁的“老炮儿”利用了时下最流行的直播软件做了一场别开生面的“发布会”。40 多分钟里，方励通过《百鸟朝凤》背后的故事及推广的艰辛，让所有在场的人都红了眼眶，其中也包括他自己，然后出其不意地，起身、下跪，一头磕在硬邦邦的地板上。

不过，这一跪真奏效了，该新闻出现当晚就已开始发酵，《百鸟朝凤》单日票房首次破百万元。紧接着迅速实现排片、票房大逆袭，其中，全国排片量上升到 4.4%，票房 876.2 万元，超过前 8 天的票房总和，观众上座率高达 39%，远超过《美国队长 3》《超脑 48 小时》等好莱坞大片。另一方面，影片的口碑则依然坚挺，豆瓣评分高达 8.4 分。

为什么老方这一跪能够有这么大的效果呢？我认为主要是在情感方面触动了所有人的泪腺，特别是同情心。具体有四个方面原因。

第一，《百鸟朝凤》出自吴天明导演之手，吴导是中国第四代导演的领军人物：其《老井》《变脸》等作品在 20 世纪八九十年代均蜚声国际。在他任西安电影制片厂厂长期间，还挖掘了张艺谋、陈凯歌、黄建新、周晓文、田壮壮、何平、顾长卫、芦苇等一批后来享誉国内外的电影人，被誉为第五代导演的“教父”。《百鸟朝凤》是吴天明生前遗作，因为缺乏推广费用等原因，影片在 2014 年吴天明离世后，被搁置了两年才最终上映。这一点就足以让大众了解《百鸟朝凤》的背景后产生尊重和同情，从而愿意用实际行动来支持这部影片的票房。

第二，中国导演界及演员圈子之间的情谊让大众感动。在影片上映之初，圈内多位重量级电影人曾义务为之宣传。喇培康、吴思远、江志强、于冬、张昭、叶宁、赵军、周铁东、谢维嘉等影业大佬纷纷通过手书形式对影片表示支持。影片点映时，黄建新、贾樟柯、徐克、张一白挨个站台；首映礼上，谢飞、黄健中、陈凯歌、何平、管虎、张扬、李玉一字排开为影片造势。一直视吴天明为恩师的张艺谋则是自费包场，邀请亲友观看影片。陈可辛、许鞍华、韩寒等也通过各种渠道发声支持。就连一向低调的李安也特意为影片录制了视频，讲述与吴导的交往故事。

第三，《百鸟朝凤》内容本身很感人，有情怀。影片讲述的是唢呐艺术传承故事，不过缺乏明星阵容。方励也并非一开始就参与了《百鸟朝凤》的制作。因影片找不到发行公司，吴天明女儿吴妍妍转而求助方励，他才接下了电影的义务宣发推广工作。吴妍妍也在采访中证实，“我让方励老师看了《百鸟朝凤》，他看完之后背过身去，半天没有说话，等他转过身来，满眼都是泪水。方励老师说你缺多少钱我给你补多少，一定要把这部电影推出去，哪怕头破血流，也要为了这部电影跟市场打一仗。”

第四，高口碑、低票房的窘境博得大众同情。影片上映当日，排片仅仅只有 1.9%。难以忽略的，却是影片的高口碑。在豆瓣网上，其评分高达 8.4，远超同档期的影片，甚至高过好莱坞超级英雄大片《美国队长 3》（豆瓣评分为 8）。不过 5 月 8 日以后，影片排片已经低至 0.6%，且绝大部分场次被安排在上午或晚上十点以后，面临即将下映的危机。

第五，方励一跪成为“同情心”的引爆点。

方励在直播平台上坚持为影片宣传，他坦言影片在上映之初就面临宣发经费短缺、院线不配合等困难，他还称其实没指望影片赚钱，只是希望有更多观众看到吴天明导演最后这部杰作。说到激动处，方励眼泛泪花称，“如果你能够在这个周末给我们排一场黄金场，老方立马给你磕头。”

随后，年届 63 岁、满头白发的方励竟然真的双膝跪地，再度恳求。“200 多人干了 8 个月，才给我们百分之一点几的排片，我今天这一跪，是希望大家能在微博、朋友圈上推荐一下《百鸟朝凤》。所有的朋友，只要为《百鸟朝凤》帮过一点忙，我都爱死你们了，我什么都愿意做。”在方励的微博下，有不少网友直言，为这一幕“心酸”（获得同情）。也有不少从业人员附议，“做电影太难，希望能够为艺术电影多一点排片”（获得同情）。

我们来提炼一下《百鸟朝凤》的营销关键词，帮助大家更清晰地了解这一事件营销的成功经验：老导演遗作、半个娱乐圈力挺、演艺圈也有深情厚谊、影片内容有情怀、影片口碑好、受国外市场大片挤压、排不上好场次、仗义和血性的方励、63 岁满头白发老导演下跪求排片、求关注和支持……

其实方励这一跪，唤起网友“同情”的不仅仅是《百鸟朝凤》的票房，还有对老一辈导演人情怀的敬重，更有对中国电影文艺片的感慨和同情。

方励火了，《百鸟朝凤》火了。

方励这一跪，是情怀在商业行为面前的无奈，是老电影人执著艺术缺乏市场的心酸。

不过必须要特别指出的是，玩情感中的“同情心”，要充分考虑条件，不能简单效仿。方励下跪火了之后时隔一个月，又有青年导演在首映礼现场下跪，称为抵制盗版下跪，这一下跪基本没有唤起“同情心”。

现实生活中，大部分网民对于电影院的高票价没有抨击就罢了，对于电影盗版历来都是“呵呵”的态度。抵制盗版这一跪，在“同情心”方面，主观、客观条件上都不可以与方励的一跪相提并论。

3. 卖亲情

亲情是永恒不变的真情。回家过年是一种形式，更是一种亲情的集中表现。虽然时代在变，人们的过节方式也在变。但是，唯一没有变的就是家的概念，家里的亲情，回家也是以卖亲情为核心的情感营销主题。这一主题，有很多企业演绎过经典的营销案例。下面分享一个以这个话题为核心的新媒体营销案例。

滴滴打车，一款拼车软件起家，经过几轮融资后整合了顺风车、出租车、专车、快车、代驾等应用的 APP，在营销推广的过程中除了扎扎实实地进行地推之外，网络营销方面也有不俗的表现。

2016 年 2 月 2 日，滴滴打车在新媒体上推出春节回家的活动。从“滴滴带你回家”的视频广告片到“天下有多少异乡人，就有多少条回家的路”的海报，微博、微信、公众号、滴滴打车平台，都有很多网友响应和关注。

滴滴出行：天下有多少异乡人，就有多少条回家的路（春节广告）

世上有千万条路

最挂念的还是那条回家的路

天下有多少个异乡人

就有多少条回家的路

回家是带着期盼出发

是等待幸福的抵达

回家是放下一年的疲惫

是赶回去尝一尝外卖里没有的味道

回家的路上依然很吵

因为我们说的是那熟悉的乡音

回家的路上始终人潮涌动

因为我们坚信

只有团员才是家

让从未改变的回家路

离家更近

回家是一种信仰

2015 年春节，吉利豪情 SUV 推出的“不要让爱占线”线上主题互动活动，也获得广泛关注和好评。该活动通过倡导家庭关爱，呼吁在外忙碌事业的儿女多打电话回家，多关心远在家乡的父母及亲人。

吉利豪情 SUV 主题活动

为此，吉利还同步推出了吉利豪情 SUV 家和万事兴抢话费 APP，为远在他乡的儿女创造更多与父母沟通的机会。活动一上线，4 个小时之内，总价值达 10 万元的话费即被抢光，活动总共获得 20 余万网友的参与。

仍然以回家为主题，如果说别人都在说回家，那就一定有人说“回不了家”。时光回到

2014 年，百度的一个视频营销就是这么操作的。

百度视频营销

第二十二届中国国际广告节中国艾菲奖颁奖典礼中，一个超级平凡的影片获得短效传播类互联网营销金奖。乍一看画面没有触目惊心的特效，没有让人震惊的反转创意，也没有捧腹的幽默表演。却是在一个房间里面，平凡地采访了几个北漂青年给家里人打电话的对白。此片就是由百度出品，北京泰美时光视频营销整合机构代理的手机百度春运火车票营销之《过年我不回家了》短视频。

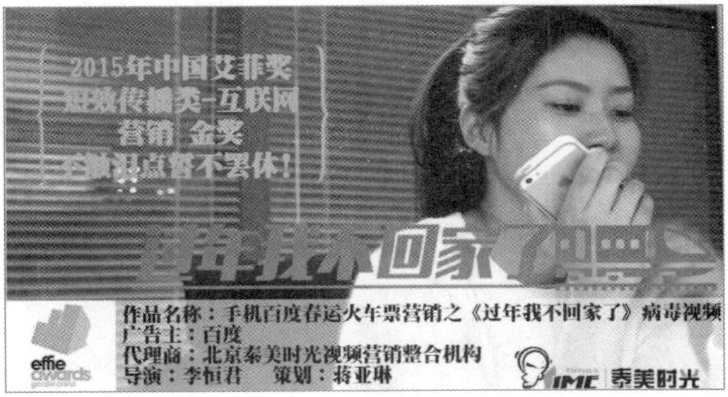

《过年我不回家了》获奖

同样是回家，同样是亲情的话题，逆向思考，就有了不一样的表现形式，也自然有不一样的效果（下文会专门讨论逆思维）。

因此笔者说营销无定式，创意无边界，创意营销三十六计只是应用规律的总结，实践起来可以单独使用，也可以整合使用，不要被其束缚了思维。

还要指出的是，再好的视频营销，也要整合起来去传播，百度营销的这个视频无论内容还是表现形式，都值得借鉴学习。不过视频推出后，涌现了大量相同或者类似主题的视频，把百度这个视频淹没不少。如今，不好好检索一翻，多看几个，还真不一定能看到这个视频了。

亲情除了回家，还有母爱、父爱、兄弟姐妹之间的爱。南方黑芝麻糊曾经推出的一则创意广告，至今依然堪称经典。

在悠长的青石铺成的小巷，悠扬的“芝麻糊”叫卖声，小男孩用舌头舔尽碗底最后一滴黑芝麻糊……这情景不知勾起多少人对童年的回忆。

（扫码观看南方黑芝麻糊视频）

再来看一组母亲节的营销图片。

宝洁母亲节广告

呷哺呷哺母亲节广告

旺顺阁手工香粽母亲节广告

创意不是天马行空，有时候就是简单的真实生活再现。特别是玩情感营销，表现亲情方面，不一定非要大的事件，从小处切入只要抓住人心，一样能获得成功。

4．卖爱情

爱情作为营销的话题，情人节成了众多企业以爱情为主题的秀场。以“钻石恒久远，一颗永流传”般的经典来看，能够胜出的却不多。

雀巢咖啡的“爱情不将就”就是矬子里的将军。

咖啡原本就是在社交文化中逐渐兴起来的，尤其是在中国，咖啡代表着一种优雅的小资情调，恋爱中的青年男女喜欢一边聊天一边喝咖啡。可以说，咖啡是青年人之间相互交流、增进感情的媒介，同时也是青年男女恋爱的味道。

《爱情不将就》海报

雀巢咖啡非常清醒地认识到，在自己的消费群体中，青年人占了绝大多数。雀巢咖啡的广告语这样说：“到了现在这个年纪，谁都不想再取悦了。”可是谁又能否认这句话不是雀巢在取悦青年消费群体呢？

当下的中国，年轻人以 80 后、90 后为主。“不将就”——雀巢咖啡为亿万个中国青年呼喊出了张扬个性的强烈诉求。“我就是我，是不一样的烟火”，所以宁可多孤独一会，也要等到那个人，因为有一种爱情叫不将就！

用“爱情”抓完了 80 后、90 后，雀巢的胃口很大，又用情怀抓了一把 60 后、70 后。“他们说而立之年还要什么自我，跟大多数人差不多才是幸福的捷径”，雀巢咖啡告诉你——不将就！

雀巢咖啡的“不将就”

最后，引出雀巢咖啡的营销目的，“宁可封杯，只等这一杯”，“有一种咖啡叫不将就”，落点是自己的品牌主张。

笔者认为，看到这一组海报，大多数读者都会认同雀巢“爱情不将就”的主张，自然会对雀巢咖啡产生好感，在这个营销创意中，雀巢咖啡利用爱情把品牌美誉度塑造得非常成功。

利用爱情做营销，三星就值得再细化和思考了。2015 年，三星推出了以“来我家吧”为主题的爱情视频广告，用以推广旗下的洗衣机、电视机等家电类产品。短片迎合年轻消费者的情感需要，将生活中的温暖和幸福放大，辅以小野丽莎惬意柔美的配乐，使三星家电成为了幸福串场的神奇道具。

有句话叫重要的事情说三遍，意思其实很简单，重复可以加强大脑的记忆，同样在广告中重复的口号“来我家吧”，也是一种魔力的号召，会强迫记忆。如果从玩情感的角度来看，这个创意可以点赞，不过 8 分钟的视频，没有剧情，反复重复“来我家吧”以及三星的系列家电，没有点儿耐心的人还真不一定能看完，如果能缩短一些，加入剧情或者根据每一款产品拍成一个系列或许能传播得更好。

如果说不想太隐晦地宣传自己的产品，那就学学哈根达斯的爱情营销吧。

“爱她，就请她吃哈根达斯”，这句甜蜜的广告语，让哈根达斯品牌享誉世界。它虽然价格不菲，被称为冰淇淋中的“劳斯莱斯”，也正因这一定位在中国被消费者们奉为佳品，尤其受情侣们的青睐。

利用爱情的浪漫氛围感动人，融入品牌广告，下面再分享两个值得借鉴的创意。一个是 2015 年情人节卡地亚的广告。

2015 年情人节卡地亚的广告

2015年情人节，卡地亚发布了题为《求婚》的浪漫广告短片，短片中将三段发生在不同场景的爱情故事巧妙穿插衔接，以法国人独有的浪漫情调讲述了电梯、机场和博物馆内的求婚场景：一对在机场告别的夫妇、一对在博物馆内捉迷藏的恋人、一位约会迟到的男子和他苦等多时的女友。三段故事最终都以卡地亚小红盒收尾，温馨又甜蜜。

另外一个是网易有道云笔记拍摄的一个以爱情为题材的微电影，将广告巧妙植入，故事情节引人入胜。不信，你静下心来，扫码看一下。据笔者测试，80%的人看完都会被浪漫的氛围、出其不意的情节所震撼和感动。视频最后一段话很感人："如果有一天，你的爱人失忆了？你将如何珍藏曾经的美好瞬间？每个人身边，都会有一个默默为你付出的人。她像空气一样不容易被你察觉。用心去感受，才会发现这个世界的美好，都喜欢躲在角落，偷偷看你。"

（扫码观看网易有道云笔记爱情微电影）

最后分享一个逆其道而行的爱情营销案例。同样是打爱情牌，迪奥反其道而行，上演了一场婚礼叛逃的爱情戏码。这部广告片由代言人娜塔莉·波特曼主演，即将步入婚姻的她经过内心的挣扎之后，最终脱下婚纱，选择在婚礼上逃走，登上了情人的直升机。这部短片象征着迪奥倡导的女性精神：大胆果敢、忠于内心、勇于追求自由与真爱。片中女主角的那句"It's Miss，actually."正好呼应了迪奥推出的Miss Dior（迪奥小姐）这款诞生于1947年的经典香氛。

（扫码观看Dior为爱逃婚广告片）

5. 卖情感痛点

在情感营销中，亲情、友情、爱情等大家都耳熟能详，其中有一类有必要单独来讨论，那就是父母乃至隔辈人对孩子的爱。

“不能让孩子输在起跑线上”，曾经忽悠了几代人，至今身为父母的我们依然心甘情愿地被忽悠。孩子没出生，就开始考虑胎教。孩子从出生开始，就考虑早教。各种早教班，各种早教方法，各类玩具都买个遍，只要是对孩子成长有利的，能戳到家长痛点的，掏钱都不成问题。

“不能让孩子输在起跑线上”截图

步步高点读机，个人感觉性价比不如平板电脑，阅读感不如图书，一句广告语“让妈妈不再担心我的学习”，又一次抓住了消费者的痛点，步步高悄悄地大把赚钱。

“步步高在国产平板中出货量达到第一，利润将近 10 亿元人民币。”一位国产芯片公司的高层 2015 年 4 月向新闻记者透露。

国内普通平板出货量最高的厂商，一年大概也就 200 万台左右，但步步高仅教育平板的出货量就达到了几百万台。与此同时，步步高的硬件成本相较于普通平板而言会更加低廉，但产品基本都在 2000～3000 元的高价。不必再讨论产品值不值这个价钱，关键还是看会不会营销，能不能抓住消费者的痛点。

近年来，尽管三聚氰胺奶粉事件的影响逐渐消散，但是对于中产家庭、高收入家庭来讲，热衷洋品牌奶粉依然是不争的事实。不过让人大跌眼镜的是，洋品牌奶粉的质量和猫腻近年来也屡屡被媒体曝光。

对于惠氏奶粉来讲，可能麻烦更大一些，“结石门”、“香兰素”事件让惠氏奶粉在国内的营销需要重新考虑和布局。

惠氏的再次出手，推出了启赋系列，让人眼前一亮，抓住了母亲的一个情感痛点，那就是打母乳的牌！2016 年，惠氏启赋奶粉甚至在宣传海报上都打上这句话：“母乳是最好的”，“亲和人体科技升级，灵感源于母乳成分研究”、“科技、自然、启赋未来”等广告语的提炼，让惠氏奶粉迅速占领了妈妈们的心智。最贴近母乳的配方，自然是最好的！

有些读者看到这里一定会有疑惑，如果我的产品和服务不是婴儿直接消费的怎么办？这张戳中孩子情感痛点的牌应该怎么打？打出去有没有用呢？答案毋庸置疑，那就是关注客户的痛点，用来影响客户的消费决策。高铁站设立母婴室，会不会赢得男顾客的好评呢？这个问题就不用回答了吧。

笔者一家人经常去北京鸟巢附近的一家“江边城外”餐厅吃烤鱼，来了亲戚朋友也大都去这里，大众消费，中等装修，口味也过得去。说实话，对于我个人来讲真的没有太多的理由反复去消费，但是我儿子每次外出吃饭，都会吵闹着去这里。因为他在这家餐厅可以玩到他喜欢玩的电脑游戏。我平时陪孩子少，也就默许了。这家餐厅显然也找到了我的情感痛点，相信类似我这样被动过去消费的不止笔者一家。

4.9.3 玩情感的实用表格

下面总结一下玩情感的实用表格。

玩情感实用表格

如何玩情感	操作要点	注意事项
从真情实感出发	提炼、升华、放大	全方位思考
找共鸣点	求同存异	不陷入争论
与品牌和产品结合	体现品牌内涵、产品卖点	有价值主张

特别注意：为营销打了情感牌，有些事情不适合曝光就永远不去揭开盖子。

情感牌总结

情感一般分类	博爱的情感	人的情绪	个人观	宽泛情感
亲情	爱国、爱民族	喜、怒、忧、思、悲、恐、惊	人生观	怀旧
友情	社会责任		世界观	追求自由
爱情	公益		价值观	追求健康

4.9.4　玩情感的若干问题和思考

企业哪些事情可以玩情感？

答：企业的成功、失败案例，让我们自己悲伤、高兴、懊恼的事情，只要是触动我们情感的都可以考虑作为素材。当然，这些素材需要有创意地加工和提炼。

品牌、产品如何融入情感？

答：用故事植入情感，也可以塑造氛围，还可以用广告语表现，如果都不行，就试试文化的力量吧。

品牌、产品玩情感可以分成几类？

答：励志的，挖痛点的，忏悔的，劝导的，造势的，不要受拘束。

你的竞争对手有没有玩情感营销，你是否可以借鉴？

答：可以借鉴，创新从模仿开始。但是不要照搬，要结合自己的品牌内涵、价值主张进行改造。

在哪些节日上可以玩情感？

答：母亲节、父亲节、春节、儿童节、情人节、端午节、清明节等传统节日都可以做。

在进行危机公关时可不可以玩情感？

答：必须玩，真诚道歉，学会示弱。

新产品上市可不可以运用情怀？

答：翻看小米、锤子的发布会，完全可以。

4.10 第十计：逆思维

4.10.1 什么是逆向思维

我们先看几个小故事！

司马光砸缸

这个故事不用再啰唆，既然小孩子没有力气把同伴从水缸中捞出来，那么就把缸砸破，把水放出来。有丰富生活经验的人，大都有这种思维。中国古代诸多巧夺天工的建筑，处处都是劳动智慧的结晶。

再来看两个网络小段子。

段子一：

大爷买西红柿挑了三个到秤盘，摊主秤了下："一斤半，三块七。"大爷："做汤用不着那么多。"摊主去掉了最大的西红柿。摊主："一斤二两，三块。"正当我想提醒大爷注意秤时，大爷从容地掏出了七毛钱，拿起刚刚去掉的那个大的西红柿，扭头就走了……摊主当场就凌乱了。

这个小段子讽刺了摊主，把大爷的智慧表现得很充分，大爷思考问题的方式就是典型的逆向思维，不要秤上的，要去掉的，用两个价格相减，让摊主"哑口无言"。

段子二：

有一家人决定搬进城里，于是去找房子。全家三口，夫妻两个和一个 5 岁的孩子。他们跑了一天，直到傍晚，才好不容易看到一张公寓出租的广告。他们赶紧跑去，房子出乎意料的好。于是，就前去敲门询问。这时，温和的房东出来，对这三位客人从上到下地打量了一番。丈夫鼓起勇气问道："这房屋出租吗？"房东遗憾地说："啊，实在对不起，我们公寓不招有孩子的住户。"丈夫和妻子听了，一时不知如何是好，于是，他们默默地走开了。那 5 岁的孩子，把事情的经过从头至尾都看在眼里。那可爱的心灵在想：真的就没办法了？他用稚嫩的小手再一次敲开了房东的大门。

这时，丈夫和妻子已走出 5 米来远，都回头望着。

门开了，房东又出来了。这孩子精神抖擞地说："老爷爷，这个房子我租了。我没有孩子，我只带来两个大人。"

房东听了之后，高声笑了起来，决定把房子租给他们住。

这个段子，也可能是真实发生的故事，如果真的是这样，笔者倒认为小孩子未必是聪明，孩子的天性就是纯真，孩子的逆反心理就是个证明。大人越不让他干的事情，他偏偏就要去干。如果说这个小孩聪明，就又用我们成人世故的眼光去看待这个事情了。小孩子是严格按照房东的要求，带来了两个大人，也就是说按照小孩子的逻辑，房东不能把房子租给带孩子的大人，不等于不租给带大人的小孩子，因此才有了那个纯真的举动。

那么什么是逆思维呢？

逆思维就是逆向思维。逆向思维也叫求异思维，它是对司空见惯的似乎已成定论的事物或观点反过来思考的一种思维方式，开篇的小故事和两个段子都是在应用逆向思维。

敢于"反其道而思之"，让思维向对立面的方向发展，从问题的相反面深入地进行探索，树立新思想，创立新形象。其实，对于某些问题，尤其是一些特殊问题，从结论往回推，倒过来思考，从求解回到已知条件，反过去想或许会使问题简单化。

4.10.2　逆向思维的特点

那么逆向思维有什么特点呢？

第一，普遍性。逆向思维就是一种对立统一规律，比如高低、上下、内外，互联网营销的线上和线下，网络营销中的主动推送与被动检索，社群营销的利与弊，逆思维的普遍性特点能让我们很轻松地在网络营销的创意中应用。前面讲过的迪奥的情感营销，利用爱情为主题，从逃婚的角度去表现追求爱情自由，虽然是现实生活中可见的现象，但却是网络营销创意中的超常规手法。

2015 年 9 月 15 日，《南方都市报》A24 版整版发布全黑版面。网友纷纷惊呼“南都被黑了”。次日，当人们再次打开《南方都市报》A24 版时，看到的是全黑广告，上面三个字“请揭黑”，左下角还有一个二维码，扫描后发现，原来是南方黑芝麻糊做的营销广告。

《南方都市报》官方微博回应：“不要慌，真相一定来，明日见分晓。”

不直接打出广告的品牌，而是把一个报纸版面全部涂黑，犹抱琵琶半遮面，玩起了行为艺术，设置悬念，吊足了民众的胃口。这显然要比石投大海般的海投广告要有效率得多。这种逆向思维投放广告的方式，可以综合吸收传统媒体和新媒体的比较优势。

第二，批判性。逆向是与正向比较而言的，正向是指常规的、常识的、公认的或习惯的想法与做法。逆向思维则恰恰相反，是对传统、惯例、常识的反叛，是对常规的挑战。它能够克服思维定势，破除由经验和习惯造成的僵化的认识模式。在网络营销创意中，逆思维应用得好，很有机会开创新的商业模式，成就一番事业。

还记得卡巴斯基和 360 的 PK 吗？在国内杀毒软件市场，尽管杀毒软件有市场，但是一直也没有做到太大规模。360 杀出来，杀毒软件免费送！消费者本来就不习惯为杀毒软件付费，因此这个模式推出来，360 迅速杀出重围，从免费杀毒软件入口，积累了大量用户之后转型做搜索。从软件收费到完全免费，这就是一种逆思维。

第三，新颖性。循规蹈矩的思维和按传统方式解决问题虽然简单，但容易使思路僵化、刻板，摆脱不掉习惯的束缚，得到的往往是一些司空见惯的答案。其实，任何事物都具有多方面的属性。由于受过去经验的影响，人们往往容易看到比较熟悉的一面，而对另一面却视而不见。逆向思维能克服这一障碍，让人出乎意料，给人耳目一新的感觉。

下面看一个很有创意的营销黑板报。

“其实你在银行有 1000 万存款，只不过你忘记了取款密码，每输入一次密码需要 2 元。一旦正确，钱就是你的。不着急，不放弃，心若在，梦就在！”这个核心思路也是逆思维，从彩票抽奖到领取银行存款，也很幽默，把大乐透的价值变得鲜活了。

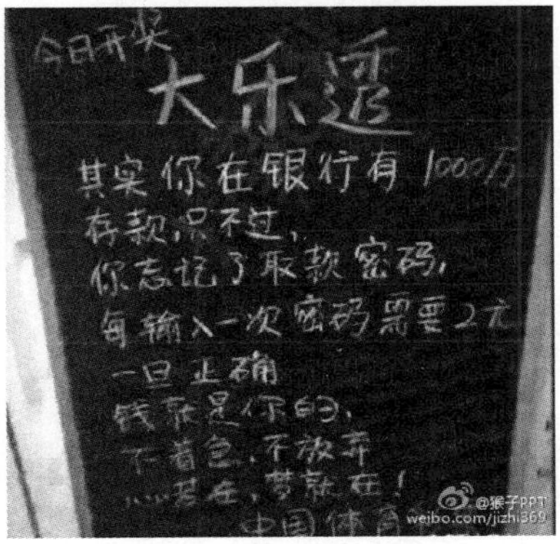

中国体育彩票

4.10.3　如何应用逆向思维

那么如何应用逆思维呢？

第一，反转型逆向思维法。

这种方法是指从已知事物的相反方向进行思考，产生新思路。“事物的相反方向”常常从事物的功能、结构、因果关系等三个方面做反向思维。

香水的功能是取悦他人和自己，迪奥大胆地逆向思维，竟然把“毒药”作为商品名称注册和使用。这件事恐怕只有大胆创新的迪奥可以做得出来，20 世纪 80 年代迪奥首款毒药香水问世，第一款香水被命名为“紫毒”。在接下来数十年的时间里，迪奥先后推出五种“毒药”系列香水，堪称“五毒俱全”，这五毒分别是 1985 的紫毒、1994 的绿毒、1998 的红毒、2004 年的白毒及 2009 年的蓝毒。

迪奥正是看重了“毒药”所蕴含的致命能力，将其命名为女用香水，反其意而行之，为现代女性带来了“毒药”的全新涵义，引申为毒药香水为女性所带来的致命吸引力和超凡魅力。自第一款毒药香水上市后，它那别出心裁的大胆命名和洋溢极致诱惑的香调开启了长达 20 年的魅惑传奇。

再来看一下多芬洗发水的逆思维创意广告。

（扫码观看多芬洗发水广告）

故事是这样展开的：男主角的同事上班时发现男主角行为怪异，像女人一样撩拨自己的长发，频频做出甩发动作。同事提醒男主角后，男主角恍然大悟，原来自己错误使用了多芬女士洗发水，于是飞奔出办公室去超市，一系列慢动作画面突出了男主一头飘逸的秀发，在风中熠熠生辉。

虽然最后男主角心满意足地换回了男士发型，但是这则逆向思维的广告却令女性使用者不得不心动，连男士用了多芬女士洗发水后，头发都会变得那么靓丽，甚至整个人都变妩媚，更何况女性呢？

笔者认为，如果用逆思维要大胆地去逆，但需要考虑传播受众的接受程度。女士用的洗发水男士误用了，出现了这样的效果，如果是主打功能无可厚非，不过给目标用户的品牌美感会大打折扣。毕竟一想到这个品牌都会想到形象不敢恭维的广告片中的男主角。特别是国外的创意案例，即使在国外取得了成功，在国内照搬未必能够成功，能否从模仿中去创新，要全面思考和讨论。

第二，转换型逆向思维法

在研究一个问题时，由于解决该问题的手段受阻，而转换成另一种手段，或转换思考角度思考，以使问题顺利解决，这种思维方法叫转换型思维法。

分享一个小段子：

傍晚陪爷爷在公园散步，不远处有一个气质美女，忍不住多看了两眼。爷爷问我：喜欢吗？我不好意思地笑着点点头。爷爷又问：想要她的电话号码吗？我瞬间脸红了。爷爷说：看我的。然后转身向美女走去。几分钟后我的电话响了，里面传来一个甜美的声音：你好，你是 XXX 吗？你爷爷迷路了，赶紧过来吧，我们在公园 XXX 处。我对爷爷简直佩服得五体投地，然后默默地把这个电话号码存了下来。

通常情况下，直接搭讪要一个美女的手机号码，失败的概率为 80%，既然问题受阻，转换型逆思维就出现了。能不能从索要电话号码转换成她主动送上来呢？不管这个段子里的爷爷是不是曾经的泡妞高手，光是这种思维的运用，爷爷也是一个网络营销高手，能将复杂的事情通过“钓鱼”解决掉。

转换型思维在房地产营销项目中，云山诗意做得很有内涵。

云山诗意家居广告

云山诗意的硬广文字是这样创意的：我们曾习惯排排坐的方盒子建筑居住模式。当有一天睁开眼睛看西方的建筑理论和居住方式时，我们受到了震动。在一片居住与国际接轨的口号声中，哥特屋顶、罗马柱、人体雕塑开始充斥我们的生活。然而，物极必反！放眼望去，全国的新楼房长得越来越相像。我们从学习走到了盲目复制。今天，云山诗意旗帜鲜明地主张在向西的潮流中，我们向东！这里用东方的建筑形式营造中国式的亲情社区，这里崇尚平等、谦和、礼让、共享，在云山诗意，我们称之为东方人居智慧。

“在向西的潮流中，我们向东”，既表达了一种崇尚中式建筑风格的情绪和价值观，又自然地突出了项目卖点，让人印象深刻。

最后分享一个逆思维决定商业机会的小故事。

有两家鞋业制造公司分别派出了一个业务员去开拓市场。在同一天，他们两个人来到了南太平洋的一个岛国，到达当日，他们就发现当地人全都赤足，不穿鞋！从国王到贫民、从僧侣到贵妇，竟然无人穿鞋子。当晚，甲向国内总部老板拍了一封电报："上帝呀，这里的人从不穿鞋子，有谁还会买鞋子？我明天就回去。"乙也向国内公司总部拍了一封电报："太好了！这里的人都不穿鞋。我决定把家搬来，在此长期驻扎下去！"两年后，这里的人都穿上了鞋子……

甲凭借简单的逻辑和旧有的思维习惯，"都不穿鞋，就没有人买鞋"，做出了他的判断。乙大胆地打破旧模式，逆向思考，"都不穿鞋"，意味着市场空间巨大。

第三，缺点逆向思维法。

这是一种利用事物的缺点，将缺点变为可利用的东西，化被动为主动，化不利为有利的思维方法。这种方法并不以克服事物的缺点为目的，相反，它是将缺点化弊为利，找到解决方法。

一位裁缝在吸烟时不小心将一条高档裙子烧了一个窟窿，致使其成为废品。这位裁缝为了挽回经济损失，凭借其高超的技艺，在裙子四周剪了许多窟窿，并精心饰以金边，然后，将其命名为"凤尾裙"，这种风格的裙子至今依然大卖。

凤尾裙

2013 年 6 月，南阳市旅游局新浪官方微博发布消息称，凡高考成绩低于 300 分者，可免费游览南阳武侯祠等 11 个景点。此举一出，网上褒贬不一。南阳市旅游局相关负责人称，这是为了鼓励低分考生。武侯祠是诸葛亮躬耕的地方，他之所以称为"智圣"，跟刻苦学习是分不开的。医圣张仲景、科圣张衡、商圣范蠡、谋圣姜子牙，这些人之所以会成为名人，跟自己的努力分不开，让学生们来看看，给他们一个立志的方向。

体育竞赛中的冠军需要嘉奖，最后一名选手更需要点赞。笔者认为，南阳旅游局大胆逆思维，鼓励分数低于 300 分的考生，这个事件营销策划得不错。只不过太直接，有炒作的嫌疑，如果语言表述上再委婉一些就更好了，如下文给出的语言示例，把 300 分以上落榜的考生定义为“未来的成功者”是不是会更容易让人接受呢？

示例：

高考不是人生的终点，

成功只是小胜利，

戒躁戒躁方成大器。

失败只是一时的，

放弃才是永远的。

为未来的成功者喝彩！

高考 300 分以上者半价游，300 分以下者免费游！

4.10.4　逆向思维要点及注意事项

在网络营销中，逆向思维需要考虑可行性，也需要考虑合理性，多用于事件营销的策划。在具体操作中有两种简单的方法可以尝试。一种是在思考方向上逆，前面已经讲述了三个类型，另外一种方法是直接加否定词逆。

举例，我们曾经看到这样一篇文章：《挥汗如雨有益健康》，可以直接加否定词，《挥汗如雨未必有益健康》，之后再去查理论依据，论述出道理来。

逆向思维要点及注意事项

怎么逆	要点	注意事项
思考方向上逆	大胆思考	考虑可行性
直接加否定词	找到依据	考虑合理性

4.10.5 逆向思维四个问题

品牌宣传如何运用逆向思维？

答：查看竞争对手的操作思路，我们逆向思考。

如何结合热点运用逆向思维？

答：热趋势，冷思考。批判式思考更直接。

产品本身是否可以用逆向思维？

答：产品设计上可以逆向设计，让客户说了算就是典型的逆思维。

产品哪些方面可以用到逆向思维？

答：除了产品的设计外，产品包装、附加值、功能、结构、价格、渠道、缺点、服务都可以尝试。也有人总结了一些逆向设计、逆向包装、逆向广告、逆向定价、逆向通道等理论，其实就是我们这一节讲到的逆思维的具体运用。

4.11 第十一计：设奖赏

4.11.1 为什么要设奖赏

营销者发出作为刺激消费的各种信息，把信息传递到一个或更多的目标对象（即信息接受者，如听众、观众、读者、消费者或用户等），以影响其态度和行为，这就是设奖赏的概念。

中国有一句古话叫作“重赏之下必有勇夫”，还有一句叫作“人为财死”。尽管说的是极端情况，但是也从一定程度上看穿了人性的“逐利”，从这个角度来讲，网络营销创意设奖赏这一招是最容易见到效果的。

设奖赏的意义

缩短产品入市的时间	对消费者或经销商提供短程激励，在一段时间内调动人们的购买热情，培养顾客的兴趣和使用爱好，使顾客尽快地了解产品
激励消费者初次购买	让消费者降低抗拒心理，降低初次消费成本，而去接受新产品
激励再次购买	一个持续的促销计划，可以使消费群基本固定下来
提高销售业绩	单个利润下降，规模上量，总业绩提高，利润总额提升
侵略与反侵略竞争	强化市场渗透，加速市场占有
带动相关产品市场	在 A 产品的促销过程中，可以带动相关的 B 产品销售。当卖出更多的咖啡壶时，咖啡的销量就会增加
客户忠诚度培养	对于老客户，如果给予奖赏，可能老客户会为我们带来新客户，而且他本人也对我们越来越有价值感，客户能实现自我满足的愉悦

4.11.2 设奖赏应用时间点

所谓师出有名，设奖赏一定要让客户有这个感觉。其次设奖赏一定要有时间限定和条件限定，否则，就会让客户觉得没有稀缺感遭遇滑铁卢。

笔者在浙江有个学员，做男士皮鞋的电商，淘宝上的店铺一直没有起色，我简单浏览了一下他的店铺页面，发现他的爆款产品根本找不出来，为什么呢？他用了“设奖赏”，活动长期有，客户参与没有限制，相当于长期打折，而且没有冠冕堂皇的理由。大多数情况下，这样的奖赏设了也不会有好的效果。

那么什么时间点用“设奖赏”这一计比较好呢？

首先，是开业或者周年庆。个人过生日、开业和周年庆，这个顺理成章，大家也比较习惯。只要拿出点诚意来设奖赏，都能见到效果。

其次，各个传统节日及法定节假日，中西方的都可以。春节、圣诞、情人节、端午、父亲节、儿童节、母亲节等，不过也要做到师出有名。

此外，新产品上市这个时间点设奖赏也符合客户的心理习惯。

最后，没事找事，给个理由。

示例：老板是球迷，祝恒大夺冠，促销三天！庆祝中国冬奥会申办成功，买一赠一限三天！

4.11.3 设奖赏的六大类型及案例

设奖赏的时间点讲过了，核心还在于应用。下面归纳一些应用方式，希望对大家有所帮助。

第一，与客户互动，让客户自己“赢”奖品。

没有通过努力得到的东西往往不被珍惜，客户得到奖赏看起来是终极目标，实际上客户更享受获得奖赏的过程。换一句话说，客户不是喜欢占便宜，而是喜欢占便宜的感觉。

又酷又好用的英国科技品牌 Dyson（戴森），出现在我们熟知的影视、文学、漫画作品及明星们的生活和社交网络上，当然还有我们每天的生活中。参与者只要找到它们并上传到网络，就有机会将戴森带回家。

戴森活动

活动主办方为了激发参与者的热情，特意贴出一些小提示，称戴森产品曾出现在以下影视作品中：《生活大爆炸》《情妇》《老友记》《皮囊》《超体》《变形金刚》《辛普森的一家》……这一做法降低了游戏的难度，吸引了更多参与者，同时这些影片无疑提升了产品的格调，通过参与者发布的图片，间接为产品做了宣传。最主要的，客户获得奖赏需要通过自己的努力，有互动的过程。

曾经有一家儿童服装店，把当季服装打很低的折扣促销，结果还是有很多客户砍价，促销结果很一般。后来改了一下，先打八折，如果要享受折上折，就需要参加游戏来赢，成人只有一次机会，儿童有两次机会，在规定的时间内不用手运送气球到指定位置，每运送一个气球折扣减 1 个点。这一招很奏效，店内带孩子的、不带孩子的客户都玩得不亦乐乎。当然，只要参加了游戏也就意味着要买服装。这一计开实体店的朋友尽管可以去模仿创新，一定能见到效果。

还有一个小故事：

茉莉亚是一个具有犹太血统的老人，退休后，在学校附近买了一间简陋的房子。住下的前几个星期还很安静，不久有三个年轻人开始在附近踢垃圾桶闹着玩。老人受不了这些噪声，出去跟年轻人谈判。

“你们玩得真开心。”他说，“我喜欢看你们玩得这样高兴。如果你们每天都来踢垃圾桶，我将每天给你们每人一块钱。”

三个年轻人很高兴，更加卖力地表演“足下功夫”。不料三天后，老人忧愁地说：“通货膨胀减少了我的收入，从明天起，只能给你们每人五毛钱了。”

年轻人显得不大开心，但还是接受了老人的条件。他们每天继续去踢垃圾桶。一周后，老人又对他们说：“最近没有收到养老金支票，对不起，每天只能给两毛了。”

“两毛钱？”一个年轻人脸色发青，“我们才不会为了区区两毛钱浪费宝贵的时间在这里表演呢，不干了！”

从此以后，老人又过上了安静的日子。

这个小故事中的老人很有智慧，抓住了人们的弱点，把三个年轻人的胃口吊起来之后，最终达成了自己的目的。

第二，重赏。

10 万元人民币奖励给 10000 个人，每人只不过 10 块钱，传播效果弱。如果 10 万元人民币奖赏给一个人，就非常有吸引力了，不过要注意在可信度方面把握好分寸。

2015 年 12 月，皇帽啤酒在新加坡报纸刊登全版彩色广告，广告描述“堪称全球最佳职务”即啤酒品尝师的职位能在 4 小时内赚取 1 万元人民币（3 万令吉）。工作的职责包括成为皇帽啤酒的宣传大使，在工作时间喝啤酒，也和朋友享用啤酒。申请者无须任何经验，只要对啤酒品牌有热忱，最后只需要工作一天，时间是 4 个小时，公司提供接送服务。公众可以上网申请，但申请者年龄必须超过 18 岁。

这一创意来源是，嘉士伯“向世界提供最好的啤酒”，那么嘉士伯也可以“向全世界提供最好的工作”，尽管嘉士伯称有近万人报名，笔者认为这样的几乎无条件的悬赏还是会让一般人质疑其真实性的，至少会让人感觉到这只是个吸引眼球的广告而已。不过这样设奖赏打硬广的创意还是值得点赞的。

世界上最好的工作？嘉士伯啤酒花 1 万美元请你来尝啤酒

2014 年 8 月，一条“杭州楼盘招募金牌试睡员”的招聘信息刷爆朋友圈，报名后被选中的试睡员只要在楼盘样板房试睡一夜，就能夜入 10 万元人民币。活动启动当天微信围观人数突破 5000 人，两周报名超过一万人，杭州多家主流媒体跟进报道，微信、网络论坛频繁刷屏。房地产商以看似高额的奖赏吸引了大量的关注，按照关注度和到达率来讲，10 万元的营销成本是比较划算的，在项目初期快速打响了知名度，首推的 228 套房源在开盘当天售出近 9 成。

第三，奖赏注重精神层面。

一般的设奖赏，都是直接与金钱或者产品相关，有时候尝试一下精神层面的奖赏也未尝不可。

一家北京的别墅开盘之前就曾经推出竞猜开盘价的活动，最接近公布的开盘价的客户将获得音乐演出的相关门票。该楼盘命名维也纳森林，设置的奖赏也与音乐相关，是一个可圈可点的创意营销活动。可惜该活动只是在平面媒体打了硬广来推广，网络媒体和新媒体都没有跟进（目前百度不到任何信息）。

与其说是搞了一次活动营销，倒不如说是打了个有点创意的硬广，如此而已。试想一下，如果换一个角度思考，是否可以邀约音乐爱好者，一起在售楼处欣赏一个露天的音乐演出呢？把商业活动穿插进去，是不是更好呢？笔者检索到后来该楼盘也曾做过众筹摇滚音乐的活动，离高雅的艺术范儿似乎远了些，也没有见到更详细的报道。

维也纳森林硬广

第四，直接感受到的奖赏。

打折、满减、抽奖等，各种直接与金钱和赠品相关的设奖赏，客户与商家玩得乐此不疲。（本节最后给出了设奖赏的各类玩法表格。）

笔者了解到的很多 APP 的地推，创意再好，传播再到位，速度还是慢，都不如直接地推送礼品来得快。甚至包括滴滴打车在内的行业应用比较广泛的 APP，最初都是通过地面推广跑马圈地。因此，网络营销不是万能的，线下的配合和推进也非常重要，做网络营销创意要注意线上与线下的资源整合。

以下是满减的案例，大家注意一下，这是很多商超常用的模式。

满立减活动刺激消费者凑单多消费，综合性超市促销效果好

常见的还有买产品送赠品的设奖赏。必须指出的是，赠品也必须要注意质量。笔者曾经在十年前买过一台美菱的冰箱，当时国美搞促销，送了一套刻有国美商标的刀具，结果一用就是十年。冰箱无故障，刀具如新。这套刀具质量非常好，让笔者对美菱的品牌刮目相看。如果刀具用一段时间就坏了，那么显然笔者会对美菱的品牌好感大打折扣。

赠品的选择笔者认为，要考虑相关性、价值感和实用性。

如果赠品与产品的功能延伸或者应用场景相关，如果赠品与品牌相关，至少能让我们记得住，否则这个赠品就与我们无关了，时间稍微一长就忘记了。

价值感，说的是赠品要“值点儿钱”，不要很便宜，却硬来虚高标价当成高端赠品，消费者对赠品的品质要求不会因为要购买的产品而降低心理预期。

实用性，是指赠品要实用，客户才会留存。也只有实用，赠品接触客户的时间才会更久。当然，也不一定所有赠品全部符合这三个特点，还是得具体问题具体分析。

以下这个设奖赏的奖品是车辆的使用权。因为如果奖品是车辆的所有权就超过了广告法奖品价值的规定，如果设为使用权，则可以有效规避。

赠送车辆使用权

设奖赏的奖品是赠券的，要注意赠券不要设置太多限制。曾经有一次笔者在北京的某连锁餐厅请客户吃饭，结完账送了一些消费券，自然很开心地离开了。一周以后，想起有赠券，于是又带客户来吃饭。再次结账时被告知，一次只能用一张，而且只能周一到周五中午使用，这些限制性文字很小，又印刷在反面，对于消费者来讲很难注意到。

早知如此，何必再来！瞬间引起了笔者的反感。其实本来笔者觉得这家餐厅的服务、环境、菜品都很好，但是因为赠送的消费券不能使用，感觉自己应该占的便宜没有占到，有一种被愚弄的感觉。这样的设奖赏就不如不设，除非把限制条件让客户搞清楚。

最后，有赠品和赠券的设奖赏，也要充分考虑好退换货情况下的奖赏合理处理。

下面这张截图是笔者写的《网络营销决胜武器——软文营销》一书在当当网的设奖赏，打折还送积分，当时的效果不错。

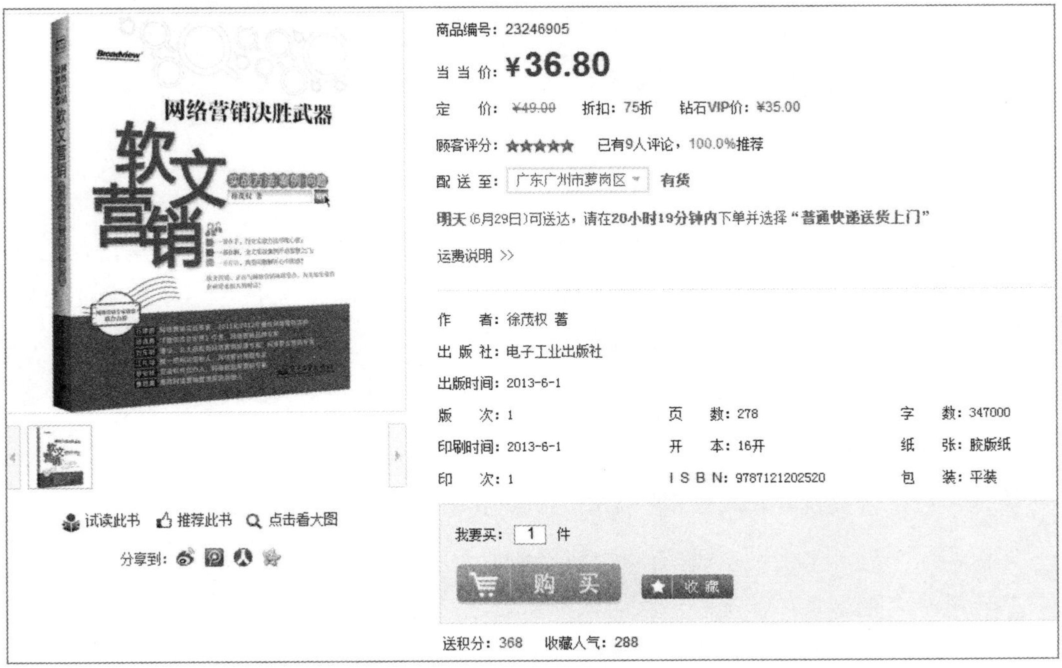

《网络营销决胜武器——软文营销》当当网曾经打折还送积分促销

第五，把卖点当奖赏。

有这样一家餐厅，节假日用餐档口要排队。这是一家并不高端的鱼火锅——新辣道。

笔者去过几次在北京龙德广场内的这家店，每次大家坐到一起，点完餐要做的事情不是发朋友圈，而是频频看表，“5 分钟锅未上，鱼免单！”显然，鱼火锅已经很难打出卖点，干脆人家在速度上做文章，直接用卖点设奖赏。

新辣道设奖赏

丽华快餐最初打市场的时候，也是靠“快”取胜。15 分钟送达不到，免单！曾经免单免得客户都不好意思。这样的做法，虽然表面上丽华快餐赔了，实际上做了免费的口碑广告，因为“客户就是喜欢占便宜的感觉”。

当然，这种卖点设奖赏的方式，需要强大的物流和信息流支撑，否则也会把自己搞个半死，能不能使用就量力而行吧！

第六，危机公关或者新闻营销中给不出去的奖赏。

环保，这个近年来受到全民广泛关注的话题，已经引发过很多个经典的新闻策划。来看一些标题“多地悬赏环保局长下河游泳”，“浙江又一环保局长被邀请下河游泳，加码升至 30 万”。怎么样？你相信这样的奖赏能给出去吗？放心吧，一定给不出去！

既然如此，只要注意一下可信度，加码还是可以的，毕竟这个奖赏给不出去。

这类公关设奖赏不算牛的，与京东和阿里之间的大战相比还是略逊一筹。2015 年京东内部进行员工比赛，设奖赏踩气球，重要的不是奖品，是那个气球，因为被踩的气球上印着一只猫的图案。看到这里，突然想起了韩剧里的“画个圈圈诅咒你”的情节。笔者认为，如果是非公开的，如果想做成事件营销，此类玩法要结合自己的需要，需要提醒的是，要注意新广告法的相关规定并评估风险。

双 11 京东活动，踩气球赢奖品（注意气球上的图案）

4.11.4　设奖赏要点及注意事项

设奖赏，最需要注意的就是诚信，不能欺骗客户。

还记得淘宝的“秒杀门”事件吗？玩猫腻被网友抓住了证据，“有几位网民竟能在同时同分同秒拍下所有“1 元秒杀”商品！结果让淘宝声誉扫地。

除了淘宝，乐淘也曾遭遇“秒杀门”事件，乐淘曾被质疑“超前秒杀”，乐淘最后也没有给出回复。相对而言，肯德基的态度还是值得肯定的。肯德基的“秒杀门”，最后企业出来承认并公开致歉。

设奖赏的注意事项

两个大方向	操作要点	注意事项
能给出去的奖赏	要能操作，给得起	诚信，规则公正，过程透明
给不出去的奖赏	必须吸引眼球	找传播点，不要违法

还要补充一点，如果在新媒体上玩设奖赏，还要考虑“职业领奖户”的影响。笔者的一家顾问单位，曾经在微博上设奖赏，一天送出去十万份奖品，最后转化和成单没有多少，原来大部分奖品被职业领奖户领走了。解决这个问题对策只有一个，那就是认真设定游戏规则，必要的时候模拟测试，真正把奖赏给到老客户或者潜在客户。

4.11.5 设奖赏若干问题思考

你的产品选择什么样的赠品更合适？

你计划如何进行设奖赏活动？

竞争对手设置的奖赏你知道吗？

设奖赏最后的奖品会给谁？值不值？

设奖赏的活动应该在哪些渠道传播？

设奖赏如何让顾客为你去传播？

4.11.6 常用的 45 种设奖赏具体应用

泉之媒总结的常用的 45 种设奖赏具体应用

促销方式	具体策略	说明或者示例	注意事项
价格折扣	错觉折价	100 买 130	标价前后一致
	一刻千金	10 分钟内 1 折	原价属实
	超值 1 元	限品类或者限单品	选择大众清楚价格的来做
	临界价格	100 元改成 98 元	不同品类临界点不一样
	阶梯价格	越来越贵	保证先来后到
	降价打折	100 打 6 折，100 减 10 再打 8 折	双折扣更吸引人、更省钱
	账款整取	四舍五不入，抹零	零头过五的不宜太多
抽奖	百分百中奖	把折扣换成奖品	奖品三原则
	摇钱树	互动赢奖品	中奖率与参与度
	开包有理	奖品放在包装里	奖券或实物
	买够抽奖	每满 200 抽奖 1 次	门槛设置合理
退款促销	若干时间后退款	1 年后退款	老客户看起来得实惠
	自主定价	5～10 元随机成交	让客户定价
	储值消费卡	办卡优惠或享受会员价	数据管理预防造假

续

促销方式	具体策略	说明或者示例	注意事项
变相折扣	多买多送	消费多优惠多	赠品要灵活
	组合销售	捆绑销售	相关产品组合
	加量不加价	500＋50 毫升饮料价格不变	让客户看到实惠
年龄促销	小鬼当家	儿童节促销	活动方案有吸引力
趣味促销	老板不在家	老板不在家，全是特价菜	有趣味
缺点促销	疯狂甩卖	保质期还有一周，包装印错	实事求是
生日促销	过生日送礼品	生日神秘礼品	凭身份证
纪念日促销	纪念日赠品	店庆、金婚、银婚等	喜庆氛围塑造
英雄救美	利用男性弱点	解救重压下的美女	创意实现
挑选客户	利用好奇	男性拒绝入内	给男性安排休息空间
钓鱼赠品	赠品为钓鱼	赠送成套产品中的一件	成套的产品要熟知
爱屋及乌	做流行的赠品	赠送给爱时尚的女孩	注意利用社交媒体分享
情人娃娃	利用单身女性	认领情人娃娃	有些女士要求私密性
情感促销	数据营销	给客户发送特别的信息	信息内容很重要
绿色促销	绿色环境布置	最好和环保结合	尽量不要使用假花草
混乱促销	乱中取胜	商场里的堆货，给人感觉就是便宜	堆货可以乱，要整洁
包装促销	创意包装	有创意或高大上	包装成本要核算
体验促销	现场效应	羽绒服撕开看羽绒、油漆现场刷	体验感要强，有对比佳
对比促销	现场对比	苏宁曾推出线上比价，线下成交	现场容易比
夸张促销	夸张效应	站在盆子上跳	提前测试好，别出丑
名人促销	傍名人	名人出席线下活动、名人赠品	注意别侵权
公益促销	温情一元	买产品捐一元	引入第三方树公信力
破坏促销	破坏效应	床垫用压路机压过去	证明质量
节日促销	传统节日促销	平安夜苹果促销	创意包装很重要
积分促销	积分兑奖品	会员卡积分	积分定期清零
美女促销	美人计	美女服务员促销	抓精准客户
科技促销	机器人服务	餐厅用机器人送餐	模式化、标准化
话术促销	选择式问题	要啤酒是要一瓶还是两瓶	语气、眼神有配合
样品促销	样品赠送	扫码送试用装	送产品要收数据收反馈
荣誉促销	给客户荣誉	荣誉客户光荣傍	利用客户圈子传播
服务促销	建服务体系	给客户标准化服务	只服务本职相关

4.12 第十二计：玩穿越

4.12.1 从影视剧的穿越说起

说起穿越，相信大家一定不会陌生，近几年讲穿越的热播古装电影、电视剧比比皆是，早有《寻秦记》，后有《步步惊心》，都有不俗的票房和粉丝。韩国的穿越剧《来自星星的你》更是让很多粉丝欲罢不能。

美剧也常常上演穿越戏码，不过大都涉及穿越未来，或是在过去、当下与未来之间编织一张巨大的时间与空间网。据媒体报道，《星际穿越》全球总票房达到 5.423 亿美元，其中，中国贡献了近 1/5 的票房。《盗梦空间》《迷失》和《未来闪影》等穿越剧也抓住了不少眼球。总之，无论科技怎样进步，人类未知的领域总是探索不完，穿越对人类总是充满着诱惑。

穿越的思维对我们生活的影响是不可估量的，仔细想想，我们现代生活中越来越发达的交通、通信手段无一不是对时空穿越的要求，朝发夕至早已成为现实，实时远距离通话视频已经是家常便饭，穿越不再那么遥不可及。

4.12.2 VR 带来的穿越营销

目前科学家正在研究的 VR（Virtual Reality，虚拟现实）技术即将引领我们进入一个新的平行时空，VR 技术最先改变的是游戏行业，但未来肯定不止于此。有专家预测，VR 将带领我们穿越到一个平行的世界，未来人们可以在一个虚拟的空间里进行交流和工作。那将是一个逼真写实的世界。这个世界与现实同步，人们可以在静止中体验奔跑。

还是回到穿越对于企业的营销话题上来。

淘宝在 2016 年愚人节这天宣布推出全新 Virtual Reality（虚拟现实）购物方式，利用计算机图形系统和辅助传感器，生成可交互的三维购物环境。“Buy＋”将突破时间和空间的限制，100%还原真实场景，无论你身在何处，戴上 VR 眼镜，就可以去世界上任意一个商场买东西。VR 技术在未来还将带给我们更多惊喜，穿越的梦想将激励着人们不断突破极限。

（扫码延伸阅读：淘宝 Buy＋）

利用 VR 技术带消费者一起穿越的其实也并非只有淘宝一家，麦当劳和可口可乐也都在玩。2016 年，麦餐盒摇身一变化身虚拟眼镜。这个项目名为 Happy Goggles，由瑞典麦当劳启动推广。2016 年 3 月的两个周六，麦当劳把 3500 个特制的开心乐园餐盒子分发到 14 家门店，邀请孩子们一起把纸盒变为虚拟现实眼镜。

同时，顾客在购买开心乐园餐后即可免费下载一款叫 Slope Stars 的虚拟现实游戏，戴上虚拟眼镜，孩子们就可以体验虚拟滑雪的感觉，身临其境地体验麦当劳的世界。这款游戏灵感来自瑞典“运动假”的冰雪主题。

（扫码看麦当劳 VR 活动视频）

无独有偶，可口可乐也发布了一段制作 VR 眼镜的视频，视频中向大众展示如何将普通的可乐包装盒打造成一个虚拟设备。可口可乐公司计划在 2016 年生产三种风格的包装盒，用来打造安装 VR 眼镜装置，其中包括 12 罐装包装盒、两瓶装包装盒及附赠于包装盒内的独立制作套件。目前，这个视频中的设想还在实验阶段。尽管如此，这种创意已经为可口可乐吸引了不少眼球，让消费者对此有所期待。

（扫码看可口可乐玩穿越的视频）

4.12.3 什么是穿越

如果一定要给穿越一个科学解释，那么我们最好先来听听大科学家霍金怎么说。

霍金首先建议人们接纳时间作为第四维的观念。他举了一个非常简单的例子：当人们驾驶汽车时，向前直行和向后倒车是第一维，向左或向右转弯是第二维，在山路上爬坡和下坡是第三维，那么时间就是第四维。

四维的概念

对于物理学家来说，时光隧道也许就是虫洞。霍金说，虫洞就在我们周围，只是小到肉眼无法看见。宇宙万物都会出现小孔或裂缝，这种基本规律同样适用于时间。时间也有细微的裂缝和空隙，比分子、原子还要小的空隙被称作“量子泡沫”，而虫洞就存在于“量子泡沫”中。

再通俗一点说，物理学中的“穿越”，不仅限于回到过去，也可以穿越到未来，或穿越到平行空间、平行世界、平行宇宙，或同一时空同一时代，A 穿越到 B 身上。还有可能空穿，穿到一个没有历史记录（架空）的时代，也有可能穿到异时空，玄幻文明、仙魔文明、奇幻文明等，也可以说是在千分之一的概率下掉进了黑洞的时间误区，导致时间错乱。

4.12.4　营销中为什么要玩穿越

出于对未知世界的探索欲望，穿越能带给人类足够的新鲜感及全新的认知体验，这意味着，你利用穿越所做的营销也是独一无二的，并且极有可能在短时间内引起话题效应，产生出奇制胜的效果。

最重要的是，玩穿越这一计就像一个百搭款，玩的就是轻松幽默，拼的则是想象力。不论是哪种类别的产品，玩穿越总能让你找到与产品契合之处，并加以发挥创造。

换个角度再来阐述一下。有人曾经撰文，为什么中国人喜欢穿越？答案是生活太辛苦。乍一看，以为是噱头，仔细一琢磨，也有一定的道理。生活中不如意太多，在虚拟的世界里管他历史也好，未来也罢，尽管想象，你也可以君临天下！

如今中小企业的营销面临一个又一个窘境，甚至很多大型企业再也找不到昔日简单重复暴力的传播之后就大把收钱的感觉，正因如此，穿越对于创意营销才更有意义。放下包袱，闭上眼睛准备开始穿越吧！

还是看一下穿越创意的小案例吧。

以下是 E 代驾的“中国古代名人酒量趣味排行榜”海报内容：

要说古人的酒量，大家很容易想到李白

百年三万六千日，一日须倾三百杯

酒逢知己千杯少，话不投机半句多

但充其量，李白的酒量最多只能排在第三位

不信？扫码阅读“揭秘：中国古代名人酒量排行榜”

4.12.5 营销中的穿越怎么玩

在营销中究竟怎么玩穿越，总结起来主要有三种方法：

- 让产品穿越；
- 让消费者参与穿越；
- 用穿越的思维做事件营销。

表现形式多为事件、话题和视频，下面我们来看具体案例。

为了让民众更便利地欣赏文物，台北故宫博物院耗时一年多，制作了台湾第一个具有文物互动功能的手机应用程序——“带着故宫走”APP。并量身打造“古今穿梭游”网络微电影，由著名演员金士杰化身汉代宫廷画家毛延寿，陈竹升化身苏东坡，带领观众开启穿越之旅，体验文物掌中游的乐趣。

APP 中很多功能也帮助使用者感受穿越，比如现场观赏“西周宗周钟”时无法当场亲身敲击，但在 APP 的互动页面，只要点击屏幕就可听到其浑厚的声响。用古今穿越的思维，一个 APP，一部微电影，让台北故宫赚足了眼球，获得了台湾民众和外地游客的广泛好评。

（扫码观看“带着故宫走”视频）

再来看一个摄影师的“玩穿越”。

2016 年 3 月初，社交网站上这组图片红极一时，卢浮宫里的雕塑都穿上了现代的服装，仿佛穿越到了我们的生活中。这组图片背后的创意者是法国摄影师 Léo Caillard，他采用图像处理技术，将时髦的现代装束 PS 到古典雕塑上，让古代的作品展现出不可思议的现代气质。摄影师将这个系列作品命名为“Hipster in Stone”，意思是“赶时髦的石头”。掌握摄影技术的人或许很多，但是，有创意的摄影师却很难得，尤其是这样富有想象力的作品不禁让人拍案叫绝。

雕塑穿越了

穿越到 1955 年的美国是一种什么体验？一张唱片创造了摇滚乐；一件迷你裙掀起了时尚风；第一间麦当劳餐厅开在芝加哥郊外。这是麦当劳推出最新产品 1955 招牌豪华牛肉堡时所做的穿越营销。一个普通的牛肉堡穿越之后，被赋予了自由、时尚、创新的内涵，甚至融入了 1955 年的时代精神。而麦当劳提醒你："不用穿越，体验纯正美式风味，向潮流开创者致敬！”麦当劳除了利用 VR 穿越，也是创意穿越的高手。

“懂得时尚的人才懂搭配。”——来自更爱 1955 堡配料的粉丝

下面这组广告是 2016 年麦当劳在万圣节推出的，各色人物穿越到现实世界，畅通无阻地进入麦当劳用餐。广告左上角“come as you are”的意思是“做真实的自己”。即使你是没穿水晶鞋骑着南瓜的灰姑娘、吃相怪异的鬼怪，麦当劳依然欢迎你，无须受到任何拘束，鼓励你做真实的自己。穿越中带着幽默，传达出平易近人的理念。

come as you are：保持本色或做真实的自己

麦当劳擅长玩穿越营销，其实肯德基玩得也不赖。

早在 2011 年，肯德基、重庆晨报、腾讯大渝网和课堂内外杂志社就曾联合举办“肯德基对话 90 后”活动，以穿越时空、畅想 2030 年的重庆为主题，并展开征稿。

命题：让我们穿越到 2030 年的重庆——请各位 90 后充分发挥想象力，以科幻的手法对 2030 年的重庆进行描绘。

形式：以 2030 年的重庆为命题，撰写独立的短篇小文，并配以漫画、图片、视频等丰富投稿作品。

这个互动活动的穿越玩法，曾经沸腾了重庆。

“肯德基对话 90 后”活动

最后我们再来看一个免费赠送的玩穿越营销案例。不是说看这个案例免费，是品牌方没有出一分钱，有人主动帮着做营销。

Kim Dong-Kyu 的 Art X Smart

为了引起智能科技对现代社会所造成影响的反思，韩国艺术家 Kim Dong-Kyu 将苹果手机植入世界名画中，虽然初看时觉得非常荒诞不经，但这就是我们的生活。画中的模特用手机拍照、玩游戏、听音乐，这些行为就像现代人的第二天性。这组作品取名为 Art X Smart，艺术家的初衷本是引人反思，但因为艺术本就见仁见智，况且名画本身有着巨大的审美吸引力，使人们并不觉得这些场景有多么讽刺，反而乐在其中。客观上为 iPhone 做了一次绝妙的营销。

苹果产品随名画穿越到各个年代，呈现出的画面感既熟悉又陌生，艺术家还不忘为图片标注一段幽默的旁白，左图：“终于集齐了！”右图则告诫我们：“千万别带 iPad 进浴室！”至此，苹果系列从手机到 iPad，都被植入个遍，这穿越式植入，时尚与古典对比强烈，最重要的是人家苹果没有花一分钱！

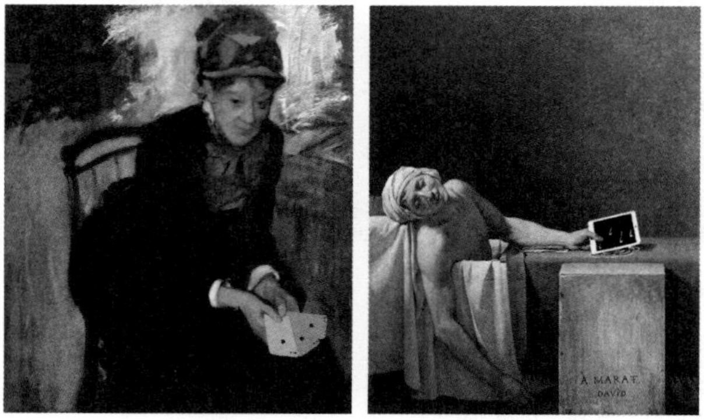

穿越式植入

那么玩穿越到底怎么玩呢？正如下面这张图片所示。

新闻频道带你穿越现场

玩穿越，
怎么干？
做编导，
不要忘记我们的行动目标！
回到过去，
跑进未来，
穿越就是一场戏！

4.13 第十三计：改名言

4.13.1 给改名言下个定义

简单理解就是修改名言，但是要搞清楚为什么要改。

改名言是将日常生活中的名言、名句、谚语、流行语等，结合自己的产品特点或者品牌内涵、价值主张等，增加或修改其中某一部分，或者模仿其形式，形成新的句子。这就是我们梳理的网络营销创意三十六计规律中改名言的定义。

示例：退一步，海阔天空。

电影《后会无期》中的台词修改：进一步，海阔天空。

示例：路遥知马力，日久见人心。

电影《后会无期》中的台词修改：路遥知马力不足，日久见人心不古。

4.13.2 如何改名言

改名言能够使内容变得有内涵，或幽默，或有哲理，容易吸引眼球，使用户更容易记住其内容。当然，如果把广告内容巧妙植入，最重要的改名言目的也就达到了：无时不营销！

看看下边的案例你就知道名言的传播魅力有多大了。

1. 巧添字法改名言

参照票房高的电影《夏洛特烦恼》，如果继续拍电影，以下电影估计也会火。

- 《郭敬明天见》
- 《奥巴马上来》
- 《吴亦凡人梦》
- 《井柏然并卵》
- 《周笔畅销书》

不用解释了吧，改名言在网络营销创意中非常实用，是段子手的玩法！改得多了，你也成段子手了。对于实操的网络营销运营人员来讲，看完这本书之后，要继续拓展思维，针对你负责的项目想出具体的落地方法。如果没有更好的点子，就从模仿开始吧！对于中小企业主来讲，你可以快速看完，展开思路，能够和运营团队平等对话，找到自己的创意营销方案。

2. 改古典诗词

中国的股市，不说了，对中小股民来讲，满眼都是泪。一则由宋代诗人苏轼《水调歌头》所改编的股市生态，令人忍俊不禁：

我欲清仓归去，又恐迅速反弹，踏空不胜寒。

与其储蓄负利，不如厮混其间，少追涨，勿杀跌，夜安眠，不应有恨，获利总在无意间。

月有阴晴圆缺，股有横盘涨跌，此时后市难懂，但愿牛长久，你我共赚钱。

这个新版股市《水调歌头》金融行业营销可以使用，理财产品销售也可以使用。目前没有发现具体植入了哪个广告，倒是在股吧上赚了很多点击量。这种手法我们值得借鉴。

早在 1996 年，上海古今内衣为了扩大品牌知名度，在全国范围内展开过征集广告语的活动，最后从近万个结果中甄选出“古今胸罩，一戴添娇”为其品牌的广告语，这句广告语随之给古今带来了广泛的传播效应，成为一段佳话。

古今品牌这句“一戴添娇”广告语改自人们耳熟能详的《沁园春·雪》下阙：“江山如此多娇，引无数英雄竞折腰。惜秦皇汉武，略输文采；唐宗宋祖，稍逊风骚。一代天骄，成吉思汗，只识弯弓射大雕。俱往矣，数风流人物，还看今朝。”这首词气势磅礴，被视为经典之作。

这句广告语将“一代天骄”改为“一戴添娇”，只更改了三个字，读音完全一样，原有流传的味道依旧保存，但是却从雄伟的风格巧妙地转化成阴柔的妩媚风格，凸显出女性的妖娆之美，尤其与女性内衣的穿着动作与效果相呼应，将品牌的特色展现得十分完美。这句广告语被奉为行业经典，为古今带来了良好的声誉。

丰田汽车在改中国古诗上丝毫不比国产厂商差，其“Prado”在中国市场推出时，丰田汽车的广告语“车到山前必有路，有路必有丰田车”，成功地改用了宋代诗人陆游作品《游山西村》中的诗句，原句是“山重水复疑无路，柳暗花明又一村”。

丰田这一改动不仅融入了中国的文化历史，同时加深了品牌内涵：“车到山前必有路”比较符合中国人的传统价值观念，讲究顺其自然的哲学，表现出丰田强烈的自信心；“有路必有丰田车”则表明汽车销量之大，寓意质量受到认可，也突出了丰田汽车的适应性，无论什么路丰田车都可以纵横驰骋，往来自如。

事实证明，丰田汽车留给人们的品牌印象至今依然受到这个改过的名言的影响。

丰田汽车广告语：“车到山前必有路 有路必有丰田车”

“白云边”是湖北白酒中的一个品牌，这个品牌名出自李白的一首七言绝句，《陪族叔刑部侍郎晔及中书贾舍人至游洞庭五首》中的第二首，是李白与被贬谪的李晔、贾至同游洞庭湖时所作。原诗为：“南湖秋水夜无烟，耐可乘流直上天？且就洞庭赊月色，将船买酒白云边。”广告语中的“往事越千年，陈酿白云边”间接与这段历史呼应，突出产品陈酿的历史，为白酒增添了酒仙飘逸洒脱的气质，提升了品牌的文化品位。

（扫码看白云边视频广告）

伊莱克斯也善于改名言。伊莱克斯的广告短片历史悠久，那句“众里寻他千百度，你要几度就几度”的广告词家喻户晓，原句出自宋代词人辛弃疾的《青玉案·元夕》：“蛾儿雪柳黄金缕，笑语盈盈暗香去，众里寻他千百度。蓦然回首，那人却在，灯火阑珊处。”修改之后的广告语正符合人们对冰箱的期望，可以瞬间随意调温，也透露出伊莱克斯冰箱是你千挑万选、众里寻他千百度之后让你心仪的产品。虽然调温的功能现在已经并不稀奇，但是这则广告在当时还是有一定影响力的。

（扫码看伊莱克斯广告视频）

汽车行业也会改古诗词，如果说改得最好的，非江铃汽车莫属。江西南昌江铃汽车制造厂改李白名篇《早发白帝城》中“千里江陵一日还”而成的“千里江铃一日还”，借用“谐音”又一语双关，象征汽车性能过硬。无论是“江铃”品牌，还是价值主张，都融入了这句改过的古诗中，朗朗上口，既有趣又便于记忆。

必须指出的是，改古诗需要艺术手法，需要表现正能量，否则改出来即使有传播力，对主流社会的价值观而言也是相悖的。营销创意有度，更需要道德底线。

如果你的产品或者品牌与原诗句内涵意境更为契合，大可直接拿来使用，不必再改，下面看几个直接用古诗词做文案的成功案例。

杏花村酒直接将古诗“借问酒家何处有，牧童遥指杏花村”作为广告语。这句古诗本身为大家所熟悉，杏花村酒直接把这首古诗用作广告文案，并没有加以改动，一方面可以让受众感觉到熟悉和亲切，另一方面也更容易被记忆。“酒家”、“牧童”、“遥”、“杏花村”一幅美好的画面就浮现在脑海里了，其实与其说古诗改得好，倒不如说人家品牌名起得好，这甚至是小学生都必须要背会的诗句。

还有一款白酒，古诗句把品牌形象和价值主张传达得非常到位，那就是“杜康”。杜康是中国古代传说中的“酿酒始祖”，又名少康，夏朝人，是夏朝的第五位国君，因杜康善酿酒，后世将杜康尊为酒神。“何以解忧？唯有杜康！”出自曹操的《短歌行》：“对酒当歌，人生几何？譬如朝露，去日苦多。慨当以慷，忧思难忘。何以解忧，唯有杜康。”

因此，杜康酒被认为是中国最古老的历史名酒，所以杜康酒广告中称之为“中国酒之源”。杜康酒的品牌来源就是这首古诗。不需要再改动诗句，消费者能够直接被带入诗中大气磅礴的气势中去，体会观沧海的豪迈气概，曹操的诗句让现代杜康酒的千年历史情怀得以展现。

除了产品完全与古诗词契合的情况可以改用或直接使用古诗词外，看似与产品完全不搭界的古诗，也可以因为这种跨界组合彰显出独具特色的营销效果。

台湾《联合报》的“江南春别墅”广告文案直接借用了白居易的《忆江南·江南好》：“日出江花红似火，春来江水绿如蓝，能不忆江南？”这首诗采用比喻、夸张、反问的修辞，将江南的美景逐一展现出来。江南春别墅的特色就是构建一种美丽江南的图景，用这首诗作为广告文案，能将江南的美丽图景通过文字展现出来，让人读文案就像看到一幅优美的江南风景图。

3. 改名人名言

这类创意玩法多用于新媒体上吸引眼球或者营造某种氛围，具体表现形式可以应用到海报、微博、微信中。下面简单列几条，请大家思考改的是什么名言吧。

“开车无难事，只怕有新人”；

“树愈静而风不止，我愈恋而他不在”；

“互联网＋本来没有路，实践得多了就有路”；

“营销无定式，创意有高低”。

4. 改广告语

农夫山泉的广告语“农夫山泉有点甜”用了大量资金推广成功，留在了很多60、70、80后的脑海里。2014年，这则广告语被改了一下，特别是在湖南引起了不小的关注。

在长沙市开福区捞刀河镇的山野之间，一群90后“农场主”开辟了近400亩生态农耕基地，就命名为“有点田”。据媒体报道，人家的生意还不错，下面看看人家的创意营销点吧。

有点田

女生的理想生活就是：（有）农夫，（有）山泉，（再有一片自己的）田；

男生的理想生活就是：（有）农妇，（有）山泉，（再有一片自己的）田。

“有点田”新闻

5. 改歌词

2014 年夏天，可口可乐的歌词瓶营销，索性没有改，直接分享，也收到了不错的效果。

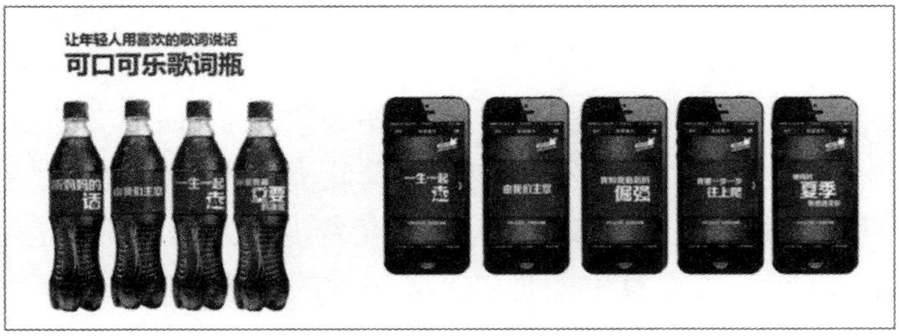

可口可乐的歌词瓶营销

要指出的是，改歌词用文字形式尽量改得有新意，不要让原作品有被“糟蹋”的感觉，更不要直接用原版去伴奏，否则不仅仅是不尊重知识产权，引起侵权纠纷也不新鲜。

2016 年 6 月，董明珠公众号自媒体发布改编的《因为爱情》电饭煲篇，就被音乐人小柯斥责并索赔 500 万。其实最主要的原因是改完歌词给翻唱了，伴奏用的竟然是原版音乐！

董明珠自媒体改因为爱情歌词卖电器 原作者怒告

网易财经 2016年09月29日 10:01

【TechWeb报道】9月29日消息,小柯起诉格力电器董事长董明珠改编《因为爱情》歌词侵权案在朝阳法院开庭审理,不过,由于双方争执不下,法院宣布休庭,表示将择日进行宣判。... 12条相同新闻 - 百度快照

侵权《因为爱情》董明珠致歉

网易新闻 2016年06月28日 14:00

商报消息近日,格力电器董事长董明珠的个人自媒体"董明珠自媒体"因发布一首改编版"因为爱情饭煲版",被《因为爱情》的词曲作者、著名音乐人小柯在微博上炮轰,并被...

2条相同新闻 - 百度快照

借《因为爱情》卖电饭煲 董明珠道歉

网易手机 2016年06月28日 07:32

6月28日消息,因未经允许擅自改编《因为爱情》用于自家电饭煲的推广营销活动,格力电器被音乐人小柯在微博斥其侵权并"索赔500万元",之后董明珠通过自媒体对此事致歉。... 3条相同新闻 - 百度快照

小柯怒诉董明珠侵权《因为爱情》 要求索赔50万

法制网 2016年07月28日 14:44

著名音乐人小柯及音乐作品维权代理机构华乐成盟有限公司,起诉董明珠、格里电器股份有限公司、"董明珠自媒体"开发承办公司喜马明珠新媒体有限公司侵犯《因为爱情》著作...

7条相同新闻 - 百度快照

改歌词引纠纷

创意在营销中的作用很大，来看看碧桂园的玩法。2014 年 9 月 23 日，《南方都市报》惊现“有多少爱可以重来”的全版广告，引来很多读者关注。接下来，一组系列广告连续出现在广州地铁、公交站牌、候车厅及报纸上。让人摸不着头脑的是，广告全是大家耳熟能详的歌词，除此以外没有任何产品信息。

歌词体广告一出，很多读者都对这背后的真相产生好奇。网友有的赞其为 2014 年最浪漫爱情宣言，也有媒体人、广告人开始纠结于刊发此类广告的价值。据了解，该版广告价值约 60 万元，按照广告上的字数，算下来每个字花费近 3 万元！到底是哪位神秘人士包下版面送上的祝福呢？这组广告很有可能是史上最昂贵的文案。

细心的读者会发现，广告底部有一行小字：“12 年真爱延续”、“10 月之约”等。10 月将有什么样的浪漫约会吗？习惯了找任何地方的广告元素的读者这下还真找不到谁花钱干的这事儿了。一时间，几幅广告便在广州引起全民猜想热潮。平面广告＋地铁广告＋户外广告，微信、微博一引爆，这个话题还真成了很多人的谈资。

《南方都市报》2014 年 9 月 23 日、25 日广告

9 月 26 日，种种猜测终于引来隆重揭幕，千亿房企碧桂园独创的“歌词体”广告正式亮出碧桂园的牌。“9.26 真相”一出，评论如火，有网友评论，现如今广告大战让人审美疲劳，但广告却越来越“有意思”。而广告业界则点评为“房地产广告总算学会了躲猫猫”的招数。

其实早在 9 月 23 日的《南方都市报》全版刊登之前，该项目铺天盖地的地铁歌词广告，便以刷屏的节奏迅速病毒式地蔓延开来，一出“有多少爱可以重来”的“百万歌词献锋菲恋”的好戏上演后，引来读者的共鸣和疑问，猜测哪个土豪献上最贵祝福？也有网友在微博上戏称，最近“歌词体”还是蛮拼的。

而当 9 月 24 日李亚鹏发表“成人之美”之后，第二天又以疑似“霆锋回应体”的“因为爱所以爱”广告文案火速应景出场，引发全城歌词接龙大猜测：“下一季将是什么？”“搬板凳坐等歌词。”等到话题热度出来了，引出“如果没有遇见你，我将会在哪里？”掷头版“揭晓见 A3”大气揭幕，从而引出一个半遮脸的神秘性感女神形象，一句“你知道我在等你吗？”让人突然想起，原来这是碧桂园城市花园的广告！

不要觉得这一切发生得太巧了，实际是基于改歌词的创意事件营销，每一个环节都有推手在背后发力。这里不讲策划，只要记住改名言中改歌词这个手法可以用就足够了。

6．改流行语

示例：

“对不起，你拨打的用户已结婚。”

“思想有多远，你就给我滚多远！”

请大家思考一下，以上两句改编的是哪两句流行语。

“重要的事情说三遍”

“主要看气质”

“世界那么大，我想去看看”

“你们城里人真会玩”

以上是 2015 年的网络流行语，想想看，是不是偶尔就能在一些企业的营销中看到改过的海报呢？

7．自造“名言体”

这种方式看似简单，实则很困难。一是造出来的语言必须很有新意。二是要有传播的渠道或者传播的费用投入。尽管凡客已经跌下神坛，但是丝毫不能抹杀凡客营销中的“凡客体”曾经作为网络营销经典案例的事实。

凡客体

如果说凡客体成为历史了，那么“陈欧体”的影响力尚有温度。

聚美的一则广告语风靡于我们的社交网络之中，陈欧用行动为自己代言，“陈欧体”自造成功：“你只闻到我的香水，却没看到我的汗水；你有你的规则，我有我的选择；你否定我的现在，我决定我的未来；你嘲笑我一无所有不配去爱，我可怜你总是等待；你可以轻视我们的年轻，我们会证明这是谁的时代。梦想，是注定孤独的旅行，路上少不了质疑和嘲笑，但，那又怎样？哪怕遍体鳞伤，也要活得漂亮。我是陈欧，我为自己代言。”

这段代言词很快就在社交网络中掀起了一场改编热潮，被称为“陈欧体”，朗朗上口的广告句型可以让社交网络的用户们去填空，至今“我为自己代言”依然是热门话题。

再来看看差一点火起来的“红牛体”。

北京时间 2014 年 2 月 8 日 00 点 14 分，索契当地时间 20 点 14 分，索契冬奥会开幕式揭开神秘的面纱。10 秒倒计时过程中，两块大屏幕都只数到 5 就黑屏了。与往届奥运会类似，开场整体介绍了俄罗斯风貌之后，以一个必备环节收尾——奥运五环标志的形成。

伴随着优雅的音乐，空中一直漂浮的五朵雪绒花有四朵慢慢变大汇聚在一起，可以看出即将形成奥运五环。但最终右上角的一朵却没有展开，五环变成了四环。

央视现场解说张斌说：“在音乐声中，雪绒花在悄然变化，从花心慢慢扩张，边缘逐渐平滑，这就是奥运五环。也许现场这一瞬间稍不完美，告诉你，这朵雪绒花代表的就是冬奥会。”

接下来，冬奥会“五环变四环”的新闻传遍了世界各地。在国内，迅速引起了一些品牌企业的营销狂欢话题。

笔者觉得玩得最好的，非红牛莫属，“打开的是能量，未打开的是潜能”，打开的是能量，暗指自己是能量饮料，也赞扬冬奥会打开的四个雪绒花有力量。未打开的是潜能，暗指没有打开的雪绒花有潜能，同样赞扬冬奥会，也同样指未打开的红牛饮料有潜能。一句看似简单的广告语，把红牛的能量饮料概念与这个事件的调侃融为一体，满满的正能量。

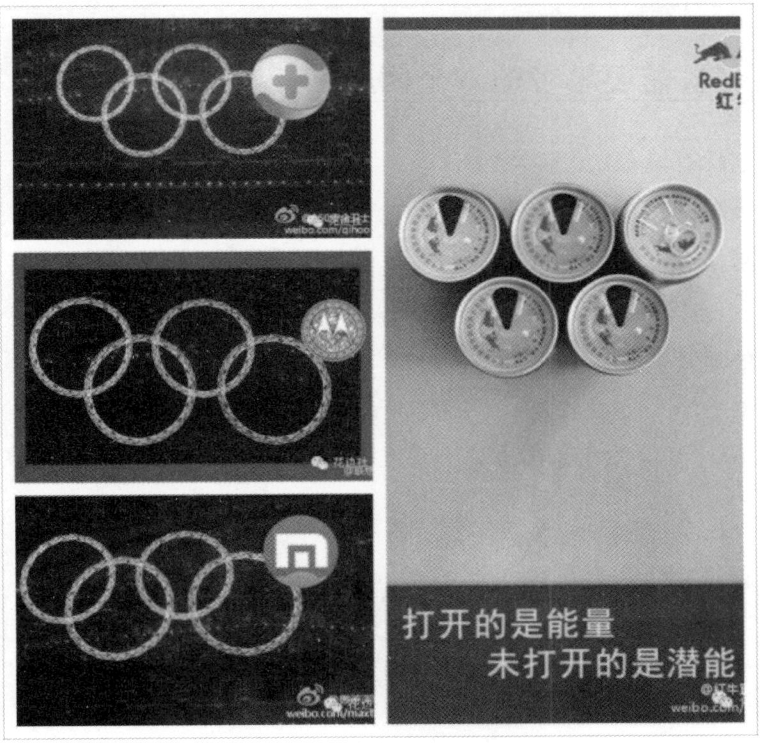

红牛自造“红牛体”

笔者认为，如果红牛乘胜追击，把“＊＊是，未＊＊是”作为句式，也是完全有可能打造出来一个“红牛体”的。

4.13.3　改名言要点及注意事项

改名言要点及注意事项见下表。

改名言要点及注意事项

怎么改	要点	注意事项
直接换词 按照句式改意思 与产品结合	对仗工整 吸引眼球 语言精练	通俗 幽默或者暧昧 不要太硬
改得不能儿戏，要有品位才有传播价值		

4.13.4 改名言需要思考的六个问题

你的产品名称有没有先天优势？

你的品牌名称有没有天赐良缘？

你的产品目标客户群中有哪些名人？

你的品牌宣传语中有没有谚语、名言可以借鉴？

你改名言的对象是不是被公众所熟知？

你改后的名言是否侵犯知识产权？

4.14 第十四计：吹吹牛

4.14.1 什么是吹牛

关于吹牛的来源有几种说法，其中一个是这样描述的：

古代的交通不太发达，黄河流经青海、甘肃、宁夏、陕西等省境内时，沿途水急滩险，流沙也比较多。船很难行驶，木船还经常被撞坏。黄河上游沿岸的居民为解决这个困难，就想出了使用羊皮或牛皮制成筏子的办法。

皮筏子的制作，离不开牛皮和羊皮。当人们宰杀牛羊时，先剥下整张毛皮，然后用盐水脱毛，再把植物油涂抹在毛皮的四肢及颈部，最后将其浸水、曝晒，让整张皮变得松软后用细绳将其缝制成袋状，只留一个小孔。对着小孔吹足气后，将小孔封紧，然后把多个皮袋固定在木排下，如此就制成一个皮筏。

当然，古代是没有打气筒的，要想将羊皮袋充满气，就只能靠嘴吹了。虽然羊皮袋体积较小，可以用嘴直接吹起，但是吹的人也要体格强壮、肺活量很大才能吹得起。而牛皮袋由于体积太大，想用嘴直接吹起来根本就不可能。如果要把牛皮袋吹满气，通常就必须由几个肺活量大的成人轮流往牛皮袋里吹气。

因此，在黄河上游一带，如果有人说他能吹起牛皮袋，当地的人听了，没人会相信，都会认为他是在说大话。而对喜欢夸口炫耀自己的人，当地居民往往会说"你要真有本事，就到黄河边上去吹牛皮好了！"从此，"吹牛皮"成了"夸口说大话"的代名词，并逐渐流传开来了。

在中小企业的网络营销中，会吹牛，吹好牛，也是营销的一种重要手法。提醒读者注意，我们在网络营销中说的"吹牛"是有依据、适当夸大的意思，绝不是不根据事实，随意夸大或浮夸。

4.14.2 为什么要吹牛

英国牛津大学的一项调查发现，超过八成的人每天至少讲一次大话，超过四成的人每天吹牛超过三次。对大多数人来说，说大话是一种正常的心理需求。一方面，这是为了显示自我、增加自信、弥补心理落差。比如通过夸大自己的能力、身份等，获得他人尊重。另一方面，适当“吹牛”能降低恐惧和焦虑，甚至还可以增强自信心。

借助大话提高自信、降低内心的恐惧和焦虑的典范，当属二战期间美国的麦克阿瑟将军。有一次，德国空军一颗炸弹在他附近爆炸，警卫问他为什么不赶快躲开。他说：“希特勒永远造不出来能将麦克阿瑟炸掉的炸弹。”这种大话也被称为“正常的大话”，它能让人获得心理博弈优势，在刻意“蔑视”对手的同时，降低了焦虑情绪，最主要的是稳定了军心。

说到中国商界的吹牛，笔者认为不能不提马云。在这个层面讲马云先生，没有不敬，只是从营销方法的角度来客观看待这个问题。

1999 年 3 月，马云在家里创办阿里巴巴。与马云一起创业的一共 17 个人，加上马云自己，就是 18 个人，也就是常说的阿里巴巴创业“十八罗汉”。

当时的马云在北京混不下去了，于是他回到杭州，他的家在湖畔花园，位于当时杭州城西一个城郊结合部。即使现在，不考虑阿里巴巴的成功，我们听起马云当年“所吹的牛”，也会深受鼓舞，也会愿意跟着他打拼，这就是企业领袖的魅力！

我们来看看马云早在 1999 年吹的牛吧！

第一段话是他创立阿里巴巴的未来三大愿景。第一个愿景，“阿里巴巴未来要成为服务中国中小企业的一家电子商务公司”。讲完这句话之后，现场大家一起鼓掌，认为这个愿景非常好，有情怀，有目标，有使命感，也能落地。

第二个愿景，“阿里巴巴在未来要成为市值 50 亿美元的企业”。马云讲完这句话的时候，现场大家的掌声小了很多。因为马云的创业资金才 50 万元人民币，而他发给这些人的月工资是 600 元，比当时这些人的平均工资 3000 元低得不是一点半点。大家总觉得，凭这几个人，一个月拿 600 元钱工资，创业资金 50 万元，还在马云家里办公，能做到 50 亿美元市值的企业？这个牛吹大了吧！

马云讲到第三个愿景的时候，大家又开始热烈鼓掌了——“我们要做一家生存 102 年的企业”——反正大伙儿也活不到那一天，鼓掌也挺好。

马云助理陈伟先生在马云传记的序言里这样写道，人生意义的主体是吹牛：一个人从默默无闻到功成名就的过程，其实就是不断换人“吹牛”的过程。不同的是有的人把“吹牛”吹成了一门生意，有的人吹成了学问，但更多的人不过是自娱自乐而已。

显然，马云的本事是把自己吹成了中国“首富”，他曾在淘宝年会上说：“作为 CEO，我的工作只能是讲讲话、吹吹牛而已，你们要容忍这样一位 CEO。每次吹牛总是那样不可能，而你们——阿里人每次完成得比‘不可能’更‘不可能’……”

这是马云的幽默与机智，也是他把“务虚”应用在了公司管理上，所以一般人很难摸清阿里的门道。据说每年都有国际著名大学的人来阿里集团做研究、写案例，案例报告完成后都会让马云过目签字，而马云总是质疑：“你们写的是阿里巴巴吗？”

马云最经典的吹牛“不电子商务，将无商可务”，实际上，直到现在，大多数行业如果只做电子商务，即使成功了也会很快见到瓶颈。线下，不会也不可能被线上完全取代，相反笔者走访过的比较成功的大企业，很多线下渠道的销售份额占到总体销售额的 80%以上。可是马云这个经典的牛照吹不误。

另外一个吹牛高手就是罗永浩，他接受腾讯科技专访后，腾讯科技记者以这样的标题来发表文章：《专访罗永浩——吹牛换来好处，没钱高调有钱低调》。显然，老罗的“彪悍的人生不需要解释”，值得钦佩。

（扫描延伸阅读：专访罗永浩）

简单归纳一下企业做营销吹牛的好处：

- 吸引眼球，节省广告费。
- 抢占先机，释放势能。
- 鼓舞团队，增加自信。
- 宏伟目标，感召他人。

当然，必须要指出的是，日常生活中如果经常满嘴跑火车，什么事情都能吹得天花乱坠，甚至觉得自己神通广大，具有某种特殊能力，就值得警惕了。这样“吹牛上瘾”的人，要看看是否有心理疾病作怪。

4.14.3　企业营销吹牛应该怎么吹

企业的营销如果要吹牛，就要在吹牛的过程中融入要传达的观点和理念，之后就要讲究吹牛的技巧。要学会吹牛的技巧，必须先了解一下笔者总结的吹牛的两种类型。

第一种类型是吹小牛。

怎么吹呢？吹当下的事情和吹过去的事情，一定要“小”吹，不要“大”吹。这个道理很简单，过去的事情吹“大”了，一旦被人调查曝光后，一切光环和美好的形象都将成为历史，甚至由此引发信任危机。

2010 年 7 月，中国第一职业经理人“打工皇帝”唐骏出了本书《我的成功可以复制》，其中书中有些内容吹了大牛。这些内容被以打假出名的科普作家方舟子找到证据，在微博上指出唐骏的“美国加州理工大学计算机科学博士”学位和“卡拉 OK 打分、大头贴照相机”两项专利及个人创建公司的经历均系造假。

唐骏则回应出示学位证书并表示自己是美国西太平洋大学的博士，随后方舟子又指出这是一家卖文凭的野鸡大学，至此“唐骏学历门”事件成为舆论焦点，同时在国外的美籍华人和中国网友也展开调查，发现唐骏的履历和个人经历多处造假。唐骏的青年导师形象轰然崩塌。2012 年 6 月，在北京大学的一场讲座中唐骏不得不专门为“学历门”事件道歉。

唐骏学历造假，其实就是吹过去的事情吹“大”了，如果吹“小”一点或者不吹，唐骏的“中国第一职业经理人”的辉煌将载入史册，将成为青年奋斗的榜样，也将为唐骏带来更多的个人财富。

2014 年笔者在深圳现场听过唐骏先生演讲，与其近距离接触后发现他博学多才，语言幽默，看待事情很有高度，曾经的“微软中国区总裁”值得钦佩，最重要的是他的行事和言谈已经显得很低调。没错，时间会冲淡一切，经历会让人成熟。

我们来看一下吹小牛吹得相对安全的案例。下面截图的两条新闻标题，一个是特斯拉销售量超预期，一个是帝豪销量超 35 万辆，即使不调查请问你会相信吗？我想大多数人都会相信这是真的，凭借的是趋势判断，凭借的是常识的判断。

特斯拉第一季度扭亏为盈 Model S销量超预期 网易汽车 2013-04-02 07:52:00
中国网2013年4月2日报道 盖世汽车讯 4月1日,特斯拉宣布今年第一季度实现盈利,主要得益于旗下Model S插电式混合动力轿车销量超过预期。 特斯拉CEO艾伦穆斯克(Elon ... 14条相同新闻 - 百度快照

帝豪销量超35万辆 吉利高端战略初见成效 新浪汽车网 2013-04-02 07:39:00
帝豪销量超35万辆 吉利高端战略初见成效,,吉利,,日前,吉利帝豪2013款EC7正式上市,新车包括1.5L和1.8L两个排量共13款车型,售价6.88万-11.38万元。2013款EC7... 16条相同新闻 - 百度快照

相对安全的案例

嘉士伯啤酒更擅长吹牛，他们的广告词非常好，既吹了牛，又很得体，还能激发消费者的尝试欲望："也许是世界上最好的啤酒。"一个限定词"也许"，让自己可进可退，吹牛吹得有可信度。

也许是世界上最好的啤酒

那么，怎么吹小牛呢？请看下面的表格。

吹小牛表格

怎么吹小牛	要点	注意事项
说当下的事情	谦虚一点	不要说绝对的话
说以前的事情	与以往宣传一致	以事实为基础

第二种类型是吹大牛。

怎么吹呢？吹没有发生的事情，或者未来的事情，一定要敢于吹，一定要大。不过，有一个前提，要合情合理，吹得大也要有实现的可能。马云不管怎么吹牛，人家阿里美国上市了，吹的大牛圆上了，马云的吹大牛就变成了艺术，就成了梦想的代名词。如果吹大牛，担心圆不上，就用娱乐化的手段吹，也是比较安全的。

讲一个日本企业吹牛营销成功的故事。

日本的 S&B 公司专门生产咖喱粉，有一段时间，这家公司的产品滞销，堆在仓库里面卖不出去，眼看就要破产了。公司要破产，大家都在想方设法进行促销，可是一切手段都施展出来之后，销量还是没有上去。公司的经理一个个都"下课了"，连续换了三任经理。第四任经理田中走马上任之后，还是没有好办法。

大家都清楚，公司的产品卖不出去的原因是顾客对S&B公司的牌子很陌生，很难注意到这种产品。咖喱粉不是紧俏商品，进口的、国产的，应有尽有。要让人们回过头来买自己公司的咖喱粉，是非常有挑战性事情。销量一天天萎缩，现金流也一天天减少。由于没有足够的资金，大量做广告是不可能的，但如果不拼死一搏去做营销，也是坐以待毙。怎么才能吸引眼球，迅速打造品牌呢？

一天，田中经理正在办公室里翻报纸，一条新闻吸引住了他。这条新闻说："有家酒店的工人罢工，媒体进行了跟踪报道，罢工问题遂圆满解决，酒店恢复营业，原先不景气的生意现在变得异常火爆。"在日本，劳资双方的关系一般都比较和谐，一旦出现罢工的事情，就会成为新闻的热点。

田中看着看着，突然有了主意：这家酒店之所以生意火爆，就是因为新闻媒体无意之中给炒起来的。S&B公司为什么不可以利用这种虚招进行一番自我宣传呢？

不干则已，要干就要干出个名堂。他经过深思熟虑，偷偷叫来了几个干将，关上房门，如此如此地吩咐了一番……几天之后，日本的几家大报，如《读卖新闻》《朝日新闻》等刊登出了这样一条广告："S&B 公司专门生产优质咖喱粉，为了提高产品的知名度，今决定雇数架直升机到白雪皑皑的富士山顶，然后把咖喱粉撒在山上。从此以后，我们看到的将不是白色的富士山，而只能看到咖喱粉的颜色了……"

这是一条令所有日本人都感到震惊的消息。

S&B公司的广告刚刚刊出，日本国内舆论一片哗然。很多人对如此言辞难以忍受，都纷纷指责S&B公司。本来名不见经传的S&B公司，连续好多天在报纸、电视、电台等各种新闻媒体上成为大家攻击的对象。有的人甚至放出话来，如果S&B公司胆敢如此放肆，我们一定叫它倒闭！

在一片舆论的声讨声中，S&B 公司名声大振。临近 S&B 公司广告中所说的在富士山撒咖喱粉日子的前一天，原先发表过S&B公司广告的报纸都刊登出了S&B公司的郑重声明："鉴于社会各界的强烈反应，本公司决定取消原来在富士山顶撒咖喱粉的计划……"

反对的人们欢庆自己的胜利，田中和S&B公司的员工们也在欢庆他们的胜利。经过这样一番折腾，全日本的人都知道有一家生产咖喱粉的公司叫S&B，并且以为这家公司是一家实力超群、财大气粗的公司。很多小商小贩都纷纷投到S&B公司的门下，大力推销S&B公司的咖喱粉，S&B公司的咖喱粉一时间成了畅销产品。田中经理的一招妙棋救活了一家公司，目前这家公司在日本国内市场的占有率高达50%。

思考一下，在富士山上撒咖喱粉，得撒多少呢？旅游局也不会袖手旁观啊？这个牛吹得不小。企业在濒临倒闭的危急时刻靠吹大牛渡过了难关，奇迹般地取得了市场占有率，不得不说，这样的营销手段值得我们思考和借鉴。

再来看几个吹大牛的案例。

下图是重庆步行街的万达广场广告，“众铺平身，天下无铺”，借用的“众卿平身，天下无贼”（也是改名言的应用），这种幽默式的表达，让消费者不较真，其楼盘要传达的价值已经表达出来了。如果说“最具投资价值的商铺”，显然已经违法新广告法了。

重庆万达步行街广告

另外一种吹大牛的方式是预测未来。

示例：

- 马云说 5 年不做电子商务，你将无商可务！
- 李开复说 10 年后中国电子商务的规模将是现在的 250 倍！
- 李彦宏说 5 年后没有纯粹的互联网公司，因为每家公司都在利用互联网做营销！
- 笔者也来吹个大牛，徐茂权说不重视网络营销创意，网络营销的投入费用 60%在打水漂！

再来看看下面的例子，你就会彻底学会吹大牛。

预言！预言！预言！重要的事情说三遍。

双胞胎集团成立于2004年，公司总部地处江西省南昌市高新技术产业开发区，是一家专业生产猪饲料的全国性大型企业集团。

2011年双胞胎集团董事长鲍洪星提出“三年再造一个双胞胎”，这个吹大牛的梦想让全体员工备受鼓舞，也感染了包括渠道商在内的各个合作伙伴，结果双胞胎业绩突飞猛进，还真的实现了这个梦想。如今双胞胎集团有60多家子公司，年销售额近400亿元。类似于鲍洪星这样的吹大牛，只要给出规划和路径，即使最终没有实现，也不会招来太大反感，毕竟客观条件的影响是不能控制的。

吹大牛表格

怎么吹大牛	要点	注意事项
说未来的事情	胆子大	不要太小气
说影响别人的事情	语出惊人又要合理	客户或消费者关心

4.14.4 吹牛的注意事项

吹小牛太拘谨，吹大牛太牛气，不要走向这两个极端。此外，吹大牛要有支撑，吹小牛遇到具体的历史数据问题不能含糊，不能造假。

“80%以上的创业公司都会虚报融资，人民币变美元，融资金额乘以3倍、5倍太平常，甚至乘以10倍的都大有人在，而把根据业绩情况分阶段到位的投资变成一次性融资更是普遍做法。”诸多接受媒体采访的创业者这样说。

多位投资圈人士称，截至2015年9月，国内科技公司中实际融资额能达到1亿美元以上的少之又少，A轮融资真正能达到1亿元人民币的公司2015年也很难超过15家——事实上，目前A轮融资对外宣称融资亿元及以上的公司至少有60家，其中的水分不言而喻。

融资额造假，早晚都会被曝光，“胜者王侯败者寇”，在以成败论营销的国内，诚信也很重要。

马季、赵炎合说的相声《吹牛》，非常经典，用讽刺的艺术手法也解读了吹牛的一些技巧，有兴趣的读者可以百度搜索观看一下。

4.14.5　吹牛若干问题思考

- 品牌调性能不能吹牛？
- 吹牛的尺度是不是能把握？
- 吹牛的群体能不能接受？
- 你的客户最喜欢听什么样的吹牛？
- 吹牛与说谎有区别吗？

最后，还是用一段话总结和结束本节的内容：

要吹牛，不要说谎！

吹牛——明知是假，为了开心，讲笑话，而故意说假话。

说谎——别人不知道是假，而用假话去欺骗别人。

中国人爱吹牛！

做营销必须吹！

吹得要有点良心！

4.15 第十五计：玩夸张

伟大的文学家高尔基曾经说过："夸张是创作的基本原则"，我们先看一下文学创作中的夸张。

古代诗句中的夸张：

倚作天仙弄地仙，夸张一日抵千年。

黄麻敕胜长生箓，白纻词嫌内景篇。

云彩误居青琐地，风流合在紫微天。

东曹渐去西垣近，鹤驾无妨更著鞭。

——白居易

不如"一日千年"却胜出"一日千年"的夸张，是毛泽东的诗句。在《水调歌头·重上井冈山》中，毛泽东这样写道："三十年过去了，弹指一挥间。"

影视动画在剧本、叙事、动态、节奏、色彩、造型等方面，夸张的表现手法都能让影片有亮点。在影视作品中，夸张手法的运用往往会让影片变得富有冲击力、更加震撼，从而达到意想不到的艺术效果，而放在动画片中，这种艺术夸张则可能变成令人捧腹的笑料。

电影《卧虎藏龙》中，有一段李慕白在树林中追逐玉娇龙的情节，两人施展轻功，踏叶而行，最后李慕白站在了树枝上。这样无视物理学的片段，在观众眼里却显得极具美感，《卧虎藏龙》捧得第 73 届奥斯卡最佳外语片的大奖。在电影《黑客帝国》里，基努里维斯夸张地后仰躲避子弹的镜头，也成为了功夫电影里的经典镜头。

夸张，在营销中运用好，正如电影艺术中夸张的艺术效果一样，表现力会很突出。

（延伸阅读：影视作品中的夸张变形表现）

4.15.1 什么是夸张

夸张是一种修辞手法，深刻、生动地突出某种事物的本质特征，运用丰富的想象力，对事物的某些方面着意夸大或缩小。在营销创意的思路上，我们可以借助夸张这种形式。

有一句西方格言说："如果胡须长就等于博学，那么山羊便是博士了。"把错误的道理即谬论，夸张到荒谬的程度，谬论自然被击败，真理也在夸张的语言中不言而喻了。显然，这个夸张加强了表达观点的力量，使语言更为雄辩。

如今在中小企业网络营销的海报中，也经常能看到诸多玩夸张的案例。夸张的应用形式相对而言，更容易落地，表现形式也更丰富。比如图片营销、平面广告、视频营销、事件营销、漫画、卡通营销、话题营销、产品展示、品牌推广、活动宣传等，都可以应用夸张的手法。

那么如何夸张呢？运用放大、缩小、侧面衬托的方法与产品的卖点相结合，是最简单的方法，下面我们结合一些案例来做归纳和梳理。

4.15.2　夸张的类型及案例

1. 效果无限放大

在韩国近代数码播放器历史中，最为传奇的韩国品牌莫过于 IRIVER（艾利和），它带动了整个韩国地区的数码播放器销量冲出本土市场。韩国知名企业三星电子也在数码随身听领域投入了巨资，以小搏大的艾利和，抢夺了不少三星的市场份额，让人刮目相看。除了过硬的技术研发，艾利和的营销创意也可圈可点。

下面这张图片，医生用艾利和的音频输出帮助病人复苏，看过图片和所配的文字，让人忍俊不禁，这个夸张的手法表现了艾利和"无损音质"、"超强震撼"的传播点。

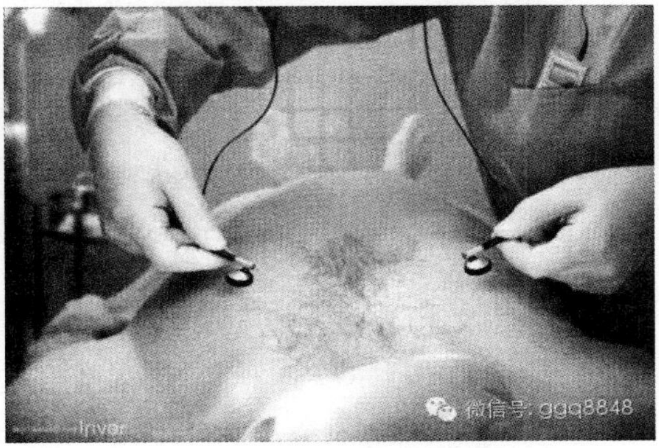

艾利和 MP3 超强震撼

注重音质和音效的 mp3，突出了音频输出！

奥林巴斯曾经推出一款望远镜，重点客户是旅行者和驴友，用夸张的手法表现了奥林巴斯望远镜观察动物的效果。

望远镜广告，效果如身临其境

德国的妮维雅洗发水，更为夸张，海报画面上只有三个元素，一个骷髅头骨，一头棕色的秀发，一小袋妮维雅洗发水。

仔细思考一下，其要表达的是若干年后，这个人只剩骷髅了，头发依旧柔顺。不过需要指出的是，我们归纳的是创意背后的规律，不同的国家有不同的文化，不同的地域也有不同的特点，因此案例只是思考和借鉴，不能直接照搬。这种西式幽默夸张的手法有些时候在国内未必行得通。但是在国外，这个案例就非常有代表性，在思路上可以给我们很多启发。

妮维雅洗发水广告

2. 放大危害

把客户的痛点放大，从而突出我们要营销的产品的价值，也是一个好的方法。高露洁曾经推出一组有关牙线产品的创意营销海报，视觉冲击力很强。画面中用男主角的牙齿缝的食物残留和女主角对比，接下来用卡通的形式再次表现牙缝中的食物。当牙缝中留有食物残渣时，则在他人眼中，整个牙齿区域都要被放大，即不可忽视牙缝的卫生，广告画面极具喜感。

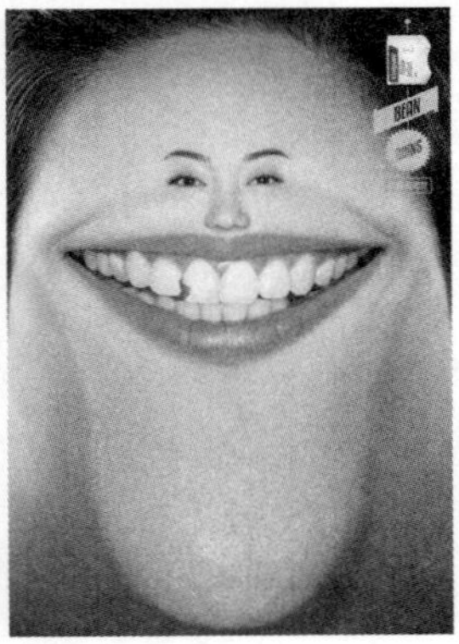

高露洁牙线广告

高露洁牙线的创意，把痛点用美好的画面和幽默感，用夸张的手法放大出来，让人心存愉悦。

3. 侧面衬托

这是一张无糖棒棒糖的创意广告，看完你一定会印象深刻。蚂蚁是很喜欢甜食的，画面上排成队的蚂蚁竟然从一个打开的棒棒糖边上走过。最主要的，不是从旁边走过，而是遇到棒棒糖队伍拐弯，躲避不含糖的棒棒糖。用蚂蚁的夸张对象来表现棒棒糖的最大卖点——无糖！

无糖棒棒糖

CNN 是美国有线电视新闻网（Cable News Network）的英文缩写，CNN 由特纳广播公司（TBS）特德·特纳于 1980 年 6 月创办，通过卫星向有线电视网和卫星电视用户提供全天候的新闻节目，总部设在美国佐治亚州的亚特兰大。

CNN 除了新闻做得有看点之外，其自身品牌的营销和创意做得也很棒。下面这张图片，画面上的男子几乎被白雪覆盖，衣服的双肩、头发、眉毛、鼻子上都是白雪，还在聚精会神地看新闻。图片配上文字“你不能忽略的新闻”，极尽夸张之事，让人感到好笑的同时，广告已经在脑海中留下了印迹。

CNN 广告：你不能忽略的新闻

下面这个苹果牛仔裤的广告，更是把夸张的手法用到极致。男女主角穿着牛仔裤在地上被拖行，能经历起地面严重摩擦，苹果牛仔裤的超强耐磨性，可见一斑！

苹果牛仔裤广告

苹果牛仔裤用真人玩夸张，相对来讲，夏士莲就更高明了。使用夏士莲洗发水，头发超顺柔滑，让攀爬头发的骑士摔个稀巴烂！情节虽然夸张十足，但是采用了卡通的形式，还能让人接受，大多数女士看明白之后都能莞尔一笑。

夏士莲洗发水广告

4. 把话题与夸张紧密相连

“和鲨鱼住一晚，不能抢鲨鱼食物，不要吃室友”每一个短句单独拿出来都是新闻。这就是 Airbnb 在 2016 年 4 月 1 日做的一次事件营销。Airbnb 成立于 2008 年 8 月，总部位于加利福尼亚州的旧金山市。Airbnb 是一个值得信赖的社区型市场，在这里人们可以通过网站、手机或平板电脑发布、发掘和预订世界各地的独特房源。

以下为其官方网站的活动节选。

Airbnb 推出的“奇屋一夜之鲨鱼海洋馆”留宿一夜活动，坐标法国

关于此房源：

喜欢鲨鱼？那就住在我们的鲨鱼海洋馆吧！赶紧抓住这个千载难逢的机会，在水下卧室里住上一宿——你和你的邻居之间只隔着一面 360°的透明墙。

只要在 2016 年 4 月 1 日，早晨 5:59（北京时间）之前向我们简单介绍一下你自己，你生活在哪里，以及为什么这个鲨鱼之夜非你莫属，你的梦想就可能成真！

房源简介：

床型：实体床／房源类型：独立屋／可住：2／卧室：1

卫生间：1／床位：1／是否豢养宠物：其他宠物

便利设施：

生活必需品、洗发水、早餐。

活动描述：

你可曾注视着水族箱，好奇生活在水下会是一种什么样的感觉？想象一下置身于一个 10 米深的水族箱，被 300 万升的海水包围着，而且还有 35 条地球上最雄壮的生物与你为邻：鲨鱼！想不想体验一下与这些令人畏惧的生物一起生活的感觉，即便只是一个晚上？那就赶紧抓住这个千载难逢的机会，在水下卧室里住上一宿——你和你的邻居之间只隔着一面 360°的透明墙。

4 月 11 日—13 日，巴黎水族馆（Aquarium de Paris）将首次在鲨鱼馆里举办留宿活动。你当晚留宿的家不同于世界上的任何一个地方：在一个静谧的封闭空间里有一张大大的圆床，你不仅可以身临其境地欣赏令人惊叹不已的水下美景，而且还可以和这些尖牙利齿的新朋友来个亲密接触。

三名幸运的获胜者以及同行的房客将受到房东 Fred 的盛情款待。Fred 是一名自由潜水员，曾经打破过世界纪录，同时他还是一名水下摄影师和鲨鱼爱好者。他将和鲨鱼一起翩翩起舞，通过这个完美的开场式将你介绍给当晚的邻居。安顿好之后，Fred 和我们的一位海洋生物学家将带你参观鲨鱼馆，为你独家展示鲨鱼的秘密世界：鲨鱼是如何生活的，人们为何对鲨鱼有如此多的误解，以及鲨鱼对海洋生态系统都有哪些重要性。

办理入住手续时，我们将会带你参观当晚将要留宿的卧室。我们的家就是你的家，为了让你安心，你的房东将会潜入水族箱，将你正式介绍给当晚与你隔墙而宿的邻居。你会在水族馆隧道中享用温馨的晚餐，并欣赏你可爱的邻居在水族箱边为你表演的精彩绝伦的节目。

巴黎水族馆（Aquarium de Paris）开业于1867年，坐落在标志性的埃菲尔铁塔前方，是世界首家水族馆。你离开后，你入住的水下卧室将作为观察台保留下来，供生物学家们研究这些雄壮的鱼类。

怎样才能成为首位和鲨鱼共度一晚的房客？只要在2016年4月1日，早晨5:59（北京时间）之前向我们简单介绍一下你自己，你生活在哪里，以及为什么这个鲨鱼之夜非你莫属，你的梦想就可能成真！

不是巴黎本地人？不用担心。无论获胜者来自世界的哪个角落，我们都会为他们提供机票。

其他注意事项：

你和你的同行房客必须年满18岁、身体健康，而且能够爬进、爬出卧室。请注意，为了安全起见，获胜者及其同行房客的体重不得超过190公斤或418磅，而且4月11日—13日必须有时间在鲨鱼馆里住上一晚。

汉语（简体或繁体）、日语和韩语的参赛作品必须在50～300个字之间，英语、德语、西班牙语、法语、意大利语和葡萄牙语的参赛作品必须在50～500个词之间。

《房屋守则》：

- 请不要在关灯后自拍。请记住，鲨鱼对光线非常敏感。
- 请不要在睡觉前看《大白鲨》。鲨鱼比你想象的温和多了！
- 请不要梦游或在晚上游泳。
- 请不要吃你的室友。
- 请不要潜水。
- 请不要将你的头和脚伸出卧室。
- 绵羊不会游泳，所以你就数鲨鱼吧。
- 再饿也别抢给鲨鱼的食物！

（以上活动资料来自Airbnb官方网页）

学Airbnb比较难，人家的营销还真是大手笔，需要足够的硬件和软件，更需要资金支持。接下来介绍一个小案例，不用多少费用，小微企业都可以来借鉴。

这是一家4S店在新车上市期间为了做话题，用8个员工同时骑压车门的形式吸引注意力。不用说看视频，仅看图片就已经很抓人眼球了。

旺季卖新车，夸张营销搏出位

5．夸张的应用范围

在网络营销中，特别是结合夸张这一操作手法，除了软文、海报之外，应用比较多的形式就是漫画和图片。具体说来，在以下方面都可以尝试夸张。

- 人物造型的夸张
- 人物性格的夸张
- 人物动作的夸张
- 设置环境的夸张
- 想象的夸张
- 颜色的夸张
- 镜头的夸张
- 音乐的夸张
- 漫画中的夸张

看一组夸张的图片和漫画，思考一下如何用夸张做你的营销吧！

减肥：体重计像火箭一样向上飞！

直接将赘肉炸掉的夸张减肥！

为了减肥夸张地控制饮食，保护冰箱！

4.15.3　玩夸张要点及注意事项

玩夸张要点及注意事项如下表所示。

玩夸张要点及注意事项

怎么夸张	要点	注意事项
用卡通	某一点无限放大	越夸张越容易让人接受
用图片	配文字	不要直接用人物肖像
产品功能上夸张	漫画	调侃、幽默

需要说明的是，夸张也不是所有的场合都适合，有三个方面需要明确。

首先，夸张不是浮夸，而是故意的、合理的夸大，不能失去生活的基础和根据。下面运用的夸张就不合事理：我们的力量大如天，脚下地球当球玩，大洋海水能喝干。这样的夸张只会惹人反感。

其次，夸张不能和事实距离过近，否则会分不清是在说事实还是在夸张。

再次，夸张要注意文体特征，如科技说明文、说理性文章就很少甚至不能用夸张，以免歪曲事实。

另外，医药保健品类的产品夸张运用要遵守新广告法。

最后，总结一句话：夸张源于修辞，贵在张弛有度！

4.16 第十六计：拟个物

4.16.1 什么是拟物

拟物即把人当作物，或把此物当作彼物。拟物是修辞的一个手法，我们梳理网络营销的创意案例过程中，发现有很多可以归纳为这个思路。

在写作中，把人当作物来描写，赋予他们物品的表现形式和特征，把生物拟为无生物，把无生物拟为生物，把物拟为抽象事理，或者把抽象事理拟为物，都会使其生动、形象。在网络营销中拟物的应用，能够让营销的内容更丰富。如果把拟物的思路用来做事件营销，往往能达到出其不意、吸引眼球的目的。

据媒体报道，东北农业大学里有一家食堂窗口专卖动物形状的馒头，“不是从外面采购的，而是学校食堂大妈自己做的。”同学们知道后，一传十、十传百，这种馒头在学校声名鹊起。“馒头在价格上也更贵，普通馒头 4 毛 5 一个，这种要 2 块 5。”“女生最爱买，现在想买必须早起，因为去迟了就卖光了。”

大妈的馒头为啥这么畅销呢？笔者认为，用了拟物的思路，大学生买这种馒头，买的除了馒头本身之外，买的还是一种生活的乐趣。一个个馒头比拟成可爱的小猪、小鸡、小兔等，着实惹人喜爱。

动物形状的馒头

4.16.2 拟物的应用及案例

具体来说，在企业的营销中，拟物可以应用到产品的功能、效果展示，或者某一营销场景的塑造。笔者梳理了拟物的几种类型供大家参考。

1. 把人当作物

（场景车站）

江语晨：永远有多远？

周杰伦：只要心在跳，永远就会很远很远。

江语晨：你心跳蛮快的嘛。

周杰伦：这是个秘密——因为你是我的优乐美。

江语晨：甜蜜的笑。

（咖啡店）

江语晨：我是你的什么？

周杰伦：你是我的优乐美啊！

江语晨：原来我是奶茶啊。

周杰伦：这样，我就可以把你捧在手心了。

（学校）

江语晨：你喜欢我什么啊？

周杰伦：喜欢你优雅、快乐又美丽。

江语晨：你是在说优乐美奶茶啊！

周杰伦：你就是我的优乐美啊！

这段广告语形象地将恋爱中的女孩比拟为优乐美奶茶，突出了奶茶带来的甜蜜和温暖的幸福感，让消费者对品牌的品质和定位都产生更深层的理解，浪漫的比喻尤其能够引起少男少女的共鸣。

曾经成功开发并运营过《魔域》《征服》《开心》《天元》等十多款风格迥异的大型网络游戏的网龙公司（主板股票代码：00777.HK），是中国网络游戏开发商和运营商的领导者之一，总部位于中国福建省福州市。

随着企业规模的不断壮大，网龙需要扩充队伍，为企业的进一步发展寻找优秀的人才，其中最主要的是三个岗位的员工：程序员、产品设计师和市场运营。本着这个目的，他们找到了 KARMA（上海颉摩广告），希望 KARMA 为其量身打造一套具有传播力的招聘广告。

KARMA 的创意团队经过讨论，他们发现：中国这个庞大的劳动力市场，从来不缺人，最缺的是会用脑子的聪明人。但是，中国千篇一律的教育方法，导致聪明人越来越稀缺，就像稀有物种。所以，他们决定以此为创意点，用一套有别于普通表现手法的招聘广告，来与目标人群进行沟通。最终，KARMA 将这套招聘广告的创意概念定为：搜寻聪明的稀有物种。

接下来，他们邀请国内知名的插画团队，创作了三张系列招聘海报，三张海报的主角分别是：聪明的程序猿、聪明的产品设计狮，以及聪明的市场运鹰。巧妙地利用汉字谐音，让三种职位的人才变身为三个聪明的稀有“物种”，令人开心一笑的同时，也牢牢记住了网龙对招聘对象的要求。

招聘广告的拟物法：将程序员、设计师和市场运营比喻成动物

笔者认为，这个创意的实现除了有“逆思维”的运用，更重要的创意方法是“拟物”，把三种工作岗位的员工利用谐音分别比拟成三种动物。2014 年马年春节前，以户外广告形式亮相在福建省各主要城市，引起很多关注。至今，网龙公司官方网站还在沿用这组创意海报继续招兵买马和品牌宣传。

稍微遗憾的是，这个创意的落地执行形式比较单一，因此显现的力量不够，如果与新媒体和网络媒体配合传播，就会形成整合的力量，顺便也能把网龙要推的游戏也营销一把。更为遗憾的是，这个有创意的招聘广告，从创意到执行已经可以升级做成事件营销，但网龙不仅没有做也没有做案例总结的软文，目前想梳理一下这个事件的脉络都不太容易，直接百度找到的都是碎片化的信息。

2．把此物当彼物

下面是奥地利一家连锁高速公路饭馆的广告，招牌很壮观，在高速公路的进入隧道口的山上，结合隧道口做了一个巨大的张开口的人脸，"All You Can Eat Rest Stop"寓意告诉你：在这里什么都可以吃！

此物当作彼物的广告

显然，这里的创意背后的思路是把车也拟成物了，比拟成食物，一切都可以吃，与其广告语"All You Can Eat Rest Stop"相得益彰。

另外一个比拟的经典创意是亨氏番茄酱。"将平凡的事情做得非凡出色，此乃亨氏成功之道。"1869 年，亨氏（H.J.Heinz）第一个将调味酱装进玻璃瓶出售，由此创造了一个年销售额逾 116 亿美元的食品王国。这里的亨氏番茄酱把瓶子比拟成番茄，人们看瓶子想不到番茄酱，而是先想到番茄，将番茄瓶模拟成番茄的样子，寓意原料新鲜健康。

Heinz 牌番茄酱广告：没人像 Heinz 一样种番茄

在节日的促销中，奥康鞋业旗下的康龙品牌在圣诞节的创意非常值得借鉴。这个创意利用了鞋子颜色和鞋带的颜色及扣型，用鞋子的附属产品（鞋带）自然形成的“圣诞树”来进行圣诞节促销，堪称难得！这张图片来源于网络，也许不是康龙品牌方所做的创意，可能是终端销售店所做的创意，因为在网上延伸检索找不到相关信息。

笔者认为，如果康龙把这款鞋子做一个巨大的鞋型，把鞋带和鞋形成的圣诞树放大，再做一些互动的话题，推出圣诞节康龙平安鞋的促销，是不是收效会更好呢？所以我们说网络营销的创意在办公室里是憋不出来的，要深入一线销售，线上和线下要深度整合，才能诞生有销售力的创意！

康龙鞋的圣诞节广告

3. 抽象的拟物

这种拟物方式，相对于前两种，最大的不同是比拟的一方是抽象的事物，或者说有另外一种寓意。下面这张图片，一眼看上去就知道是龟酒，把龟壳直接套在了酒瓶上，把带包装的酒又比拟成了乌龟。这是表面上的比拟，其实这种比拟和亨氏番茄酱相比，多少有点东施效颦。

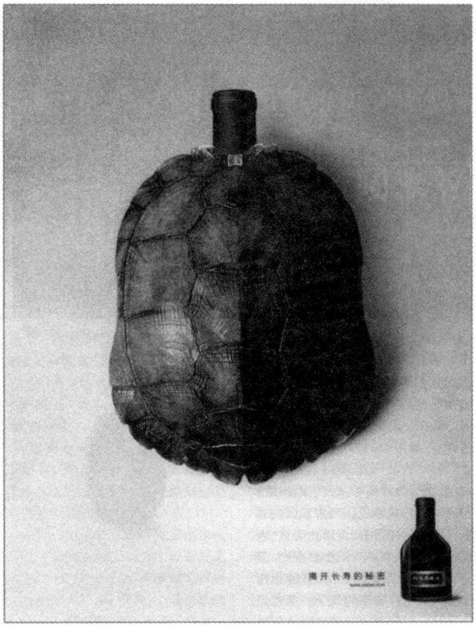

某品牌的龟酒广告

为什么这么说呢？番茄酱是越新鲜越好，这个龟酒应该是越陈年越好，此外把龟的具象龟壳直接放上去，尽管寓意是好的，但是总会让人想到乌龟，想到活生生的物种，在全球动物保护主义越来越受到重视的大趋势下，这酒是喝呢还是不喝呢？

接下来再看两个案例，这两个案例的比拟玩得就更胜一筹了。沏一杯香茗，看蝴蝶栖息在杯边醉闻茶香，这是何等的休闲氛围啊！把茶包比拟成鲜花，塑造出来了一种意境之美，用比拟的方式玩出了抽象的事物，值得点赞。

茶包拟物，茶香引来蝴蝶停留在杯子上，此情此景岂不惬意？

痔疮可以说是难言之隐，只有患者才清楚其中的痛苦。Clinica Mosquera 是国外一款治疗痔疮的药品，运用比拟的手法，把痔疮患者排大便的痛苦比拟为辣椒，比拟为带着仙人球的毛刺排出体内的感受，抽象的感受通过比拟准确地表达出来，把难言之隐表现得非常含蓄又很到位，必须为这样的创意鼓个掌。

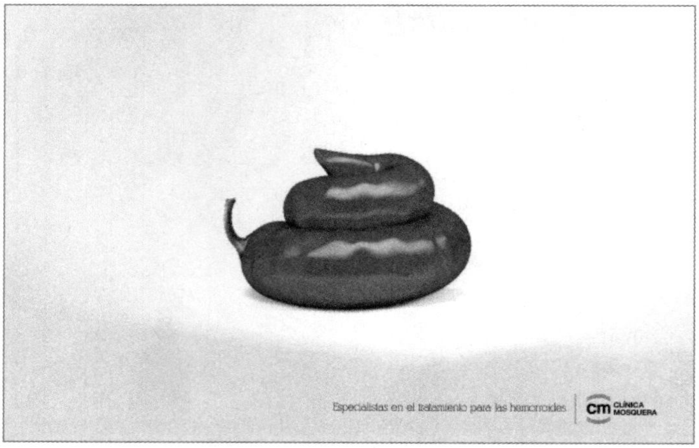

Clinica Mosquera：治疗痔疮的药品广告

这两则广告并没有描述药物的效用如何，而是将痔疮患者的感受运用拟物方法表现出来，痛点的表现方式更容易获得患者共鸣，与之建立起一种默契，患者自然愿意一试。

4.16.3　拟物要点及注意事项

拟物要点及注意事项如下表所示。

拟物要点及注意事项

怎么拟物	注意事项	要点	表现形式
把人当成动物	动物有趣的动作、状态	大众熟知的动物	文字 图片 漫画 视频
把人当成物品	有特点的物品	大众熟知的物品	
用具象比拟抽象	形似即可	要融入产品内涵	
用比拟表达感受	感受要直接	要融入产品卖点	

4.17 第十七计：拟个人

4.17.1 什么是拟人

拟人是修辞手法比拟的一种，是指将非人类的生物、事物等赋予人的特征，使它们具有人类的思想、情感、性格、能力和行为方式。比如“月亮一露面，满天的星星惊散了”、“太阳当空照，花儿对我笑”、“真理它却不会弯腰”、“风雨送春归，飞雪迎春到”（毛泽东《卜算子 咏梅》）、“羌笛何需怨杨柳，春风不度玉门关”（王之涣《凉州词》）。

拟人同拟物一样，都来源于修辞手法，在网络营销创意中则是一种思路和方法。

4.17.2 为什么拟人

会思想、会劳动、会创造和富有感情是人类的本质特点，人类对自己的这些本质特点最为熟悉，最为理解，最易接受，最易产生共鸣。为了表达的需要，将人的本质特点转移于其他事物，让它们具有人的某些特点，可以将事物描写得具体、生动、形象，使人感到亲切，受到感染。

在营销创意中，将产品形象人格化，可以增强产品的亲和力，以一种轻松活泼的方式传达产品信息，吸引受众。“定位之父”杰克·特劳特曾经讲过：“现代营销的战场从本质上讲已经不是在货架，而是在消费者的心智。”如何能有效地让品牌占领消费者的心智，是赢得营销战争的关键。从消费角度上说，心智指的是消费者内心深处对产品价值的认可程度。

那么又该如何突破消费者的心智呢？“现代营销学之父”科特勒认为，当不同品牌的功能差异不大的时候，商家如果想要突破消费者的心智，必须建立有效沟通，让消费者在品牌上找到归属感。至于如何有效沟通，科特勒表示，赋予品牌生命，让品牌主动和消费者沟通。对此，他提出了“品牌拟人化”的观点。

20 世纪 90 年代，在中国家具发展的大潮中，曲美成功推出“弯曲木家具”，成为国内首家生产弯曲木家具及配套家具的企业。曲美的设计师们用优美的弧线融入“拟人”的元素，产品既有简洁柔美的外观，又有很强的实用和舒适功能，曲美的产品力成就了家具市场中国最具设计感的现代家具品牌，也成就了北京家具第一股（2015 年上交所上市）。

同样是台灯，看看下面这张图，用“拟人”的思维去进行产品设计，把台灯支架稍扭了扭，变成了两只“脚”，看上去这个台灯就有了灵性，俏皮而又可爱。如果是同样价位的两款台灯，消费者愿意买哪一个呢？

台灯的拟人创意

4.17.3　拟人的应用及案例

拟人的操作手法很简单，将没有生命的事物加以改造，使其具有人的特征；将某些生物的行为、动作和表情人性化。拟人的应用形式也比较广泛，企业命名、商业模式、平面广告、视频营销、漫画、产品创新、包装创新等都可以很容易地落地。下面我们结合一些案例进行梳理。

1. 直接用产品拟人

国外的一款品牌为 Ecoya 的香薰蜡烛销量非常好，很多出国的人都会专门去买作为礼物带回国内。除了香味的特别之外，大家买的就是他的“拟人”创意。

黑白交错里，男女相互纠缠，曼妙的舞姿是在宣泄什么样的情感呢？别离、不舍、缠绵……看不到人的表情，却让人浮想联翩，黑色的液体在慢慢淋落，白色的男女胴体慢慢裸露，诱惑十足。Just add candlelight （只欠烛光），点亮蜡烛，揭开谜底。

Ecoya 蜡烛

笔者认为，直接在自己的产品上拟人，很有趣，能让产品有活力，来看看这把剪刀吧。两厢情愿，情投意合，齐心协力才能把东西剪断，剪刀张开就成了一对拥吻的恋人。

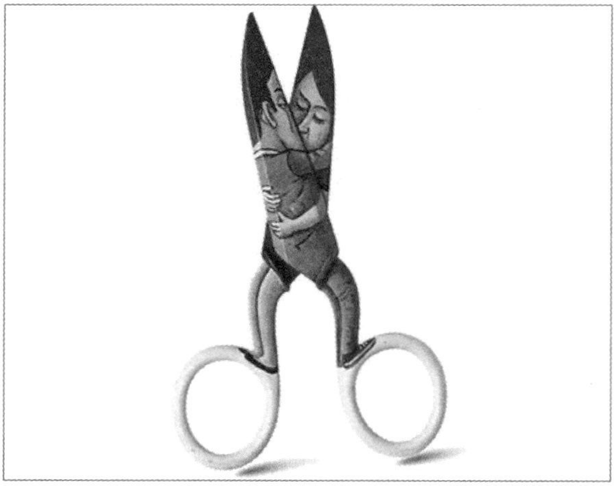

玩拟人的剪刀

下面是一张椅子的图片，不过这张椅子可不一般，运用了拟人的设计思路，就像跷起二郎腿的时尚女郎。

拟人的椅子

2. 用拟人化的手法表达产品卖点

502 超能胶，一款化工产品，一般厂家的营销都会中规中矩，去强调胶的黏性，强调凝固的时间，强调环保等。而 BIC 502 超能胶却没有这么做，而是用拟人化的手法，挖掘客户的痛点，同时表现 502 胶水的价值。

生活中的小把件，特色茶壶，无意打破了，很让人遗憾，不扔掉没法用，扔掉又可惜了。因为损坏的只是局部，让人觉得还有修复的价值。这时候，BIC 502 超能胶出现了，你说你要不要？特别是画面中把损坏的物品都赋予了生命力，损坏的两半都伸开手，想彼此拥抱对方。文字配得更经典：有了 BIC 502 超能胶，再爱一次！

写到这里，突然也被启发来了个新的创意，如果 502 利用好 520 做事件营销，是很容易嫁接上来的，诞生一款“爱情胶”也说不准呢！

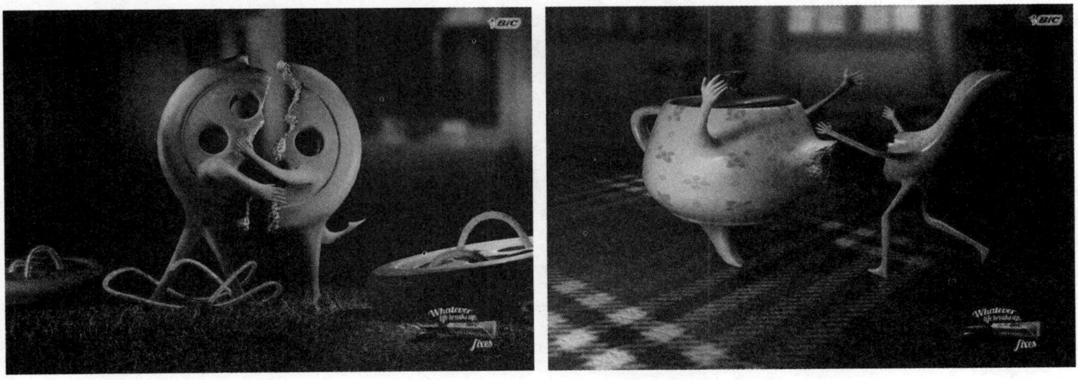

有了 BIC 502 超能胶，再爱一次！

3．用拟人化手法传播理念

对于商超行业，“散货”是一个令人头疼的问题。收银台前、甚至在一些“不搭”的货品区，都能看到顾客挑选后改变主意又舍弃的货品，在收银台前也有一些被顾客在结账前甩掉的货物，这些“散货”商品五花八门，最头疼的是生鲜蔬菜类，“散货”给一家中等规模以上的超市每年带来的损失达数十万元。

家乐福为了解决这个问题，想出了一个创意，在收银台前和散货相对出现比较集中的区域放置回收车。回收车分三类，“非食”、“杂货”、“生鲜”，全部用拟人的思维命名为“孤儿分敛车”，这一形象的称呼引起很多顾客的重视，绝大部分顾客都很配合，“散货”大大减少。

家乐福的拟人分敛车

在智利，有 67%的人体重超标，肥胖患病率居全球第四。智利政府与联合国粮食组织共同推动宣传健康的工作，也是用的“拟人”手法。

一个画面中，香蕉怒目圆睁，狠狠地揍薯条，打得薯条骨断筋折。另外一个画面中，香蕉狠狠地揪住汉堡不放。两张图片，将容易导致肥胖的食品表现得很突出，拟人化的手法让人印象深刻。

智利宣传健康海报

水果超市的落单香蕉非常容易滞销，不宜储存而造成损失。为了加快落单香蕉的销售，一家水果超市给落单香蕉挂了个广告牌："选我！选我！我是单身！！！"迎合当下"剩女的问题"，让人看到这几个字就会产生联想，同时视线和脚步也容易被吸引过去。这些落单的香蕉自然就多了一些销售机会。

香蕉摊上吸引眼球的拟人法

4．用拟人手法为产品找代言人，品牌拟人化

佳得乐在美国占有运动饮料行业 85%的市场份额，其广告均模拟运动员形象出现，给人充满活力、健康向上的品牌感受。

饮料模拟运动员

佳得乐“解口渴更解体渴”，两瓶饮料以拳击手的形象在擂台上出现，佳得乐击败对手，赢得胜利，左边广告语：佳得乐，总是赢！

饮料模拟拳击手

近几年，空气污染日益严重，抗霾措施也层出不穷。北京万和人和科技有限公司基于人脸三维逆向扫描技术和鳃瓣式空气过滤技术，开发了一款鼻用空气净化器，在防护PM2.5、雾霾、细菌、花粉等方面解决了传统防护产品的过滤效率低、密封性弱和舒适性差等难题。

这款产品的代言人是霾星人瓦咔咔，据称它来自距地球 15 亿光年的霾星球，因为地球此时正遭遇严重雾霾，于是霾星人为地球人带来了霾星高科技防霾产品——霾星人鼻用空气净化器。（讲故事的创意也应用得很好）

霾星人代言人瓦咔咔

尽管这款产品是一个新的品类，鼻用空气净化器的科普概念也有待普及，信任度也需要再提升。但是一个小小的拟人卡通形象，拉近了与 80 后、90 后人群的距离，这个产品在京东的销量已经开始稳步上升。

M&M's 豆是美国玛氏公司在中国推出的系列产品之一，这款不会融化的巧克力早在 1941 年就诞生了，针对儿童市场，很长一段时间内都以“只溶在口，不溶在手”为宣传亮点。近几年在中国推出了一系列拟人化的广告短片，MM 豆化身为性格鲜明的卡通形象，展开一系列历险，才真正为中国消费者所喜爱。

MM 豆拟人海报

每种 MM 豆都有不同的个性和造型

MM 豆，不易融化的巧克力，卖点很足，广告语也不错，为什么一开始打不开市场呢？因为产品冷冰冰，和消费者有距离。后来用了拟人化的手法，用卡通形象给每一款巧克力都赋予了生命，才扭转了这一局面。品牌营销中讲的品牌人格化、符号化背后的规律也在这里。

5. 用拟人手法玩事件营销

2014 年 7 月底，南京一家水果网店为了推广自家产的水蜜桃，曾经用拟人的手法玩了一次事件营销。9 只桃子躺在一个粉红色的盒子里，售价 298 元。为什么能卖这么贵呢？因为每只桃子都配有一个内裤。

店主表示，自家桃子产自无锡阳山，内裤则从无锡一家知名内衣品牌定制，使用的是这个品牌开发的特殊材质。“每一条都是员工亲自为桃子穿上的。”这一大胆的创意立即引起微博上诸多粉丝的转发，同时也引起了一些争议，当时在无锡本地卖得不错，在南京也接到不少订单。

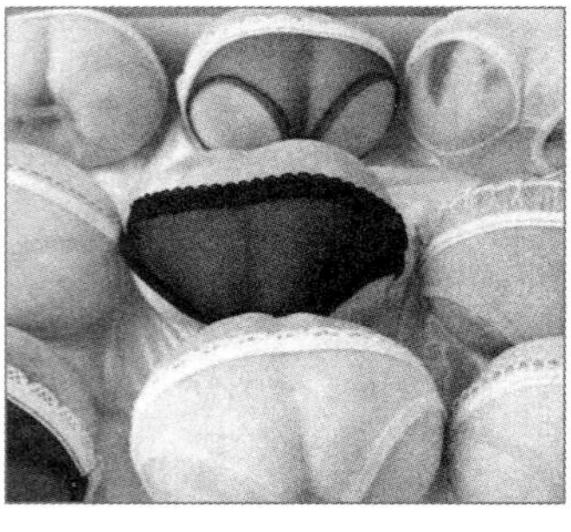

用拟人玩事件营销

下面这张图片是一个水果组合，加了一些雕刻，相映成趣。加什么字，就看营销什么产品了。笔者没有查到这张图片的原始出处，查到有一家母婴产品商家曾经用这组图片进行过亲子题材的话题营销，转发的效果很不错。

拟人的水果组合，配什么文字你说了算！

比拟人的水果更有意思的是拟人结合具体的场景，比如用狗狗来替代模特在现场走秀，如果走秀的模特没有名气，说不准曝光度还不如这些“狗模”呢？

模特狗是不是这么来的？

总结一下，“拟人化”重视的是“人性关怀”。本节的案例中，我们可以清晰地看到，所有进行拟人化营销的案例，最大的特点是“富有人性”，比如因为拟人而具有人的表情、动作，会倾听、会玩耍，或者有性感之美，也有喜怒哀乐等。

拟人化的营销不仅可以加深消费者对品牌的印象，更重要的是，帮助消费者在品牌那里找到归属感和信任感，用心的沟通达成共振，从而更容易产生购买的行为。

4.17.4 拟人要点及注意事项

拟人要点及注意事项如下表所示。

拟人要点及注意事项

怎么拟人	要点	注意事项
产品说人话办人事	要配文字说明	语言符合人物身份
找有趣的图片 PS	植入自己的产品信息	保持趣味性
找有趣的视频	可以用配音形式植入	语言幽默
用产品再造他人	正面形象	形神俱备

最后，还是要再次强调，营销无定式，我们梳理总结的每一计都可以交叉使用，在你的思路山穷水尽的时候翻翻创意三十六计的大纲，或许就能带给你创意的启发。

营销创意，拟人最有趣。

4.18　第十八计：秀山寨

4.18.1　山寨有理

山寨，通俗说就是克隆、仿制等。

实际上，国内众多公司都有其重点效仿商业模式的美国前辈。携程是学习 Priceline，滴滴打车学习 Uber，优酷是学习 YoTube，百度是学习 Google，小米手机则是学习苹果。模仿外国公司的企业有两种做法，一种是从战略到战术全盘模仿，另一种是有选择地借鉴。小米显然属于后者。

雷军的穿衣风格、演讲风格、PPT 风格均与乔布斯非常相似。值得一提的是，乔布斯引领的苹果发布会模式已经被无数企业效仿，比如极力学习乔布斯发布会风格的乐视，还有提出“情怀”营销概念的锤子手机，在这些企业的效仿下，最近几年颇有些“不穿条牛仔裤、卷着 T 恤衫袖子都不好意思开发布会”的节奏。

除了雷军个人学习乔布斯的风格有人称其为“雷布斯”外，小米学习苹果的生态系统建设、广告模式、饥饿营销模式，成为了名副其实的苹果学徒。但小米不仅对苹果模式进行了改良，还吸收其他企业的优秀模式进行了一定的创造。

小米结合中国国情放弃高端用户并营销出一系列适合国情的概念，同时在公司起步期借鉴魅族的粉丝社区，在产品研发阶段就大打粉丝牌，在学习 FaceTime 的同时结合了当时国外多款社交软件的特点开发出米聊，一步步打造出了一个中国特色苹果。苹果一直在探索更新的营销手段，又持续为小米提供了许多可学习的做法。

当然，其中最核心的是软件系统的学习。小米敏锐地抓住了苹果的最核心的竞争力进行了学习。苹果最核心的竞争力实际上不是漂亮的外形和工业设计，系统和围绕系统延展开来的应用生态才是苹果的核心竞争力，也正因为如此，在库克接任苹果 CEO 后的第一场发布会上，由于没有新概念产品的推出，库克解释道：“不能让大家忘记，苹果其实是一家软件公司。”

4.18.2　为什么要秀山寨

秀山寨是模仿已经成名的品牌及创意，通过与大牌的对比或者模仿式创新，实现自己的产品销售。

那么为什么要去秀山寨呢？现在国家不是大力提倡“大众创业、万众创新”吗？笔者高度认同这个理念，不过如果要真正落地，我们发现创新还是很难的。特别是对于中小微企业来讲，资金不足、技术能力有限，国家对知识产权的保护也还在不断进步中，创新的文化也需要培养，因此从内外部环境综合来讲，对中小微企业来说创新都是一个巨大的挑战。

即使一向以技术领先和创新为傲的日本，也常见山寨。一直以来每一代 iPhone 都是被山寨的对象，在日本也不例外。如下图所示的山寨 iPhone 5C 的名字叫 ioPhone5，于 2013 年 12 月 20 日开卖，该机的外形和 iPhone 5C 一模一样，配色方面也同样有白、红、黄、蓝、绿几种可选，售价 15490 日元，当时约合人民币 912 元。因为价格低，这款手机当时销量也不小。

山寨是世界的，不是中国独有的

既然创新很难，从产品研发到营销，有太多的路要走，那么还要不要创新呢？笔者认为，一切创新都可以首先从模仿开始。如果创新力不足，如果条件不成熟，就从模仿开始吧。不过模仿绝对不是照搬照抄，山寨有理，但是必须要融入创新的元素。

紫光物联是一家以物联网为主要业务方向的科技公司，以 ZigBee 自动组网技术为核心，开发了能实现本地和远程控制的 14 大类超过 50 种智能家居产品，技术和性能均达到国际领先水平，拥有国际 CE 认证。紫光物联硬件及软件产品操作便捷且易于维护，真正实现了对智能设备随时随地、随心所欲地进行控制。目前紫光物联已经拥有数百家代理商，销售渠道遍布国内主要城市，综合实力已经跻身物联网行业前三名。

笔者曾经与紫光物联董事长叶龙先生深入交流过三个多小时。笔者认为，紫光物联几年前从郑州起步，资金、技术都有限，一个民营企业能够在物联网行业迅速崛起，最主要的是叶龙的战略：模仿式创新。

创业初期，只要市场上有与其相关的硬件产品面世，无论国内的还是国外的，叶龙都要求买来与技术团队研究。他说对于后起的中小微企业，自己干出一个一流的产品做不出一流的平台，干出十个二流的产品却比干出一个一流的产品容易得多。都达到二流后再升级到一流产品按照概率事件也更容易成功，最终产品线成功，平台也自然成功。当然，这种模仿不是简单模仿，要不同程度地融入紫光的技术元素。

紫光物联对于创新的把握非常到位，典型的思维就是“山寨”，“模仿式创新”听起来更高大上一点儿而已。

秀山寨，在营销上的价值还有以下几个特点。

首先，比较接地气，有费用可以做，没有费用也能靠创意来实现。

其次，秀山寨的创意好能够营造热点，吸引眼球。

最后，秀山寨意义大，从产品的研发，到产品包装，产品营销，乃至商业模式，一切都可能因为秀山寨带来商业上的奇迹。

4.18.3　中国山寨建筑大批判

前文说过，秀山寨不是简单照抄。这方面中国的建筑该集体反省一下了。

安徽阜阳的一个政府办公大楼山寨了美国国会大厦的建筑形式。

山寨版“国会大厦”

杭州山寨埃菲尔铁塔周围布满菜地，菜地里种着三十种蔬菜。

山寨版“埃菲尔铁塔”

河北石家庄市长城影视基地内，山寨版“狮身人面像”遭到埃及文物部门向联合国教科文组织投诉，建筑被拆。

山寨版“狮身人面像”

简单、粗暴的山寨，对于创新来讲没有一丁点儿好处，相反还会破坏创新的环境。2013 年《环球时报》曾报道，美国国家公共广播电台网站刊登题为《一个下午逛遍巴黎和威尼斯》的文章，称中国存在大量模仿著名欧洲城镇的社区。

对这些“山寨”社区，有专家表示，经济繁荣令中国城市和住房建设如火如荼，但开发商并不知道消费者想要什么，以为复制知名地标和城市风景会吸引人们购买。中国仿制建筑的问题在于，完全模仿，无任何创新。值得欣慰的是，近年来随着房地产市场的调整，粗暴的山寨建筑少了很多。

以上山寨的建筑简单、粗暴、没有水平，下面的建筑的山寨水平就很高了。建筑连同文化一起复制，再融入本地特色的山寨才有生命力。在上海就有这样一个山寨得很成功的建筑群，那就是上海泰晤士小镇。

上海泰晤士小镇

这个小镇位于上海松江，是一片英伦气息十足的高档别墅区。现已成为一个热闹的旅游景区，携程旅游网上也将其推荐为休闲放松的好去处。

携程对上海泰晤士小镇的描述：这里坐落着哥特式教堂、维多利亚式露台，还有城堡、喷泉、广场和很多咖啡店、画廊、美术馆。这里还是婚纱写真的热门拍摄地，电影《小时代》也曾在此取景。你可以在这铺满方砖的街道上随意走走，或是坐上小火车欣赏一栋栋的欧式建筑，也可以去松江美术馆、松江城市规划展示馆免费参观。逛累了，就找一家咖啡店坐下，喝着咖啡，翻着杂志，晒着太阳，慢慢品味这英伦格调的生活节奏。

上海泰晤士小镇的保安服装也模仿了英国皇家士兵服

4.18.4　秀山寨的应用

秀山寨在事件营销、话题营销、图书营销、软文营销中都可以直接应用，甚至在商业模式上也可以创新式模仿。秀山寨要在网络营销中发挥作用，必须有娱乐元素。

1．需要继续批判的山寨

《赛车总动员》在国外火了之后传到了国内，很快被山寨了一版《汽车人总动员》，也取得了一定程度上的成功。

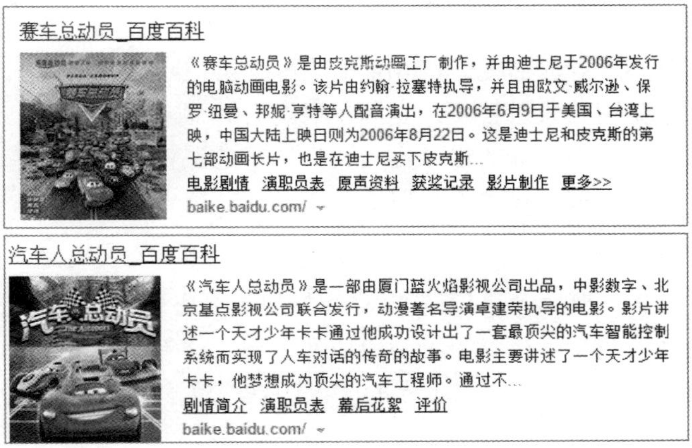

《赛车总动员》VS《汽车人总动员》

简单统计了一下，山寨国外影片的还有：

- 《公元前一百万年》VS《公元前一万年》
- 《我是结局》VS《我是传奇》
- 《海底三万里》VS《海底两万里》
- 《街头赛车手》VS《极速赛车手》
- 《达·芬奇财宝》VS《达·芬奇密码》

以上影视尽管山寨，但是也会有一部分影迷观影，因为被山寨对象的名气很大（也有借力思维在其中）。

影视山寨之后就是出版领域了，《明朝那些事儿》反正大家都觉得熟，谁山寨谁很多人并不知道，就是因为山寨后有改动。

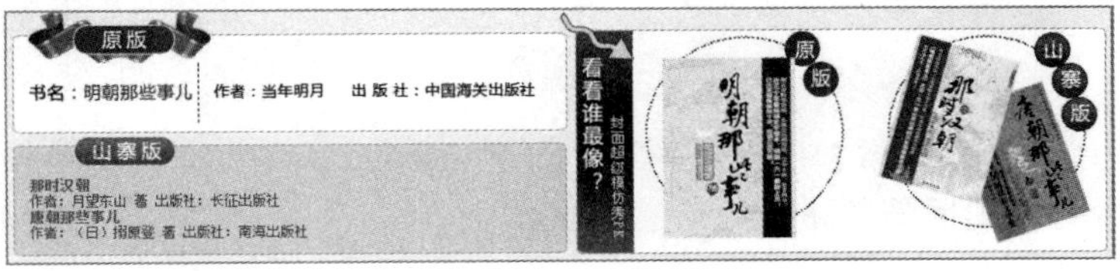

图书山寨

笔者写的《网络营销决胜武器——软文营销》一书，第一版销售非常好，根据电子工业出版社的建议，在印刷 9 次之后进行了改版。改版之后，发现第 2 版的销量远远不及第一版。这才发现第一版引来了“山寨”，有一本书的目录和理论体系“山寨”得非常明显，甚至连案例都直接复制过去了。

在写这本网络营销创意的书之前，2014 年笔者就已经开发了《网络营销创意三十六计》的课件，并在一些视频网站录过视频，也偶尔讲讲公开课。在写这本书进一步搜集资料的过程中，竟然发现又有培训行业的讲师“山寨”笔者的课件，甚至连笔者选用的案例（有一个是笔者做过的案例）都直接“山寨”了。

本来想维权，想想还是算了，不过还是希望他们“山寨”得有点水平，改造成他们自己的东西。笔者自己也只能鞭策自己，“一直被模仿，从未被超越”！

小米手机的走红，招来了诸多手机的模仿和山寨。这不，来了个大米手机，连官方网站和广告语都山寨得一点不差。人家小米的广告语是“为发烧友而生”，这里山寨的是“为草根而生”。

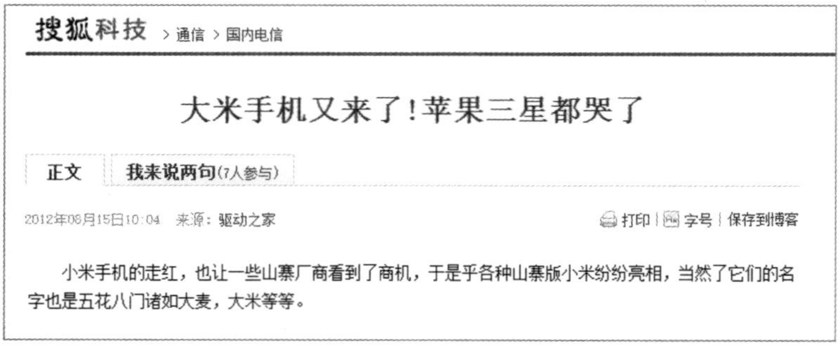

大米手机官网

以上的山寨，尽管有些取得了小成绩，但是也必须给予批评，因为山寨的水平不够高，需要大幅提升。不过做总比不做好，每一次山寨的进步，就是创新的又一次酝酿和孕育。

下面这些山寨就是反面教材了，必须喊停。不用问，这样的山寨直接侵犯商标权不说，还容易误导消费者，用欺骗的手段影响客户的消费。

山寨的康师傅方便面

山寨的脉动

山寨的雕牌（周住牌）

2. 有水平的山寨案例

据2015年12月7日新华网报道，虽然提起“山寨”大家都会想起那些粗制滥造的仿制品，对这样的东西也没有多少好感，不过湖南就有一对农民父子靠着制作“山寨”版变形金刚发家致富，年收入过百万！这对父子是来自湖南衡阳县樟木乡曹田村的余治林、余凌云，他们利用废旧汽车零件和网络上找到的图片，拼接起一个个体型巨大的变形金刚。

这些制作精良的变形金刚不仅引来了络绎不绝的参观者，还为他们带来了超过百万元的年收入。

（扫码阅读“山寨变形金刚年入百万”）

山寨版变形金刚

显然，这个变形金刚的山寨，已经山寨出了特色，竟然摸到了商业模式，期待这对父子除了变形金刚以外，能创造出新的卡通形象。毕竟山寨是有版权问题的。

有一个新的汽车销售电商平台，命名为“一猫”，显然山寨的“天猫”。不过从Logo到品宣，已经山寨得很有新意了。比如“买车上一猫价格为嘛低？”答案就在下面：“烧投资人的钱，博买车人的心。”最牛的是投放在电梯间的海报，在最下角有一行小字“天猫与本公司不存在任何关联关系”。不管一猫能否最终实现商业上的成功，其山寨了一把天猫，山寨的水平还是挺高的。

一猫投放在电梯间的海报

3. 为了传播玩山寨

这一类的山寨，就是为了玩传播。先送一部 iPhone 6 给大家吧，欢迎自制。

史上最牛的 iPhone 手机

当你的微信朋友圈或者微博好友中有人发这样的照片给你，是不是会让你开心一笑？有没有可能让你随手转发给你的好朋友？如果转发了，受益的是谁？有人说是 iPhone 6，没错！不过如果传播者有心，传播的时候可以植入自己的营销信息。再退其次，对于品牌曝光和吸引新媒体粉丝也会有一定的帮助。

维多利亚的秘密是一家连锁女性成衣零售店，主要经营内衣和文胸等。公司旗下产品还包括泳装、休闲女装、女鞋、化妆品等，是全球知名的性感内衣品牌之一。2002 年它推出的镶嵌宝石、价值 1000 万美元的胸罩，曾引起轰动。更为红火的是每年举办的维密大秀已经成为时尚界的一大盛事。

山寨版的维多利亚的秘密内衣模特走秀近年来在国内屡见不鲜，因为“美女＋内衣＋模仿秀”的火爆元素，每次也都会成功地吸引大量的眼球。

2015 年 1 月底，“维密”正式登陆中国上海。尽管为了扫清渠道的障碍打了一场山寨版的官司，但是业内人士均表示“维密”面临困难重重，多年来被山寨，再加上相对国产内衣都市丽人、曼妮芬等价格偏高，甚至有评论人士指出，“维密”不如山寨版接地气，很多山寨版已经完成转身，走向正规，“维密”要想打开中国市场，需要在内衣的杯型、设计方面考虑本土化。

4.18.5　秀山寨要点及注意事项

秀山寨要点及注意事项如下表所示。

秀山寨要点及注意事项

怎么山寨	要点	注意事项
找好山寨对象	对象要有知名度	侵犯知识产权的可能性评估
山寨别人或者自己	充分吸收，融入自己的元素	别忘记和山寨的对象做对比

最后，笔者也山寨一把，一首打油诗送给大家共勉。

山寨不要紧，
只要主意真。
创新本能在，
早晚成超人。

4.19　第十九计：换场景

相声艺术大师侯宝林先生曾经举过一个例子：如果一个人在操场上做广播操，不会有人觉得奇怪，但他要是在公共汽车上做操，就会变得非常滑稽可笑。这个例子很好地说明了“不合常理”所造成的反差，是让人发笑的重要手段。

其实再往下挖，就挖到背后的规律和方法了，那就是“换场景”。同样是做广播体操，场景一改变，做操者的感受也好，外部评论也好，全变了。

打动消费者掏钱买单，也需要塑造营销的场景。这些场景要么直接戳中消费者的痛点，要么触动消费者的情怀，甚至引起消费者瞬间的购买欲望。

换一个场景，创意被点亮

4.19.1　什么是换场景

换场景是将特定的场景呈现在消费者面前。换场景也可以理解为“场景营销”、“情景营销”，即在产品销售过程中，运用生动形象的语言或者图片及其他方法和手段，给消费者描绘一幅使用产品后带来的美好情景，激起消费者对这种情景的向往，从而促成消费者购买。

消费者在日常生活中的某个“相似的瞬间”，更容易接受相同的宣传。

笔者曾经去过辽宁丹东一家叫力克保健液的生产企业做调查，发现这个产品在东北市场销售很稳定，年销售额 2000 多万。这个品牌已经有近 20 多年的历史，力克保健液有保健品批号，主要成分是葛根粉、枳橘子及维生素 B 族系列。其批准宣传的功效主要有三个，一个是解酒，一个是养肝，另外一个是缓解疲劳。

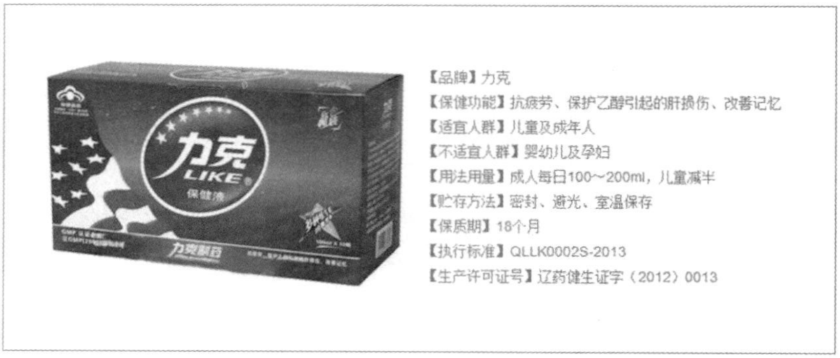

力克保健液产品图片

力克保健液前期市场一直是以解酒为主打，消费者的认知也如此。对于养肝和缓解疲劳，一直找不到突破口。想用一句广告语囊括三个功能，难度非常大，至今只想出来一句“喝酒顶不住，熬夜抗不住，养肝力克”，因为不是太满意，还没有使用。

笔者建议用一句有情怀的广告语来囊括这些使用人群，“每一次打拼，都要力克”。加上“每一次”，就能把打拼的场景扩大，无论是打一圈麻将、玩一局游戏、一次考试、一次商场应酬、一次职场求职，还是一次创业、一次职场晋升，都可以应用。

那么如何去表现呢？首当其冲就是塑造场景。下面用一组图片来示例。

每一次打拼，都要力克

每一次打拼，都要力克

每一次打拼，都要力克

每一次打拼，都要力克……

笔者在大学生创业的课堂上展示了这组场景化的图片，再介绍力克这个产品，就有大学生现场表示想做校园代理，课后也有大学生直接上京东购买。要知道，以前在力克的消费人群中，几乎没有大学生！

同样一款产品，原来只能卖给解酒人群，通过场景的塑造，就触动了部分大学生群体的消费欲望，也再次证明了塑造场景对于产品销售有非常重要的意义。

4.19.2　为什么要换场景

换场景，塑造一种氛围，可以用心灵和消费者对话，也能用生活的场景体验给顾客带来“心理体验”，让消费者从自己的地位、身份、个性、品位、情趣方面找到认同。这样就能让消费者从理性消费变成感性消费。换场景在事件营销和传播方面，作用主要是出其不意，吸引眼球获取关注度。

来看下面左边这张海报，场景从汽车停在路面上换到了滑板上，是不是会让人多看两眼呢？

下面右边一幅简单的立体画，勾勒出了登阶而上的场景，是不是会让你也有一种身临其境的感觉呢？是不是也容易让你记住这个整体画面呢？

换一个场景，汽车也能滑出范儿

换一个场景，思维仿佛多了一个秘密通道

4.19.3 换场景的应用和案例

换场景，可以用平面广告、户外广告来表现，也可以用视频来直接表现，如果要做成事件营销，那就整合吧。

换场景可以简单归纳为五类，即时间场景、空间场景、关系场景、主题式场景、引导式场景。

1. 换时间场景

这个时间可以是抽象的，也可以是具象的。举例，只有人们正在剧烈咳嗽的时候，戒烟广告才会真正震慑到人们，并且真正起到戒烟的宣导作用。只有人们渴了的时候，任何饮料的广告出现都有可能刺激直接购买。小孩子发生感冒的时候，感冒药广告看一眼孩子妈妈们就能记住。

宿务航空，是菲律宾第二大航空公司，其市场主要集中在亚洲领域。2014 年底，宿务航空进军香港，就利用了换时间场景的思维，做了一次成功的创意营销。

众所周知，香港的季风气候让那里总是阴雨绵绵，少见晴天，到处都是湿漉漉的感觉。宿务航空就瞄准了香港人民希望摆脱阴雨天气与阴霾心情的需求，用一个创意“雨代码”引发了香港人民的关注，并成功在众多航空公司中脱颖而出。

宿务航空就是抓住“下雨”这个场景，下雨天地上被雨水淋湿之后突然显现了一个二维码，注明“It’s sunny in the Philippines”提醒你此时此刻菲律宾阳光明媚。当人们去扫二维码的时候，就弹出了去宿务航空的 APP 界面，直接可以下单购买去菲律宾的机票。香港下雨烦人的时候，菲律宾阳光正好，抽象的时间场景转换成空间场景，这个创意就牛在这里。

（扫码看“雨代码”视频）

2．换空间场景

荷兰的 Life Hunter TV 曾经制作过一期有意思的节目，主持人 Boris 决定把在宜家花 10 欧元买的一幅装饰画搬到荷兰阿纳姆的现代艺术博物馆里去，混入博物馆其他作品中，看看人们的评价和对这幅画的估值。

为了混淆视听，Boris 谎称这幅画是著名瑞典艺术家 IKE Andrews 的真迹，连名字都是用宜家 IKEA 改编的……然而并没有人察觉。Boris 请观者点评，大多数观者对这幅画赞不绝口，Boris 则在旁边一本正经地附和。

一番观赏之后，Boris 请观者给这幅作品估价，一位女士给出了 20 万欧元的估值，更有一位先生表示愿意出 250 万欧元买下这幅作品。

当 Boris 最后忍不住揭晓谜底，告诉大家这是他花 10 欧元从宜家买来的装饰画，场面啼笑皆非。这个故事中仅仅将画作换了一个场景，人们对它的身价判断竟然有天壤之别。这里的艺术品我们尽可以当作商品来看，这个案例启发我们，做营销也要运用变换场景的智慧。

“回家吃饭”是全国最大的家庭厨房共享平台，是一个基于地理定位、共享身边美食的 O2O 平台，致力于挖掘厨艺达人，以配送、上门自取等多种方式，为忙碌的上班族、不愿下厨的年轻人提供安心可口的家常菜。

这个 APP 曾经推出一款营销海报，将工作与家庭、办公室与厨房两个不同的场景拼接在一起，切换自如，让不能回家吃饭的人印象深刻。

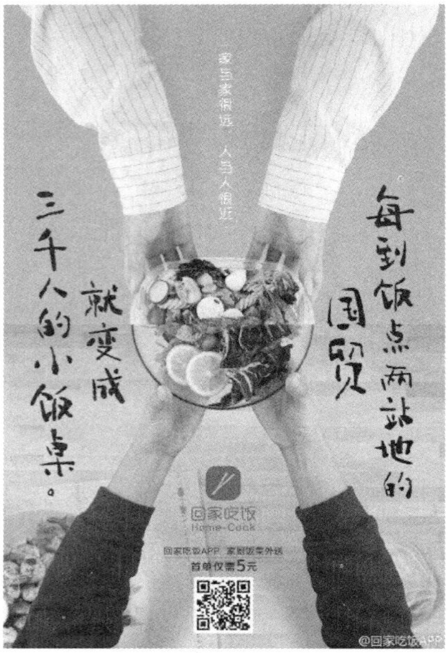

“回家吃饭”APP 海报

阿迪达斯曾经用换场景的思维做过一组创意营销，非常值得借鉴。阿迪达斯把体育竞赛的场景搬到了城市中心的户外广告牌上，赚足了眼球和传播，同时也把阿迪达斯倡导的体育精神进行了诠释。

Adidas 户外创意广告：没有不能夺的金

广告牌被改造成为一个跳台，模拟跳水比赛场景

模拟体操比赛场景

笔者认为，从这一点上可以看出国产体育品牌李宁与阿迪、耐克等体育品牌在营销水平上的高低，要知道李宁的营销在辉煌时期也几乎没有这种与体育精神相得益彰的创意。

3. 换关系场景

场景是建立关系的必经途径，关系也离不开具体的场景。举个例子，（学校）师生关系里，教室就是一个具体的场景，在教室里面每个人会有同学、班主任、班长等。还有，比如我和一个朋友在一个创业的咖啡厅里，可能我们就会聊创业的事情。如果我们在打台球，可能就会聊一些体育或者运动的话题。如果我们一起出去旅游，可能就会讨论怎么玩和对去过的景点的印象。

我们可以看到这里有三个场景：创业咖啡厅，是一个工作交流的场景；台球厅，是一个轻松娱乐的场景；旅游景点，是一个户外休闲、娱乐的场景。值得注意的是，在不同的场景下，同样关系的人的行为也可能不一样。

换关系场景就是把不太可能发生销售关系的场景转换掉，形成有销售关系的场景。

纸巾品牌“五月花”隶属于台湾永丰余集团，是台湾第一大生活用纸品牌。2013 年 7 月份，五月花的“卫生纸水墨画”成为了一个经典的事件营销。五月花用卫生纸做成画板，也直接用卫生纸做载体，邀请画家及普通用户参与作画，随后五月花把这些作品在各大城市地铁站、商城变成艺术场景——卫生纸画廊！在卫生纸上作画，让五月花卫生纸柔滑、强韧和湿水不易破的重要特性得到了验证和传播。

五月花卫生纸上作画

绘画和普通用户之间本来没有关系，五月花如果真的邀请其参与作画，估计 99%的用户会拒绝。而换了一种场景，体验在卫生纸上书写、绘画，用户感到很新鲜，愿意参加的比例和关注的比例就多了，这样就把陌生的关系变成了卫生纸水墨画的共同创作者，自然拉进了关系，至于买不买五月花、什么时候买已经并不重要了。因为这个品牌已经随着客户的参与和关注深入消费者的脑海中了。

4．换主题场景

近年来，酒店行业中各种主题酒店生意红火，人们为什么喜欢入住呢？显然是奔着主题去的。以日本为例，日本的情人旅馆为了尽可能遮人耳目，名字选择上千奇百怪，精品酒店（Boutique hotel）、情人旅馆（Couple's hotel）、时尚旅馆（Fashion hotel）……

日本的情侣酒店

然而，日本情人旅馆最大的特色是并非提供商务酒店般服务的公寓小时房，而是各种场景、各种环境的主题房间，让顾客可以在那里感受到日本人的情侣世界。事实上，在日本婚后与家族长辈同居的新婚夫妇很难有合适的空间随时表达自己的性需求，即使对于那些单身年轻人来说，传统房间的夹板隔断设计也非常不隔音；高昂的酒店价格又让他们望而却步……这一切都为情侣旅馆的发展提供了绝好的条件，日本的情侣旅馆的存在就好像麦当劳一样正常。

除了主题酒店，主题场景营销玩得最好的应该是乐高玩具。2015 年 12 月 4 日，继“75093《星球大战》死星最终对决”之后，乐高再度宣布将推出经典《星球大战》旧版三部曲经典场面作品，出自《星际大战五部曲：帝国大反击》中，韩索罗遭到碳化冷冻的震撼场景“碳化室场景组”（Carbon Freezing Chamber）。

乐高所推出的 75137 碳化室场景组，除使用了 231 块积木精彩地重现了原作的场景、设计及气氛之外，还设计了一个机关，可由拉杆来变化韩索罗碳化前后的模样。另一方面，还再现了电影场景中的新版波巴费特人偶、新登场的迷你人偶 Ugnaught，以及新版零件的波巴费特武器–EE-3 镭射步枪（BlasTechEE-3blasterrifle）。

乐高 75137 碳化室场景组

乐高的每一次新品都是一个主题游戏的场景，让游戏迷和电影迷们再过一次瘾。这种主题场景式的营销方式，让乐高的产品不用担心没有销量。

5. 引导式场景

俗话说，“一个巴掌拍不响”，有些场景需要引导。下面来看一个男女吵架的场景是如何被引导出来的。

女人：我再也不想坐公交车了！挤死了！被别人踩了好几脚！

解析她：我这么漂亮个女孩，被搞得像面团一样挤来挤去的，真委屈，你赶快过来安慰我一下啊！

男人：又不是你一个人在挤，大家不天天都在坐车吗？

解析他：你不是天天在坐车吗？男人总是不理解女人在瞬间的情绪的风云突变，觉得不可理喻。殊不知女人的思维总是跳跃性的，昨天好好的，今天就能找出一百条不好的理由。

女人：别人是别人，我是我！我就是受不了！

解析她：任何一个女人都认为自己是和别人不一样的。都觉得自己是唯一的，她需要的只是一句简单的安慰罢了。

男人：那你打车吧，我来给你报销。

解析他：这下看你还怎么说，最好能堵住你的嘴。男人总是喜欢把事情变得简单，特别是对感情上的事，更不愿意花过多的时间和精力去纠缠。男人觉得这样也是解决问题的根本办法。

女人：算了吧，你一个月能挣多少啊，你以为你是谁啊！

解析她：其实，女人想说的是，我就是嘴上发发牢骚，让你心疼一下，你以为真的会让你天天花钱打车啊，还不如攒点钱来买车呢！其实女人永远是比男人更实际的。

男人：你是不是觉得和我在一起特委屈啊，连车都坐不上。

解析他：我都已经说成这样了，你还不满足，还要打击我，我是没多少钱，可是我也是有自尊的啊，你这样有损我的尊严。男人最怕的就是女人说自己不行，自己比不上别人，那种话的伤害是致命的。

女人：是，我就是觉得委屈，看看人家天天都有车接送，天天都穿宝姿，我呢？连打车都要反复琢磨。

解析她：其实，女人想说的是我爱上你，就接受了你现在的一切，但只是希望你能对我好一点。女人既然实际，就知道自己选择的是什么和放弃的是什么，但是她又放不下自己的攀比之心，所以会不由自主地去抱怨。原谅女人可怜的虚荣心吧，如果你满足不了，那么就对她多点温存吧。

男人：那你找别人去吧，我给不了你这些，你找能给你这些的人去吧。

解析他：心思简单的男人觉得你一定是变心了，被外界影响了，觉得他给不了你那么多想要的，这样强求有什么意思呢？男人喜欢干净利落。

如果按照上面的对话发展下去，接下来的场景要么进入男生女生冷战阶段，要么进入分手阶段。分析一下，其实这就是沟通的问题，是引导的问题。我们在营销中塑造场景也要汲取教训，要倾听客户语言的弦外之音。

4.19.4　换场景要点及注意事项

换场景要点及注意事项如下表所示。

换场景要点及注意事项

怎么换	要点	注意事项
换生活场景	生活中的细节	大多数人有感受的
构建新场景	时间、空间、主题都行	注意引导式场景语言
艺术场景	大众艺术	要互动
运动场景	场景中的需求	和你的产品挂钩
消费场景	和设奖赏结合	给一个现在行动的理由

换场景的创意，一定要把你的产品请出原来的常见消费场景，把你的产品请入新的各种场景。换场景还可以和玩穿越结合起来，回到过去，展望未来，让你的产品穿越古今与未来，创造各种新的场景。

总结一句话：请出去，走进来，回顾过去，展望未来。

4.20 第二十计：打比方

4.20.1 什么是打比方

打比方是通过比喻的修辞方法来说明事物特征的一种说明手法。打比方包括比喻、比拟、类比、借代。比喻是把人物或者其他物品比喻成另一种物品，而打比方有举例子的意思。

美国市场学大师皮埃罗教授关于营销的比喻，非常通俗易懂，在你发笑的同时，让大家对营销产生深刻的认识。

什么是直销？你在晚会上看到一个漂亮的女生。你走到她面前，说："我很有钱，嫁给我吧。"遭白眼。——直销

什么是客户成熟度？你在晚会上看到一个漂亮的女生。你走到她面前，说："我很有钱，嫁给我吧。"而另一个家伙突然抢在了她做决定前与她开始跳舞了，并边跳边说："我更有钱，嫁给我吧。"漂亮的女生因为想有更多的挑选机会而拒绝了他。——客户成熟度不够

什么是宣传的效力？你在晚会上看到一个漂亮的女生。你买通晚会组织者，用喇叭广播到："我们欢迎本市最有钱、拥有亿万资产的某某先生，有想嫁给他的请排队与他跳舞。"队排起来了。——宣传效力

什么情况下会涨价？

晚会前，组织者在海报上写道："本市最年轻、最有钱、拥有亿万资产的某某先生到场，并与晚会上的三位女生跳舞，名额有限，购票后抽签决定。"票价翻番。——供需失衡导致涨价

什么是市场监管？

你在晚会上看到一个漂亮的女生。你走到她面前，说："我很有钱，嫁给我吧。"遭白眼。你又走到另一个漂亮女生面前，说："我很有钱，嫁给我吧。"被第二个女生的朋友揭露一贫如洗。遭举报。被逐出会场。——市场监管

什么是开拓市场的约束？

你在晚会上看到一个漂亮的女生。你走到她面前，还未来得及开口说话，你女友出现

了。——开拓新市场的约束

什么是电话销售？

你在晚会上看到一个漂亮的女生。你打听到她的电话号码。第二天，你打电话给她，说："喂，你好。我昨晚在舞会上看到了你。我很有钱，嫁给我吧！"遭挂机——电话销售

什么是客户首次反馈？

你在晚会上看到一个漂亮的女生。你走到她面前，说："我很有钱，嫁给我吧。"她给了你一记响亮的耳光。——客户首次反馈

没有掌握好直销的时机会如何？

你在晚会上看到一个漂亮的女生。你走到她面前，说："我很有钱，嫁给我吧。"她的一个朋友突然走过来给了你一个左右开弓，说："不要脸，还在骗人。"——没有掌握好直销的时机

什么是推荐式成交？

你在晚会上看到一个漂亮的女生。她的一个朋友在你的授意下对她说："他很有钱。嫁给他吧，至少你应该考虑一下。"——推荐式营销

什么是客户关系营销？

你在晚会上看到一个漂亮的女生。你站起身，整理了一下领带，走到她的面前，殷勤地给她递上饮料。晚会后，你帮她拎包，为她打开车门，主动送她回家。事后，多次联系，展示自己的品位与财富。某次，说："顺便说一下，我很有钱，你愿意嫁给我吗？"成功。——客户关系营销

什么是市场调查缺失？

你在晚会上看到一个漂亮的女生。你走到她面前，说："我很有钱，嫁给我吧。"这时，她友善地把她男朋友介绍给了你。——市场调查缺失

什么是市场竞争？

你在晚会上看到一个漂亮的女生。你走到她面前，说："我很有钱，嫁给我吧。"她正在犹豫，另一个高大的家伙突然抢在了你的前头，说："我更有钱，嫁给我吧。"她居然就跟着那家伙走了。——市场竞争

看完市场营销大师对营销相关问题的轻松解读，是否领略了打比方的魅力？打比方来源于修辞，实际上是一种由复杂到简单的高级智慧，运用好它，创意无穷。

4.20.2 为什么打比方

从上文的若干个营销问题打比方，我们不难得出打比方的具体好处。

首先，打比方能够抓住问题的核心，把复杂的事情变得很简单。消费者没有时间耐心听我们讲述产品的特点，产品的情怀。我们很多时候需要让消费者在最短的时间内记住我们的价值，特别是对他们的好处，如果用打比方能够解决就简单得多。

其次，打比方可以让我们的产品价值点表达得更形象生动。

伟大领袖毛主席谈话和写文章时喜欢“打比方”，他的许多比喻信手拈来、妙趣横生。井冈山时期，毛主席非常重视根据地建设，他形象地比喻说：“革命要有根据地，好像人要有屁股。人假若没有屁股，便不能坐下来。要是老走着、老站着，定然不会持久。腿走酸了，站软了，就会倒下去。革命有了根据地，才能够有地方休整，恢复气力，补充力量，再继续战斗，扩大发展，走向最后胜利。”革命根据地，建与不建的复杂问题，让毛主席一个“屁股”的比喻说得明白、透彻。

4.20.3 打比方的类型及案例

打比方用到营销方面，表现形式可以从平面广告、漫画、视频营销、故事营销、软文中找到诸多案例。

1. 借代思维形式

白色药片代表白天，黑片药片代表黑天。

看完这句话，大家都能猜到笔者要举“白加黑”的案例。

1995 年，“白加黑”上市仅 180 天销售额就突破了 1.6 亿元，迅速占领了行业第二品牌的位置，在中国感冒药营销史上不能不称为一个奇迹。感冒药市场同类产品花样繁多，同质化严重，一般来说，很难找出独特的突破口，而“白加黑”在短时间内得以与其他同类药品抗衡，靠的就是有创意的营销思路——打比方。

“白加黑”感冒药主打“治疗感冒，黑白分明”，其传播的核心信息是“白天服白片，不瞌睡；晚上服黑片，睡得香”。“白加黑”将感冒药分成白片和黑片，在外观上引发强烈的传播效应，白片的比喻让消费者联想到白片的药效会让人清醒，而黑片则让人联想到夜晚舒适的睡眠。

实际上，“白加黑”确实在黑片中添加了镇静剂“扑尔敏”，使服用者睡得香。这样一个简单的黑白分明的概念不仅与其他竞品拉开了距离，更重要的是它与消费者的生活经验相符合，达到了引发联想的强烈传播效果和客户内心的认知。

白加黑的广告

2. 联想式思维打比方

零食很诱人，但是多数人都会担心发胖，雀巢广告则运用打比方的方式打破了消费者的顾虑。宽松的运动裤衬托出纤细的腰围，你还会担心发胖吗？

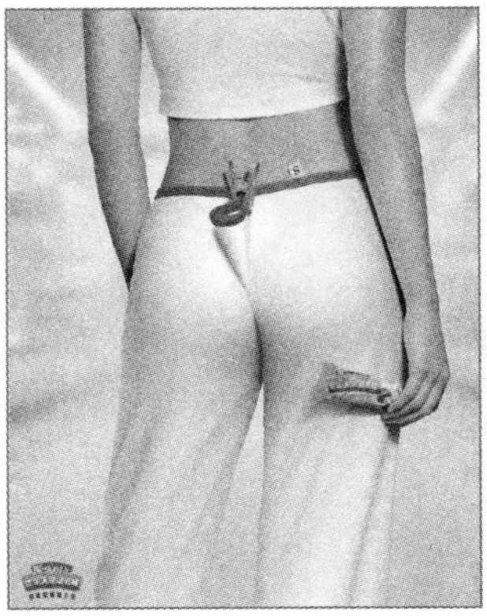

雀巢打比方的广告

3. 具象思维打比方

把抽象的概念用具象的表达方式来打比方，也是比较有效的一种营销方式。

金龙鱼在推出调和油的时候，很多消费者一头雾水，市场反响不是太好。其实，调和油是一个新的概念，换句话说是包含金龙鱼在内的企业营销的一个噱头。

如何让消费者最快速地理解和记忆金龙鱼调和油呢？金龙鱼的营销创意出来了，1:1:1 黄金比例调和油，这个具体的数字比，一下子让消费者印象深刻，知道了调和油是混合油，是按照一定比例配比的，金龙鱼调和油在市场上迅速打开了局面，金龙鱼也成了调和油的代名词。这个 1:1:1 就是最形象的打比方，是打开消费者心智的一把钥匙。

贝雷塔（Beretta）的历史始于 1950 年 9 月的莱科，这是意大利北部科莫湖边上的一个工业小镇。多年来，贝雷塔聚焦于住宅供热领域，1973 年贝雷塔开始生产燃气壁挂锅炉并在意大利市场销售，随后在世界范围内壁挂炉都有了一定的市场份额。

贝塔雷做营销创意的一个经典之作，就是将供热系统的解决方案的保暖效果打比方，像给房子穿上了厚厚的棉服。这个比方把抽象的供热系统解决方案用具象的形式来表现，直接融入了产品的卖点，又幽默又形象。

贝塔雷把供热系统打比方

5. 类比式思维打比方

2010 年，有一张照片红遍网络，照片中，一位白发老奶奶坐在一辆载满橘子的三轮车旁，一块硬纸牌插在一堆橘子上，纸牌上手写着几个大字——“甜过初恋”。

甜过初恋的橘子

这张图片在网上被迅速转发和传播，老奶奶的“甜过初恋”被奉为广告学和营销学的成功案例。连台湾著名主持人蔡康永也对此赞不绝口，他在微博中说道：“这四字促销文案虽好，只要我辈努力，应该还想得出。但我们绝对做不到的是，这位女士被岁月打磨出来的侧影，再对比这四个字，所放射的力量啊！”

网易、新华网等各大门户网站分别以《“广告奶奶”身背“甜过初恋”广告牌走红网络》《桔摊标语“甜过初恋”被赞最强广告文案》等标题发文。一个简单的、低成本的打比方，把恋爱的甜蜜打比方成橘子的甜，足以在短时间内让老奶奶的橘子风光无限。

芬达也曾经玩过一次打比方的经典营销。把喝不同口味的芬达的感受打比方，尽情地想象，用场景比喻喝芬达的瞬间感受，同样把抽象的事情简单化了。

芬达喝起来就像……在橙味气泡上溜滑板

芬达喝起来就像……跳进苹果味瀑布

芬达喝起来就像……水蜜桃般甜蜜地跳舞

如果单独提到打比方，用得炉火纯青的是杜蕾斯的品牌营销。一个上不了大雅之堂的避孕套，却硬生生表现得为人们所津津乐道，不得不佩服营销方面杜蕾斯层出不穷的创意。

杜蕾斯 2016 年感恩节官方微博推出的海报

6．比喻式思维打比方

德芙巧克力一系列“德芙，纵享丝滑”的广告创意早已深入人心，其中没有直接强调产品如何美味，而是运用通感，将巧克力口感比喻为丝绸，加上场景中德芙如丝绸般在身旁飘动，更创造出一种综合感官的体验，给观众带来愉悦浪漫的享受。

白雪洗洁精的打比方就简单多了。第一张画面上一个盘子被当作镜子使用，光亮照人，一句广告语“光可鉴人，超强洁净”，点睛之语。这个创意把用白雪洗洁精洗过的盘子的亮度比喻成镜子，突显洗洁精的功效。

白雪洗洁精使盘子可以当镜子！

第二张画面，依然用了打比方的思路，把白雪洗洁精洗过的碗当作台灯使用，点睛的广告语：“碗”若流光，超强洁净。

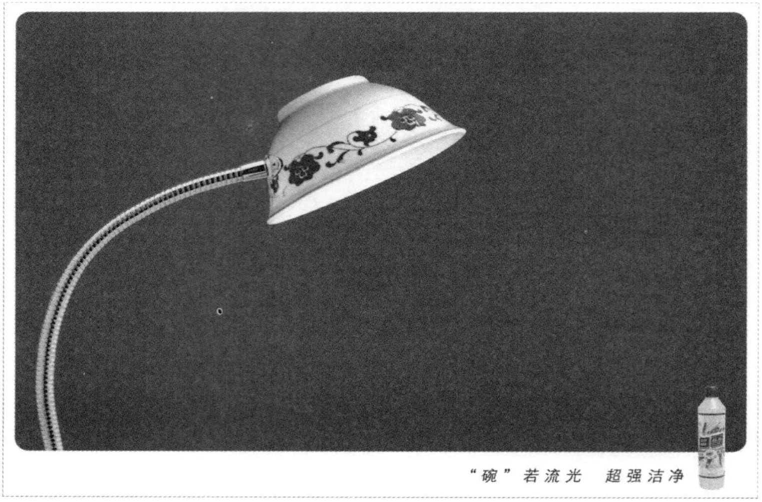

白雪洗洁精清洁力超强，碗被擦得可以当台灯！

7．综合形式的打比方

《海贼王》漫画火爆全球的同时，中国也不例外，2016 年 7 月 23 日，授权的剧场版《海贼王：GOLD》在全国院线上映。杜蕾斯当然不会放过国内《海贼王》热门话题的机会，用漫画形式，用做对比的思路，居然把杜蕾斯和《海贼王》之间的渊源做了演绎。看完之后，不得不佩服这个创意（请读者自行搜索阅读）。

这个创意的背后，是综合形式的类比结合，大胆联想，巧妙类比。

4.20.4　打比方的要点及注意事项

打比方要尽量用生活化的语言去操作，这样才更接地气。笔者有个好朋友，新浪微博十大名人之一的“老徐时评”，曾经改制之前的铁道部有一年主动把火车票降价了，降了多少钱呢？每张火车票降了 5 毛钱，结果引来很多网友吐槽。

老徐时评发了一条微博，说铁道部终于把火车票降价了，惠及老百姓，就好像在长江里打了一颗鸡蛋，请全国人民喝鸡蛋汤！这个形象的打比方瞬间引起网友转发，这条微博转发量近百万。

本节最后给出打比方的应用表格，供大家参考。

打比方的应用表格

怎么打比方	要点	注意事项
比喻	把产品比作其他东西	趣味性 关联性 用生活中最简单的事情打比方
类比	用相似性对比	
比拟	用抽象的事物做对比	
借代	以特点代事物	

4.21 第二十一计：常假设

4.21.1 什么是常假设

常假设就是通过假设的方式，设定想象成立的条件，在这个条件下让人想象可能达成的目标或者出现的结果。在营销中运用这种思路，把产品的营销信息植入进去，或者把客户的痛点放大。

卢梭说过，“现实的世界是有限度的，想象的世界是无涯际的”，假设因为有了凭想象就能设定的条件，有了无限的可能性。

《假如给我三天光明》是美国当代著名作家海伦•凯勒的散文代表作。该书的前半部分主要写了海伦变成盲聋人后的生活，后半部分则介绍了海伦的求学生涯。美国媒体这样评价海伦•凯勒，她被评为20世纪美国的十大偶像之一是当之无愧的，这本书《假如给我三天光明》是伟大的经历和平凡的故事完美的结合，海伦•凯勒堪称人类意志力的伟大偶像。

《假如给我三天光明》

盲人有很多，残疾人更多，他们大多平庸而无为。海伦作为盲人，用一个假设（给我三天光明），造就了一部名著，成为一个伟大的作家和励志偶像。

举个企业营销可以参考的例子：“假如没有创新，中国的制造企业将在三年内倒闭 80%”，这个标题最引人注意的点就是“倒闭 80%”，仔细推敲又发现符合常理，前面有个假设条件。这就是“常假设”这一计带来的效果。

再比如，2016 年 7 月份，资本圈和地产圈最热门的话题莫过于王石和宝能之争，一方面是名人效应很强的知名企业家，另一方面是资金实力纵横江湖的潮汕商帮，打得难解难分。笔者注意到有一篇文章点击量相对较高，“假如万科没有了王石团队”，已经开始想象王石退出后万科的未来，这篇文章的思路也是假设。

4.21.2　为什么常假设

假设，设定的条件一般都是当下不具备的，这个条件有可能达成，也有可能达不成。不过有了假设条件的结果往往会很吸引眼球。常假设，能够让我们的网络营销创意更自由，更有想象空间。

假设的具体表现形式，用软文表现的最多，用平面广告和漫画表现的也相对容易，但是用视频来表现还是有一定难度的。下面结合一些案例来总结归纳一下假设的具体表现类型，以便于大家结合自己的项目把营销创意落地。

1. 假设的条件不可能实现，假设的结果只是为了博眼球

古希腊物理学家阿基米德说：给我一个支点，我可以撬起整个地球。这个支点有没有呢？理论上是有的，不过有了支点，是不是还需要一个足够大的杠杆呢？其实一个假设条件是不够的，不过阿基米德只是为了说明一个支点理论，所以也不必深究了。这样的假设条件至少人类目前是找不到的。

2016 年 7 月，南方多省遭遇洪涝灾害，特别是湖北省武汉市以及周边地区，受灾严重。一方面我们感动于抗洪的人民子弟兵的辛苦付出，另一方面我们也在思考每年大笔的水利养护资金使用是否合理，甚至不断质疑防洪堤坝、水利枢纽的工程质量。

网络上和微信中有一篇文章传播量很大，标题是“假如宋朝赶上了今年的洪灾”。这个假设条件显然不可能实现，但是传播方面非常吸引眼球。

文章写了赣州宋朝留下的地下水利工程，至今还在发挥着作用。不知道是不是赣州旅游推动的软文，客观上确实让我们读完文章记住了赣州，记住了赣州的福寿沟。不信，扫

码看看吧。

（扫码阅读，假如宋朝赶上了今年的洪灾）

再来看一下葛优的假设，看看这个气势能不能折服你。

葛优在《不见不散》中的经典台词：

如果我们把喜马拉雅山炸开一道甭多了 50 多米宽的口子，世界屋脊还留着，把印度洋的暖风引到我们这里来，试想一下，那我们美丽的青藏高原从此摘掉落后的帽子不算，还得变出多少个鱼米之乡？

2．假设的条件是未知的，可能实现也可能实现不了，假设的结果很惊人

英国欲退出欧盟，这个话题早就有传闻。“假如英国退出欧盟，国际金价、油价如何反应？”类似这样的文章在财经圈盛传。

这个假设条件是未知的，因为要看英国公投的结果。这个假设可能实现，也可能不会实现，不过结果确实是惊人的。2016 年 6 月 24 日，英国公投结果公布，51.9%的公民支持英国退出欧盟。国内人们最直接的感受是股市又一次大跳水，中小股民损失惨重！

3．假设条件很容易实现，结果未知，引起好奇心

如同下面这样的文章标题，你想不想点开看？不要说是标题党，人家也有论述，其观点主要在表达双十一存在的意义：假如一百年后还有双十一。

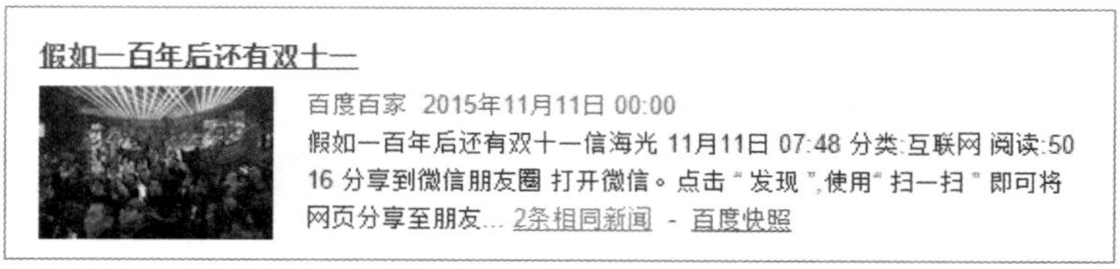

假如百年后还有双十一

“假如流向二手车市场，泡水车该如何识别？”这样的报道你会不会看？这个假设的条件很容易实现，毕竟 2016 年 7 月份南方洪水频发，泡水车数量庞大，但是结果如何呢？大多数人都会有好奇心，想看看泡水车有啥问题，泡水车该怎么识别。这篇文章从撰写思路的角度来讲，也是典型的“常假设”。

4．假设的条件基本不可能实现，假想一番而已

下面是一篇在京东和天猫大战期间的自媒体文章，强悍的标题，让人猜测各种可能性，这本身就有互动的意味，遗憾的是这类假设基本不会实现：假如“天猫灭了京东，会怎么样？”

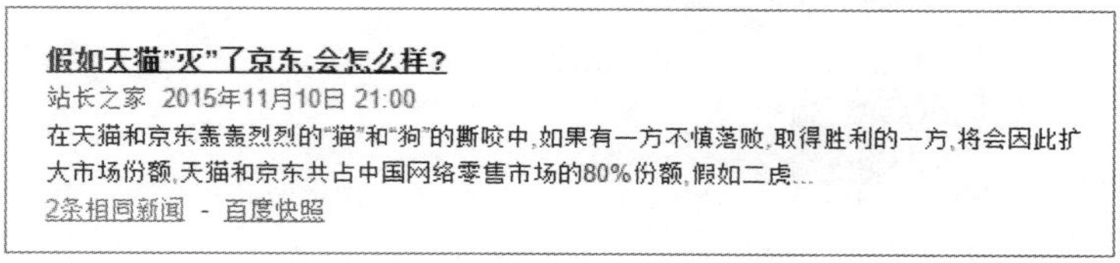
假如天猫"灭"了京东,会怎么样?
站长之家 2015年11月10日 21:00
在天猫和京东轰轰烈烈的"猫"和"狗"的撕咬中,如果有一方不慎落败,取得胜利的一方,将会因此扩大市场份额,天猫和京东共占中国网络零售市场的80%份额,假如二虎...
2条相同新闻 - 百度快照

假设条件基本不会实现

“假如古代有淘宝”，这个假设条件根本不可能有，只能是假想一番，吸引眼球而已。

假如古代淘宝　百度一下
网页　新闻　贴吧　知道　音乐　图片　视频　地图　文库　更多»
百度为您找到相关结果约712,000个　搜索工具

假如古代有淘宝_唐诗宋词该怎么写?_网易荐新闻
2015年6月17日 - 假如古代也有淘宝的话?唐诗宋词该怎么写呢? 那些大诗人、大词人们又怎么用诗词来描述自己"剁手"以及苦等快递时的心情呢?来看看每日经济新闻整理出来...
j.news.163.com/docs/99... - 百度快照 - 84%好评

假如古代有淘宝_唐诗宋词该怎么写?-古代,淘宝,诗词,网友热议 -...
2015年6月17日 - 假如古代也有淘宝的话?唐诗宋词该怎么写呢? 那些大诗人、大词人们又怎么用诗词来描述自己"剁手"以及苦等快递时的心情呢?来看看每日经济新闻整理出来...
news.mydrivers.com/1/4... V1 - 百度快照 - 78%好评

假如古代有淘宝,唐诗宋词起码得有一半是描写等快递心情的。-幽默...
4条回复 - 发帖时间: 2015年5月24日
2015年5月24日 - 假如古代有淘宝,唐诗宋词起码得有一半是描写等快递心情的。[复制链接]
tang5455879 发表于 2015-5-24 14:24:20 | 显示全部楼层 阅读模式 庭有枇杷树...
bbs.meizhou.com/thread... - 百度快照 - 89%好评

假如古代有淘宝,唐诗宋词就会变成这样
2015年7月17日 - 有人说假如古代就有淘宝,那唐诗宋词起码得有一半是描写等快递的心情的。于是一众网友纷纷文采飞扬,诗兴大发——1、垂死病中惊坐起,楼下快递在喊你...
www.360doc.com/content... V1 - 百度快照

假如古代有淘宝_唐诗宋词该怎么写?_TechWeb
2015年6月17日 - 假如古代也有淘宝的话?唐诗宋词该怎么写呢?那些大诗人、大词人们又怎么用诗词来描述自己"剁手"以及苦等快递时的心情呢?来看看每日经济新闻整理出来...
www.techweb.com.cn/int... V1 - 百度快照 - 81%好评

假设条件根本不可能有

5. 假设的条件是可以实现的，只是提前告知好处而已

苹果除了产品做得好，更是营销高手，不管是不是苹果主导的，网络上有大量的有关苹果手机和苹果电脑的假设，这些假设几乎包揽了苹果的所有价值点和新的产品卖点。

“假如你的 iPhone 配备 5.7 英寸 1080P 高清屏”，这个假设条件显然已经达到或者很快能达到，只是提前让客户想象效果而已。

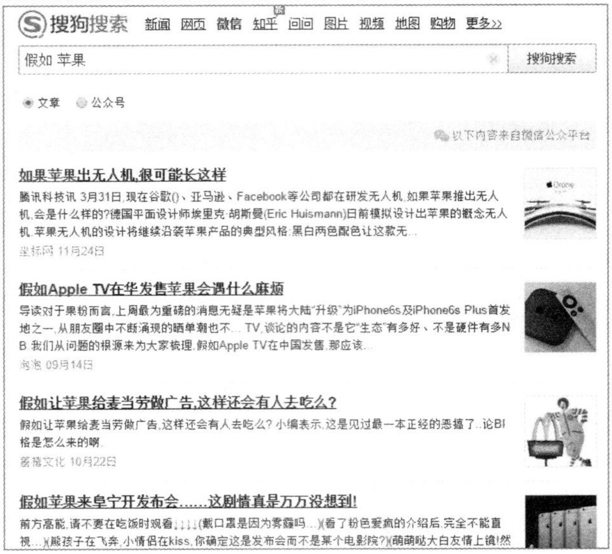

有关苹果的假如检索结果

笔者有个客户，是江苏常州养殖螃蟹的，他的大闸蟹品牌名叫“储福记”，也曾经用假设的方法玩过一篇微信软文，用不同的公众号和微信群发过，效果还不错，直接获得了一些粉丝，还销售了一批大闸蟹。这篇文章的标题是：假如“北漂蟹”火了之后，各大品牌如何借力营销”。

（扫码，阅读《假如“北漂蟹”火了之后，各大品牌如何借力营销》）

4.21.3　常假设要点及注意事项

常假设要点及注意事项如下表所示。

常假设要点及注意事项

怎么假设	要点	注意事项
设好条件	有和无是两个方向	条件不需要考虑合理
严密论证	逻辑性必须要强	话要圆回来

有人一定会问，常假设和吹吹牛这两招有啥区别呢？笔者认为，假设需要设定条件，需要去论证，而吹牛不需要。中小企业的网络营销，在内容创意方面尤其需要常假设，才能让梦想照亮现在。

最后，我们用胡适先生毕生所学总结的一句名言结束本节内容：大胆假设，小心求证。大胆设想开启思路，小心行事铸就成功！

4.22 第二十二计：玩暧昧

牙膏做营销也能温暖又浪漫，你相信吗？

2014 年 12 月，牙膏品牌 DENTISTE 在东京人流巨大的六本木设置了一个户外棚，邀请年轻的情侣来接吻，然后通过它内部的设计和灯光将二人动作变成的剪影图像展示到一侧的墙壁上。传达“牙膏用对了，口气就清新，接吻也就更加自然了”。

剪影墙

考虑到日本人比较羞涩，少有在公共场合和爱人表达爱意的特点，DENTISTE 也特意采取了比较照顾羞涩人群的剪影装置，使得它变得更像是一个冬日暖人心的行为艺术。

这个案例我们总结其背后的规律和方法就是“玩暧昧”。

4.22.1 什么是玩暧昧

暧昧是男女之间态度含糊、不明朗的关系。暧昧是一种很特别的男女朋友关系，存在于友情之间，又超然于友情之上。

玩暧昧是通过“情而不色”的事物暗示消费者，将产品或活动的内容表达出来。

玩暧昧要让客户感到“黏糊糊，若即若离”。

4.22.2 为什么玩暧昧

食色，性也。这是老祖宗的话，说吃饭和性都是人的本性。这是比较直白的说法，如果文艺点来说，那应该是：唯爱与美食不可辜负。

性是人类的本能需求，营销本质是与人沟通，暴露性相关的内容自然容易得到关注。如何把握好营销中性的尺度，使之不至于沦于色情、低俗，是很考验创意功力的，最好的尺度就是“暧昧”，情而不色。

情色营销其实在国外也很常见。国外的时尚行业有个营销手法叫作 Sex Sell。比如 Chanel 的香水广告一直以来都有“性”这个卖点，从梦露的“衣服”到布拉德·皮特这个男人。

不过到了中国，则变了样。那些前几年曾经充满挑逗的“真空”车展，经常以“裸露”姿态示众的嫩模频频现身，还有浴缸泡澡等千奇百怪的节目，说好的性感怎么变成赤裸裸的情色了呢？

除了车展，许多网络游戏在现实世界的营销中也大打暧昧牌，尽管在内容上并没有色情内容，却依旧在广告宣传上不遗余力地往暧昧方向靠近，以此吸引眼球。

暧昧营销手段的目的很简单，就是直接刺激人们的眼球和内心欲望。但是国内粗俗露骨的营销方式，客观上造成了低俗信息的泛滥，有损社会风气。还记得曾经刷爆朋友圈的三里屯优衣库“啪啪啪”的视频事件吗？

自以为聪明的企业和品牌，除了引来注意力外，大都不会收到正面的营销效果，反而极大地损毁了品牌形象。创意的表达，含蓄的表达有些时候反而更容易勾引人。一个美女，如果只穿着泳衣很勾人，如果赤裸身体未必有穿泳装迷人，留存一个幻想才是最好的表达。

总之，玩暧昧，给人以强烈的视觉感官冲击，使人产生丰富的联想，吸引注意力。所以，暧昧也是一种生产力。

4.22.3 玩暧昧的应用

玩暧昧的表现形式比较丰富，无论是视频、语音、话题、漫画、平面广告，还是卡通，甚至事件营销，都可以实现。

那么玩暧昧具体怎么操作呢？一起来结合案例总结吧。

1. 生活化

生活中美女经常有走光的时刻，周边的男士只要生理正常，在别人不经意间，偷窥两眼也属正常。奥林巴斯推出快速聚焦相机时，就用了这个“玩暧昧”的方法。

最快自动对焦相机，看看四位男士的眼神！

这是南斯拉夫首都贝尔格莱德市的市政广告，呼吁铲屎官上街遛狗时随手捡掉狗狗的排泄物。清洁街道的同时也成为城市的一道风景线，呼应标语：“为了美丽的城市”。

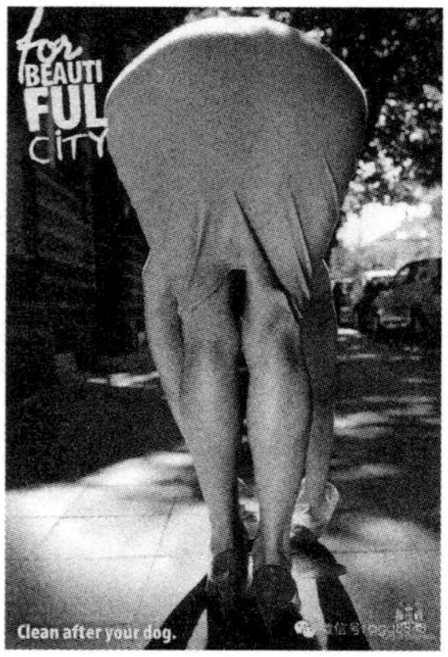

市政广告

2. 巧用比方

这是梅赛德斯·奔驰 S 级轿车的广告，8 个安全气囊的柔软性和安全感。

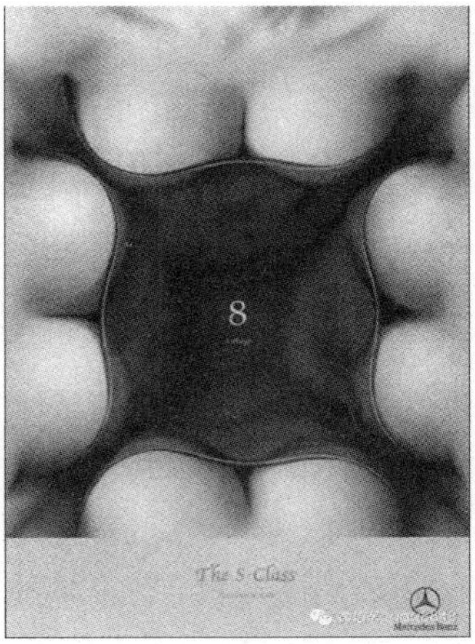

梅赛德斯·奔驰 S 级轿车的广告

达能健康饮料的比方你更是绝对想不到，居然把美女比作衣架。

都说女人的衣柜永远少一件衣服，

那是因为她一直没找到能完美衬托自己身材的衣服，

而喝了达能饮料的女人，身材成了衣架子，再好的衣服也是累赘。

3. 暗示

下面是士力架巧克力曾经推出的一张创意海报。

士力架巧克力海报

当你饿了，连亲热都不在状态，就像带拳击套的手，

笨拙地无法解开女伴的扣子，

关键时刻，怎能饥饿。

下面展示一个非常纯洁的“玩暧昧”，那就是 2013 年红遍网络的闽南师范大学招生的创意广告，尽管是非校方组织的，但是客观上为闽南师大起到的宣传作用不小。

当事人在微博发了帖子，“这个夏天，空调也有了，欢迎报考闽南师大！”这条微博一经发布，备受网友青睐，引发热议。为啥这么火呢？因为照片中，面带微笑的漂亮女生手持白纸，上面写好了“暧昧”的广告词，摆出了各种姿势拍照。

白纸上的暧昧广告词：“你再不来，学姐就要走了呀”、“一起来闽南师大游泳吧！”、“学姐会卖萌，学妹很可爱”、“求关注”、“学长要走了，学姐交给你”……

从网友的留言中，可以看出，该“招生广告”十分成功。更有意思的是，这组清新甜美的女生照片，被不少网友配上各种版本的“招生广告语”，在网络上流传开来。

这个“学姐等你”走红之后，我们看到其他高校每年都有效仿者，不过再没有第一次那么吸引眼球了。再好的创意如果照搬也不可取，可以借鉴，但是一定要有自己的创新。

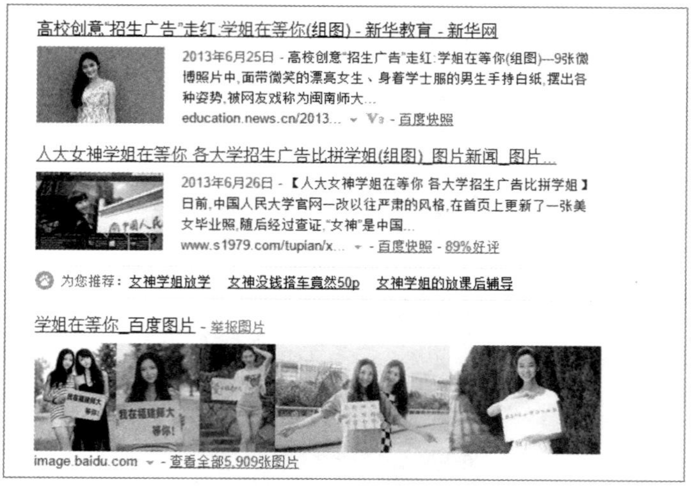

招生广告

4．明示

这是一个提倡维护动物权利、提倡素食的广告，告诉大家，这些动物身上的部位，人

身上都有。用了一个美女的身体展示，也是“玩暧昧”吸引眼球。

以美女身体提倡素食的广告

玩暧昧在新媒体营销中，杜蕾斯一直都是标杆，就连人家明示的性表现出来也是出其不意。不过人家杜蕾斯没有使用真人表现，用的卡通来代替真人，抽象的卡通表达具体的动作，关键部分还是产品 Logo，何止是高明？

5．万能的二维码

维多利亚的秘密内衣曾经在各大商场门口摆放了裸女图，而美女们的重点位置都被二维码所遮盖，只有当你拿手机扫描了才可以看到二维码下藏着的秘密。二维码下会有怎样的春光呢？这样的二维码极大地满足了人们的窥探心理，用手机扫描后展现的却是维多利亚的新品内衣。

维多利亚的秘密二维码创意

维多利亚的秘密用二维码玩了一场手机内衣秀，用“暧昧”的营销创意，把客户的欲望挑起，最后很好地展现了维多利亚的秘密之核心理念和品牌精神。即使互动的客户（扫码的客户）发觉上当，也只是一笑了之，并深深地被维多利亚的秘密这个创意所折服。

玩暧昧，情而不色，可以挑逗，但是不可以暴露，更不可以与道德相违背。

笔者在这里强调一下，所有的案例成功都有天时、地利、人和的因素，一定不要盲目照搬，要多思考，要与企业的品牌内涵结合起来。因为玩暧昧就是在刀尖上跳舞，稍有不慎就会过犹不及！

4.22.4　玩暧昧要点及注意事项

玩暧昧，要注意社会的接受度以及传达内容的影响。情而不色是品味，色情就是低俗了。福特曾经推出一款两厢车，为了突出后备箱大的卖点，福特做了这样一张创意广告：后备箱内放了三个被捆绑的妙龄女郎，车主在前排做出剪刀手的姿势炫耀。

毫无疑问，这幅广告可以说影响不良，容易对社会价值观产生误导。因此，这则广告投放即被政府监管部门叫停。福特的这个“玩暧昧”的创意彻头彻尾失败了。

玩暧昧的落地表格如下。

玩暧昧的落地表格

怎么玩	要点	注意事项
含蓄 想象空间 情而不色 结合其他创意	不要太直接 留有余地 可以用二维码 整合	可以挑逗，不能外露 氛围营造 把握尺度 注意与产品定位和形象结合

最后，总结一句话结束本节：暧昧也是绝对生产力，但使用要有度。

4.23　第二十三计：换角色

4.23.1　什么是换角色

换位思考，是社会学名词，说的是设身处地为他人着想，即想人所想、理解至上的一种处理人际关系的思考方式。人与人之间要互相理解、互相宽容、相互信任，多站在别人的角度上思考问题，这是交际之道。

营销是与人沟通的过程与结果，自然也需要换位思考。我们总结的网络营销创意方法中的“换角色”也是从这个角度来考虑的。

角色转换就像演员在舞台上扮演不同的角色一样，换角色就是作为社会中的一个角色去扮演另外一个角色，是一种心理和行为的转变。

换角色的思维方式，其实从古至今都不是什么新鲜事。

庄子以故事的形式对庄周梦蝶进行了如下阐述：“昔者庄周梦为蝴蝶，栩栩然蝴蝶也。自喻适志与！不知周也。俄然觉，则蘧蘧（qú qú）然周也。不知周之梦为蝴蝶与？蝴蝶之梦为周与？周与蝴蝶则必有分矣。此之谓物化。”

古时的换角色：庄周梦蝶

大意就是庄子一天做梦梦见自己变成了蝴蝶，梦醒之后发现自己还是庄子，于是他不知道自己到底是梦到庄子的蝴蝶，还是梦到蝴蝶的庄子。在这里，庄子提出一个哲学问题——人如何认识真实。如果梦足够真实，人没有任何能力知道自己是在做梦。

在一般人看来，一个人醒时所见所感是真实的，梦境是幻觉，是不真实的。庄子却以为不然。虽然，醒是一种境界，梦是另一种境界，二者是不相同的；庄周是庄周，蝴蝶是蝴蝶，二者也是不相同的。但庄周看来，它们都只是一种现象，是道运动中的一种形态，一个阶段而已。

庄周化为蝴蝶，从喧嚣的人生走向逍遥之境，是庄周的大幸；而蝴蝶梦为庄周，从逍遥之境步入喧嚣的人生，恐怕就是蝴蝶的悲哀了。总之，庄周梦蝶，深入到哲学思考，乃至诞生影响深远的名著《逍遥游》，缘起就是一个“换角色”!

我们的先贤圣人孔子，也是一个“换角色”思考的高手。《论语》中“己所不欲，勿施于人”，说的就是如果自己身体不想要这样的结果或精神不情愿被这样对待，就不要使别人遭受这样的结果或对待。这是典型的“换角色”思维。现在我们常说的“推己及人，将心比心”也是这个意思。

4.23.2 换角色有啥用

李玉刚，如今是人气很高的一位明星。在未成名之前，生活清贫、艰辛。在一次演出中，主办方安排李玉刚和一位女歌手合唱《为了谁》，因为女歌手没有到场，导致演出无法正常进行。李玉刚灵机一动，自己运用男女声转换完美地完成了本次演出，赢得满堂喝彩。因为这个契机也使他从一位名不经传的小歌手，悟出了一条独特的艺术之路，那就是“角色反串”。2006 年“北漂”期间，李玉刚参加了央视《星光大道》，《贵妃醉酒》的柔媚让很多女性都折服。

从此，一提起男女角色反串，人们首先可能想到的就是李玉刚。可以说，没有关系，没有背景，一个普通的艺人，如果想成名是非常困难的，李玉刚凭借“换角色”找到了自己的定位，迅速积累了人气，最终成为一位知名艺人。

再来看看娱乐类电视节目，各大卫视在国内的拼杀越来越激烈，有一类节目长盛不衰，即使各个电视台纷纷效仿，观众也乐此不疲，那就是“换角色”类综艺节目。以湖南卫视来讲，“变形计”的收视率及传播量都比较高。这档节目是一档生活类角色互换节目，结合当下社会热点，寻找热点中的当局人物，安排他们互换人生体验。

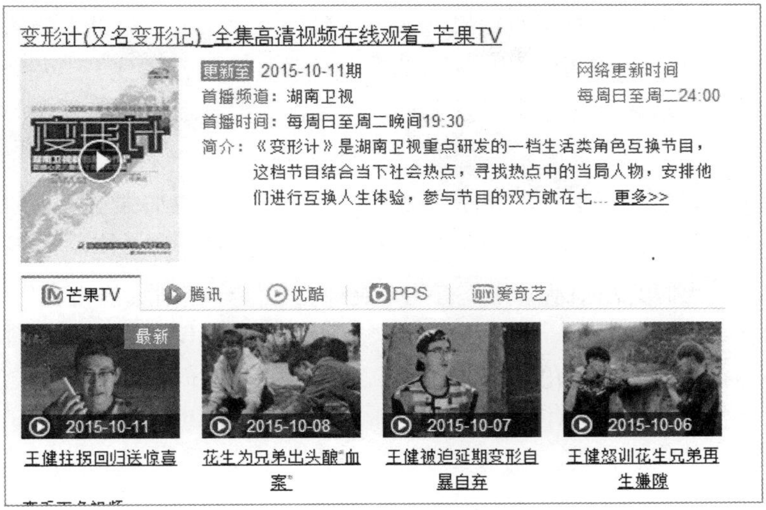

换角色的节目

显然，换角色不仅能给当事人双方带来新奇的体验，对于看客来讲也很新奇，能够赢得更多的关注。此外，如果消费者能够参与进来，就能演变成各种形式的体验式营销，增加对产品和服务的认知，便于最终购买。

4.23.3　换角色的类型以及案例

换角色的应用表现形式可以是产品体验，可以录制视频，可以发起话题，也可以做成事件营销。换角色是比较容易表现的创意方法。

1．换位思考型

换位思考型，就是站在对方的角度，为对方解决问题，利他最终利己。

日本有一家奶粉企业曾经做过一个“十二封信”的营销。日本雪印奶粉公司为了加强与零售商的关系，扩大营业范围，采取了“直接函件”的具体营销方式，可谓“一石数鸟”，着实是一步高棋。

这个“直接函件”的计划执行期是一年，在这一年中，这种货品的总代理商给各地零售店寄发 12 封函件，每个月寄发一封。

在这些函件中，除了告知零售商有关这种货品生产和销售方面的新信息之外，还提供了许多零售商店如何提高营业额的知识。这套命名为“雪印销售促进术”的函件，每次寄发数量均在 2500 份以上。最初，各地零售店对此函件并未特别关注，当发现这是一套有系统的、实用性的函件后，就把它当成了宝贝。并且，后期各地零售店都在关心下一封什么时候会寄出。

这些直接函件营销施行后，取得了许多零售店的好感，也加强了零售商对这种奶粉的认知和情感，很多零售商都把雪印奶粉摆放到了较好的位置，并且主动向客人推荐。

思考一下，在我们的营销活动中，有几个企业会像雪印公司这样为合作伙伴（代理商）考虑，并持续行动呢？经销商、合作商与生产企业之间不仅仅在利益方面博弈，也在长期发展上各怀心事，生产企业想甩掉中间商，中间商担心生产商的产品被自己卖成了品牌而调整代理政策，担心为别人做了嫁衣。大家都站在自己的角色上思考问题，又怎么能够取得商业上的巨大成功呢？！

2. 同一角色转换型

让同一个角色自己转换成两个角色，凸显反差，就会形成非常强烈的对比效果。

自 1930 年上市以来，士力架（Snickers）一直是世界巧克力家族中的巨头，主打能量型巧克力品牌。1992 年，玛氏食品公司进军中国市场，短短十几年间，士力架（Snickers）已经成为世界销量第一的条状巧克力，也是世界销量第二的巧克力品牌。

士力架的目标核心消费群体是以男性为主的 16～23 岁的热爱运动的年轻人。市场上的巧克力品牌众多，例如，德芙主打浪漫，费列罗以尊贵为基调，市场结构已经相当成熟，想从中分一杯羹实非易事。所以玛氏食品公司的巧克力品牌士力架做出了明智的选择，就是区别于当今的市场主流，从创立之初就将产品定位成“运动”、“能量”、“横扫饥饿”。在品牌宣传和推广的过程中，公司紧密围绕运动这一市场定位。时至今日，士力架已成为“运动”、“能量”的代名词。

士力架的所有广告都紧紧围绕着“横扫饥饿，做回自己”这八个字展开。士力架的广告大都以风趣幽默为主调，伴随着角色的变换来制作，其中林黛玉创意的版本是传播最广的。

广告开场，守门员就没能守住球门，暴躁的球员上前质问：“大哥，你怎么了？饿得跟林黛玉似的？”瞬间守门员就切换成了柔弱无力的林黛玉，委屈地说了一句：“要不你来？”暴躁球员说：“你说什么？你再说一遍！”身旁的队员立即递上了一块士力架：“饿了吧，来块士力架吧！”片中林黛玉咬了一大口士力架后，突然就变回强壮的守门员，充满自信地说：

“嗯，来劲了！”之后广告以“士力架，横扫饥饿，做回自己”的画外音结束。

士力架的系列广告一直运用这种角色变换的方法，每次都给人耳目一新的感觉。同时给消费者传递了一种士力架能迅速解决饥饿问题，横扫饥饿的广告口号也告诉消费者自己的产品特性。

（扫码观看士力架创意广告）

大家是否见到过这样的新闻，“小偷在失主家睡着被发现”，某床垫广告就利用这个换角色的思路做了宣传。小偷把自己当成了业主，躺在床上休息一下，结果睡着了。广告语：“轻松入眠”。

某床垫广告

3. 两个角色相互转换型

交警与的哥，一个是管理者，一个是被管理者。经常听到的哥骂交警管得多，也常听到交警抱怨的哥野蛮开车。2014 年 3 月份，河北邢台交警管理创新，邀请几位的哥与交警一起到户外十字路口执勤，让的哥体验交警工作的艰辛。同时交警也坐进的哥的驾驶员位置，与其他的哥比谁拉活拉得多。

这个换角色的创意，吸引了大批市民的兴趣和关注，也引来媒体报道。河北邢台交警的警民形象得到了提升。最重要的，不仅仅在的哥中，在普通市民中“交通安全，规范行车”也得到了很好的宣传。

新华新闻>正文

交警“的哥”角色互换体验谁更幸福

新闻热线：0311-85264547 2014-03-06 10:44 来源：燕赵晚报

【字号：大 中 小】【打印】 1

从“对立”到对话，“角色互换”是个好创意

新闻热线：0311-85264547 2014-03-07 16:10 来源：新华网河北频道

【字号：大 中 小】【打印】 0

[新华漫评]别把角色互换仅仅当成“心灵鸡汤”

交警与的哥角色互换

邢台警方这个“换角色”的创意管理手段经媒体报道后，多地交通部门效仿，尽管传播范围不如第一次那么广泛，但是在当地也引起了关注和评论，可见创意对于营销传播的作用。

4. 角色带入型

一审、二审判决都胜诉了的一场官司，遭遇执行难，最终导致大批农民工的工资拿不到手。一位做策划工作的自由摄像师奇先生用了“换角色”的思维帮助讨薪方拍摄了一段视频，巧借东风迅速成为热点，引来媒体疯狂报道。在舆论监督之下，欠款一方迫于压力才按照法院判决履行义务。

这就是换角色诞生的创意视频《民工讨薪新闻发布会》。视频中，化名“苗翠花”的女性农民工，模仿外交部发言人的口吻，称某单位拖欠工程款项，并指责其直属上级部门不作为，对其“表示强烈不满”。

“我们主张和平合理合法地索要款项，以和为贵。”整个视频长 4 分 5 秒，不仅有“新闻发言人”陈述，还有“讨薪社记者”的采访及回应，做得“有模有样”。

在视频中，新闻发言人“苗翠花”的表情稍显僵硬，带有河南口音的普通话说出的语言却不乏幽默气息:“置我们的友好合作关系于不顾,多次声称不支付款项……于事实不顾，于当前维稳大局不顾，做出有伤我方合法权益与自身形象的事情来。”

“苗翠花”发言人与讨薪社记者的对话，更是把“换角色”表现得淋漓尽致。

记者：你好，我是讨薪社的记者。如果 XXX 拒不支付款项，你们如何打算?

苗翠花：这个问题提得很好，无论 XXX 以何种理由拒付款项，都是非法的，无效的，都不能改变应该支付我们 350 万元的事实。

记者：据说 XXX 是家族式管理，有贪污腐败现象，请问你如何评论，谢谢。

苗翠花：那是 XXX 的内政，我们无权干预，谢谢。

笔者认为，“苗翠花讨薪”是一个经典的事件营销，其内容的策划，视频的呈现方式，传播的路径，都可以找到背后的规律，其核心的策划思路和方法就是“换角色”。

苹果手机最近几年在中国销售火爆，特别是苹果 4 系列热销之时，手机中的录音软件汤姆猫也火了一把。有网友利用汤姆猫，用换角色的思维，玩火了一个种类的视频，以其为代表的《做人力资源的 MM 你伤不起》《痛经的女人伤不起》等，也用了汤姆猫角色代言的操作手法。

汤姆猫代言不同角色的截图

前文提到过的风靡全球的“冰桶挑战”，笔者认为其成功主要有三个原因：公益主题，参与感，被动再传播。公益不用讲，不知道的也早就百度了。被动再传播值得借鉴，被点名啦，你不应战吗？你不捐款吗？当然绝大多数点名的是彼此熟悉的朋友。

笔者重点要提出的是参与，每一个人被兜头冰水淋下（当然有人用的不是冰水），无论是做秀也好，真的体验渐冻人的痛苦也罢，其本质都是做了“角色”扮演。笔者发现表现欲比较强、比较活跃的人大多数都乐此不疲，主动参与“角色”，甚至希望被别人点名。

再以在年轻人中火爆的 APP 小咖秀为例，除了大咖助阵之外，普通人也喜欢扮演角色，在视频中做真实的自己、虚拟的自己、扮演心目中的偶像。总之，在小咖秀中角色任你换。正是这种新鲜的玩法，让小咖秀的用户和估值不断攀升。

4.23.4　换角色要点及注意事项

换角色要点及注意事项如下表所示。

换角色要点及注意事项

怎么换	要点	注意事项
角色的几种转换	符合角色身份	营销目的别忘记
PS 图	加入文字语言	注意侵权问题
视频插入文字	加入字幕	恶搞要有度

换角色，总结一句话：网络营销，创意为魂；角色转换，大有新闻。

4.24 第二十四计：玩互动

4.24.1 什么是玩互动

互动，就是沟通，就是参与，就是你来我往。互动的对象是大众和目标客户。玩互动是让企业的品牌传播或者产品销售与客户的行为、感受相链接的一种手段。

笔者这里所总结的“玩互动”其实就是互动营销的背后思路和方法。那么互动营销的特点自然也是玩互动的主要特点。

首先，便捷性。互动一般都要经过策划，实施后有跟进，有反馈，最后有总结。甚至这一过程中的某一个或者两个环节可能会重复。如果要实现互动，就必须让客户能够便捷地参与。

其次，舆论性。玩互动一方面是为了真正与一部分消费者互动，但是说实话，真正有效的沟通又有多少呢？通过互动赚来的新闻点，赚来的传播内容，不要忘记及时落地，把互动变成新闻营销的重要素材。

再次，营销性。玩互动要围绕着品牌传播诉求或者产品卖点进行，因为玩互动只是手段，不是目的。我们的真正目的是为了营销，是软植入还是“硬着陆”，要根据营销的目标而定，但是千万不能忘记互动是为了营销。

4.24.2 为什么要“玩互动”

中国“骨灰”级的网民都有这样的体验，在中国互联网发展初期，中国的网站几乎等同于传统媒体的翻版。海量信息与基础技术共同作用的结果就是内容为主，网站网页数量的多少成为衡量网站资产的一个重要指标。

在这个阶段网民们上网的目的明确而简单——获取信息。当时的互联网媒体就是改变了传播渠道和编排形式的传统媒体。网民在互联网的传播过程中完全成为了信息的“终结者”。

随着社区、论坛及 BBS 这些互联网应用工具逐渐发展壮大之后，用户终于得以通过一串数字代表的 ID 开始了自己的互联网生活。搜索是这个阶段的代名词，用户第一次主动向海量无边的互联网“索取、问询”了；与搜索相伴的是由于相同搜索兴趣组合在一起的社区。在这个阶段，ID 组成的群体依旧是一个面目模糊的“群体”，博得盛名的也依旧是那些火爆的论坛，用户的价值也只是被部分地发掘出来。值得注意的是，在这个阶段通过互联网产生的“互动”开始初现端倪。

紧接着，互联网进入博客和个人空间，宣告以个人为媒体主题的时代到来了。历经前两个阶段的用户习惯培养和自主意识觉醒，这个阶段的用户的个性化表达需求空前强烈。他们不愿隐藏，乐于主动表达；他们不愿说教，乐于在娱乐解构中思考生活。在这个阶段，通过互联网产生的“互动”开始深入生活。

如今，随着移动互联网的迅猛发展，一部手机成了万能之神。可以上网看新闻，可以玩游戏，可以交友，可以订餐，可以叫车，可以订机票，可以订房间，可以听音乐，可以看电影，可以拍照，可以录视频，可以转账，可以买卖股票，可以购物，一切生活、工作都可以用一部手机搞定。同时，移动互联网带来的是信息的碎片化，人们的时间和空间高度碎片化。

笔者认为，在这个过程中，人们不是变得越来越开心，而是越来越孤独，缺少人与人之间的沟通，人们更需要有更多的参与感，以及互动中的信息传达或者沟通感情。可以说，移动互联网推动了互动营销进入一个新的领域，无论是商业模式、网络创意、传播方式，都离不开一个词，那就是“互动”。在这个阶段，“互动”已经深入互联网的骨髓。

里奥哈（Rioja）是我们比较熟悉的一种西班牙葡萄酒，因为产自西班牙北部最重要的葡萄酒地区 La Rioja 省，所以被冠以 Rioja 的名字。Rioja 是西班牙第一个获得最高等级 DOCa（Denominación de Origen Calificada）的产区。

交互式酒标设计

一款红酒利用酒标与钟爱红酒的消费者玩起了互动，一个简单的酒标设计唤起参与欲望，通过手绘信息就完成了商家和消费者的互动，这种互动看似平淡安静，但是更贴近消费者的情感体验，提升了红酒消费和收藏的趣味性。

总结一下，玩互动可以让消费者有参与感，让他们对传播的内容建立初步信任，促进他们成交和传播。

4.24.3 “玩互动”的类型和案例

首先按照互动的渠道来分，可以分为线上互动和线下互动。

1. 线上互动

前文讲过内衣品牌维多利亚的秘密二维码的案例，这里从互动的角度再讲一下。维多利亚的秘密玩互动，可谓将触屏手机的特点发挥到了极致。

2016 年为了预热七夕，他们在 7 月初上线了一款形式炫酷的轻应用：首页是一幅经过雾化处理的照片，用户只需用手指摩擦屏幕，就会有一位性感女郎浮出水面，继续浏览下去则是品牌介绍，最后到达内衣抢购页面。这项互动体验的实现方式后来被多个品牌效仿，从肥皂泡到玻璃珠，从触屏到重力感应，技术永远是最好的武器。

2016 年西门子推出嵌入式家电，也曾经率先在线上玩了一次互动。在其官方网站设置了 DIY 厨房专区，邀请浏览者“即刻体验西门子嵌入式经典，动一动手 DIY 属于您的西门子嵌入式空间”，整个页面流畅精美，互动性强，用户体验非常好。

西门子官方网站推出的互动 DIY 页面

可以体验 DIY 的空间包括各种户型和装修风格，体验者可以根据喜好自由选择

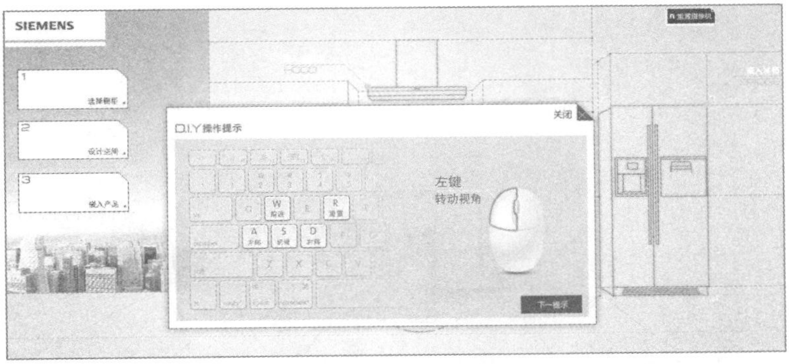

进入体验模式之后，系统会给出各种帮助和指导，比如设计空间、嵌入产品、橱柜选择等

选择西门子家电后，还可以查看产品的详细介绍

每一种西门子嵌入式家电都高度模拟现实，增强趣味性的同时吸引消费者购买产品

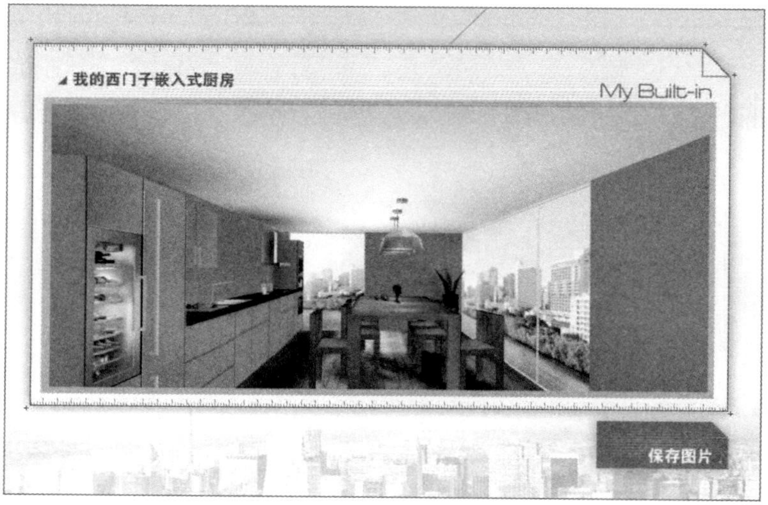

在体验者 DIY 结束之后，网站会自动给出你的西门子嵌入式厨房设计图

相信只要你访问到了这个页面，如果鼠标点击到，一定会被吸引，不管你是否最终成为西门子嵌入式厨房的客户，大都会记住西门子要传播的产品卖点。笔者认为，这个案例美中不足的是没有利用新闻传播的思路再去做案例总结和二次传播。

2016 年如果说西门子 DIY 在 PC 端做的互动效果不错，那么在新媒体营销中利用 H5 玩互动很有创意的品牌就是搜狐了。“搜狐一秒钟有多长”，创意源于世界多出一秒钟的新闻，这个互动游戏在朋友圈传播的范围不小，很多朋友都见过或者玩过。这个创意营销对于增加搜狐 APP 的趣味性，增加客户黏性很有帮助，对于搜狐的品牌也是一种正向传播，值得学习和借鉴。

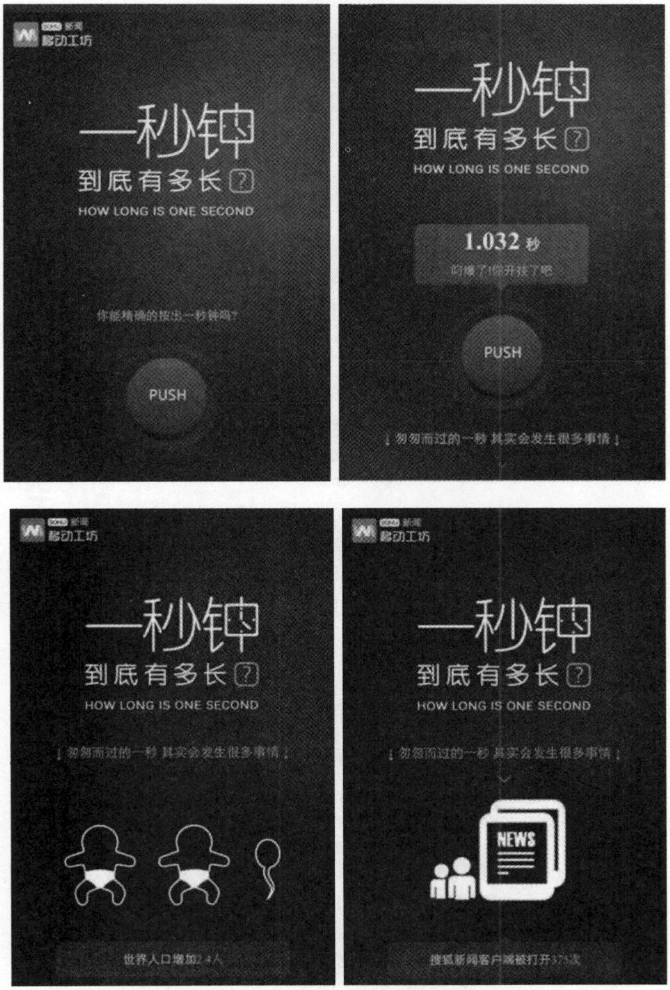

“一秒钟有多长”的 H5 截图

笔者曾经见到过另外一个版本的玩互动的“一秒钟有多长”，融入打榜比赛成绩，鼓励引导用户用微信再分享到朋友圈炫耀，实际上是为了达到多次传播，互动的效果更好。

不过，搜狐这个案例在朋友圈热闹了几天之后，想再找到很难，因为搜狐没有主动去做其他方式的传播。笔者认为，如果做好策划，做好整合传播，这个互动的创意营销效果可以做得更好。

2. 线下互动

2015 年 8 月 8 日，伊利在意大利米兰世博会发起了“未来牛奶”的全球创想，邀请全球消费者为“未来牛奶”提出自己的创意和建议。全球消费者踊跃参加，提出了很多奇思妙想，比如意大利消费者提出未来要生产“情绪牛奶”，心情不好时喝一口可以改变心情；美洲消费者提出生产“植物牛奶”，通过基因改良，我们种植出来的水果的果实将成为牛奶诞生的新途径等。

伊利的这个线下互动创意非常棒，把普通的一次参展在营销上利用到极致。百度一下关于这个创意互动及相关新闻的再造，显然是伊利在推动，但是整合起来传播的力量很大。在品牌国际化方面，伊利已经领先一步了。

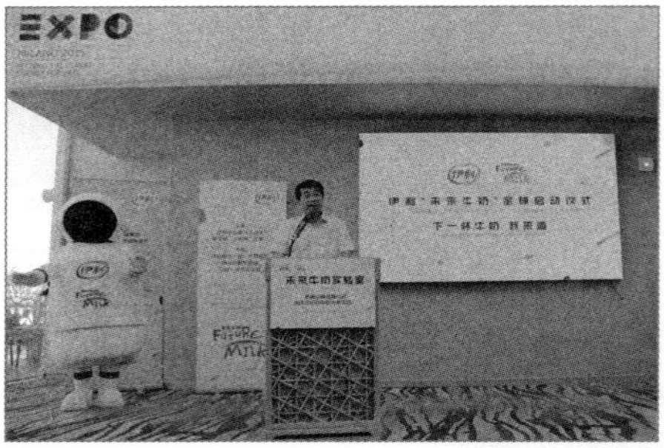

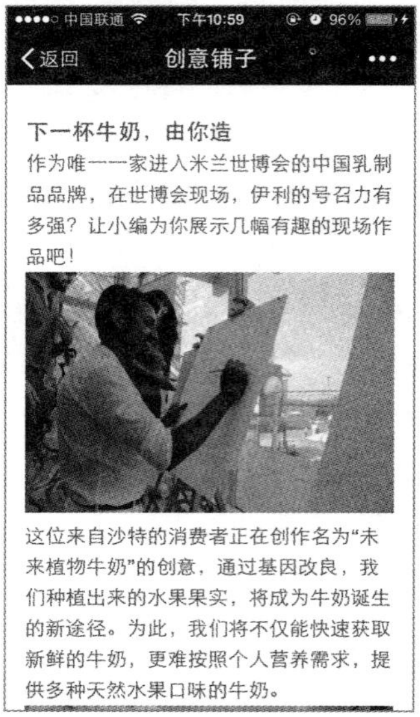

手机端检索到的米兰世博上伊利的创意互动征集

在米兰世博邂逅未来牛奶
新浪财经 2015年08月11日 16:00
近日,作为唯一一家进入米兰世博会的中国乳制品,伊利在米兰正式启动"未来牛奶"...邀请原创作者前往位于欧洲的"未来牛奶实验室",深度参与"未来牛奶"的研发创造...
7条相同新闻 - 百度快照

伊利发起"未来牛奶"全球畅想 米兰世博掀起创新热潮
中国广播网 2015年08月08日 20:00
还是……在本次聚焦"滋养地球 生命的能源"的米兰世博会上,伊利集团发起"未来..."未来牛奶实验室";同年11月,习近平主席和新西兰总理约翰·基共同为伊利集团... 2条相同新闻 - 百度快照

中国牛奶登米兰 伊利国际ShowTime
糖酒快讯 2014年10月18日 09:14
作为"国际范"的伊利,在前进道路上,一直保持过硬的品质。继2010年服务上海世博会后,时隔五年,伊利又将服务世博会啦,金牌品质杠杠滴。 众所周知,作为全球乳业10... 百度快照

宜家有Space10 而伊利的"智慧牛奶"无边无界
贵阳晚报 2016年04月18日 10:37
这是一间占地1000平方米的未来生活实验室,是宜家与创意机构Carla Cammilla Hjort...好玩的不止这些,去年8月份,伊利还在意大利米兰世博会发起了"未来牛奶"的全球创想... 4条相同新闻 - 百度快照

伊利米兰世博会"未来牛奶"创想 点燃激情
地产中国网 2015年11月15日 21:56
2015年8月8日,伊利在意大利米兰世博会发起了"未来牛奶"的全球创想,邀请全球消费者为"未来牛奶"提出自己的创意和建议。全球消费者踊跃参加,提出了很多奇思妙想,...
2条相同新闻 - 百度快照

PC 端检索到的米兰世博上伊利的创意互动征集

麦当劳的营销创意层出不穷，玩互动也是深谙其道。这是国外街头的麦当劳户外拼图广告，看看你能不能拼上吧？估计拼完了应该有优惠券，否则谁愿意那么耐心地去拼呢？

麦当劳的拼图户外广告

其实线上互动也好，线下互动也罢，一定要注重整合传播的力量，把两个互动相互结合，相互导入，玩互动的效果才会最佳。互动的具体表现形式可以是图片、平面广告、视频、游戏、基于 H5 的应用、话题、软文、事件营销等。

另外，玩互动从思维方式上来分，可以分为正向和逆向。

1．正向互动

企业的公关事件或由此引发的话题引起了广大目标群体的共鸣，于是目标群体积极响应，和企业共同把公关事件造成轰动效应。这一路径是公关事件成功的主要方式。

2015 年 12 月 1 日，北京雾霾严重。当你打开手机淘宝时，屏幕变成了灰色的，用手指擦除雾霾，“手护”蓝天。这个互动因为有环保公益的元素在里面，参与率非常高，手机淘宝用户对淘宝自然有好感，下单购物也不因为北京严重的雾霾而扫兴了。

淘宝手机界面

2．逆向互动

通过一个与人们传统价值观念或习惯对立的活动或话题引起人们的批评与讨论，从而将公关事件效果扩大化。

中国有句古话叫作“盖棺定论”，但有一个例外，那就是中国历史上宋朝“名”相秦桧，他死了几百年了，却还是个争议性的人物。

2011 年 12 月，上海艺术家金锋塑造了秦桧夫妇的雕塑站像，并给作品起名为《跪了492 年，我们想站起来歇歇了》，在坊间引起轩然大波。正反方观点大碰撞，争得不可开交。

秦桧夫妇的雕塑站像

其实，雕塑的命名有挑起话题的意味，已经暴露了当事人的营销想法。不管是策划，还是无意为之，造成的争论话题持续发酵，结果呢？据媒体报道秦桧博物馆的参观游客络绎不绝。

4.24.4　玩互动的要点及注意事项

玩互动，在网络营销中很有意义，那么有什么需要注意的呢？

首先，互动环节的设计要简单可复制。人都是有惰性的，特别是网民，惰性更大，参与互动比较复杂，很多人便不会参与其中，即使参与了也会有很多人中途放弃。比如申请试用产品、参与调查等，手续要便捷，申请表格应该简单明了，不涉及用户隐私等。

其次，客户参与互动最好要有直接的利益。当然，这个利益也要评估一下，要确认承受得起，开发客户成本在可控范围内。至于如何给客户利益，可以参考前面讲过的第十一计“设奖赏”。

再次，参与互动者的体验要好。如果体验不好，不如不互动。

最后，参与互动的人群尽量是我们的目标营销人群。不能特别精准，也要做到相对精准，除非是为了要营销的噱头，否则风马牛不相及的客户，与之互动就是浪费精力和时间。

此外，不要盲目地跟风去学互动，不要集中投放一个传播渠道，不要只为了营销不重视互动或者只互动不营销。

如何玩互动，笔者总结了六个步骤仅供参考，也作为本节的结束。

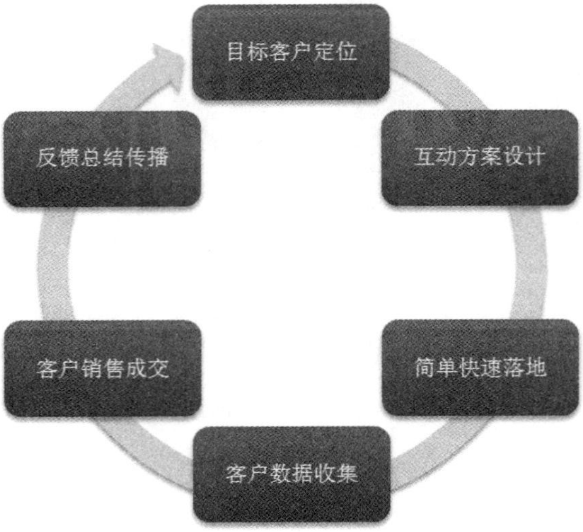

玩互动的六个步骤

4.25　第二十五计：做加法

4.25.1　做加法思维的重要性：互联网都在 +

这一计的重要性，用一个在国内已经很火并且还将继续火下去的词来证明，那就是“互联网＋”。这个概念的提出已经上升到国家战略，国务院以及地方政府出台的一系列配套政策就不再赘述了。

在“互联网+”行动计划的引导下，对于传统行业来讲，互联网的助推器和润滑剂的作用将更为显著，甚至会创造一种新的经济形态——将互联网的创新成果深度融合于经济社会各领域之中，提升实体经济的创新力和生产力，形成更广泛的以互联网为基础设施和实现工具的经济发展新形态。

可以说，一个“互联网＋”就包罗了万象，互联网＋法律、互联网＋农业、互联网＋工业、互联网＋教育、互联网＋医疗、互联网＋任何产业和行业，如果企业落实到位，都会有不俗的利润表现。

笔者有一个学员，是做起天大圣护理机的，也就是国外的“移位机”。目前国内还没有普及这类产品，国外的产品价格也比较高。该类产品是他自主研发的，已经获得专利。这款产品是为长期卧床的患者的生活起居提供便利的移动位置的设备，患者本人如果双手可以活动，可以自己控制设备挪动身体到卫生间或者上下床，减轻了护理人员的劳动负担。即使目前这款产品的设计还不够美观，但是因其实用的功能，一直有客户在线上购买。

起天大圣护理机图片

后来这个客户听完我的课程，想到了互联网。他准备给这个设备增加远程监控、远程操作、视频通话、智能警报功能，收集存储数据，实现这些功能后再尝试对接医生咨询服务，这个想法已引起了多家养老机构的兴趣，更是引起了部分投资人的关注。

（扫码阅读起天大圣护理机的销售信）

显然，一个新兴的护理设备，用了做加法的思维，就从“丑小鸭”变成“白天鹅”了。不管这个项目融资的最终结果如何，这个做加法的思维已经让我们对这款产品未来的价值有了充分的想象空间。

再来看一个孩子教育理念方面的做加法案例。曾经有这样一篇文章《荷兰人这样教孩子“给予”：要做加法，而不是减法》，文章中重点讲述了教育孩子如何帮助人的两种方式。

笔者认为，文章中所说的加法式给予，就是让孩子给别人物质以外的其他帮助，或者说把爱心、友情、赞美等加到物质之上。而减法式给予，就是单纯给予一种赠予或者帮助。

文章中指出，加法式给予，可行性创新性强，选择多，路越走越宽阔。给予和接受的双方，互动触点的层面多、维度广，更容易有情感联系和同理心。“加法式给予”正面地教导孩子意识到广义的给予，无论是家人间情感的给予、社会上人际交往的给予，还是工作中才能的给予。

加法式给予，孩子可以和外界建立更多的延展性及参与感。孩子自然主动地观察周遭的环境状况，关注他人的言行喜好，逐步掌握发现美、表达爱的能力。另外，培养了孩子反观内省的感受力和良好的共情能力。

减法式给予，不易发散可能性，路会越走越窄。给予和接受的双方，是一种单向付出，互动和共鸣感不强。虽有礼节，但不免会有一种随时审视评判自己能力的紧张。若给不出来，不但孤立了自己，还有可能使自己出现沮丧泄气的挫败感。

文章最后一段话写得很有哲理，也把这两种帮助别人的方式讲得更为透彻。“就算空着手，不能空着心。”“一场倾听，一个拥抱，一句赞扬，一段祝福，一声鼓励，都是传递了心意和惊喜的‘给予’，会形成越加越多的珍贵点滴，生命由此厚重，生活因此美丽。”

其实这不仅仅是对于孩子的教育，对于我们的企业营销也很有启发。营销无定式，每一次好的创意看似“灵光乍现”，其实是对大量素材的分析思考，或者平时知识的积累，所以从这个角度来讲，创意营销本身就是做加法的产物。

做加法，从商业模式的角度来讲，就是要做多元化。当然，无论产品的多元化还是产业的多元化，都要看企业具体的情况。近两年，方太在不断推陈出新的同时，也在加大力度构建多元化的用户交流平台，面向更广阔的群体传播健康、环保、优雅的生活方式。

2016 年 6 月 7 日，方太举办了主题为“有爱无界”的 2016 新品上市发布会，推出了欧近式吸油烟机星魔方、水槽洗碗机 Q6 及蒸微一体机 Z1 三款创新跨界厨电产品。

方太总经理茅忠群在新品发布会上表示，“在厨电的功能上做加法，在空间上做减法，让每一件厨电产品都物尽其用，这就需要无界的创新思维了。比如今天发布的三款新品，就是对于传统厨电产品边界的突破与重塑，甚至超越了传统厨电的产品形态。”他总结认为，“创新如果守着传统的界限，就不可能有大作为、大创新。”

做加法的思维，大到商业模式，产品开发，小到产品具体的每一次营销活动，每一张海报，每一篇营销软文，都是一种典型的思维方式。

4.25.2　做加法的营销案例

做加法，在网络营销的创意中，就是围绕企业的产品或者服务，为了传播或者直接促成交易而增加的有吸引力的元素。

正如一句话所讲，“生活不是所有事物的简单相加，而是自身价值的完美渗透”，营销创意中的做加法也是如此。需要把产品和服务的价值渗透进去，否则这个增加的元素就值得商榷。

1. 比喻类做加法

2016 年的高考，对很多考生来讲是好事，取消了原来延续多年的高考特殊加分的事项，仅保留了少数几项加分条件。有媒体用比喻类的文章标题，将此事给家长带来的愉悦表达得淋漓尽致：高考加分做“减法”实则是教育公平做“加法”！

2016 年 7 月，经国务院批准，新组建的中国航空发动机集团有限公司（以下简称“航发集团”），列入国务院国有资产监督管理委员会履行出资人职责的企业名单。也就是说，目前国资委直接监管的企业数量重回 106 家。

有专家评论，组建航发集团显然要用举国体制的方式来实现对航空发动机技术和产业化应用的突破。在目前的情况下，这可能是最有效的缩短国内外技术差距的办法。当然，航空发动机的研发势必也会涉及部分民营企业的材料、技术等方面，如果后续该企业能在项目招投标、混合所有制等方面有新的突破就再好不过了。

有媒体用这样的标题表述这个事件：央企改革的一道“加法”题。

2．形象相加

这是巴西 Procopio Ferreira 剧院，一家名为猫途鹰的跨境旅游网站的介绍显示，它是受欢迎程度排名第一的剧院。2015 年 Procopio Ferreira 对其全 3D 效果进行推广宣传。广告中，将《哈姆雷特》《歌剧魅影》《明天是属于我的》中的经典人物从三个维度分离开来，红蓝两色则代表了当前最为普遍的红蓝 3D 技术。换句话说，一个人物形象，用三个维度表现，来叠加出 3D 的视觉效果。观众看完，稍加思考，就能领略所要传播的 Procopio Ferreira 剧院全 3D 化的良好体验效果。

猫途鹰对这个剧院的评分

3．产品卖点上加元素

在 20 世纪八九十年代的美国玩具市场上，有一种名叫“椰菜娃娃”的玩具风靡一时，给一代人留下了深刻的回忆。掀起这场“椰菜娃娃”风潮的，是美国奥尔康公司的总裁罗波尔。罗波尔之所以设计出这种椰菜娃娃，是因为他小时候听过一个童话，童话说小孩子都是从菜地里长出来的。

20 世纪八九十年代风靡于美国的“椰菜娃娃”

刚开始这种娃娃销量并不大，多是一些玩具藏家购买，后来罗波尔重新对椰菜娃娃进行设计定位，在营销上做了一系列加法，使得椰菜娃娃在短时间内成为人们的宠儿，甚至引领半个世界的抢购风潮。

各种各样的“椰菜娃娃”

首先，奥尔康公司在“椰菜娃娃”的外形上做加法，让设计出厂的每一个娃娃都不相同，保证每个消费者购买到的产品独一无二。“椰菜娃娃”身高 40 厘米左右，性别上有男娃娃，有女娃娃；种族又分为白皮肤、黑皮肤和黄皮肤；发型有辫子、直发、曲发、光头等；发色则有金色、黑色、栗色等；容貌也千差万别，细致到酒窝、雀斑的位置各不相同；衣服则有短裙、长裙、衬裤、披风等；连鞋子都各不相同。

为了让“椰菜娃娃”更加逼真，奥尔康公司还进一步做加法，为每个娃娃制造 ID。每一个椰菜娃娃身上都附有出生证、姓名、脚印，屁股上还盖着“接生人员”的印章。为了更具人情味，顾客只能“领养”娃娃，不能“购买”，并且在“领养”时需要庄严地签署“领养证”，以确立“养子女”与“养父母”的关系。这一系列的加法营销使“椰菜娃娃”炙手可热，人们争相排队“领养”，连美国总统夫人也把这种娃娃作为圣诞礼物送给儿童。

4．产品功能上做加法

女性常常会遭遇这种状况：背包中东西太多，要找到需要的东西得翻腾大半天。下面这款自带照明的包包就给出了一个完美的解决方案，设计师在包中安装了 LED 灯，功耗极小，内置了可充电的锂电池设计，每次充电可以保证数月的照明时间。看似设计师只为产品加入了一点功能，但是这简单的加法却足以让消费者心动。

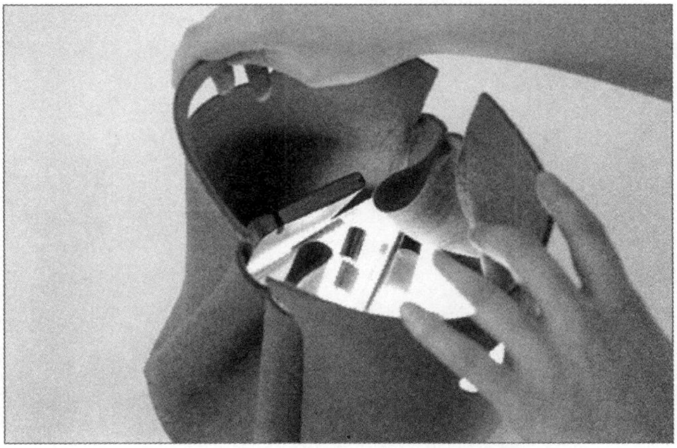

自带照明的智能手提包

除了增加内置 LED 照明，包包可以做的加法还很多。美国休闲时尚品牌拉尔夫•劳伦推出了一款颇具科技气质的包袋，这款包不仅有 LED 照明，还添加了 USB 充电功能，对于平时手机不离身的女性来说诱惑力又升级了！

添加 USB 充电功能的包

做加法要善于发现消费者的需求，买票难的问题一直是用户的痛点，猎豹浏览器正是看准了这个市场，在浏览器基础上增加抢票功能，春运期间迅速吸引了众多用户，市场占有率直线上升。之后铁道部约谈猎豹浏览器的事件更是将产品推到风口浪尖，从另一个角度为产品做了宣传。

猎豹浏览器抢票功能

我们在前面讲的起天大圣护理机的案例，也是功能上做加法诞生的新产品。

5. 产品包装上做加法

产品的包装是我们最好的宣传武器。可是我们认真看一下，有多少中国制造的产品包装还停留在初级阶段。中国的工业设计在进步，产品设计在进步，但是包装的进步仍需努力。特别是让包装成为我们营销的利器，因为没有什么比产品包装给你的客户留下的印象更深刻了。三只松鼠在这方面就比较成功，值得借鉴。

三只松鼠

安徽三只松鼠电子商务有限公司成立于 2012 年，是中国第一家定位于纯互联网食品的品牌企业，也是当前中国销售规模最大的食品电商企业。“三只松鼠”主要以互联网技术为依托，利用 B2C 平台实行线上销售。凭借这种销售模式，“三只松鼠”迅速开创了一个干果食品的电商零售模式。

三只松鼠非常善于做加法，在产品包装、服务上都很注重消费者的体验。笔者购买过一次三只松鼠的产品，现在真实地晒一下单。

三只松鼠外包装上附赠的开箱器

体验包

体验包中的赠品

赠送的钥匙扣

赠送的松鼠湿巾

吃不完的封口夹子

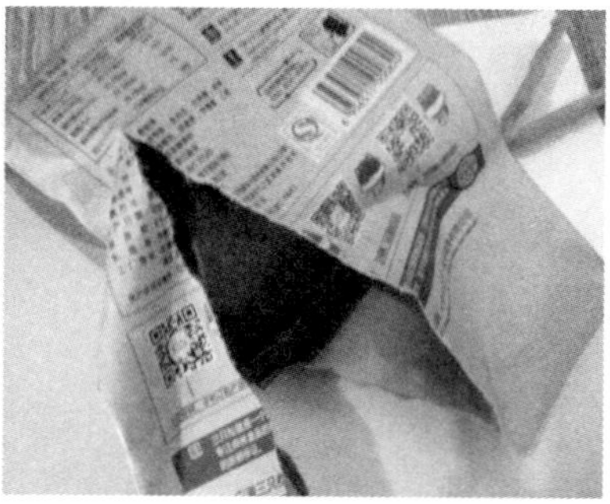

防潮的双层包装

三只松鼠的服务卡

同样是卖干果，单从包装的角度来讲，线上购买三只松鼠带来的体验感觉一定超过任何一家线下干果店，刚才上面一系列图片已经做了真实展示。我想这就是三只松鼠能够成功打造互联网干果品牌的一个重要因素。

6．产品概念上做加法

早在 2006 年，营养快线的年销售额就突破了 30 亿元，到 2009 年，销售额突破 120 亿人民币。三年多的时间，销售额翻了 4 倍。营养快线最初以“牛奶+水果+营养素”的概念出现，既有来自牛奶的钙质，也有来自果汁的维生素，更宣称含有人体必需的 15 种营养素。

广告语打出了“早餐喝一瓶，精神一上午”和“15 种营养素一步到位”的口号，“营养特性”上的加法大大强化了在消费者中的认知。此外，营养快线还在瓶口设计上做加法，增大瓶子的开口直径，使饮用更畅快，同时给人更快补充营养的感觉。

营养快线包装

7. 产品体验或者服务上做加法

笔者有个学员企业，蓝夫救援，是专做急救设备和材料的企业，产品比较丰富。他们按照家庭急救、户外急救、工厂急救等环境组合了一些套餐包，目前主要通过线下渠道销售。网络营销的工作刚刚开展起来，做得并不算深入。

在和董事长马正深入沟通过程中获悉，从 2015 年年底开始，蓝夫救援开展了一些创新性工作。他们主要用的就是“做加法”思维，除了在产品组合上进行细分之外，持续性地狠抓服务。

他们率先推出“免费应急培训”，为客户提供增值服务。尤其值得指出的是，他们的培训不仅仅停留在理论层面，而是深入应用层面，把应急实操作为培训的重头戏。要知道，应急实操要耗费大量的急救用品，成本比较高，但是蓝夫坚持了三个月。

在 2016 年的 3～4 月份，这是往年急救用品销售的淡季，蓝夫的新客户增量以及客户的下单数量均出现双指标快速上扬。笔者认为，蓝夫救援这个案例告诉我们，产品质量过硬，体验和服务上做加法，最终才能够赢得消费者的青睐。

蓝夫的做加法策略

4.25.3　做加法的注意事项

做加法的创意，必须要注意以下几个问题。

第一，不能乱加，加上去的元素要相融。

无论是产品开发的多元化，还是商业模式的叠加，都要考虑运营的层面，即使是资本驱动型的初创企业，也需要在做加法的元素上认真考虑。否则，出现“画蛇添足”的情况就得不偿失了。

比如一些进口葡萄酒，我们经常能见到奇怪的酒标与酒名，源于臆想中的“贵族范”与“欧洲派”，甚至在包装上矫揉造作。葡萄酒的营销必须要做，但前提是尊重原产地文化和本国消费者，盲目地画蛇添足，很容易给懂行的消费者留下“以次充好，低价高卖”的印象。

第二，做完加法要验算，看一下我们加上去的元素有没有错误。

在商业模式上，大多数项目都可以加金融，都可以加互联网，那么需要考虑加上去之后是否符合法律法规，是否能够落地。

在内容营销上，加上去的内容是否有依据，是否出现了引用错误。

在促销活动中，加上去的赠品和服务是否有瑕疵。否则，“弄巧成拙”比“画蛇添足”带来的麻烦更多。

对于每一个人来讲，成长需做加法，成熟需要做减法。企业也是如此。在企业创业期和成长期，就多做做加法吧！

借用一个历史故事诞生的一句名言：“韩信点兵，多多益善”。营销创意做加法，执行落地做减法，就会开创一片崭新的天地。

4.26 第二十六计：做减法

4.26.1 什么是做减法

前面我们分享了“做加法”的创意，与此相对应的就是“做减法”的创意规律和方法。笔者觉得做减法首先也是一种定位战略，也可以视为一种价值观。做减法是低效资源的释放，释放之后如何进行重新组合，又可以回到“做加法”的思维。

在中国哲学中，“做减法”也是一个重要的概念。表示“终极真理”那就是“大道至简”，这一理念不仅被哲学流派诸子百家所重视，也被宗教流派所使用。“大道至简”是指大道理（基本原理、方法和规律）是极其简单的，简单到一两句话就能说明白。正所谓“真传一句话，假传万卷书”。

做减法，其实在摄影圈子中也经常被提到。我们常见的摄影技巧：背景暗调、高光、虚化、淡色调等，当这些全部融入你的脑海，你往往不知道如何拍摄了。摄影中的做减法就是说，拍摄中应该减去画面中与主题不相关的元素，这样才能突出主题，才能让拍摄出来的作品引人注目。

在互联网迅猛发展的大趋势下，电商一直都是一个热门的词汇和应用。笔者认为，做好电商也要先做减法。

首先要减产品。传统企业产品卖不出去，根本原因大都在于产品开发不够好，这里面的原因是多方面的，包括缺乏产品经理。还有一个非常重要的原因就是产品线太多，缺乏聚焦点。笔者在服务企业的过程中发现一个现象，很多传统企业做互联网常犯的错误是认为竞争对手太过强大，往往不自信也不敢拿出自己最有优势的产品来推广，而是另起炉灶，重新开发产品，结果可能终于有了差异化，但是缺乏了竞争力。

其次是减渠道。传统商业竞争在渠道领域更多依赖于空间的资源优势，比如商超、卖场等，构建这些渠道所需耗费的时间很长，而且效率较低，管理成本高。笔者认为，互联网时代，线上的渠道更集中、更聚焦。对于实力不强的小微企业，应该砍去那些占用大量资源和时间成本都很难救活的渠道，把优势的资源和兵力投入产生价值的渠道。因为，在互联网带来巨大变革的时代，小微企业先活下来更现实和重要。当然，如果有融资有资金烧，必须要规模化地扩张，那就是另外一个话题了。

最后是减人。减人不是要简单地裁员，而是建立一种适合互联网的全新的组织架构形态，要建立适应互联网时代的高效流程。再好的产品，再好的服务，低效在互联网时代都是致命的。应该采用小微组织和蜂巢组织模式，跨部门横向沟通，而不是纵向汇报，所有决策周期和流程尽量缩短。

做减法，实际上就是将烦琐复杂的流程简化，或者将产品多元化战略做取舍，在营销上集中资源优势打围。做减法应用的具体表现方式比较广泛，包括商业模式设计、产品定位、平面广告、软文、漫画、事件营销的话题等。

4.26.2　做减法案例

中小企业的营销，做减法方面除了可以考虑上文讲到的减产品、减渠道、减人，还可以考虑减产品功能、减产品成本、减营销成本、减内容传播的散点等各个方面。

1. 阿姆斯特丹的奇特图书馆

2014 年 12 月，荷兰阿姆斯特丹诞生了一家奇特的图书馆，这家图书馆并不出借图书，而是出借衣服，这就是“Lena 时尚图书馆”。馆内常备最流行的 1200 件时尚衣物，从复古衣着到环保时尚品牌，甚至新锐设计师品牌，应有尽有，款式和质量堪称一流。

其运作模式也与普通图书馆相仿，消费者只需要办理一张“借衣证”，并按月支付会费即可借出心仪的服饰，图书馆会根据服装价值收取相应的租借费用。Lena 时尚图书馆一营业，就在当地迅速掀起了一股热潮，热爱时尚的人们纷至沓来。

这个品牌是如何做减法的呢？

首先，让客户减少消费。

这家店不出售衣服而是出借衣服，不仅环保，还帮助爱美的消费者减少服装开支，减少冲动购买的机会，每月仅需支付会费就可以无限期借到喜爱的衣服。当然，如果会员喜欢衣服，也支持购买。

其次，减少运营成本。

因为店内服装可以共享，一般维持在 1200 件即可，同时 Lena 时尚图书馆还按照一定报酬回收闲置衣物，买家也可以将自己的衣服交由店家租借或售卖，当然衣物要通过店方严格的审核，只要你的衣物整洁、没有损伤、不是快时尚，又能达到 Lena 的风格和剪裁的要求即可，通过这种共享的方式使 Lena 的成本大大降低了。

最后，减少浪费，为环保做贡献。据说在荷兰，每年会有 240 万公斤的纺织原料被丢弃，Lena 图书馆这种出借衣服的方式也减少了浪费，为环保做出了一份贡献，也是做“减法”思维的又一功劳。

荷兰阿姆斯特丹的 Lena 时尚图书馆

2. ZARA 的垂直模式做减法

ZARA 是西班牙 Inditex 集团旗下的一个子公司，它既是服装品牌，也是专营 ZARA 品牌服装的连锁零售品牌。1975 年设立于西班牙的 ZARA 隶属于 Inditex 集团（为全球排名第三、西班牙排名第一的服装商），在世界各地 87 个国家内，设立超过两千多家的服装连锁店。《2016 年 BrandZ 全球最具价值品牌百强榜》中，ZARA 排第 35 名。

ZARA 的成功，除了因其拥有庞大的设计师团队之外，也和经营模式中“做减法”的思维是分不开的。ZARA 门店每周有 40%的货品都会被更新，这得益于它特有的垂直出货模式。这种方式极大地缩短了出货时间，使得每两周就有新品上架，一年可以问世 15～20 个系列新品，是普通品牌的 8～10 倍。垂直模式与饥饿营销非常类似，商品的快速更新意味着消费者要及时下手，否则转眼就买不到了。那么，垂直模式又是如何做减法的呢？

ZARA 通过旗下 42 家子公司来负责从采购布料、印染、裁剪和缝制到运输和分销的全过程，渠道上减掉了中间商和代理商的费用。制作环节采用家庭工厂的方式，降低人工成本。服装生产出来之后，ZARA 又不断缩减运输时间，在最短的时间内配送到门店。

世界四大时装连锁机构之一 ZARA 多方做减法，掌控潮流

3．Roseonly 产品定位做减法

Roseonly 在产品定位上就是典型的做减法，作为一家网络花店，Roseonly 的定位是高端品牌花店。当消费者注册后需要绑定指定收礼人，送花人和收花人的姓名将绑定在 Roseonly，终生不能更改。主推的营销特点就是在该花店买花，“一生只送一人”。

Roseonly

虽然这种营销模式在一定程度上会降低销量，但是理念却引起各路明星和消费者热捧，打造出一种全新的示爱方式，很快扬名鲜花行业。“信者得爱，爱是唯一”的主张和万里挑一的奢侈玫瑰描绘出关于爱情的美好传说。做减法使 Roseonly 的受众更加清晰，理念也更容易为消费者所理解，传播也会更加迅速。

4. 老人机

智能手机近年来普及迅速，功能越来越强大，照相机＋优盘＋点读机＋炒股机＋导航仪等功能不断在智能手机上被叠加，有一款手机却在功能上做减法，减到只有接打电话和发送短信的最基本功能，这就是“老人手机”！这款手机市场上曾经很热销，直至今日，依然有稳定的市场份额。

老人手机截图

5. 其他案例

再来看几个做减法的营销推广案例。

由 Scribble 公司开发的 Scibble 吸色笔可以“吸取”任何物品上的任何颜色，然后立刻合成此颜色并可以涂画在纸张上或者电子屏幕上。由于 Scribble 内置了 1GB 储存空间，因此能够识别超过 10 万种颜色，将 Photoshop 的吸管功能变成了现实。

如何体现这个笔的卖点呢？显然背后也是“做减法”的逻辑思维和方法，呈现绚丽色彩的涂画，以前需要大量的彩色铅笔，现在只需要一支笔。一组图片放到一起对比（也有做对比的思路，所以我们说网络营销创意没有定式，可以交叉使用），很容易让潜在客户清晰地记住这支笔的特点。

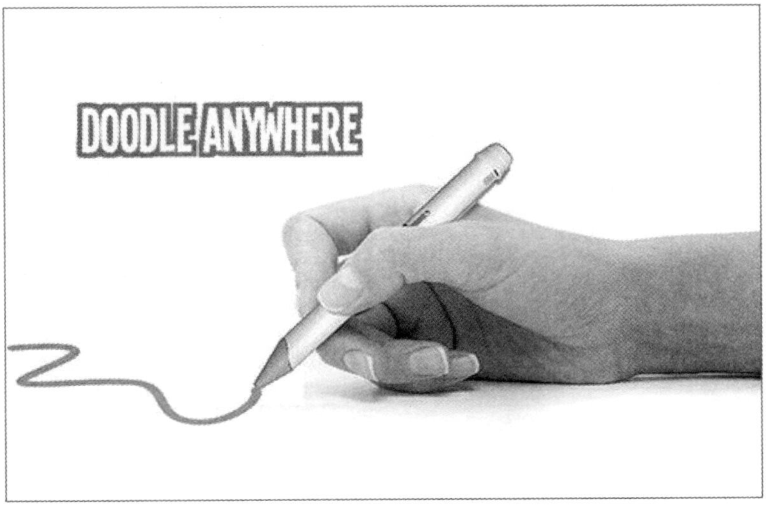

Scibble 吸色笔

有了一只 Scribble，你还需要买多种颜色的笔吗？

我们看到的户外广告，特别是高速公路两边的，都是满架广告（户外广告刚好占满广告架）。不说广告内容，从外形上来讲，偶尔见到异型广告已经很是不容易了。户外广告能不能做减法呢？奔驰 smart 就曾经用做减法的思维推出过超小的户外广告。近 3/4 的位置全部留白，奔驰的 smart 广告仅占用了 1/4 左右的面积，这种缺憾式的美感让这个户外广告特别引人瞩目。

smart 户外创意广告

smart 是德国梅赛德斯-奔驰与手表巨头瑞士 Swatch 公司合作的产物。名称中的 S 代表了斯沃奇，M 代表了梅赛德斯-奔驰。art 意为艺术，代表了双方合作的艺术性；而 smart 本身就有聪明伶俐的含义，也与其品牌理念相契合。

现代都市中车辆越来越多，为应对这个问题，许多汽车制造商陆续提出微型都市代步用车的概念。smart 有概念车的创意，同时兼具了流行及实用等优点。小巧的造型，配合智能化及人性化的操控设计，令 smart 的车型如同一部聪明的大玩具。在这个做减法的创意广告中，smart 小巧玲珑的外形直入人心。

无独有偶，WWF（世界自然基金会）曾经推出一组环保广告，户外广告中把大熊猫作为主元素，加了一句话“Plant more tree”（请种植更多树）。画面中，近 8/9 的位置都是空缺，没有放广告喷绘内容，而是利用广告牌的架子，搭建了几个鸟巢。寓意很明确，环境恶化，树木都没有了，鸟在光秃秃的建筑上搭窝，大熊猫被挤到了广告牌的一个小角落，呼吁人们多种树。

WWF 环保广告：请种植更多树

耐克早年曾经推出过这样的创意广告，在公园并排放置的两张座椅上，一张是可以直接坐的椅子，另一张没有坐板。没有坐板的椅子靠背板上有明显的耐克 Logo。不要以为是耐克营销人员犯了错误，丢掉了坐板，人家是故意这样表现的。耐克提倡运动，建议人们多走路，多运动，不要久坐，没有坐板的椅子寓意在此。把好好的带座椅的坐板减掉，这也是在做减法。

耐克的广告

一个残缺海报的靠背椅广告，比正常的海报更有关注度，这就是雀巢用“做减法”思维，在公园里的长椅上做的创意广告。这个“做减法”的创意，与断臂的维纳斯有异曲同工之妙，“残缺的才是最美的”不敢说，至少缺了一半的广告更吸引眼球是不争的事实。

雀巢的广告

4.26.3　做减法要点及注意事项

笔者认为，如果是在公司战略上做减法，一定要做资源的深度盘点和整合。如果是在商业模式上做减法，要考虑减法做完之后组织架构以及推广模式的匹配。如果是产品功能上做减法，一定要减去客户感到烦琐或者根本不常用的功能，具体可以参考《产品经理如何做减法》一文。

（扫码阅读：产品经理如何做减法）

在营销推广方面，要围绕着公司的战略去做减法，更要围绕落地能力做减法。毛泽东总结出来的军事理论“伤其十指不如断其一指”，也是这个意思。

做减法，先要懂得聚焦，我们通过聚焦做了减法，让消费者能够正确认知我们，这只是第一步而已。第二步，要学会在做完减法的焦点上做加法，建立认知和运营的双重优势。

聚焦做减法，有了焦点做加法！

擅做加减（法），该加的加，该减的减，这是一种营销智慧。

4.27 第二十七计：偷偷懒

先来看一个有意思的视频：

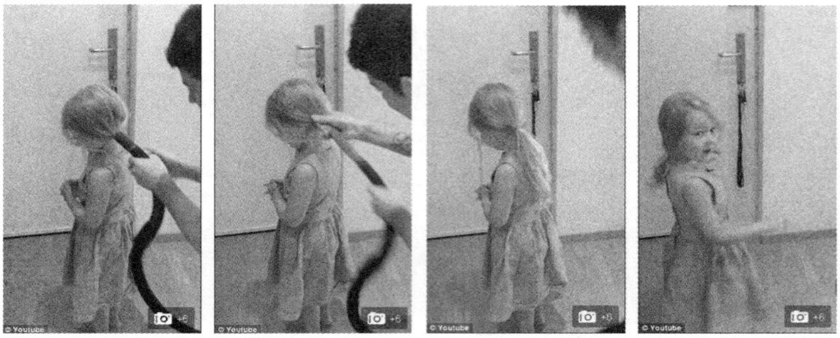

奥地利一位爸爸用吸尘器给女儿扎马尾

（扫码观看，吸尘器扎马尾辫）

2014 年 7 月份，奥地利的雷内·奥特纳（Rene Ortner）在 YouTube 上上传了一段视频，向网友展示了他自创的吸尘器扎头发技能。他先把皮筋套在吸尘管的管口处，然后利用吸尘器的强大吸力把女儿的头发抽到管中，再套上皮筋，不到一分钟，马尾辫就神奇地扎好了。连女儿也被爸爸的技能震惊了！

这段视频在网上发布后不久，点击量就高达 36 万次。爸爸照顾宝贝机智的偷懒话题向来是网络关注的热点，每次有相关主题发布，就会引发一阵热潮。

其实，偷懒的老爸各有千秋，下面就揭开他们为什么喜欢偷懒。

4.27.1　人为什么会懒

从心理学上讲，因为人类都有自我防卫的本能，当人们从安逸中忙碌起来的时候就需要一个内驱力，当这种内驱力有碍于人类的稳定状态时就会得到人的本能排斥，而这种内驱力最终是否能起到作用，这就要由人类的思维活动来决定了。这种本能让人们习惯于维持现状，以至于懒惰起来。

从生理学上讲，由于人体的荷尔蒙在安稳的状态时处于平衡之中，外来的意向会影响人的神经调节从而改变荷尔蒙的平衡，人就会偏离身体所需的最佳状态，为了维持这种状态人们就喜欢“懒”了！

无论从心理上还是生理上，人是注定喜欢偷懒的。我们的营销工作也要迎合人的这个喜欢偷懒的本性，无论是产品定位、产品研发还是产品推广，如果能让客户偷懒，也会在营销上取得一定的成功。换个角度来讲，营销中的偷懒思维，就是让消费者在生活、工作、学习等方面能偷懒，让他们能有更多的便捷。

4.27.2　偷偷懒的价值

马云曾在一次《懒人改变世界》的演讲中说：

“因为懒得上楼，所以发明了电梯；因为懒得提水，所以有了自来水；因为懒得走路，所以创造了马车；因为懒得颠簸，发明了汽车；因为懒得走太久，这世上又因此出现了飞机；再然后，因为懒得什么数据都要自己处理，所以发明了计算机；因为懒得什么活都要自己做，所以创造了机械；再然后，懒人，改变了这个世界。”

当然，我们都明白，这里所说的懒并不是消极懒惰，而是另一种方式的勤奋，也就是思维之勤——创造力。“懒”可以创造市场商机，可以推动科技进步，也可以促进经济发展和社会文明程度的提高。

本节一开头给大家展示的偷懒老爸，不也是一种偷懒的思维诞生的创意和行为吗？总结一下，偷偷懒在网络营销创意中就是利用人们喜欢偷懒的本性，解决某一个或者某几个能节约人们劳动时间或者精力的问题，无论是实实在在的产品功能研发，还是产品卖点的提炼，甚至具体的一次促销活动，一定要让客户的“懒”换来舒服的体验。长此以往，客户的黏性才会强。

以餐饮行业为例，因为偷懒而出现了 APP，如饿了吗、美团外卖、百度外卖等，以前人们用 PC 端，大家还需要打开电脑，坐到屏幕前。现在手上拿着手机，无论是坐着、站着还是躺着，都能拇指轻触，叫来外卖，可以说自从手机端普及以后，外卖的订单数量持续攀升。有个网络段子这样描绘 90 后，“面朝大海，春暖花开，有个 WI-FI，就叫外卖”。

笔者认为，帮助你的客户在偷偷懒上哪怕前进一小步，你的商业价值就有机会向前迈进一大步！

4.27.3 偷偷懒的应用案例

下面是一个电商平台重点推荐的产品，三款产品分别是可以把饭菜同时料理的电饭锅、疏通排水管道的疏通剂、衣服免洗去污笔。显然，三款产品都为人们的生活带来了便利，都能帮助用户“偷偷懒”。

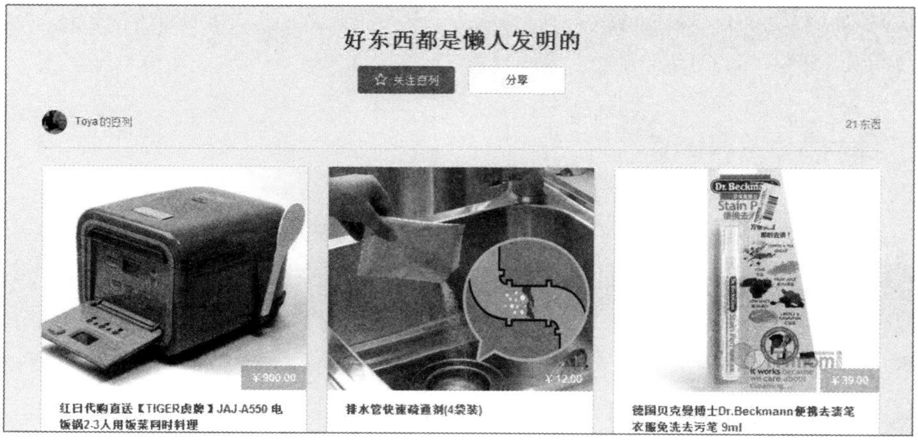

商家运用偷懒概念来营销，因为“好东西都是懒人发明的”

加拿大设计师 Tanya Heath 创立的 TANYA HEATH 品牌，最初的灵感来自于她生活中的切身体验。Tanya 多年前居住在巴黎，每天上班鞋子都是最令她头疼的问题，为了出行舒适的同时又能在职场上得体，她只好带着高跟鞋上班。出门时穿平底鞋，在地铁里再换上高跟鞋去上班，因此被巴黎人嘲笑。为了解决这个问题，她经过多年摸索，终于想出这个点子：设计一双万能鞋，既舒适又满足时尚的需要。

2009 年 Tanya 开始设计属于自己的第一双鞋，到了 2013 年，她创立了自己的专属品牌 TANYA HEATH，成为世界上第一个可调高度和可更换鞋跟的高跟鞋品牌。

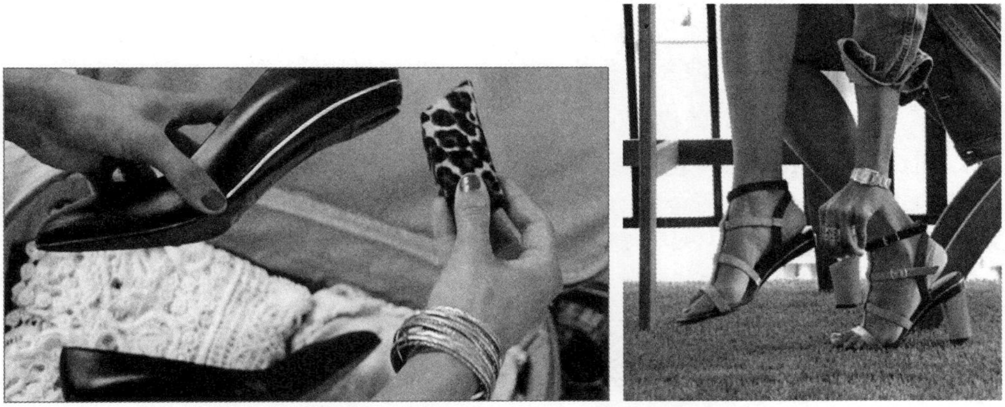

TANYA HEATH 品牌“可以换鞋跟”的高跟鞋

要说偷懒，永远没有止境。日本设计师发明了一台自动洗澡机，算是懒出了新境界。这款自动洗澡机可以容纳一人，用户只要躺在机器里，自动洗澡机会给你涂沐浴露、汗蒸、擦拭并冲洗身体，洗完澡后还会给你涂上身体乳。除此之外，它还带有芳香 SPA 和音乐 SPA 功能，即刻放松你的神经，带来高品质的生活享受。而你需要做的，只是躺在那里睡一觉就好。如果你担心这么大的机器清理起来太劳神费力，它的红外线消毒、清洁功能证明你的担心完全没有必要。在帮你洗完澡之后，它会自行对洗澡机内部进行消毒和清洁，全程无须你动手。这项发明在惠及懒人的同时，对医院、敬老院以及家庭中的老人和残疾人来说也是造福一方。

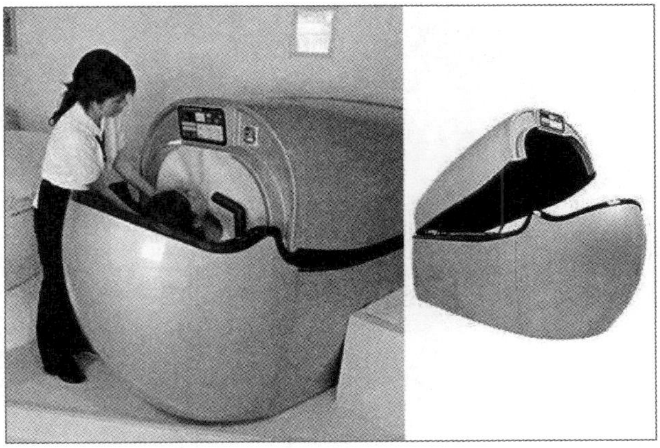

日本自动洗澡机 Avant Santelubain 999

接下来再说洗碗机。这一伟大的发明拯救了许多家庭主妇和煮夫。如今，无论男人还是女人，谁会拒绝偷偷懒，谁会拒绝用更多的时间来享受生活呢？

西门子洗碗机在宣传上就找准了这一卖点，于情于理地展开攻势:“传统的洗碗方式不仅任务繁重，更会占据您的大量闲暇时间。是时候突破传统，解放双手，把时间还给生活，享受更多自由空间了。西门子全自动洗碗机，意想不到的简便操作，令饭后生活从此悠然自得。喝一杯香浓的咖啡，看一场电影，享受与家人的欢聚时光，一切都只在于您的选择。现在开始，轻点指尖，解放双手，把洗碗任务交给您的西门子洗碗机，您只需尽情享受生活。”

西门子洗碗机广告：“突破传统，解放双手，把时间还给生活。”

不但如此，西门子为了进一步推广旗下的洗碗机，还组织了一次别出新意的“我不想洗碗”活动，号召所有懒得洗碗的“懒人”行动起来，在碟子上创作“我不想洗碗”，比比谁更会晒“懒”，并将作品通过微博和微信平台上传，就有机会赢西门子洗碗机一台。

不想洗碗的小白兔

“我不想洗碗”活动吸引了一大波“懒人”参与，想必是不想洗碗这件事引起了太多懒人的共鸣，各种作品在网上争相发布，材料也是五花八门，懒出创意新高度。短短二十余天，网络平台上收到“懒人”原创作品近万件，西门子从中选出十位参与者送出洗碗机十台。

想要在厨房偷懒，只有洗碗机是远远不够的，于是聪明的人类还发明出各种各样的厨房利器，让厨房的时光不再那么难捱。

下面这种调料粉碎机非常类似胡椒研磨机，它可以磨新鲜的香草，像香芹、香菜、洋葱等，虽然懒人应该更倾向于买成品，不过也不排除热爱烹调的懒人。

调料粉碎机

还有专业的多功能切碎机，再也不用担心切到手、食物不均匀，底部的测量器还可以让你看到已经切断了多少食材。

多功能切碎机

DIY 包饺子神器，无论你会不会包，有了它你就不必在皮与馅之间周旋，只需轻轻一按，一个精美的饺子就呈现在眼前。

DIY 包饺子神器

除了上述在厨房里帮你偷懒的产品之外，汽车营销上的偷懒也不少。不过人家讲究的就不仅是产品的细节巧思了，而是高科技带来的便捷和人性化，天籁汽车的营销方式就是以“偷懒”为卖点，引起消费者的关注。以下是天籁汽车从不同角度发布的“偷懒”营销软文。

- 偷懒，不只是舒适！解读天籁如何让驾乘变得“懒洋洋”(太平洋汽车网)
- 偷懒不止一点，日产新天籁女车主的偷懒经（搜狐汽车）
- 【图】天籁无“巧”不成“舒”将偷懒到底（汽车之家）
- 【图文】用“偷懒”来形容汽车？中谷评测天籁（易车网）
- 偷懒有理，天籁过弯不怕你“懒”(和讯网)
- 用“偷懒”来形容汽车？（网易汽车）

我们以其中一篇来自“汽车之家”的《天籁无“巧”不成“舒”，将偷懒到底》为例，简单概括一下这篇文章是如何用偷懒的概念来营销汽车的。

首先，汽车为什么要偷懒？难道是制造者偷工减料吗？显然偷懒不是这个意思：“快节奏的工作环境、生活环境，很容易造成人的神经紧张，如果不能很好地调节放松，舒缓疲劳，严重者还会引起生理不适，患上亚健康。这时，你需要一辆好的车子，凭借先进技术提供各种人性化、便利，同时又兼顾健康舒适的配置帮你‘偷偷懒’，让你舒缓疲劳，放松减压。”看到这里，我们明白了偷懒的初衷，其实是为消费者考虑。

有了这样的前提，下面天籁汽车开始告诉你，它是如何做到让消费者舒适偷懒的。

亮点之一是可以让腰背偷懒：“零重力健康乘坐系统、双重减震系统，能够确保车主拥有最舒适坐姿和最小震动，使其腰背劳累程度比同级车降低 67%。三层缓冲材质的座椅，还能够有效减小行车时因路面不平造成的振幅，并且有效吸收震动，强化整车的稳定性。”

亮点之二是可以让耳朵偷懒：“舒适‘偷懒’巧招：全维超静音车体。长途旅行，开启新世代天籁·公爵后排的双屏娱乐系统，打开屏幕，每一位车内的成员，大可尽情让耳朵偷偷懒，靠着舒适的航空枕头，享受优美音乐带来的愉悦体验。”

亮点之三是可以让眼睛偷懒：“ITS 预警式整体安全系统，实时监测车辆侧后方 3 米范围内的状况，提供变道盲区、车道偏离、移动物体 / 行人探测三大预警，有效提高了车辆的行车安全性。”

怎么样，尽管专业术语不少，但是总结的偷懒让人记忆很深刻吧？

荷兰人发明了一种名为“老虎石”（Tiger-Stone）的懒人铺路机，该机器能够自动铺设漂亮而耐用的砖路。无论在什么地方，只要“老虎石”驶过，都会变魔术般地留下一条砖路。看来，各种发明和技术应用，都是“偷懒”思维的功劳。

荷兰人发明的懒人铺路机

2015 年 6 月，亚马逊 Echo 智能音箱在美国开始发售，这款音箱外形看上去并没有什么奇特之处，它的高明之处在于，在原有语音控制的基础上具备一项新技能——朗读 Kindle

电子书。这项技能无疑戳到患有读书困难症懒人的痛处。不过反过来想想，有需求才有生产力。Echo 音箱除了读书这一大亮点之外，还有许多智能家居功能，比如查看天气、语音购物功能、设置提醒等，还和两款智能家居开关和灯泡合作，实现智能开关灯行动。

还有躺着打字的电脑桌、胶棒黄油……

亚马逊 Echo 音箱会读书

躺着打字的电脑桌，不过看起来有种失重的感觉

胶棒黄油，涂面包更轻松，帮你节省时间享受生活

4.27.4　向偷懒致敬

思考一下我们的衣食住行，科技的进步，时代的发展，让人们越来越懒。再来思考一下我们的商业模式，我们的产品定位，我们的营销推广，必须要让“偷偷懒”不断成功。

当然，偷懒有一个最基本的原则，那就是自己、客户、合作伙伴都能够偷懒，也就是说一定要实现共赢。任何有太多功能的产品，任何让人觉得很高深的、太复杂的产品，任何太复杂、太累人的解决方案，都不是最佳的！必须要偷懒！

那么营销上应该如何应用偷懒做创意呢？

呵呵，我们也先偷个懒，大家自己思考总结吧。如果你实在想不出来，那就关注本书的公众号，联络我们索要答案吧。

偷懒有理，营销有道。

世界因偷懒而进步。

4.28 第二十八计：创第一

4.28.1 为什么要“创第一”

创第一，就是围绕产品或服务在某一方面的突出特点进行挖掘，通过不同的表现手法，比如卡通、漫画、音频、视频等形式表现出来，把营销主体最想要传达的内容有效传达到目标客户群。

为什么要创第一呢？来看一个小故事。

一位大学教授在课堂上问学生：“世界第一高峰是哪座山？”

如此小儿科的问题也搬到大学课堂？大家当然不屑回答，仅用最低的分贝附和：“珠穆朗玛峰。”谁知教授紧接着追问：“世界第二高峰呢？”这下，大家可傻了。有人争辩道：“书上好像没有见过！”

教授不置一词，再问：“那么，第一个进入太空的人是谁？”不料，此次没有人敢回答了。不是忘记了加加林，而是因为大家知道教授的下一个问题，痛苦的是不知道第二个人是谁。

于是，教授又自鸣得意地提了几组类似的问题。非常奇怪，第一个问题的答案几乎没有人不知道，而第二个问题的答案却几乎没有人知道。

教授突然转过身，在黑板上写下了一行字：屈居第二与默默无闻毫无区别！

大家再思考一下，奥运冠军退役之后大都能“名利双收”，而亚军和季军往往挣扎在生活的温饱线上。这就是现实，残酷而又实际！

我们中小企业在营销创意中没有退路，只有找到自己的第一！相信读者看到这里一定会困惑，初创企业或者小微企业，资金实力、产品研发能力、团队实力、销售额甚至产品竞争力都很弱，怎么找第一呢？

请注意，这一计我们的命名为“创第一”，而不是“争第一”，是有所考虑的。那就是要发挥主观能动性，“有条件要上，没有条件创造条件也要上”，更多的时候“第一”是能够创造出来的。

4.28.2　创第一的方法和案例

那么，到底怎么“创第一”呢？

找到产品的差异化，让客户一下记住我们。比如你产品的功能、价格、文化、工艺、包装（比如环保材质或特殊材质）、服务体系、模式、健康认证、环保生产方面有没有第一，销量上有没有第一，渠道改变、员工、监管保障、设备、管理、专利、技术、代言人、客户评价等方面都可以用来找“第一”。下面给出“创第一”关键词一览表。

“创第一”关键词一览表

功能 价格 文化 局部 包装 服务	模式 健康 环保 情怀 销量 渠道 员工	管理 设备 技术 专利 代言 客户	监管 荣誉 资本 品牌 跨界 研发 公益

“创第一”有很多关键词，针对不同的营销目的和推广人群去寻找合适的“第一”，当你找到关键词后做减法，精确定位，之后再去考虑表现形式，比如文章、漫画和视频等。

除了“创第一”的关键词列表之外，还可以重点参考下图给出的十二个角度，只要你愿意，你一定能找到属于你的“第一”。

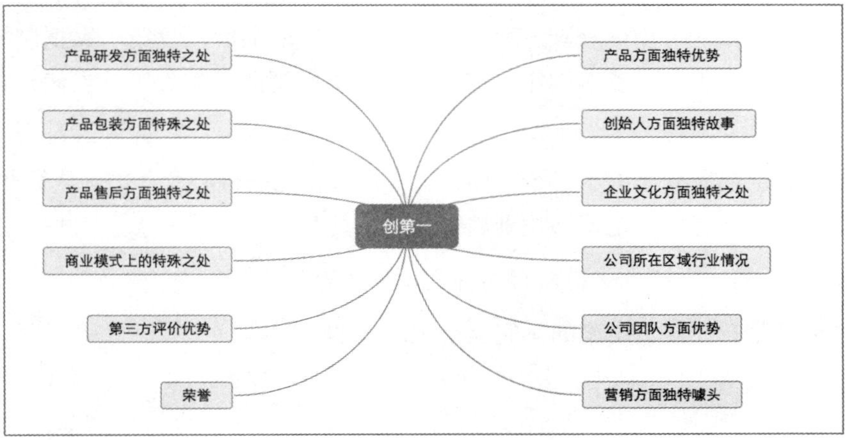

“创第一”参考的十二个角度

当你找到合适的角度，加上恰到好处的限定语，这个“第一”就不会有疑问了。比如《门头沟迎来京西“文化第一镇”》这篇报道，如果说门头沟是“文化第一镇”，肯定有很多镇不服，公众也不信任。不过加上了“京西”就没有争议了，因为这个限定语就是为门头沟量身打造的。

北京宋庄，是艺术家聚居区。这里也是全国艺术家的创业乐土，以艺术为核心的相关产业链及配套服务非常完善。笔者联合青年油画名家赵新雨为合伙人设计了纪念版的一个创意笔筒，他带笔者到宋庄一家餐厅一起用餐。

这家餐厅我们开车要七拐八拐才能找到。餐厅的环境布置得挺有艺术范儿，菜品的价格不算贵，也不算便宜，不过服务人员的服务让笔者感到很差劲。叫服务员加水，感觉磨磨蹭蹭，喊他们加菜，也觉得慢吞吞。内心很不爽，就随口和赵老师说：“这家餐厅的服务怎么这么差，下次不来了！”赵老师却很平静，他的一句话让笔者既震惊又惭愧：他们家的所有服务员都是失聪人员。

这家餐厅的名字叫米娜，是宋庄（或者北京）第一家全员聘用失聪人员作为服务人员的爱心餐厅，笔者不知道米娜餐厅老板的真正营销手段在哪里，但是给笔者的印象就是这个“第一”。在竞争激烈的餐饮行业，一家餐厅，竟然能创造出这样的“第一”，你还能说你自己的项目营销找不到第一吗？！

再举个例子。笔者还有一位学员，叫储惜洲，他在江苏常州长荡湖养殖大闸蟹，大闸蟹品牌命名为“储福记”。他在思考“创第一”时，开始也找不到，思路开启后一下子找到了好多个，比如“第一家用阳澄湖上游水系养殖大闸蟹的品牌”、“第一家抵制捆蟹稻草当大闸蟹分量销售的品牌”、“长荡湖第一家生态养殖大闸蟹的品牌”等。当然，具体表述语言还需要再提炼。

只要围绕着上图所列出的十二个方面，认真思考自己的核心竞争力，从行业、从地区、从某一个细节上去细想，一定能够找到属于你的第一！

“创第一”从操作手法上来讲，有两种类型比较容易。

第一个类型是自己创造出来的，完全是主观上的。

图片来源于网络：第一次接吻，自己创造出来的

第一次遇到警察查房，也是自创

2015 年，贵阳举办了首届世界众筹大会。这里的首届其实就是第一，也是策划和创造出来的。实地举办了，媒体报道得多了，自然也就成了名副其实的第一了。

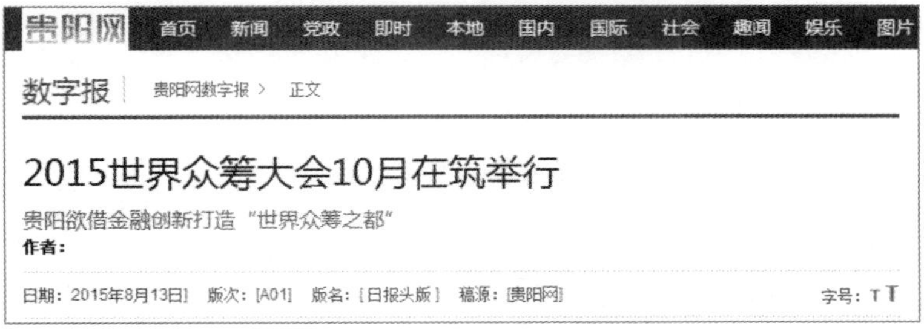
贵阳网　首页　新闻　党政　即时　本地　国内　国际　社会　趣闻　娱乐　图片

数字报　贵阳网数字报 >　正文

2015世界众筹大会10月在筑举行

贵阳欲借金融创新打造“世界众筹之都”

作者：

日期：2015年8月13日　版次：[A01]　版名：[日报头版]　稿源：[贵阳网]　字号：T T

首届世界众筹大会

至于全球首次、规模最大、众筹项目最优质、众筹交易最活跃、众筹模式最多元的全球创客狂欢节，这是政府给世界众筹大会的定位。只要大会成功举办了，这样的“第一”通常情况下也是没有人去争议的。

笔者自己也创造了两个“第一”，供大家参考。

《网络营销决胜武器——软文营销》，这本书笔者写完之后，已经再版两次，多次印刷，版权输出到了台湾。于是笔者讲线下课的时候经常这样介绍自己：第一本把版权输出到台湾的软文营销作者。

为什么要加这个定语呢？严格意义上来讲，笔者的软文营销书在国内不是第一本，第一本是上海的严刚老师写的《字里行间的商业秘密》，只不过严老师比较谦虚没有用软文营销做书的主标题而已。既然自己不是第一个写软文营销的作者，为了创造出“第一”给大家印象深刻，不得不加上了定语。

再以这本你正在看的书为例，毫无疑问，创意相关的书笔者写的肯定也不会是第一本，大师很多，高手如云。笔者还想自造“第一”，“第一本众筹的网络营销创意书”、“第一本不拘风格的网络营销创意书”，这些都可以讲。当然，具体讲哪个第一，还有待权衡。通过限定语详细说明，这是自造“创第一”的秘诀。

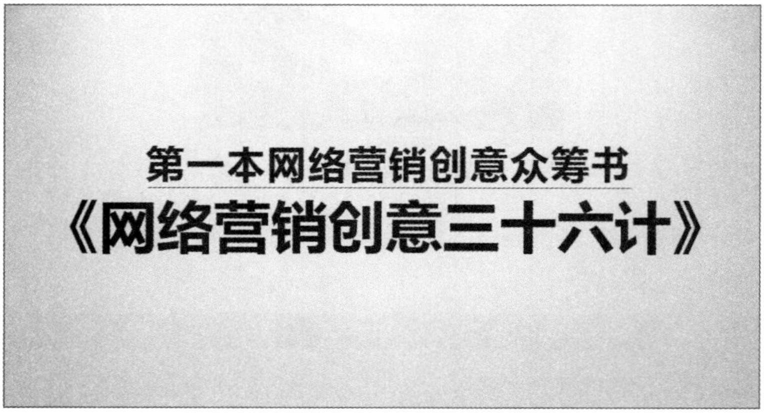

笔者自造“第一”

第二个类型是从客观角度来讲，即从第三方角度来表述，有第三方证据做支撑。比如“武清第一个被媒体评为最受欢迎的楼盘”、“第一个被三大工程师盛赞的手拉葫芦”。

4.28.3　创第一要点及注意事项

1．创第一，不要产生争议。

“创第一”可以是在全国、区域或某一个角度上的第一次、第一名，但是要注意信息的真实性，如果是第三方表述的第一，一定要有依据。自创的“第一”加好限定语，合情合理，这样能够避免争议。如果喊“第一”，有人跳出来质疑并且找到了依据，就出丑了。

2．换个说法玩“第一”。

众所周知，新广告法实施后，对于企业宣传管理更严格，连小米公司都曾经在新广告法实施后遭遇处罚。我们用“创第一”的手法做营销也要充分注意新广告法的相关规定。

“真第一不惧新广告法”。骆驼男鞋连续四年全网销量第一，感谢新《广告法》保护真正第一。这是骆驼男鞋的旗舰店在新广告法实施前做的推广，比较有个性，大张旗鼓地用了一次“第一”。

骆驼男鞋推广

实际上，“第一”在新广告法中并没有被禁止，但要求有实际的理论支撑。

以下极限词违禁一览表，如果有足够数据支撑，使用“第一”没有问题。如果你实在不确定，你可以求证于律师、法律顾问。如果是硬广可以提交工商部门预审，媒介方也有法律顾问，也可以咨询。除非你想故意引起争议或者纠纷，甚至愿意接受处罚来换眼球，否则就要注意避免不必要的纠纷。

极限词（违禁）一览表

最	最、最佳、最具、最爱、最赚、最优、最优秀、最好、最大、最大程度、最高、最高级、最高端、最奢侈、最低、最低级、最低价、最底、最便宜、史上最低价、最流行、最受欢迎、最时尚、最聚拢、最符合、最舒适、最先、最先进、最先进科学、最先进加工工艺、最先享受、最后、最后一波、最新、最新技术、最新科学。
一	第一、中国第一、全网第一、销量第一、排名第一、唯一、第一品牌、NO.1、TOP.1、独一无二、全国第一、一流、一天、仅一次（一款）、全国X大品牌之一
级/极	国家级、国家级产品、全球级、世界级、宇宙级、顶级、顶尖、尖端、顶级工艺、顶级享受、高级、极品、极佳（绝佳、绝对）、终极、极致
首/国	首个、首选、独家、独家配方、首发、全网首发、全国首发、首家、全网首家、全国首家、首次、首款、全国销量冠军、国家级产品、国家（国家免检）、国家领导人、填补国内空白、中国驰名商标、国际品质
品牌	大牌、金牌、名牌、王牌、领袖品牌、世界领先、（遥遥）领先、领导者、缔造者、创领品牌、领先上市、巨星、著名、掌门人、至尊、巅峰、奢侈、优秀、资深、领袖、之王、王者、冠军史无前例、前无古人、永久、万能、祖传、特效、无敌、纯天然、100%、高档、正品、真皮、

新广告法极限词一览表

笔者认为，“全网第一”如果有客观证据也可以使用，不过“第一人”、“第一品牌”很难举出证据，建议不使用。如果一定要用，就不做硬广，用新闻软文形式来操作。新广告法中禁用首次、独家、顶级、极致、高级等词汇，但是有证明也可以用。

在医药、保健品领域监管要比其他领域严格，“首选”、“首家”（都有第一的意思）都不能再使用。

最后，总结一段话与大家共勉：

创第一，

要有依据，

经得起推敲。

上帝没有要求你们成功，

他只要求你们尝试。

不争第一的运动员没有未来，

不争第一的企业没有业绩！

4.29 第二十九计：用卡通

4.29.1 为什么用卡通

卡通作为一种艺术形式最早起源于欧洲，20 世纪初随着世界范围内动画电影的发展，卡通迎来了一个大的普及机会。日本的动画片、美国的大片，把卡通作为一些符号和印迹，深深地植入了中国 70 后、80 后、90 后的脑海中。

卡通，不仅仅只是文化产业，如今已经形成了从影视文化、动漫、舞台剧、玩具、服饰、文具乃至旅游的一个跨产业的综合产业链，可见卡通的商业价值。

2013 年 9 月 26 日，18 米高的大黄鸭亮相颐和园，随后引来大量游客前来参观合影。截至 2014 年 8 月，荷兰艺术家弗洛伦泰因·霍夫曼（Florentijn Hofman）已经带着大黄鸭从阿姆斯特丹出发，先后造访了 13 个国家和地区的 22 个城市，所到之处引发强烈关注，也为当地的旅游及周边行业带来了极大的商业效益。

在颐和园展出的大黄鸭

当代艺术中不乏大型装置作品，为什么霍夫曼的大黄鸭可以如此惊世呢？以经典浴盆小黄鸭为卡通原型而创作的巨型橡皮鸭艺术品，理念上返璞归真，运用了公众喜闻乐见的卡通形象，尤其获得小朋友的喜爱，同时又可以融入世界各地的环境之中，不破坏自然资源而实现经济的快速增长。这里核心的手法就是“卡通”!

既大黄鸭之后，霍夫曼又为江南水乡乌镇量身定制了一条“浮鱼”(The Floating Fish)，延续了他以往以动物为主题、硕大可爱的风格。这件作品是“乌托邦 • 异托邦”乌镇国际当代艺术邀请展的作品之一，陈列在西栅景区内水剧场的水面上。

霍夫曼为乌镇量身定制的“浮鱼”

熊本熊是日本熊本县的吉祥物，英文名为 Kumamon，被评为日本最有名的熊。熊本熊不仅在社交网络红透半边天，还着实带动了熊本县及周边地区旅游经济的发展。国内外游客慕名而来，这只呆萌的熊因此被称为卡通代言界的奇迹，大有赶超它的前辈哆啦 A 梦和 Hello Kitty 的势头。熊本熊的呆萌搞笑并不是浪得虚名，它自带各种高级技能，放牛、扮演歌舞伎、偷菜、欺负其他吉祥物更是不在话下，就是凭着这股作（ZUO）劲儿，收获了全球的粉丝。

熊本熊放牛

熊本熊扮演歌舞伎

熊本熊欺负其他吉祥物

熊本熊偷菜

日本各地基本上都有自己的吉祥物，卡通文化非常盛行，由此产生的卖点也层出不穷。

日本 NHK 电视台的吉祥物

可别小瞧它，威廉王子在日本访问期间还与这只 NHK 电视台吉祥物握过手呢！

与威廉王子握手

看完上面的案例，你现在对于卡通的力量不用怀疑了吧。没有确切的统计，但是笔者认为，中国当今的社会人群，70%是伴随着卡通成长起来的。营销的本质就是沟通，如果沟通的语言不是大众熟悉和容易接受的，沟通就容易出现障碍。

因此笔者总结的网络营销创意三十六计中，把“用卡通”作为一个重要的创意落地方法来和大家分享。用卡通、漫画等形象生动形象地表达品牌或产品的卖点或者活动，能够营造轻松的氛围，让潜在客户加深印象。

可以调侃、可以幽默、可以互黑、可以搞怪，因为有作品再创作的因素在内，一般不会发生侵犯著作权的法律风险。当然，如果抄袭那就另当别论了。

4.29.2 如何用卡通及案例

用卡通主要有以下几种情形。

第一，用卡通设计，通过夸张、变形、假定、比喻、象征等手法，以幽默、风趣、诙谐的艺术效果，讽刺、批评或歌颂现实生活中的人和事。在这个过程中巧妙植入要营销的信息。

蒙牛优益 C 在 2014 年也推出了卡通产品形象，瓶身的配饰以及“无肉不欢”、“你是我的菜”、“哥请客”、“姐今晚有饭局”等流行语界定了每个瓶子的不同身份，让其有了丰富的性格特征。

蒙牛优益 C 广告

第二，用卡通形象作为产品或者公司的代言人或者品牌符号。从麦当劳大叔、肯德基老头，再到海尔兄弟，乃至新浪的大眼睛、微信的两个小人，都是这样的应用。

再来看看御泥坊的包装，因为卡通形象是不是看起来很可爱呢？一般人都会以为，玩卡通除了文化产业的巨头公司之外，互联网公司不会玩。

御泥坊的卡通系列产品

其实各大互联网公司都对卡通青睐有加，各家企业 Logo 凑起来简直可以开一家动物园。这些公司喜欢用动物做 Logo 的原因在于，通过人们脑海中已有的对动物的某种特性的联想，来提示大家它们所具有的某种特性。不过，还有一种网友调侃的说法是：它们在集体卖萌。下面节选几个国内的互联网企业 Logo 供大家欣赏。

天猫商城的标志采用了卡通形象，“天猫”的含义：猫是性感而有品位的，天猫网购，代表的就是时尚、性感、潮流和品质；猫天生挑剔，挑剔品质、挑剔品牌、挑剔环境，这恰好就是天猫网购要全力打造的品质商城。

天猫 Logo

2013 年 3 月 30 日，京东商城新浪微博宣布，一只名为 Joy 的京东吉祥物正式出场！Joy 是一只能为大家带来快乐的金属狗。狗以对主人忠诚而著称，拥有正直的品行和快捷的奔跑速度。有京东的地方就有 Joy，就有快乐！

京东 Logo

苏宁易购新的 Logo 主要运用百兽之王“狮子”作为设计元素，与图形中“云”的嘴部特征结合，表达苏宁易购线下与线上统一的云商模式。大有称霸丛林，与天猫、京东一较高下之意。

苏宁易购 Logo

苏宁易购原有 Logo 的左右眼中“日月”标志升级为微笑的“对眼”，更加突显出年轻与活力的萌牛娃形象，第一眼便让人倍感亲切。

去哪儿网的标志是一只骆驼，它让人联想到远方神秘的沙漠之旅，而骆驼作为一个坚韧持久、令人信赖的游伴，不离不弃、默默奉献，会陪你度过旅行中的每一刻。

去哪网 Logo

除了用卡通玩 Logo 之外，还有很多用卡通玩代言人的。来看下《奔跑吧兄弟》的卡通版海报吧。

热播娱乐节目：《奔跑吧兄弟》卡通版海报

卡通版中将七个明星的人物特点夸张放大，七个明星每一个人都有了卡通版的代言人，增强了节目的趣味性，同时引起观众的好奇心。

第三，卡通作为一个元素融入营销的各个环节。

一般餐厅和咖啡厅在点餐和点饮料之后，都会给你一个桌牌，现在越来越多的桌牌被卡通的公仔取代了。当你在漫咖啡点单之后，服务员会先给你一只泰迪公仔，你将公仔放在桌位上之后，就可以等待服务员送餐了。这么一个简单的举动，让漫咖啡聚集起了很高的人气，人们都说此举可称得上是自带 IP，打败了星巴克。

这种用卡通的方式不仅拉近了漫咖啡与消费者的距离，还容易在消费者中间形成传播。此外，这招背后还有另一个原因：漫咖啡的熊分为七种颜色，有不同编号，每种颜色的熊在衣着上还有不同的区分，所以当消费者把熊放在桌位上之后，服务人员根据小熊的特点更加容易精确地送餐，增加效率，可谓一举两得。

笔者在漫咖啡和北京立水桥的 798 咖啡都体验了几次公仔桌牌，发现同行的女士们把玩着卡通公仔，在等待餐食的过程中很开心。只要不是特别正式的商务洽谈，或者只要有女性朋友相约，笔者都会优先选择这两家咖啡厅。

漫咖啡的泰迪公仔

2015 年 7 月 13 日，淘宝宣布将哆啦 A 梦作为“资深吉祥物”代言“万能的淘宝”，并在手机淘宝上开启了一家神奇的“22 世纪万能商店”。淘宝网副总裁张勤在发布会上表示：

“哆啦 A 梦陪伴了大部分人的童年，其万能的能力已经深深植入每个人心中。而淘宝和哆啦 A 梦的天然品牌合作优势，集中体现在‘温暖’和‘万能’这两个关键词中，双方联手将开启万能的二次方时代。”的确，哆啦 A 梦的形象可谓深入人心，与淘宝品牌内涵非常贴合，强强联合一定会产生奇妙的效应。

哆啦 A 梦代言“万能的淘宝”

哆啦A梦的魔力确实强大，除了淘宝，也有很多品牌与其联姻，阿芙精油也是其中之一。2014年儿童节，阿芙品牌携手哆啦A梦在北京西单大悦城举行了一场唤醒童真梦想的活动，联手推出限量版精油产品，吸引了众多消费者的到来。

哆啦A梦承载着人们心中的希望和梦想，阿芙品牌与哆啦A梦携手，意在与哆啦A梦一道，留住女性的美好青春，并在其追逐梦想的道路上发挥魔力。现场有了卡通元素的加入，活泼热闹，曾经带动了消费者参与的热情。

阿芙精油和哆啦A梦在一起，打造中国式女人梦

看完上面的案例，估计你会问玩卡通都是大企业的专利，初创企业能玩吗？答案当然是肯定的。前面讲过的咖啡厅案例，公仔代替桌牌的投入小微企业都能学习落地。再看一篇“用卡通”思路营销的文章在微信公众号的推广，就更有信心了。

下面是怀孕管家APP的一篇创意文案，借力电影“捉妖记”，用漫画的形式来表现，可读性很强。可惜，剧情太简单了，刚看出点儿味道，就没了。另外，如果把捉妖记中的那个很萌的卡通形象放上来，表现力就更好了。

如今，太多的微信公众平台文章苍白无力，除了转发别人、抄袭别人根本没有任何自创能力。这篇文章能有这个创意，已经值得点赞了！

有福妈妈
母婴系列漫画
捉妖记
"妈妈网"&"有福妈妈"
联合出品
天萌，你刚生完孩子吃些新鲜的水果补补身子吧。
妖畜，想害我？"怀孕管家"上都说了产妇是不可食用生冷食物的！
小岚，扁它！
遵命，孩儿它爹，不，孩儿它娘！
福嫂支招
"有福妈妈"温馨提示产妇一定不能吃生冷的食物哦，即便想吃水果也要用开水烫热之后才能吃。
PS：生气对产妇也是不好的，要保持平和的心态。

怀孕管家 APP 文案

4.29.3 用卡通的注意事项

笔者认为，用卡通营销，卡通形象最好跟品牌或产品相关，或者说能直接引起品牌或者产品联想。以葵花药业出品的小儿葵花咳喘口服液为例，其推出的卡通形式广告，经主流媒体传播后一举成名，销量与知名度取得双丰收。

既然品牌名是葵花，我们看卡通的形象有葵花元素。以小儿葵花妈妈课堂的形式宣教，比较有趣味性。试想一下，如果用真人说教，容易让人质疑真人的身份和背景，甚至质疑而没有为此买单。如果用名人，成本太高，现在也受到新广告方法的制约。如果用普通人，说服力不强。用卡通之后，问题就不存在了。戴着葵花帽子的卡通形象让客户很容易产生品牌联想。

小葵花妈妈课堂

（扫码观看葵花牌小儿肺热咳喘口服液广告视频）

值得指出的是，借用卡通形象营销，要注意知识产权的问题。把卡通作为元素融入营销的环节中比较容易应用。

还是总结两句话结束本节的内容：

用卡通，

能装嫩，能卖萌。

能代言，能传播，

能互动，能相融。

4.30 第三十计：乱组合

4.30.1 什么是乱组合

大胆联想，将两个或者多个不相关的事物组合在一起。其实严格意义上来讲，这一计与“做加法”有交叉之处，只不过做加法更宏观，乱组合更具体，因此单独列出来作为一计来探讨。

王老吉和加多宝大战正酣之际，笔者的朋友圈出现了两张图片，一张是加多宝和王老吉没有打开的红罐装，一张是倒进杯子里的凉茶。一句话画龙点睛：这或许是加多宝和王老吉之间的第一次融合！

这个“组合”的创意非常牛，用凉茶之间的相融，来影射加多宝和王老吉之间的大战，用调侃的手法举重若轻，表达了自己对这个事情的看法。这就是“组合”之乱，乱出来的创意。

王老吉与加多宝乱组合

乱组合不需要考虑合理性，因此在商业模式、产品定位和新产品开发方面作用有限，主要是在产品的营销和推广方面，组合越乱，越能够出其不意，在突出产品的特点或者功能的同时，赚足眼球。

乱组合的主要表现形式有平面广告和图片、视频，其他形式不太容易表现效果，一般只做辅助。

4.30.2 乱组合案例

曼妥思表情（Mentos）糖果品牌在 2015 年把糖果与人的喜怒哀乐的表情组合，形成表情包，荷兰宜家 2015 年将其开发成输入法，看来乱组合没有想不到，只有做不到。

曼妥思表情

曼妥思是全球最大的糖果生产企业之一不凡帝范梅勒的子品牌，以新奇的口感受到年轻人的喜爱。这种糖果在 1932 年由一对外国兄弟在波兰的旅途中研制。二战以后曼妥思在荷兰鹿特丹落地生根，凭借清新口感横扫英、法、德等欧洲国家，现在依然畅销世界各地。

这个糖果品牌不仅口味新奇，在营销上也不走寻常路，玩起了人们各种场景的组合表情。下图的表情就是曼妥思在 2015 年针对年轻人推出的一系列表情符号，这些外形与糖果十分相似的表情包由插画师专门绘制，每一个都搞怪呆萌、个性十足。绘制的表情包括苹果版本的输入法及联合 Ultratext 推出的可自定义表情。

曼妥思“胜利”表情

同时针对表情包的推广，曼妥思以“新鲜的表达方式”为主题，也进行了组合式传播，拍摄了多支宣传广告短片，每个短片都诠释一种表情。

曼妥思“狂喜”表情

（扫码看视频）

视频中女主角是个爱猫狂人，在发现窗台上的一只白色小猫之后，狂喜之情溢于言表，只有曼妥思的 Cute-Crazed 表情才能表达她此时此刻的心情。广告语翻译成中文是这样说的：“你是不是曾经觉得有什么东西特别可爱，让你想狠狠地拥抱它；快来用 Cute-Crazed（可爱到爆）表情吧！Ementicons，一种新鲜的表达方式。”

下面这个广告片更加夸张，画面中女主角遭到绑架，被困在一个漆黑的小屋里，好不容易挣脱绳子找到了手机，当观众原以为她要报警的时候，她却玩起了自拍，还有比她更沉迷于自拍的人吗？曼妥思广告语：“是不是觉得时时刻刻都是自拍时候，快来用自拍表情。”

曼妥思“沉迷自拍”表情

（扫码看视频）

曼妥思针对发布的每个表情都制作了一集广告短片，虽说糖果与表情包听起来有点风马牛不相及，但是组合起来效果却非常奇妙，正如曼妥思糖果一样，年轻、新奇、独特。

来自瑞典的知名家居品牌宜家在荷兰玩起了输入法，在宜家发布的广告视频中，指出男女之间自古以来就存在沟通障碍，由此引发的争执更是火星四溅。不过在宜家输入法问世之后，这种局面就宣告结束。宜家输入法让你在跟另一半沟通时借助它可爱的图片来表达观点，温馨满满，于是片中的情侣全部和好如初。

宜家输入法广告短片

类似微信的表情，用户可以选择，然后就会发出一张图。鸡肋的地方是在 iOS 环境下，这款 APP 其实就是让用户选图而已，用户需要选择后，再复制到短信聊天窗口去粘贴。而在 Android 环境下，这套软件就可以变成一款宜家输入法。

总之，它可以看作一款微信品牌表情符号。这些符号的组合形成了宜家的输入法，不同的图标看起来比较乱，实际上与消费者的日常生活紧密相关。

宜家输入法 APP 界面

再来看一组广告，背后都有“乱组合”的思路在其中。当然，也有“用卡通”、“逆思维”等方法的应用，但这并不矛盾。

折断腿的眼镜，本该黏接好，画面上的眼镜腿也紧紧黏牢了，可惜方向搞反了。想用这种组合演绎生活中的小差错，比较有趣味。

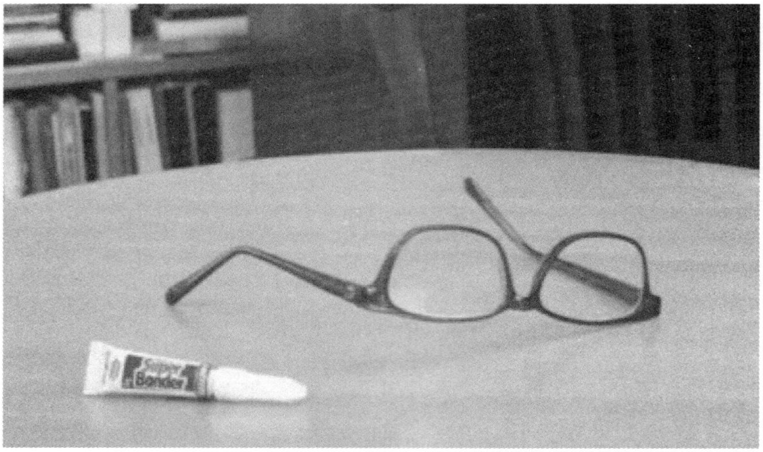

Henket 胶水广告：黏牢，只要 10 秒

袋鼠与河马，用乱组合，隐喻尼桑货车箱体空间大，可以装下很多货物。

尼桑货车：袋里本该是小袋鼠却换成了河马！还有什么装不下的！

下面的组合，非常有创意，真正地组合到物我两忘的境地了，彻底地融合了。

Espn 广告：体育节目好看到将你与沙发融为了一体！

这个红酒瓶和红酒架的组合，竟然成了一个特别的衣架，如果红酒用这个做促销赠品，是不是会比赠别的产品更合适呢？衣服架子上的红酒瓶，让消费者每天都看到。来个亲戚朋友，都会赞叹一番，红酒自然成为谈论的话题。

红酒衣架

很多人有过这样的生活体会，急匆匆如厕后，才发现卫生间的卫生纸没有了。看看下图乱组合的产物，树形卫生纸架，刚好放下 12 卷，一打的量，这个还剩几个一眼就能看到。如果把这个卫生纸树挂满，不用做测试，凭借生活常识都能判断卫生纸的消耗量一定比一卷一卷地放用量大。

如果你不看 Logo，你能猜到下图是什么产品的硬广吗？笔者讲课的时候做过测试，50% 的学员（大部分是中小企业主），不能在 3 秒钟内分辨出来。要知道，很多读者看杂志看硬广的翻阅时间可能就在 3 秒内。

树形卫生纸架

这是服装还是手表的广告

不过这些内容启发了笔者，还以下图为例，为啥不能出现一个组合广告呢？两个品牌相匹配，能够搭在一起，来分摊广告费呢？假设原本 500 万投入推广的高端礼服品牌，原本 500 万投入推广的奢侈品名牌手表，各自投入不变，却至少变成了 1000 万元的推广费（规模采购媒介成本可能更低，版面更多，版位更好用）。笔者相信这种组合式带有众筹思维的推广模式早晚会有真实发生的案例让大家看到。

4.30.3　乱组合的注意事项

乱组合，虽然有个乱字，但并不是真的要让我们乱起来，是为了让我们打开思维，无边界地进行创意。乱组合，也要讲究画面感，组合的元素不能过多，主次分明是最终衡量好坏的一个重要标准。否则，组合真的乱了，消费者的眼睛看不过来，不知道盯在哪个点上，这样的乱组合就值得商榷了。

在这方面，时尚服装设计领域的经验值得借鉴。有大牌设计师认为，拼接款式服装（组合）的搭配效果会让女性穿衣更有层次感。时尚女装无论是饰品还是衣服材质和造型，都可以"乱组合"，不过组合的元素同样不能太多。

下图的黑裙子，胸口的地方，拼接了雪纺，因此有了透视的效果，让衣服显得更加性感。如果再拼接（组合）几处，就会显得画蛇添足，除非融入其他方式。

拼接裙子

所以，乱组合也要讲规划，要带着营销任务。当然，如果思路打不开，可以什么都不考虑。先组合，组合的表现形式确定之后再思考营销任务就会好得多。

乱组合的参考表格

组合的方式	以人体示例
错位组合	鼻子长在屁股上
替代组合	足球替代脑袋
倍增组合	一个人、一群人、一个社区的人、一个城市的人
反向组合	沙发坐人、自行车骑人
融入组合	人穿沙发外套坐沙发
拼接组合	头发和屁股拼到一起
局部组合	半个鼻子半个头放一起

最后，还是总结两句：

奇思妙想，大胆组合。

相对聚焦，乱中有哲。

4.31　第三十一计：乐一把

4.31.1　为什么乐一把

“乐一把”就是通过幽默搞笑的方式，引起传播受众的好感和关注，让品牌利用娱乐本身持续为品牌塑造时尚、潮流和个性。

乐一把不是简单地请明星代言，也不是恶搞。它更倾向于一种娱乐营销，借助娱乐的元素或形式将产品与之有机结合，让消费者在娱乐的体验中，对企业及产品或服务产生好感或联想，从而与消费者建立起良好的关系或互动，以达到创意营销的目的。

挪威研究显示，拥有幽默感的成年人比缺少生活乐趣者更长寿，极具幽默感的癌症患者比起缺乏幽默感的患者死亡率低 70%。

林语堂曾说过：“我很怀疑世人是否曾体验过幽默的重要性，或幽默对于改变我们整个文化生活的可能性——幽默在政治上，在学术上，在生活上的地位。它的机能与其说是物质上的，还不如说是化学上的。它改变了我们的思想和经验的根本组织。我们必须默认它在民族生活上的重要。”

在互联网营销中，幽默更是一个至上的法宝。有谁不愿意和有幽默感的人在一起呢？有谁不愿意看能够带来快乐的图片、视频、文字呢？哪怕是广告，有了幽默感，网民的容忍度也会大大提高。

“乐一把”的应用表现形式非常广泛，任何一种载体、任何一种形式都可以表现出来。视频、音频、文字、图片、漫画、海报、卡通、话题甚至肢体语言，都可以有效传达。

4.31.2　乐一把的应用形式和案例

1. 段子手的表现形式和手法

段子手们把幽默感运用得炉火纯青，笔者认真研究和总结了一下段子手们玩段子背后的规律，我们可以借鉴。

首先，将产品、品牌或企业元素作为内容道具进行展现。

段子中要用的道具有很多，比如瓶子、罐子、衣服什么的，都可以用某品牌代替。示例：昨晚听到隔壁邻居打孩子，原来儿子把他爸新买的手机打开飞行模式后扔出窗外了！这个手机就可以用三星、诺基亚或苹果代替。

“为了自己的奥迪、老婆的迪奥、儿子的奥利奥，一定要努力学习。”下面出现个神回复，“为了你的奥拓、你老婆的奥妙、你儿子的奥数，好好学习吧，奥特曼！”

其次，将企业或品牌名称的谐音进行融合。

看看段子手们怎么玩百度吧。

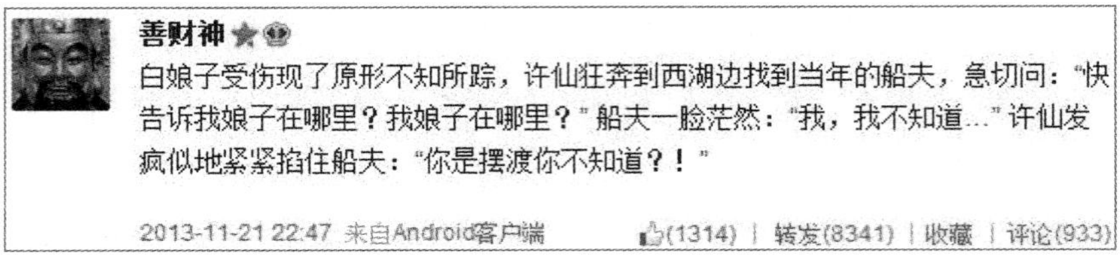

段子手玩百度

其次，将品牌可能在日常生活中出现的趣事重现。

适合快消类、餐饮类及大众类的产品，时刻出现在我们身边，随时都可能成为某件趣事的构成元素之一。

康师傅方便面的段子示例：

（生活中常见男生或女生不爱做饭）

昨晚轮到女友做饭了。

女友端来一个托盘说：想吃啥请翻牌子。（我想到了皇上也是这样的。）

看到托盘上有四个牌子，上面写道：香菇炖鸡、葱烧排骨、番茄牛腩、红烧牛肉。

我说：都要可以吗?

女友说：可以，就怕你吃不了。

我说：吃不了你就不给我零花钱！

不一会儿女友端上四碗康师傅。

又如：

（生活中常见产品过保质期）

大学时，有一次快 12 点才回宿舍。

室友一边急急忙忙吃康师傅泡面，一边看着手表。

我问他：怎么吃得这么急啊？他说：TMD，差 1 小时就过期了！

（生活中收快递）

手机半天没电，开机后收到一条相当冷酷邪魅的短信："包裹，门卫，速取，顺丰。"……莫名地感觉到了扑面而来的狂霸之气。

（生活中用餐开发票）

一个大叔吃完清汤康师傅牛肉面，要求开发票。

服务员问：啥单位？

答：中华人民共和国新疆维吾尔自治区

巴音郭楞蒙古自治州

且末县奥依亚依拉克乡

奥依亚依拉克村民委员会

古且末国历史文化遗址申报联合国教育科学文化组织

世界非物质文化遗产工作领导小组办公室

老板在一旁听到说：给他免单！

再次，段子中的幽默也可以借东风。这与我们前面章节讲过的借东风的创意方法有共同之处。比如，借娱乐热点、社会话题、时事热点等。

示例（中国好声音期间调侃加多宝）：

吉克隽逸、关喆、金润吉都没能当冠军，

加多宝常挂于心的是不会给有吉字的出头机会。

借势网络话题，流行词、语言体、奇葩趣味网民已有认知。

示例（借蓝翔技校）：

女神："完了，这次考试考砸了。"

屌丝轻轻地拍了拍女神的脑袋，说："小傻瓜，我就知道你不会做，后面几道大题我都没写，这样我们就能上同一所学校了。"

三个月后，屌丝去了蓝翔技校，女神被父母送到欧洲留学。

巧借时事热点，国际国内实事风云际会，时刻都有热点。

示例（借力习大大去庆丰包子铺吃出来个主席套餐）：

行业大佬新年聚会，互换名片。

"哪个公司的？"

"阿里""百度""万科""腾讯""哇塞，一个比一个牛哇"。

"喂，新来的，哪个公司的？"

"庆丰包子铺！"

众大佬肃然起敬。

这个故事告诉我们，做什么不重要，重要的是你的客户是谁。

最后，体现或放大公司、品牌及产品给人的烙印。

将品牌或产品广告、产品功能、产品卖点、公司给人的印象等消费者容易感知的企业元素放大，甚至到夸张的程度，此类段子创作方式适合知名品牌。

示例（盖中盖放大广告效果）：

以前学校组织攀登百层大楼比赛，赛前我那脑残朋友狂吃了20颗新盖中盖，随后脸有难色，难受地快要倒下。我连忙扶住他说：你为什么这么傻啊……然后那脑残哽咽说：……新盖中盖……一口气上五楼……不费劲……劲……

示例（强化产品卖点）：

比如诺基亚的抗摔性，当初他们认为 iPhone 构不成威胁的原因是太贵，且未能通过基本抗摔测试。但让他们没想到的是：如果把手机做得特别贵，一般人就不舍得摔了……以此调侃的段子举不胜举，比如将手机当成锤子，可砸核桃、砸玻璃等。

示例（放大产品功能）：

夏天到了，年轻妈妈买了几大包心相印湿巾等着流汗时用，一晚回家，看见儿子在阳台收纸巾，他还一脸得意地炫耀：妈，我把被你打湿的纸巾晒干了。妈妈那个汗呀！

示例（产品的另外用处）：

昨晚朋友喊儿子睡觉时，他才想起幼儿园老师布置了作业：用纸做个垃圾桶带回学校。不做他就不睡。朋友找出个小纸箱说这就是垃圾桶，他说老师说要圆的。朋友又拿出个纸杯，他说太小。朋友只好默默拿起电话，找肯德基要了个全家桶……

2. 图片或者视频等形式

开普时报（Cape Times）是南非 Naspers 集团旗下的一家“独立新闻媒体”。2015 年开普时报通过把著名新闻事件的照片调成“自拍”模式，来表现“You can't get any close to the news.The Cape Times. Know all about it.”（你不可能离新闻更近。我们是最近的。）这种表现手法极具幽默感。的确，把当事人经典照片再玩一次自拍，谁能比它离新闻更近呢？！

开普时报将经典照片 P 成了自拍的形式

2016 年 3 月 15 日，明星张俪和袁姗姗在微博上晒图 A4 腰，A4 腰瞬间火了！截至 3 月 16 日 22 点，前者阅读量超过 1 亿，后者阅读量超过 7 千万。

什么是 A4 腰？顾名思义，是指腰的宽度小于一张 A4 纸的宽度。“A4 腰”是继“马甲线”、“双膝过肩”、“反手摸肚脐”、“锁骨放硬币”、“酒窝放笔”等一系列晒身材的潮流之后，网络上兴起的又一股好玩的热潮——晒“A4 腰”。

台媒称，“夏天还没到，就开始流行 A4 腰”，A4 腰是指“比 A4 纸还要窄的蛮腰，是衡量尤物的终极标准”。很快，这场讨论变成了一场社交网络上的娱乐狂欢，各大品牌商纷纷加入。注意，大多数玩法都是幽默式的调侃，否则一本正经地评价也玩不起传播。

“我不仅有腰，而且还是 A4 滴！PS：听说 A4 座位不是太舒服？”配以好玩的卡通形象，滴滴出行的幽默感还是蛮强的。

滴滴出行的 A4 座

“话说一张 A4 纸等于两台乐视 1S 的长度，隔壁微信妹展现 A4 小蛮腰。”尽管乐视的玩法幽默感不够，但是用乐视 1S 长度对比 A4 小蛮腰也是挺有趣的事儿。

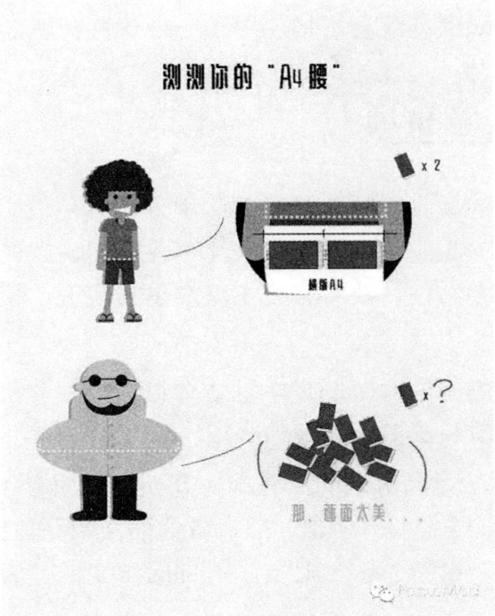

乐视超级手机

4.31.3　网络营销中如何乐一把

乐一把，可以插科打诨，用滑稽的肢体表现、语言来逗人开心；可以用讽刺的手法嘲笑他人，赢得别人会心一笑；也可以用幽默的手法让客户忍俊不禁。最上乘的乐一把是“心灵的光辉与智慧的丰富”。

乐一把的应用在于多练习，大致会经历三个阶段，只要你想干，都能落地。

一是直接借用。发现网上可以用的幽默素材，直接使用。在段子结尾标示段子来源，最后放入自己的营销信息，之后大量转发就行了。

二是改造，信息替换。照猫画虎，改造成自己的乐一把。这类要注意与自己产品的关联度，段子结尾或者图片上再标示一下营销信息，（示例：胡子哥山茶油改编）可能因为你的标示，会让别人转发的时候也顺手帮你做了一次推广。

三是原创。要注意不能为了幽默而幽默，一定要与营销相融合。平时多留心生活，随手记录点滴的灵感。如果想增加自己的幽默感，多听听相声、小品，思考每一个“包袱”

的设计和表现方法，你的幽默感就会增加，用乐一把玩营销就会逐渐成为高手。

4.31.4　乐一把的注意事项

乐一把的题材，最多的就是生活，最多的应用方式就是借力热点事件，那么如何判断一个热点事件是否应该参与呢？这就需要多关注引领热门话题的意见领袖的影响力，热门话题产生时，判断话题的参与性，要看官方主流媒体的定调，最重要的要考虑与自身产品和品牌的契合点。

如果要借，也要因地制宜、因时制宜，以适合自身推广营销的方式参与其中。不过要注意乐一把不要触碰了政治和法律、道德的底线。

据媒体报道，2016 年 7 月高考期间，恩施一开挖掘机的青年男子为了逗乐子引关注，增加自己百度账号的人气，赚经验升等级，把从微信朋友圈获取的一张图片转发到了网上，并配上了一段调侃的文字，也想“乐一把”营销自己。结果，这个玩笑开大了。

他转发的图片画面是这样的：银行门前，车窗上方，一杆枪管狰狞闪亮。配上的文字更牛：“感谢高考学子，全城警务人员都在为高考服务，我想我的机会来了，成功了咱们迪拜见，以后叫我桩总，失败了咱们新闻联播见，请叫我桩某某。”

该帖图文逼真，帖后有 14 名网友跟帖、起哄。紧随其后，当地公安局 110 指挥中心陆续接到恐慌群众的电话举报。网安民警迅速围绕帖子展开调查，经过缜密侦查，民警锁定发帖人为恩施市 24 岁男青年黄某。7 月 4 日，民警将黄某抓获。最终处理结果，黄某发帖虚构事实，扰乱了公共秩序，被依法行政拘留 3 日。

百事可乐的营销也常见乐一把的杰作，不过下面这个就值得讨论了。这个是 2013 年百事可乐推出柠檬味可乐时推出的创意海报。借鉴了比利时首都布鲁塞尔著名的“撒尿小孩”的雕塑创意，赋予青柠檬卡通动物形象，站在可乐瓶上向可乐杯里撒尿，配以文字“真的加了柠檬”。

笔者认为，这个海报的画面也很有幽默感，但是总觉得撒尿的直观印象让心里有些怪怪的，毕竟那是要喝的饮料。青柠檬加进去，口味如果不适应，消费者马上就会联想到尿尿的形象，一般不会愿意尝试第二次，口碑更是无从谈起。不知道是口味大众不适应，还是有这个乐一把广告传播的阴影，目前从国内的终端店上已经很难再见到。

真的加了青柠檬

乐一把，还要注意表现形式要通俗易懂。绝对不能让受众看不懂，自己乐不乐不重要，重要的是把用户逗乐。效仿西方案例，要注意中西文化差距，不同地区的文化习俗影响。如果是幽默式调侃，还要注意市井小民与政治要员的区别，把握分寸。

钱钟书先生曾经说过："一个真有幽默的人别有会心，欣然独笑，冷然微笑，替沉闷的人生透一口气。"笔者也真心希望中小企业网络营销中多用"乐一把"，让诸多"一潭死水"的营销有点鲜活气，让客户带着笑意买单。

4.32 第三十二计：换用途

4.32.1 为什么要换用途

曾经使用过 YouTube 的用户一定记得，它的视频广告一般在播放 5 秒之后，用户就可以选择跳过或者继续观看，很多人可能都在感慨 YouTube 广告的人性化。但是，换一个角度思考，既然广告都可以跳过，广告商为什么还要投放这些广告呢？而且 Google 为什么还要开发这样的可跳过式的播放产品呢？

著名广告大师约翰·沃纳梅克提出："我知道我的广告费有一半浪费了，但遗憾的是，我不知道是哪一半被浪费了。"YouTube 的可跳过广告正解决了这个经典难题。

首先它充分利用前面 5 秒广告时间与你互动，保证你在收看。同时，也不会让用户反感，如果不感兴趣，随时可以跳过，进入内容。但是，假如你没有跳过，就说明你是这类产品的目标客户或者潜在客户。YouTube 广告系统通过后续的用户追踪和人群分析，能够收集大量的产品反馈，并且精确计算了用户对广告的兴趣度，为之后广告商投放广告铺路，减少广告费大量的浪费，解决了约翰·沃纳梅克那个著名的难题。

换用途，就是改变产品常规表现形式或者使用方式。上面所讲的 YouTube 的广告形式的改变，背后就有换用途的思维。为什么这么讲呢？广告一般情况下的直接目的是为了播放给你看，在这里用来测试和寻找潜在客户人群，显然已经改变了广告视频的用途。

一则广告只是换了用途，从硬性展现给你看的广告，变成了筛选潜在客户和收集数据的工具。一举两得，何乐而不为呢？

YouTube 视频广告

再对比一下，国内目前的一些视频网站，硬性插入广告，看不看由不得你，如果想跳出必须支付会员费用，显然 YouTube 要人性化得多。更重要的是，国内传统视频广告收集上来的数据不是精准的，利用这些数据二次营销的成本要浪费很多。

思路一变天地宽，用途一换趣味来。换用途，能让营销变成一件非常有趣的事情，用这个创意生产出来的内容，另有一番趣味。

4.32.2　换用途的案例

1. 产品换用途

Freitag 创立于 1993 年，是瑞士知名的环保袋品牌。创始人是来自苏黎世的平面设计师马库斯·弗莱塔格（Markus Freitag）和丹尼尔·弗莱塔格（Daniel Freitag）兄弟。二十几年前，他们还是设计系的学生，因为住在城郊，每天骑车往返学校都要带画纸出门，遇上阴雨天画材的保存非常不便。于是，他们设想能否做一款防雨包。Freitag 兄弟的灵感被苏黎世公路上运输集装箱的卡车外层防水帆布所激发，突发奇想，这些结实的帆布或许值得一试。

Freitag 的主要材料来自卡车防水帆布

他们开始回收各式各样的卡车防水帆布，后来又回收自行车的废旧内胎，用汽车废旧的安全带制成包袋的把手和背带，制成的背包非常耐用，防水性也绝佳，打出了“让背包与你一起变老”的广告语。

由于包袋取材于卡车帆布，每一块材料剪裁之后的图案都各不相同，这就意味着每个消费者都能得到独一无二的背包，而且 Freitag 每一个步骤都是手工设计剪裁，更符合消费者追求个性、非流水线产品的需求。

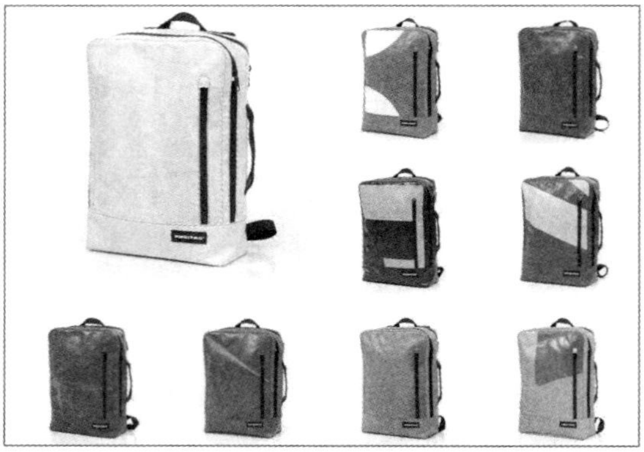

每个 Freitag 包袋都不相同

卡车防水帆布的产品只是换了一个用途，就变成了品牌最大的卖点。Freitag 变废为宝，让废旧的材料重新焕发新的使用生命。同时，Freitag 还进行了天然纤维的新材料开发，产品生命周期结束后，材料可以完全降解，丝毫不会污染环境。

Freitag 官方网站向消费者展示了废旧卡车帆布变成功能强大的背包的全过程，成为吸引消费者的亮点。

2. 产品载体换用途

还记得吗？每次聚会游玩、踢球、开会，每个人手上的水没喝多少，却分不清水瓶是谁的，最后只好全扔掉。解决这个问题，大家有什么高招呢？

如果用瓶身上的纹路做参照，记住自己喝了多少水，太容易出错。撕瓶贴大概是最懒，但却是最实用、也是最多人使用的办法。有一个最有效但是并不便捷的方法就是写上自己的名字。2015 年开两会的时候，“实名制”矿泉水就给了我们一个很好的启示，就是可以在矿泉水瓶子上写上自己的名字。

矿泉水卖的是水，自然不是瓶子，可以说瓶子是有价值产品的载体。日本的《每日新闻》就曾经玩了一个创意，把矿泉水瓶的载体用途换了，变成了《每日新闻》的新闻标签。

矿泉水瓶变成《每日新闻》的新闻标签

日本每日新闻社将《每日新闻》直接印在矿泉水瓶上，并以半价销售。一个月时间内，平均每个零售超市售出了 3000 瓶新闻矿泉水。这种用报纸新闻做的标签，不仅没有降低包装设计的格调，还提高了矿泉水在货架上的识别度。使用手机扫描瓶身上附带的二维码信息，顾客还可以实时查看更多、更翔实的新闻。

这种创新方式凸显了产品的新闻价值，实现了虚拟信息与真实环境的融合。将报纸印在饮料瓶上，也正符合了信息时代人们对碎片式阅读的需求。其实，产品并没有真正改换用途，而是在载体上动了脑筋。

其实改换饮料瓶的标签用途，可口可乐也早就动过手。

可口可乐印上二维码的“歌词瓶”标签

创意十足的可口可乐“歌词瓶”在中国曾风靡一时。在“歌词瓶”上市初期，可口可乐公司为了让消费者全面了解和体验各种“歌词瓶”的魅力，运用先进的数码印刷技术，保证一箱可口可乐中每瓶瓶身标签上印刷的是不同的歌词。

“你是我最重要的决定”、“阳光总在风雨后”、“不经历风雨怎么见彩虹”、“我们都需要勇气”、“我愿意为你”等几十首流行歌曲的歌词被印在可口可乐的瓶身上。为赋予“歌词瓶”真正的“歌唱”功能及分享的乐趣，可口可乐瓶身标签上还加印了二维码。消费者只要扫描标签上的二维码进入微信页面，就可以看到根据这段歌词创作的 Flash 动画，还可以点击收听原版音乐并转发到微信朋友圈。

显然，可口可乐的瓶子标签除了产品标识的用途之外，也成了歌词的载体，改变了用途。我们在用这一计的时候，无论是产品包装还是产品本身，就需要多问一下：这个还能干什么用呢？

3．产品功能换用途

避孕套是干什么用的？成年人的答案大都相同。

北京一个经典的网络营销事件就是变换避孕套用途创造的，那就是杜蕾斯的北京暴雨事件营销。2011 年 6 月 23 日，北京一场暴雨水淹京城，积水潭真的成了积水潭，“到故宫去看海”成为一时的热点话题。

杜蕾斯的策划团队中有“山杏”和“杠子”闲扯，当然也可能在思考怎么回家或者怎么利用暴雨话题做一次营销。“山杏”善意地提醒“杠子”不要把新买的凡客鞋弄脏了，“杠子”说有伞，雨小点再回家，“山杏”开玩笑地再次提醒他地面有积水，不如给新鞋套个套子。于是避孕套换用途当鞋套的创意就此诞生了！

当然，你也许会讲，杜蕾斯的事件营销创意是临时诞生的。没错，所有的案例都是过去时，不过我们总结这些成功的经典案例背后的规律，找到方法，用这些方法再去结合自己的企业做创意就会把这种偶然性变多，最后把偶然性变成必然性。

4．产品形象换用途

这个就不用赘述了，看图吧。

麦当劳薯片变身为斑马线

麦当劳咖啡杯和咖啡壶换用途，变身造型奇特的路灯

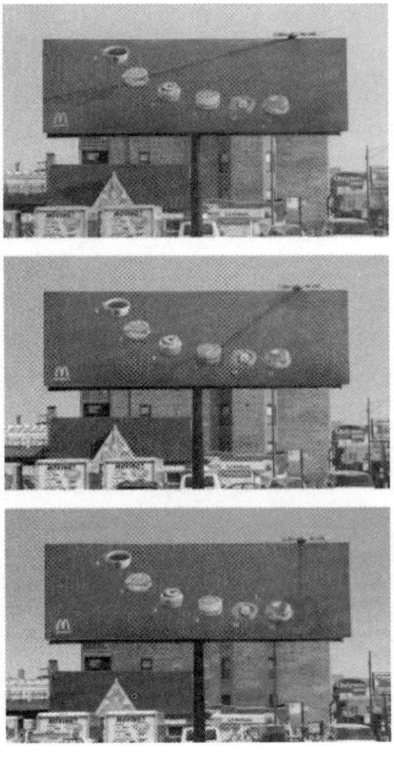

麦当劳各式汉堡组合成时钟一角

麦当劳包装盒变身壁灯罩

5．换用途解决燃眉之急

如何在洗澡的时候玩手机？

手机掉马桶？用手捞吗？

……

请自行脑补。

换用途解决燃眉之急

6．为传播的奇葩换用途

正如乔布斯所说，iPad 并不只是一部平板电脑。不信，往下看吧。

iPad 新玩法：切菜

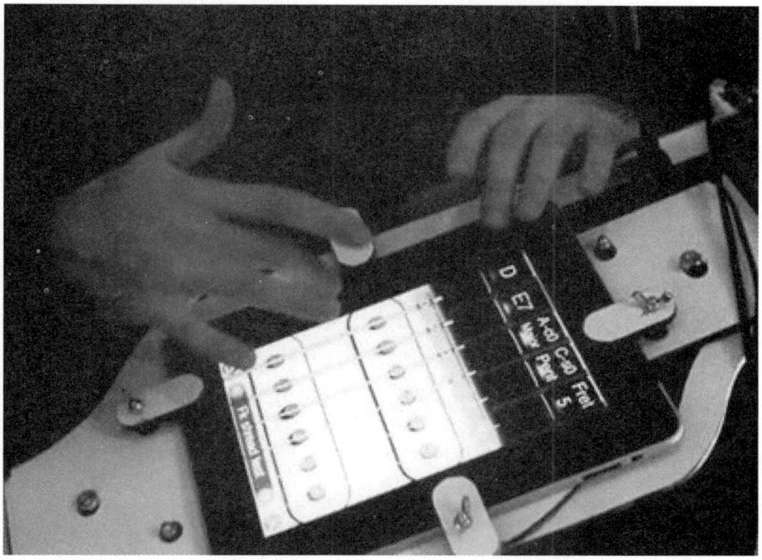

这或许是世界上最具科技感的吉他

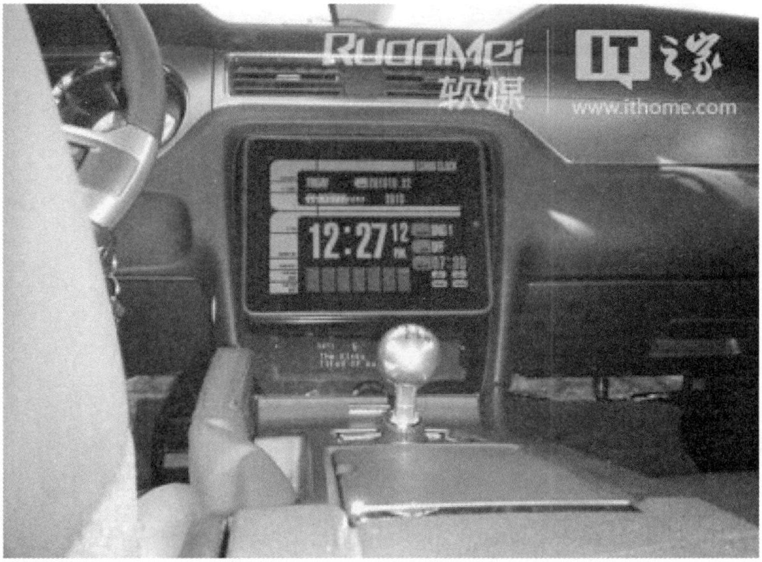

好大的车载中控屏

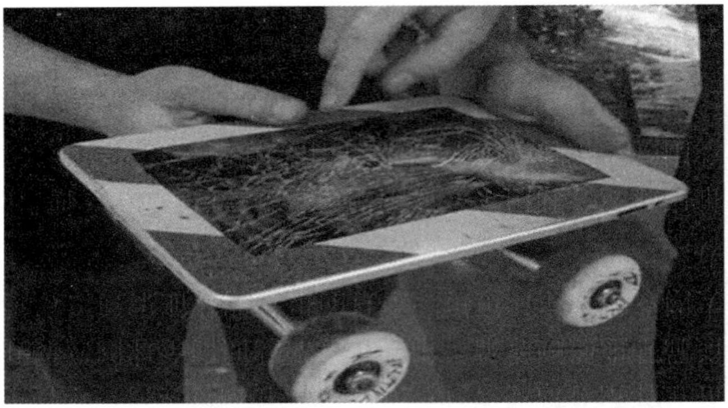

连报废了都不走寻常路，这样的滑板你玩过吗

看完 iPad 的换用途玩法，你愿意传播这些图片吗？在特定的时间段，大部分苹果粉会自动转发的。因为这些换用途的玩法有创意、有趣。

下面这个新闻事件，也是换用途的案例。

换用途新闻事件

陕西渭南一家赛狗场为了平整土地，把凯越轿车当耕牛。笔者认为，不管媒体报道中当事人怎么解释，都难以排除新闻策划的嫌疑。不通知记者、不曝料、不发帖子到网上，很难被外界知道。实际上，从最初的媒体报道中我们已经得到了答案，这是为了传达渭南新开了一家赛狗场。不过真相到底如何也没有必要太较真了，我们需要研究的是这个报道被大量媒体和网友转发背后的规律和方法，那就是轿车换用途当耕牛的创意。

赶紧思考一下，你的产品可以怎么换用途呢？

7．商业上的换用途

换用途最牛的当属换商业用途。如果有人委托你保管一台价值 6800 元的笔记本电脑，要你保管一个月，只愿意付给你 21 元作为保管费，你是否愿意呢？相信 80%的人不愿意，毕竟保管起来很麻烦，而且还要承担风险。可是在成都，聪明的大学生就找到了这样的服务机构。

典当行新用途：寒假“保险柜”

发布时间：2016-01-18 11:36:38 | 来源：千龙网 | 作者：佚名 | 责任编辑：徐忠彪

来源标题： 典当行新用途：寒假“保险柜”

大大小小的典当行，四川全省已经有了343家。

换商业用途

据媒体报道，成都很多大学生寒暑假把贵重物品当给典当行，放假回来后再赎回来。小马是成都一所大学的学生，刚买不到一年的笔记本电脑，当时购买价 6800 元，他却只要求当 500 元。不要以为他“傻”，相反，这才是真的精打细算。根据《典当管理办法》，电脑这类动产质押典当的月综合费率不超过当金的 4.2%，这样算下来，一个月后，小马取回电脑时，只用交 21 元。用小马的话说“就相当于保管费了”。

其实，像小马这样把电脑当了，并不是急需用钱，只是为了找个地方保管。“寒假放在宿舍，不放心，带回家，又嫌麻烦，拿来典当行，21 元就能解决问题。”小马说。笔者认为，如果小马把当出来的钱用余额宝理财，多少还能再赚点零散钱回来。这样算下来，赎回来的手续费 21 元还能减少，至于具体能减少多少，就得问余额宝了。

这个案例启发我们的就是换用途，把典当行当成保管箱了。当然，典当行也不吃亏，反正人家有很多地方存放，当成当不成人家都收费。此外，大学生来得多了，有了人气，店里的当品销售自然会好很多，另外也培养了一大批潜在客户。

想想看，把典当行换成了“托管所”，这个换用途玩得开，最终从商业上来讲一定是多赢的局面。

4.32.3 换用途要点及注意事项

首先，换用途要大胆想象，应急的应用不需要考虑产品的核心功能、卖点，大胆地用就是了。2016 年 7 月 10 日，湖南省华容县新华垸发生河堤溃口的重大险情。在抢险救援中，一群司机驾驶载满石块的卡车冲向溃口，用卡车当砂石堵溃口。这里不谈抗洪抢险的创意，这是紧急情况下的临时决策，是最值得点赞的换用途。

其次，换用途如果想塑造品牌，那就需要找到换用途的联系，不能随意换。

再次，换用途不一定全部真的要换，有些可以 PS，文字方面加以提醒就可以。还以笔者的学员企业的产品起天大圣智能护理机为例，如果换用途，他们可以怎么应用呢？我给了他们一个示例，起天大圣护理机是护理特殊病人用的，那么可以换什么用途呢？

- 吊篮，
- 健身，
- 秋千，
- 吊床，
- ……

好了，文章标题也出来了：起天大圣护理机火了，看看是如何被奇葩网友玩坏的。

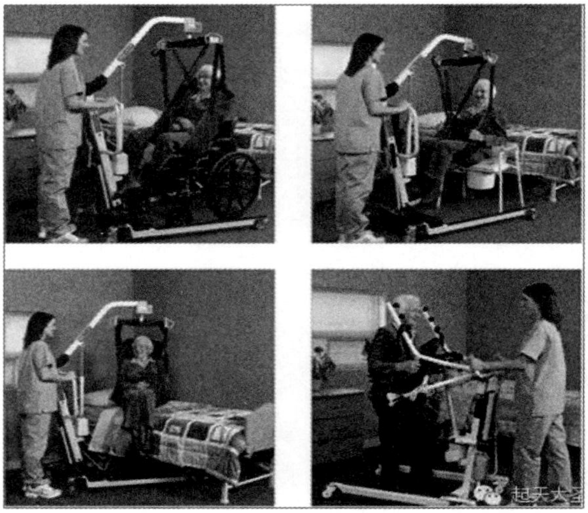

起天大圣护理机换用途

最后，总结一下：

换用途，可能换来商业模式，

可能换来吸引眼球，

可能换来开心一刻……

没有你想不到的，只有你做不到的。

4.33 第三十三计：做公益

还记得本书提到过几次的“冰桶挑战”吗？为什么 ALS“冰桶挑战”能够风行全球？笔者认为最本质的是活动背后的公益话题，让被点名的名人不好意思拒绝，让点名成为一个“冠名堂皇”的理由。

下面我们分析一下创意营销三十六计中的做公益。

4.33.1 什么是做公益

公益，即公共利益，有关社会公众的福祉和利益，是“为人民服务”的通俗说法。

公益广告最早出现于 20 世纪 40 年代初的美国，也称为公共服务广告、公德广告，是为公众服务的非赢利性广告。我国最早的公益广告《节约用水》始于 1986 年，由贵阳电视台拍摄，之后央视常设《广而告之》系列公益广告栏目。

公益营销与纯粹的公益行为不同，公益营销在做公益的同时，目的是宣传自身品牌。公益营销最好的模式是与公益组织合作，充分利用其权威性、公益性资源，搭建一个能让消费者认同的营销平台，促进市场销售的营销模式。

我们这里讲的“做公益”这一计，就是从企业营销角度讲的，其本质上就是公益营销。必须指出的是，公益营销不是慈善营销，在这里有必要简单地分析说明一下，相信对于很多中小微企业会有很多启发。

从主体付出角度来讲，慈善重在给予，以财物捐助为主。公益重在参与，在于点点滴滴的行动。公益需要花的是时间、激情、智慧以及其他精神层面的东西。每一个人或者企业未必有能力去做慈善，但是我们每个人都可以去做公益。

从影响力层面来讲，慈善是给出自己的善心，而公益在于唤醒更多的善心。慈善大多是个体的，而公益却以群体行动为主。马云先生曾经讲过：“公益应该是 Public，慈善是个人行为，是善心，背后捐了多少，是个人隐私，把慈善做得太 Public，可能味道会变样，但是把公益做得太 Private，又缺乏影响力。公益不是花了多少钱，公益是看你唤醒了多少爱心。”

4.33.2　为什么做公益

我们没有必要非得把自己和企业搞得多么高大上，来讲一大堆诸如什么让社会和谐发展、推动人类文明进步之类的伟大理论。当然，如果你的实力够，真的有这个情怀和理想，也是要为你点赞，祝你成功。实际上，我们每个人创造财富、企业创造价值，能够生存和发展是最现实的问题。

菲利普•科特勒在《企业的社会责任》一书中指出："一项与公益活动事业关联的营销活动，能够支持企业吸引新客户，影响市场，增加销售，强化积极的品牌认同。"

对于企业而言，做公益使消费者对企业的产品或服务产生好感，并由此提高品牌知名度和美誉度。在这里可以从两个角度来理解：产品利益方面，可以促进产品的销售及商业推广，获得消费者品牌认同感，巩固品牌定位；组织利益方面，能够提高社会效益，提升企业美誉度，提高企业吸引力，融洽企业与公众的关系。

对于消费者而言，与行善相关的公益项目会让消费者对购买行为增加额外的感知价值，也能满足自身帮助社会的利他心理。

此外，能够让消费者为支持公益产品而减少理性的购买思维，让自身的购买行为更容易，也使消费者能够获得区分竞争企业的一个心智标签。

做公益的好处可以用四个关键词来总结：品牌形象、经济效益、公共关系、社会效益。

4.33.3　做公益的类型及案例

1. 公益的主题与企业产品相结合

2014 年长安福特翼搏与搜狐社区和中国大熊猫保护中心共同举办"FUN 手一搏，长安福特翼搏中国最 Fun 工作招募活动"，以 20 万年薪和福特翼搏一年使用权为报酬招募一名熊猫帮主前往雅安熊猫基地照顾熊猫一年。招募活动面向全球网友展开，活动启动后立刻引起全球媒体和广大网友的关注，短短一个月的报名期共征集到 2.6 万人报名，官网总互动人次达到 6 千多万。

福特翼搏品牌推广就充分利用了公益话题，主题"FUN 手一搏"，也有"翼搏"的谐音和寓意。公益活动围绕"竞聘中国最 FUN 工作"开展。

什么才是最舒服的工作？当然是钱多活少空气好，包吃包住没领导！

什么才是最 FUN 的工作？当然是有趣好玩没烦恼，天天上班看国宝！

这样的工作真的存在吗？真相是，当然有！

全球最 FUN 工作——熊猫帮主招募活动正式启动：你将有机会和熊猫朝夕相对，还有 20 万年薪、福特翼搏一年免费使用权赠送。

以上是“中国最 FUN 工作”的招聘广告。

长安福特翼搏的“中国最 Fun 工作”官网活动页面

长安福特称，之所以要启动“中国最 FUN 工作”，主要目的是为了鼓励年轻的都市新生代在职场放手一搏，突破自我，挑战乏味生活，同时，借此呼吁年轻人关注环境和野生动物保护。

借助“中国最 Fun 工作”的创意营销，长安福特也推销了翼搏 SUV，毕竟这是未来“熊猫帮主”的座驾，在“熊猫帮主”后续生活中为其提供便利的工作条件，同时，也与之一同曝光，赢得美誉。

2. 借鉴公益广告的创意

瑞典洗发水品牌 Apolosophy 曾经在斯德哥尔摩地铁站内竖起一块特别的 LED 广告屏幕，这块屏幕运用了先进的感应技术，让 LED 中模特的头发被地铁经过的气流高高吹起。

洗发水广告

当过往乘客看到 LED 中美女顶着一头乱发的一幕时，都会不由自主地发笑

瑞典儿童癌症基金会的这则公益广告，在模仿 Apolosophy 广告的同时只做了一点细微改变，但效果却令人震撼。

公益广告

然而，出人意料的是，模特的头发竟然被吹掉了，广告下方同时出现一行字幕：“每天都有一名儿童被诊断出患有癌症”。

人们在哑然失笑的同时震惊了

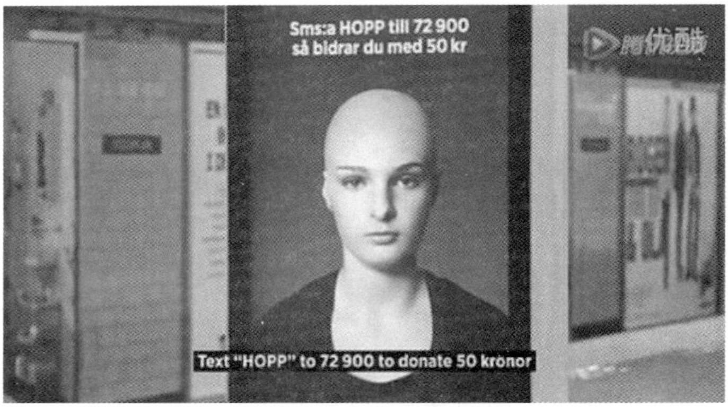

随后，屏幕上给出了捐赠地址

公益广告是不以赢利为目的而为社会公众切身利益和社会风尚服务的广告。在宣传创意上需要得到社会的共鸣。企业的宣传很多时候也需要像公益广告学习，让客户达到共鸣。瑞典儿童癌症基金会这则公益广告，画面的变化结合人的心理变化，让你为它驻足、开心、伤感、沉默、甚至反思和行动……感情一步步升华。

（扫码看瑞典儿童癌症基金会视频广告）

3．利用公益话题造营销势头

以公益话题占据有利位置，没有做成公益，却赚足了眼球，还赢得了同情，这就是 2015 年 8 月份汉堡王在美国利用 9 月 21 日世界和平日做的公益营销。

这个公益话题是这样的背景，汉堡王与麦当劳常年在快餐界厮杀，争夺汉堡第一宝座。汉堡王在世界和平日即将到来之前，建议和平日“休战”一天，携手为宣传世界和平日贡献力量。

听上去有些不可思议？是的，这其实就是汉堡王一厢情愿发起的一场营销活动。

美国当地时间 8 月 26 日，汉堡王在《纽约时报》与麦当劳总部所在地芝加哥市主要报纸《芝加哥论坛报》投放了整版广告，内容是提议与麦当劳在 9 月 21 日世界和平日（International Day of Peace）合作开张一日快闪餐厅（pop-up restaurant），销售“麦皇堡”（McWhopper）——一个融合了麦当劳与汉堡王标志性产品的汉堡。汉堡王还提出销售所得将全部捐献给一个叫“和平一日”（Peace One Day）的非赢利组织，该组织一直致力于提高公众对世界和平日的认识。

看上去汉堡王为此已经做了充分的准备，甚至还特地为这一提案建了一个萌萌的网站（www.mcwhopper.com），用 Flash 动画的形式详细说明对这个合作提案的畅想，从餐厅选址到汉堡配方，感觉诚意满满的样子。

首先是选址。汉堡王建议将餐厅的地址定在亚特兰大市。因为麦当劳的总部在芝加哥市，而汉堡王的总部在迈阿密市，汉堡王特地将餐厅地址选在两座城市距离正中的亚特兰大市。

然后是餐厅、包装和店员制服设计。所有设计都充分考虑融合了两家公司的标志性颜色（麦当劳的正红色与汉堡王的浅咖啡色），还加上了“和平一日”的 Logo。

最后，研究“麦皇堡”配方。汉堡王提出，“麦皇堡”配方将由 6 种来自麦当劳巨无霸汉堡（Big Mac）的原料与 6 种来自汉堡王皇堡（Whopper）的原料组成。麦当劳将提供特制酱料、牛肉饼和芝士，汉堡王将提供火焰烧烤肉饼、洋葱、腌菜。

请注意汉堡上的旗帜

“我们的行动策略是完全透明的，因为我们希望我们的提议能得到对方的严肃对待。”汉堡王全球品牌管理高级副总裁在一份声明中说：“如果麦当劳答应与我们合作就太棒了。”

此次汉堡王借着公益的噱头进行大规模宣传，既获得了媒体的关注，还俘获消费者的好感，这其实是换了一种方式向位居第一的麦当劳发起挑战。

就连“和平一日”的创始人 Jeremy Gilley 也在宣传视频为汉堡王背书：“这样大规模的企业行动将引起巨大关注。关注引导行动，而行动能够挽救生命。”

汉堡王发起的这个公益话题的合作，对于麦当劳来讲就悲剧了，接招正中汉堡王的“傍名人”的计策，因为当时汉堡王的业绩已经持续下滑了。不接招就会招来公众的反感，毕竟是围绕世界和平日，而且提出的“休战一天”方案听起来那么美好，也很有趣。

最终，麦当劳选择了调侃式回应，拒绝合作，并且称“下一次合作打个电话就行了”。结果大部分读者应该能猜到：汉堡王获得大量网友支持，麦当劳受到批评！接下来，汉堡谁家卖得好，就不用再去调查了吧！

4．从小切口切入

不要觉得公益项目都很高大上，从生活周边的小切口切入更容易成功，中小微企业也更容易落地。还记得纪录片《穹顶之下》吗？一个雾霾乃至环保的社会大问题，涉及的面非常多，但是柴静娓娓道来，“我不是怕死，我只是不想这样活着。——每个人终有一死，我并不是怕死，而是死后的我，还有后代在这个世界上，那么这个世界就和我有关。”瞬间让人联想到自己，瞬间打动人心。

公益可以从身边的事情着手，无论是健康、生活习惯、家庭还是社会问题，都可以切入。星巴克在这方面就是个高手。

“世界上最远的距离，莫过于我们坐在一起，你却在玩手机。”各种移动终端、社交平台，正悄然改变着人们的生活习惯，跟家人、朋友相聚的时刻，大部分人却沉浸在移动终端不亦乐乎，以至于冷落了身边人。

为了“让大家抬起头，面对面用心交流，寻回对话的温度”，星巴克联手腾讯微博，2013年，腾讯微博自重阳节（公历 10 月 13 日）开始推出“抬头行动”，到 10 月 23 日，该活动已经获得了 200 多万人支持，腾讯微博的“抬头行动”话题量更是突破了 400 万，一度成为热门话题。

“抬头行动”的中英文字设计感十足

星巴克期望通过发起社交网络运动“抬头行动”，鼓励人们用一杯咖啡的时间，让自己停下来歇一小会儿，抬起头，欣赏周遭风景，与好友和最爱的人面对面聊聊天，感受彼此。

星巴克相关负责人表示，10 月 13 日该活动刚刚推出，许多顾客便纷纷来到星巴克门店签名，用实际行动支持这一活动。线上网友通过腾讯微博晒出自己的“抬头照”，表达自己对该活动的积极响应。

星巴克和腾讯微博一致建议：“适时、适地、适量”，以不影响亲情、友情、爱情为原则，从现在开始，让我们抬起头来，面对面用心交流，让真情在你我之间流动。

笔者认为，随着移动互联网的迅猛发展，现在回过头来看“抬头行动”更有意义，即使今天星巴克再次启动该活动，依然会得到网友支持。

笔者建议，星巴克不如设立一个“星巴克抬头日”，所有当天进店坐下来消费的客户，只要不看手机，坐下来聊天，咖啡全部打 5 折！如何确定到底是哪一天，网上征集，这样从征集到定下日期，到每年这一天的全球星巴克线上和线下狂欢，是不是就可以把公益项目当成一个品牌，做成常态化的营销呢？

如果不是星巴克来做，看看是哪一家品牌商用了笔者这个创意吧！拭目以待！

4.33.4　做公益要点及注意事项

中小微企业做公益，主要目的是营销，否则直接去做慈善好了，不要做了慈善想做营销，那样只会“适得其反”。也不要觉得做公益，不好意思同时做营销，“扭扭捏捏”反而更让人看着不爽。真诚地做公益，大大方方地做营销。

搞清楚了做公益的目的，首先就要考虑如何使公益与本企业的产品和品牌相融合，如果融合得好，将直接带来产品销量增长，如果融合得不够好，可能只是带动一下品牌建设而已。

接下来就要考虑是做一次性的公益项目还是做持续性的公益项目。很多大品牌大都选择持续性做公益项目，这样容易形成合力。如果资金和精力不够，可以考虑先做一次性的公益，选择小切口进入，记住一定要带动更多人参与进来，才能获得成功。

如果担心单靠自己发起公信力不够，可以考虑与一些公益组织合作，可以合作共建公益项目，也可以参与到公益组织策划和实施的成型的公益项目中来。不过选择公益组织一定要选择声誉好、没有争议的组织。

最后，掌握好尺度。毕竟是公益，不要营销过度，不要锋芒毕露。

比如，又做公益又做慈善的陈光标，他的每一次出手都被网友质疑，甚至被评价为“暴力慈善”，有网友更是直言陈光标是“骗子”，这都与陈光标的高调过度有关。

有网友爆料，说陈光标的公司不用交税，说政府主动找他承接项目，说某市长亲自将拆迁工作给他干，甚至说他的捐赠常常是联合几个大的企业家一起进行，但是报道出来就成了他自己一个人的名字。要知道媒体报道不会让陈光标审稿，这个事情不用求证，思考一下就知道阿标中枪了。谁让他慈善和公益营销不分，处事又那么高调呢？

笔者再次请大家思考，人家陈光标至少捐过，号召过行善，到头来为什么即使成了名人，也备受争议呢？那就是营销过度。

以下是我们总结的 12 个公益题材，供大家参考。

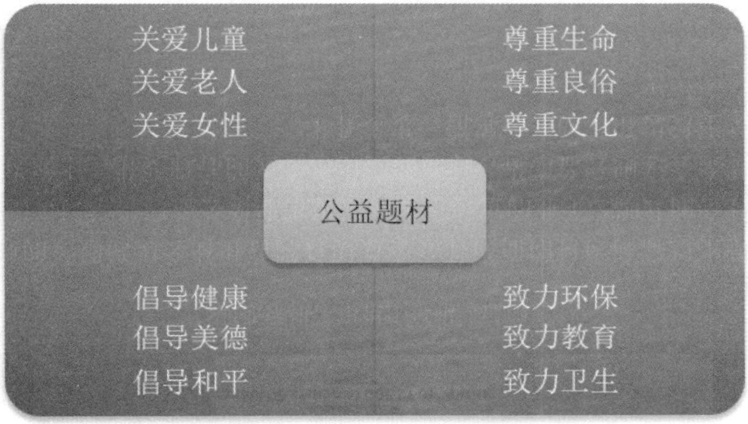

12 个公益题材

最后总结一句话，大家共勉：

人间有爱，

公益有道，

营销无界！

4.34 第三十四计：敢联想

4.34.1 什么是联想

联想是一种心理活动的方式，也是一种重要的构思方式。它的特点是从某一事物想到与之有一定联系的另一事物。比如提到“秋风”，你就会自然联想到“落叶”。

联想与想象存在着区别。想象，是一种有目的、创造性的思维活动。联想是利用我们头脑仓库中所存储的已有信息构筑新的形象的心理活动。联想，比较实在，而想象则比较虚幻。

运用联想的思维营销，就是根据一个字、一个词、一个句子、一张图片、一段视频、一个声音……做跟自己品牌或产品相关的联想！

联想是一切创意的源泉。我们把这一计名字定为“敢联想”，就是提醒大家在联想方面要超越自己，我们被传统思维禁锢太久，被生活和工作的琐事拖累太多，需要联想的胆量和习惯。最主要的，联想还是产生情景营销的前提。

举例，我们看到下雨，就自然会联想到雨伞，看到冰箱，就自然会联想到冷饮。

联想出来的内容如果应用到营销上，不必苛求，大胆尝试就行了。因为联想是从此事物联想到彼事物，无论怎么想，其中必有关联。

下面是豆瓣推出的宣传视频。

《我们的精神角落》视频截图

据了解，这是豆瓣十年来首部品牌视频，也是首次通过影像方式与大众沟通。影片充满了奇异的象征、联想，仿佛是一个寓言故事。所有看似不相关的场景和物品组合在一起，比如精神病服、宇宙飞船、太空舱以及主人公的小屋，其实都隐藏着深层的精神意义，展现了一个人穿梭自我精神世界的旅程，散发着浓浓的文艺气息。观众对这部广告短片的评价呈两极化，要么觉得过于抽象、云里雾里，要么爱之入骨，迫切表示认同和默契。

这部视频的表现方式重要的思维就是联想，而且非常大胆。

（扫码看豆瓣十年宣传视频）

如果说豆瓣的营销视频天马行空，那么同样也会有人觉得知乎 2015 年推出的系列地铁海报脑洞大开。知乎的联想玩得也挺大胆，以奥黛丽·赫本、毕加索、海明威等文艺形象为主体，对一系列复杂又奇妙的人生问题自问自答，并借此将自身定位为“认真的问答社区”。虽说又会有一些人不买账，但知乎和豆瓣认为，他们的用户定位是高知、高敏感度，更加偏重精神需求的人群。

笔者认为，有争议，才有更广范围的传播。不看完、不了解，怎么去争呢？放手联想就是了。

知乎系列地铁海报

4.34.2 联想类型及案例

1. “相关”联想。

我们看到“大刀”，如果联想到抗战的“英雄”，那就是相关联想。当然，你说土匪也有用大刀的，也没有错，不过还是相关联想，而且这样联想的绝对是少数。

下面这个餐具的包装创意也是用了相关联想，既然有了餐具，还需要包装，那为什么不把包装也变成餐具呢？顺着这个联想，折叠餐盘就诞生了。

包装纸打开是一套精美的餐具

2. “因果”联想

由一种事物的经验联想到另一种与它有因果联系的事物。比如，因为“悲伤”，我们联想到“眼泪”。

下面这个联想的逻辑可以有多种解释，不过笔者认为最主要的还是因为玻璃透明，装完饮料或者酒水依然可以看东西，让人联想到眼镜。

可以做眼镜的瓶子

3．“相似”联想。

从一个事物的相似角度，联想到另外一个事物，比如从“水壶”联想到“茶壶”，这就是相似联想。

巴西最大的口袋书出版商 L&PM 将一系列经典文学作品和漫画作品与地铁卡片结合，制作成的小册子仅有口袋大小，方便携带，进站直接刷一下书即可，等地铁的闲暇时间还可以阅读书的内容。

书与地铁卡片结合

这个项目称为 Ticket Books。该项目推出以来，这一大胆的设想率先在圣保罗获得了成功。不提别的，在书的品类上硬生生切一个“口袋书”出来，并且让人们闻其名就知其物，这个创意够牛！可惜的是，在这个品类上，居然没有一个叫得出来的大品牌。

国内出版业在转型，有没有可能有一家专做口袋书的出版公司诞生呢？也不用担心市场不够大，可以把口袋书和手机阅读相结合：口袋书做核心内容，手机阅读储存量大，做延伸。长时间看手机，视力会下降，而且总有 Wi-Fi 不给力的情况，那么就将其与书结合起来阅读吧！

4."对比"联想

我们看到轿车，联想到 SUV，那么就可以理解为对比联想。

对比联想反映了事物间共性和个性的和谐统一，在一种共同特性中却又显示出较大的差异，从而形成对比。

如红与黑都是由于光的折射而引起的，这就是共性，但前者是由于物体吸收了其他颜色的光而反射红光的结果，后者则是物体吸收了所有颜色的光的结果，这就是个性。

5."相似"联想

由一件事物的感知或回忆联想到和它在性质上接近或相似的事物，称为相似联想。例如，由春天想到繁荣，由劳动模范想到战斗英雄。相似联想反映事物间的相似性和共性。一般的比喻都是借助于相似联想。作诗时用韵律，由一个字想到同音同韵的字，也是一种相似联想。

依云矿泉水的广告创意，拟人、场景、联想都玩得很好，依云矿泉水的旱冰宝宝广告为人所津津乐道。依云一向倡导"live young——保持年轻活力"，这部广告短片就大胆地展开了联想，让穿着纸尿裤的宝宝们玩起花样旱冰，用宝宝们惊人的天赋呼应"保持年轻活力"的主题。这部短片播出后，连续十多个星期在 YouTube 单周点击榜上高居榜首，风靡整个网络。后来，还被美国《时代》杂志评为 2009 年十佳广告的第一名。

依云矿泉水广告片截图

6. 连续联想

自由联想，一般就是指连续联想。

例如，以“狗”为初始刺激进行联想：由狗想到猫；由猫想到马、由马想到马车、由马车想到轮胎、由轮胎想到橡皮……“狗——猫——马——马车——轮胎——橡皮……”这个过程就是连续联想，即前一个联想的反应词或事实，作为下一个联想的刺激，不断地联想下去。

在艺术作品创作中，我们都见到过油画艺术家的材料表现形式，但是大都进行了抽象化处理，在这里我们能看到思维的天马行空，依靠联想建立起事物之间的各种奇妙的联系。这就是典型的连续联想。

7. 非连续联想

重复联想，也就是非连续联想。

如果在自由联想过程中找到或发现一些反复出现的（也可以是自己感兴趣的）词语或画面时，可以把这些词语或画面单独呈现出来，作为一个初始的刺激词。围绕这个刺激词再次多联想，也就是反复联想，也是非连续联想。

例如把狗作为初始词：由狗第一次联想到猫、由狗第二次联想到忠诚、由狗第三次联想到攻击、由狗第四次联想到宠物。

- 狗——猫
- 狗——忠诚
- 狗——攻击
- 狗——宠物

对词语的反复联想，能把词语背后的体验意义挖掘和展示出来。

比如，想象一场浪漫的婚礼，你会有哪些联想呢？想到水、想到花、想到山、想到海、想到飞机、想到巧克力、想到美人鱼、想到月亮，总之围绕着“浪漫婚礼”去重复联想，每一次都会有不同的收获。

不再重复传统的沙滩婚礼、水下婚礼、魔术婚礼，那么尽情持续地联想吧，你想到的创意婚礼一定比下图更有趣。

有趣的创意婚礼

4.34.3 联想的方法

1. 借助纸笔

从词语、画面或记忆情境的刺激，到之后头脑浮现的其他词语或画面是被刺激之后的反应（联想的内容）。这个“刺激—反应”模式，是联想的重要特点：这一次心理活动的内容主要是被上一个心理活动所激发，有很强的“原始性”。

在纸上写下联想过程（可以用简单的提示词），既是对过程的记录，也是为联想的持续不断地提供“刺激”，避免联想变成没有目的的思考。

2. 拆分词语

如果重复联想依然没有突破，可以对词语进行拆分。

杜蕾斯的敢联想：运用字、词、句与产品产生联系。

3．分析解释

不要觉得是狡辩，只要能解释得通，联想就没有问题。

> 脑筋急转弯——如果包公穿越回现代，他会先去哪个餐馆？
> A.肯德基
> B.兰州拉面
> C.北京烤鸭
> D.麦当劳
>
> 答案是A 肯德基
>
> 因为肯德基的字母KFC和开封菜拼音kai feng cai 首字母一样，包公会以为是自己的家乡菜的。呵呵。

肯德基的敢联想：将包公与开封菜联系在一起

外裹仁（外国人）：外国的果仁

4．运用图形

图形中控制联想的因素主要有三个：一个是色彩和质感，比如色相、明度、饱和度、纹理、光泽；二是形状，比如大小；三是空间感，比如位置、远近、方向等。

德国刀具创意海报，土豆皮变字母吸眼球

注意钥匙端的锯齿

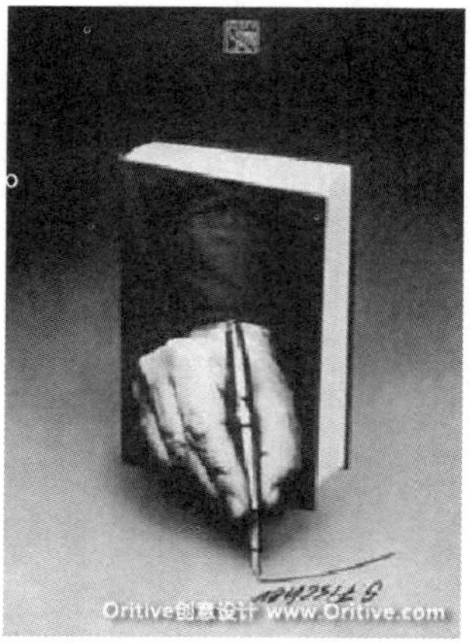

空间图形的联想

图形联想强调的是思维的拓展，其中的连接因素有的是形似，有的是意联。只有当一个人沉浸于图形的开放性研究中，多种相关联的图形才可能会被联想到。

联想对创造的帮助正如爱因斯坦的一句名言："想象力比知识更重要。"其实对于营销也同样如此。创意源于联想，做营销，也从"敢联想"试试吧。

4.35　第三十五计：干一仗

4.35.1　什么是干一仗

与同行业的品牌进行一场公关大战！

有读者看到这里一定会问，“干一仗”和前面所讲过的“傍名人”有什么区别吗？简单理解，傍名人要说人家好，要去贴别人，而干一仗不然，是直接“打架”。当然，笔者不是鼓励真的去线下进行武力干仗，只是一种更为通俗的比喻而已。

为什么要干仗呢？

有些确实是商业上的“以死相逼”，不干仗不行，有些则是为了营销上有噱头。不仅仅中国人，世界上的人们都爱看热闹，特别是网民，从来都不怕事儿大。

简单地说，可以通过“干仗”引来大量的关注。网友去扒是是非非的同时，品牌曝光度大增。各种评论疯传网络之际，如果引导到位，就是产品热销之时。

第三十三计“做公益”中，讲到的2015年汉堡王借世界和平日之机，与麦当劳以联合之名“停战”，实则逼战，让原本销售低迷的汉堡王重振雄风。这是最高明的“打仗”策略。

营销上的“干一仗”，可以温文尔雅地“杀人不见血”，也可以充满暴力色彩地“短兵相接”。2016年，董明珠与雷军的多次口舌之争成为了行业的焦点，使格力稳居新闻头条的位置；创维与海信关于OLED之争也是口水四溅；酷开电视与乐视也曾一度唇枪舌剑式地交战；天猫与京东两大电商巨头关于“鸭坴断湖面”也大打嘴仗。

至于怎么干，就得掂量掂量自己的实力，量力而为吧。下面分享一些“干一仗”的案例，很多值得我们借鉴。

4.35.2　干一仗的类型以及案例

1. 君子干仗温文尔雅

100多年来，宝马和奔驰两个品牌既是对手又是盟友，每次交手即使是调侃挖苦也透着幽默的聪明劲儿，懂得点到为止、保持自身优雅的形象。

2014 年世界杯上德系高端品牌宝马和奔驰展开相互欣赏，宝马：“敬友谊，为悍将，齐喝彩！”奔驰回应：“旗开得胜，合力所向披靡。”在广告页面上同时展现双方的战车，表现出竞争与合作的精神。事实上，这并不是宝马和奔驰第一次互送秋波，二者历来互动频繁，并形成话题进行传播。

请注意，出现奔驰的广告页面，夸奖对手的同时，英文“WE ARE ONE”，是真的捧对手吗？大家都懂的。不过德国队不负众望，打败葡萄牙、阿尔及利亚，挺进八强倒是真的。所以“WE ARE ONE”还有这一层面的意思。

宝马广告

奔驰也怕吃亏，赶紧回应“共把盏，齐上阵，同进退！”也不忘记放上“WE ARE ONE”。

奔驰广告

这两个亦敌亦友的大品牌这么儒雅地干仗，着实急坏了奥迪。奥迪有劲没地方使，因为奥迪长期不打仗，不仅不会打，甚至连打击的目标都找不到。正如奥迪车型的表现，营销依然是中规中矩，憋了一天多，才出了个海报，写上“I MADE ONE”。

奥迪广告

2016 年 3 月 7 日，是宝马汽车 100 周年的日子，奔驰（创建于 1871 年）在 Twitter 和 Facebook 上给宝马送上了祝福：“感谢 100 年的竞争！没有宝马的那 30 年，是有点儿无聊！”乍一看，高风亮节，甚至有网友被奔驰感动了。

仔细看完下面这段文字，才明白，原来奔驰是来进行优雅的挑衅的，唯恐宝马 100 周年的日子里营销势头盖过奔驰。

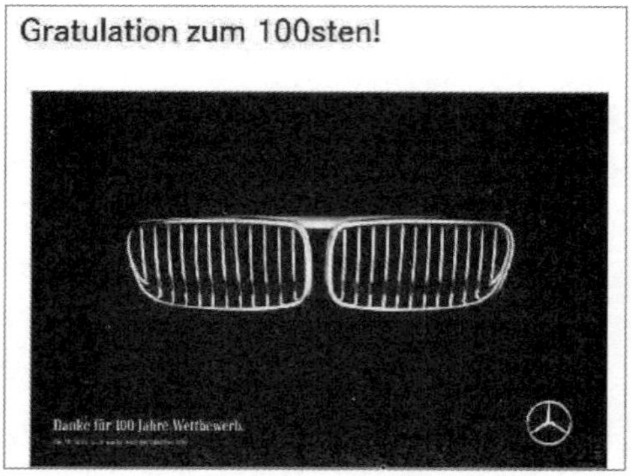

奔驰给宝马送祝福

原文翻译如下：

感谢 100 年的竞争！没有宝马的那 30 年，是有点儿无聊！

那将是多无聊的一件事啊，如果没有宝马的伙伴一路同行：最创新的科技、最酷的设计、最好的顾客满意度！当然，还有销售、市场份额、利润……

因此，我们来了，贺老朋友的百岁生辰！

当然，我们也要做点儿表示：

下周，奔驰博物馆邀请宝马的伙伴们免票参观！在这儿，宝马的小伙伴们可以了解宝马出生前 30 年的汽车历史！驾驶宝马来的小伙伴，我们将邀请您把宝马停在奔驰博物馆最棒的螺旋球入口正前方！每天最先抵达的 50 位巴伐利亚（虎嗅注：宝马的全称是巴伐利亚汽车制造厂（bayerische motoren-worke），英文是 bavarian motor works）小伙伴儿，在漫步一圈儿后，奔驰博物馆餐厅还将提供一份施瓦布人（奔驰）特色小吃：酸饺子！

感谢一百年的竞争！生日快乐，BMW！

奔驰先是给“老朋友”送上祝福，看上去理所当然的一句“没有宝马的那 30 年，是有点儿无聊”，以及下面那句“奔驰博物馆邀请宝马的伙伴们免票参观！在这儿，宝马的小伙伴们可以了解宝马出生前 30 年的汽车历史”，无不在彰显自己才是汽车的发明者。并且还要提供给宝马员工一份“酸饺子”。优雅的挑衅，“杀人不见血”。

宝马的营销也不是吃闲饭的，迅速回应：“I was not when you were born, You were old when I was born .”（君生我未生，我生君已老），显然在暗讽奔驰的历史不如宝马，在宝马面前奔驰就是个小孩的口吻，并说了句：“谢谢！”

宝马的回应

两个竞争了 100 年的老对手，连干仗都这么优雅。双方之前也多次交手，并且都是这个调性，互相调侃、挖苦，却又不失幽默，每一次打仗都能形成话题并广泛传播。

2. 文案干仗靠创意

2014 年 10 月，阿里旗下淘宝旅行“去啊”在新闻发布会上用了这样一张 PPT。

“去啊”PPT

“去啊”传达的品牌意思是：“只要决定出发，最困难的部分就已结束。那么，就去啊！”不管怎么解释，这句广告语用“去哪里”直接剑指“去哪儿”，一下子引起了一场蝴蝶效应的旅游行业文案大混战。

先是“去哪儿”应战。

“去哪儿”应战

紧接着“携程”也加入了这场战争。

“携程”应战

再后来，这场三人团体战逐步发展成了整个行业的狂欢，爱旅行、在路上、看准、游心、周末去哪玩、百程都加入了干仗的队列（不排除“去啊”策划团队自己策划和推送）。

“百程旅行网”加入

Jeep 作为李宗盛演唱会的冠名赞助商，2015 年曾经推出“每个人心中都有一辆 Jeep”的系列海报，其中的三张海报一语双关地把大众、奔驰、宝马黑了个遍。

Jeep 的海报

Jeep 骄傲地对情敌们分别发表誓言：“大众都走的路，再认真也成不了风格。”“人生匆匆奔驰而过，就别再苦苦追问我的消息。”“即使汗血宝马，也有激情退去后的一点点倦。”

就看这两个行业吧，其他的形式都大同小异，开始看起来带劲儿。不过这种干仗的文案出现的频率多了，效果也会大打折扣，甚至偶见低级趣味的打仗文案。这种文案大战，在区域性市场或者垂直行业还可以效仿，只要没有被“玩滥了”，就可以发挥很好的作用。

3. 线下黑对手线上玩传播

2015 年双十一开始前，11 月 3 日，京东和阿里开始正面交锋。先是京东宣布向国家工商总局实名举报阿里胁迫商家站队，涉嫌扰乱市场秩序，后有阿里通过“鸡举报了鸭，说鸭垄断了湖面”的比喻进行回应。一场猫狗大战迅速演变成了鸡鸭互咬。

同样作为综合电商，苏宁易购肯定也不愿意坐冷板凳，开始加入战争。10 月 18 日苏宁在总部南京发起“平京战役”动员会，矛头直指京东。

苏宁以京东老总刘强东与其妻子“奶茶妹妹”的婚恋史为槽点，推出叫板京东的海报，不过笔者认为苏宁的创意有点 low（低水平），不再晒图。苏宁线下的活动倒是挺有趣，看图片吧。

网上流传的苏宁“平京战役”大字报

以上内容在新媒体上的传播很快，传播量也不小。这种打法除了海报，还是有可圈可点的地方。不过如果在干仗的同时，思考一下如何同时提高苏宁易购的美誉度，就可以称得上经典的案例了。否则很容易让人觉得苏宁易购学习了“文案大战”的糟粕，丢掉了精华。

4．短兵相接智者胜

商业上的“干一仗”可不是文案大战了，那是研发、产品、商业模式、渠道之间的大战，不分线上还是线下，非要打出个“你死我活”。笔者在这里分享一下加多宝和王老吉之间的大战。

1996年加多宝租用广药集团的“王老吉”商标。经过加多宝十几年坚持“怕上火”的定位诉求及渠道建设，2009年王老吉凉茶单品年销售额攀升至160亿元，超越可口可乐成为中国第一饮料品牌。然而由广药集团自己经营的“绿盒王老吉”仅有10多亿元的销售额。2010年“王老吉”商标的估值达到1080亿元。正是这一年，广药向加多宝发出律师函要求收回“王老吉”商标。

2012年5月9日，中国国际经济贸易仲裁委员会做出裁决，加多宝被禁止使用“王老吉”商标。同年7月16日，北京一中院终审裁定，驳回加多宝提出的关于撤销仲裁委员会裁决的申请。至此，“王老吉”商标争夺案以广药的胜利暂时画上了句号。但两者之间的凉茶大战却由此拉开帷幕，并开始广为人知。

从线下争渠道甚至员工之间大打出手，到前前后后的19场官司，再到广告大战、文案大战、新媒体营销大战，一路走下来，打得轰轰烈烈。对加多宝而言，当辛苦耕耘多年的商标被收回，当面对自己一手养大的凉茶第一品牌被收回，如何能够迅速地再造一个凉茶品牌，确实是一件不容易的事情。

显然，加多宝想继续抢占消费者的心智资源，把“怕上火喝王老吉”改成“怕上火喝加多宝”。一个消费者的心智认知，一个品类的领导品牌，两家要争，加多宝选择了打仗，持续不断地打，即使“粉身碎骨”也（输官司赔钱）在所不惜。

笔者注意到在相当长的一段时间内，在加多宝打出“全国销量领先的红罐凉茶改名”、“中国每卖10罐凉茶7罐加多宝，配方正宗，当然更多人喝，怕上火喝加多宝”之际，王老吉显得有些沉不住气，除了频繁打官司，竟然花钱用硬广刊登律师函和法院判决结果。

说实话，如果不是王老吉打的这些广告，还真没有人在这么短时间注意到加多宝，王老吉简直是帮了加多宝的忙。而加多宝则频频出击，笔者经常去上海、北京、深圳出差，机场的户外广告有王老吉的地方一定有加多宝。以首都机场为例，等出租车的地方附近的灯箱，全部被两大凉茶长期霸占。

笔者认为，本来如果王老吉不应战，加多宝重新塑造一个凉茶品牌，难度非常大。王老吉偏偏从一开始就应战了。加多宝和王老吉的大战在 2016 年最后一场官司中仍以加多宝败诉告终，加多宝赔偿王老吉巨额款项。加多宝看似输得体无完肤，实际上借此玩“悲情营销”，通过打仗让自己也成了无人不知、无人不晓的中国凉茶品牌，并且成功地把“怕上火喝加多宝”也输入了很多消费者的心智。

根据 2016 年 2 月 28 日中国食品工业协会在北京召开的“2015 年度全国食品工业经济运行发布会暨 2015 年度饮料行业整体运行发布会”报告：“2015 年凉茶市场销售收入突破 500 亿元，加多宝销售额超过 260 亿元，占据了 52.1%的销售市场份额。在整个罐装凉茶行业市场，加多宝更以高达 70.6%的销售市场份额位居中国凉茶行业罐装市场第一名！”

随着加多宝、王老吉两大凉茶品牌持续打仗，人们惊奇地发现：和其正差点被干死！

默默围观看热闹的老三何其正元气大伤，再也占不了“凉茶”的市场高地。

不过很遗憾，自 2016 年 11 月份以来，加多宝频频被曝营销踩踏政治底线，高管离职、金罐失败、扩张过度等负面信息。一个民营企业和国有企业去打仗，资源匹配方面有天壤之别，更重要的是，凉茶总体市场萎缩，特别是高糖凉茶开始受到健康观念影响，消费者在用脚投票。不管未来凉茶的市场如何变化，加多宝和王老吉的大战在短期内造就“加多宝”新凉茶品牌的案例都值得思考和借鉴。

4.35.3　干一仗要点和注意事项

在企业营销中避免不了的是竞争，企业之间发生“大战”自然不奇怪。“有战争就会有杀戮”，无可厚非。但是在打仗的过程中，要讲究一定的尺度和原则，绝对不能做直接抹黑对手，无中生有、恶意中伤的事情。

此外，特别没有水准的隔空开战，建议省点心，不要再搞了。低俗的语言、拙劣的文字给社会带来的负面影响难以消除。最重要的是，长此以往，会让中小微企业的网络营销陷入日益浮躁的氛围中。

广告大师大卫·奥格威说过：“不要设计那些你甚至不愿你的家人看到的广告。”笔者认为这句话是“干一仗”的道德底线。干一仗，要准备持久战，与其把时间浪费在口舌之争上，不如选择有创意的和传递正能量的营销方案。当然，更不要忘记你的商业模式和产品，毕竟现金为王，有充足的银子，过硬的产品，那才是打仗的基础。

干一仗操作参考表格

怎么干	要点	注意事项
微博挑起	大量转发，软文落地	有理有据，想好对策
软文发难	系列操作	论据严谨
提起诉讼	本身是直接利害关系人	有证据，软文报道跟进
建立同盟	壮大力量	不单打独斗，争取“群殴”

最后总结两句话，作为本节的结尾，大家共勉：

“干一仗”要师出有名，做好内容和传播。

正义之师，无往不胜！

4.36　第三十六计：玩跨界

4.36.1　什么是跨界

跨界，是一种新锐的生活态度与审美方式的融合。跨界营销，就是通过不同品牌或者不同品类产品的互相渗透与联合，获得资源上的协同效应，形成更有立体感与纵深感的品牌形象，加深用户对品牌的认知和忠诚度。

为什么要跨界呢？

首先，跨界的信息基础具备了。科技的发展，让人们的生活进入互联网时代，特别是移动互联网的迅猛普及，让人们有更多的信息链接。其中与企业经营相关的供求信息更是被空前释放，需求与供应在不断地被丰富、完善，让跨界具备了一定的基础。

其次，跨界可以放大资源价值。互联网链接的特点，使我们能够通过自身资源的某一特性与其他表面上不相关的资源进行随机的搭配应用。也有人称之为整合，放大了资源的价值，甚至可以融合为一个完整的独立个体面世。

此外，跨界已经成为趋势。互联网企业的触角已无孔不入，让很多产业的边界变得模糊，比如零售、图书、金融、电信、娱乐、交通、媒体等。跨界已经开始渗透到各个行业。每个行业，大到跨国公司，小到个人，都在通过自己的方式，实践着或大或小的跨界。

玩跨界，就是要让我们的网络营销打破传统的思维模式，避免单兵作战，寻求非业内的合作伙伴，发挥不同类别品牌的协同效应，实现多个品牌从不同的角度诠释同一个用户特征，实现 1+1>2 或者 1+1＝11 的结果。

4.36.2　玩跨界的经典案例

1．乐高的跨界营销

在这个跨界的时代，每一个行业都在整合、交叉、相互渗透，对于玩具行业来说，跨界更是进一步发展的重要途径。2013 年，乐高公司联手华纳兄弟联合推出《乐高大电影》。没想到，这个跨界创意带来了出乎意料的结果。这部影片制作费用仅为 6000 万美元，却斩获了 4.68 亿美元的全球票房。同时，电影也带动了乐高玩具的销量。乐高 2014 年上半年的销售额比 2013 年增长了 11%，达到 20.3 亿美元，超过芭比娃娃的制造商，荣登全球玩具制造商 NO.1。

影片的故事设定依然继续跨界路线，集结了众多大片中的角色，超人、蝙蝠侠、罗宾、猫女、毒藤、猜谜人、双面人以及火星猎人、戴安娜、闪电侠、绿灯侠都在这部电影中以乐高版的形象出现，构思非常巧妙，为乐高在成人世界俘获了大批拥趸，社交网络的活跃度扶摇直上，加深了在消费者心目中的形象定位。尝过跨界影视甜头的乐高将在 2017 年再次推出它的乐高影片，希望跨界营销能为其创造新的奇迹。

中国是个玩具制造大国，国产的影视动画也开始崛起，笔者真心希望能够看到玩具行业与影视动漫行业经典的跨界营销案例出来。

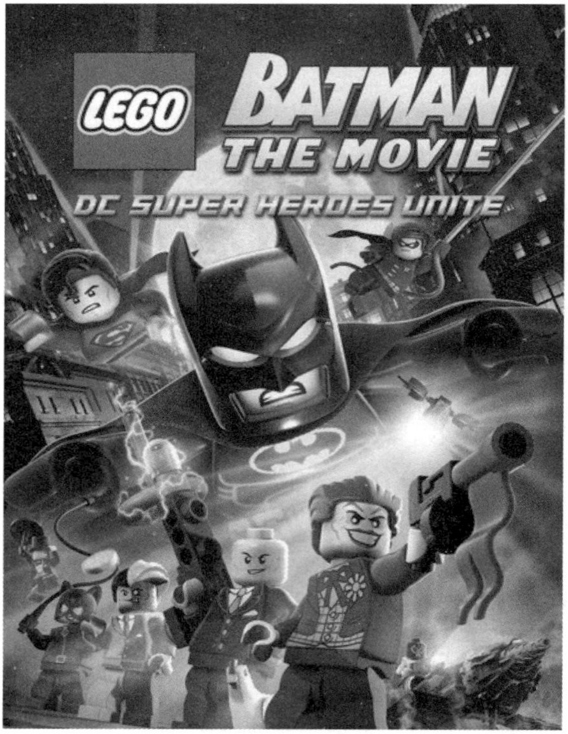

《乐高蝙蝠侠大电影》

2．麦当劳的跨界营销

近两年，由于人们的健康意识的增强以及大量快餐连锁的冲击，麦当劳的销售出现了下滑的趋势。如何持续吸引年轻消费者，是麦当劳重点研究的课题。在此背景下，麦当劳力争通过社交媒体、跨界营销的方式重新吸引年轻消费者，增加他们对品牌的忠诚度。在这里节选麦当劳的三个跨界营销案例供大家借鉴。

2015 年 10 月 30 日 Uber 与麦当劳在上海首次合作，麦当劳的新品热烤墨鱼面包推出 Uber 特别版，同时推出呆萌 Uber 汉堡小熊“U 堡宝”，并通过与 Uber 拼车功能的结合，推出活动主题“拼出味来”。“新品（热烤墨鱼面包）+跨界元素整合（Uber 拼车）+限量版玩具（2000 只 Uber 汉堡小熊）”让这次合作大受好评。其实，限量玩具的促销一直是麦当劳的营销利器，这次与 Uber 的跨界让这个威力再次放大！

Uber 跨界餐饮

2015 年 11 月，麦当劳又在美国东海岸的佛罗里达时装周上玩出花样，邀请了迈阿密国际艺术与设计大学学生为麦当劳进行时装设计，设计原材料全部来自于麦当劳包装盒，比如汉堡的包装纸、薯条盒及咖啡纸杯等，经过设计加工后制成成衣，掀起了一场引人注目的时装秀。年轻有趣、时尚奇异，麦当劳再一次用成功的跨界营销赚足了眼球。

2016 年 1 月份麦当劳与手游《功夫全明星》合作，共同推出新年福利活动。麦当劳利用了手游的粉丝拉动线下客户，同样这款手游也利用麦当劳的线下店吸引粉丝到线上玩手游，毫无疑问这个跨界是共赢的。

功夫全明星麦当劳跨界合作 1月8日iOS版上架

来源：安趣网　作者：逍风筝的人　时间：2016-01-04　我要评论

今日，英雄互娱宣布旗下3D拟真武学功夫手游《功夫全明星》将牵手全球知名连锁餐饮品牌麦当劳，共同推出新年福利活动。**同时正式公布游戏将于2016年1月8日登录App Store。**

麦当劳跨界手游

3. Uber 营销的疯狂跨界

如果说麦当劳联合 Uber 跨界，倒不如说是 Uber 主动找的麦当劳。因为 Uber 的营销跨界实在是太疯狂了。笔者收集的资料不够全面，但是足够我们欣赏了。

Uber 跨界交流平台

Uber 与一对一线下约见平台“在行”在 2015 年 12 月圣诞节进行合作，“在行”让所有网友真实地感受了一次什么叫如打车一样简单的行家约见。Uber 在北京开启#行家指路优人一步#话题。在 12 月 26 日到 27 日，只要使用 Uber 叫车服务即可享受新用户 300 元行家约见券，在 12 月 26 日 13：00—16：00，呼叫 UberBLACK 还有机会同神秘大咖行家当面交流。

12 月 26 日果壳网、“在行”创始人姬十三、高圆圆私人营养师顾中一、烧饼侠孟兵化身为三位雅典娜女神，分别在位于望京、五道口、北新桥的 UberBLACK 高级彩蛋轿车中为幸运乘客答疑解惑。

Uber 跨界医疗，2015 年 10 月 15 日，Uber 与 GE 合作，传递乳腺健康理念，并给成功呼叫到 UberPink 的乘客免费提供高端专属乳腺癌筛查项目。

Uber 跨界美剧，2015 年 4 月 16—17 日的中午 11 点至下午 5 点，HBO 联合 Uber，在美国曼哈顿的 14 街到 59 街、莱辛顿大道到第九大道之间的区域推出“铁王座”试乘服务。

此次活动主要是为了宣传最新一季《权力的游戏》，在 Uber 中输入“ThroneRides”（铁王座试乘），就有机会坐上“铁王座”，号令天下的感觉立马就来了。

Uber 跨界淘宝，2015 年 8 月 22—23 日，Uber 与淘宝共同打造了一个线下场景——移动试衣间。

移动试衣间

Uber 跨界冷饮，2015 年 7 月 24 日，正值炎热的夏季，Uber 发起了一个全球性的活动“Uber 冰淇淋日”，“用 Uber 呼叫冰淇淋”在炎炎夏日还是蛮爽的事情。Uber 在全球六大洲、58 个国家和地区的近 300 个城市接力推出史上最大规模的全球“Uber 冰淇淋日”。其中，中国 14 个城市的用户都将享受到 Uber 送冰淇淋的服务。Uber 中国与可口可乐、梦龙、酷圣石、芭斯罗缤、亚历山大等 9 家品牌联合在北京、上海、广州、深圳、杭州、成都、重庆、武汉、天津、长沙、南京、苏州、佛山、青岛 14 座城市推出冰淇淋日。

Uber 跨界电影，这是 Uber 与曜能量推出的活动，在《复仇者联盟》上映前，曜能量联手 Uber 一起策划的英雄专车活动，活动期间 Uber 有英雄专车入口，地图上的车也身披斗篷，威风得很！“热点事件（电影《复仇者联盟》上映）+人物 cosplay+线下场景引爆”让这个事件的关注度再次提升。

Uber 跨界跑车，2015 年 3 月 21—22 日，Uber 与 Dream Drive 豪车租赁公司合作，推出兰博基尼的 Gallardo Spyder 和玛莎拉蒂的 Gran Turismo 跑车，为用户奉上 15 分钟的免费乘坐体验。

Uber 跨界互联网金融，2015 年 10 月 31 日在广州有一个“一键呼叫鬼送钱”的活动上了新闻。这就是一家互联网金融公司 PPmoney 与 Uber 联合推出的活动。在万圣节当天下午 4 点，Uber 的 APP 上开启一键呼叫“鬼”送钱按钮，当天乘客参与活动就有可能遇到“鬼司机”或者“鬼妹妹”，不过这些乘客却不会被吓到，反而很兴奋，因为他们都会收到 PPmoney 送出的 6～30 万的“鬼混金”（价值人民币 100～500 元）。

Uber 跨界化妆品，Uber 与 Olay 合作推出“美丽专驾”，帅哥当司机开着豪华加长林肯，接一名幸运儿去高大上的酒店参加顶尖 VIP 肌肤护理课堂。

2015 年的 Uber 在全球还有很多案例，比如戛纳一键呼叫飞机、上海呼叫直升机、一键呼叫佟大为、日本一键呼叫无人机送口罩、北京一键呼叫 CEO、一键呼叫 Kittens 等。

即使 Uber 与滴滴打车合并后，作为滴滴的下属事业部，Uber 在杭州又大胆玩了一次名为“新生”的展览和地铁“森林专列”的跨界营销。有知情人士透露，这是为了纪念 Uber 两周年进行的大型市场活动。“收官之作”是 Uber 杭州官方对它的宣传语——全球版 APP 下线前的最后一次大型营销活动，保持了 Uber 一贯的风格，由原班人马策划并执行。

2016 年 11 月 28 日上午 11 点，杭州地铁一号线江陵路站，一辆特殊的列车缓缓驶入站台。进入车厢后，不少人被眼前的场景震惊了：车厢里居然铺满了带着泥土的绿色植物，车顶、地板、车门和座位上，都被 Uber 蓝绿色的宣传海报占领。金属扶手上，还有 Uber 杭州两周年的宣传板。

频频跨界，尽管有些是新的热门 APP，但是 Uber 并不吃亏，因为推广别人的同时，别人也在推广自己。与其他行业的大胆跨界，做成事件营销，不断吸引眼球和制造新闻的能力，这就是 Uber 能通过营销爆红的秘密。

地铁车厢铺满绿色植物

4.36.3　玩跨界的要点和注意事项

玩跨界，笔者认为从企业角度来讲可以有四种思考方式：横向思考、纵向思考、交叉思考和跨越式思考。

比如汽车企业，玩跨界营销横向思考可以考虑与同行的品牌合作，当然最好是没有直接竞争关系的。

如果是纵向思考，就是在产业链上跨界，汽车企业可以与后汽车市场的企业跨界，也可以和产业链前端的企业合作。

交叉思考就是既有横向跨界又有纵向跨界。

如果是跨越式思考，维度就更大了。滴滴打车可以跨越成金融公司，也可以跨越成电子商务公司，还可以跨越成大健康互联网企业。这一切都因为互联网的发展让边界变得模糊，掌握了大数据和用户端，用跨界的思维思考有太多的可能性。

如果从传播的角度来讲，只要是与目标消费人群基本一致的伙伴，一切皆可以跨。但是跨界的过程中也有一些注意事项。

首先，如果你想跨界经营或者创业，必须要慎重思考一下是否有这个操盘能力，更要从战略的角度去考虑。

汪峰很厉害，音乐天才，有钱，有资源，有粉丝。2015 年 10 月 25 日晚上，汪峰携手他的团队发布了三款耳机，首次跨界科技圈推出自己的硬件产品。汪峰是 fiil 最大的股东和整个品牌的董事长。然而随着时间过去了大半年，据汪峰公开的数据，销量仅 5 万！

汪半壁哭了：fiil耳机销量惨淡

2016-01-31 08:48　来源：TechWeb　作者：佚名　编辑：网络　27条评论

去年10月，汪峰fiil耳机正式发布，这也是中国耳机行业有史以来最大规模的发布会，fiil耳机共发布三大款式，售价从599到1099元不等。

按照fiil耳机CEO彭锦洲（华为荣耀创始人之一）的说法，fiil的目标是做成类似于Beats的中国品牌，借鉴小米模式，定位轻奢产品，走高端路线。

今日消息，fiil耳机宣布完成2000万美元A轮融资，估值达10亿元人民币，最终融资金额和估值都远低于产品发布前fiil团队的预期，之前其A轮融资在8月份就已经开始，目标是融资1亿美元，估值是2亿美元。

汪峰fiil耳机号称预约量超100万台，除官方渠道销量无法确认外，有媒体查询京东、天猫、亚马逊等线上渠道发现，预约量转化成实际购买量的比例偏低。天猫旗舰店上，三款耳机月销量未超450台。京东上，三款耳机累计评论数仅有1200条左右，而亚马逊几乎没有评价。购买量和预订量之间差距明显。

跨界失败案例

当然汪峰的跨界不差钱，正如他自己在 2016 年全球移动互联网大会上演讲中最后总结的话："我理解的跨界一定要看目的是什么？也许我的目的带有太多的理想化，但对我来说是我存在的一个意义，我希望从 fiil 耳机开始，可以带给更多人欢笑、希望、高品质的生活，还有全新的世界观。因为我们的世界不只存在于现在，还存在于未来。"

值得欣慰的是，汪峰是个很聪明的人。据媒体公开报道，2015 年 10 月 fill 第一代耳机发布前，汪峰就已经意识到，明星深度参与一款产品，可能会在后期面临烦恼。"如果有一天我出问题或者不火了，那这个产品也不火了，这算什么产品？"汪峰说，在度过早期发展阶段后，将对 fiil"去汪峰化"。

有了"去汪峰化"化的理念和实践，fill 耳机 2016 年的销量明显有了突破。2016 年 8 月 fiil 发布第二代产品耳式智能无线耳机 fiil Diva，在京东众筹以 1706 万的金额创下了行业记录。

其次，跨界对象的选择要谨慎。

商业上的跨界合作重点考虑资源和团队。传播上的跨界合作对象要考虑对等，即品牌知名度和团队操盘实力，只有这样才能共同推广，形成合力。合作伙伴也要有足够的覆盖人群，目标人群可以交叉但是业务不能有直接竞争关系，如果产品功能或者价值上能够互补就更好了。

再次，利益共等。

双方投入什么资源、成本谁承担、获得的客户利益是否分配、数据如何共享等，这些要提前考虑好，双方达成一致。不能等着跨界完成了，腿伸出去了，才发现利益没有谈好，草率收兵或者项目夭折，那样对双方品牌都会有伤害。

最后，交换 KPI。

如果跨界的营销是双方或者多方合力完成的，就要自己制定 KPI，但是交给对方去考核。监督可以更好地发挥跨界的作用，双方的执行力也会因为交互 KPI 而倍增。

以下是笔者总结的跨界参考的八大角度。

跨界参考的八大角度

文化	渠道	传播	资源
产品线	盈利模式	企业管理	资本模式

笔者认为，未来参与跨界营销的行业并不一定局限于两种，甚至会在越来越多的跨界合作中形成新的跨界营销体系。

最后总结两句话：

无跨界，诞生不了新的商业模式。

无跨界，不营销！

第 5 章

创意营销的误区

在技术和信息都高度发达的今天，人们正在以越来越快的速度颠覆过去，创造新的营销热点，传播范围和传播速度也在不断进步，创意营销也越来越受到重视。在前面的章节笔者总结了创意的三十六计，特别适合作为网络营销创意的参考。但是，也必须提醒大家，创意营销不要进入误区。

5.1 创意营销不能本末倒置

创意有助于产品定位，有利于商业模式，有利于差异化竞争，也有利于产品推广等，但是一定要记住了，再怎么有创意依然是营销的层面居多，企业的研发、团队管理、财务管理同样重要。

一个企业的正常发展不能单凭创意和营销，需要协同作战。千万不要出现一味的求新求变，忽视企业的根基，一定要避免出现过度营销的情况。

曾经被奉为互联网思维神话的小米手机，近年来已经出现了发展瓶颈，我们看到相对低调的华为，在国产手机上不声不响地攻城略地。可以说，小米的营销国内没有几个企业能够匹敌，但是小米的研发、小米的渠道、小米的团队管理，或许有提升的空间。

此外，创新还必须考虑企业所在的市场环境，企业产品和所在营销情境的契合度。如果强行切入，效果不佳。

5.2 创意不能违背公序良俗，更不能违法

当营销人员脑海中浮现出一个自认为非常好的创意时，选择合适的表达方式也很重要，即便是利用热点炒作，也应该更多地向正能量方向进行引导，不能过分低俗，更不能恶俗。

特别是在事件营销的创意操作中，很多人擦着社会道德和公序良俗的边线走，以求与众不同，吸引眼球。

2015 年三里屯优衣库事件，就是一个例子。虽然一时间获得了大量的关注，但是付出的代价也是巨大的。一旦真相大白，看热闹时一哄而起的人群大都会转身离开，甚至还会留下嫌弃的口水，最终遭殃的是企业自己的品牌。

创意营销的许多点子都是利用社会热点，一定要看该热点是不是会触及消费者的道德底线，其中的尺度还需要认真把握，尤其是在利用热点时不能利用和欺骗广大消费者的情感。在很多案例中，消费者都由于好面子没有在第一时间进行反对，但完全搞清了事情后，由于感到被愚弄很多人会放弃甚至抵制该品牌。

珍爱网“人贩子死刑”事件

还记得这样一条朋友圈病毒图片吗？“人贩子一律判死刑”，这条微信病毒图片曾经刷爆全中国网友的微信朋友圈，并且引发了激烈的争论，一时间成为一个著名的社会事件。

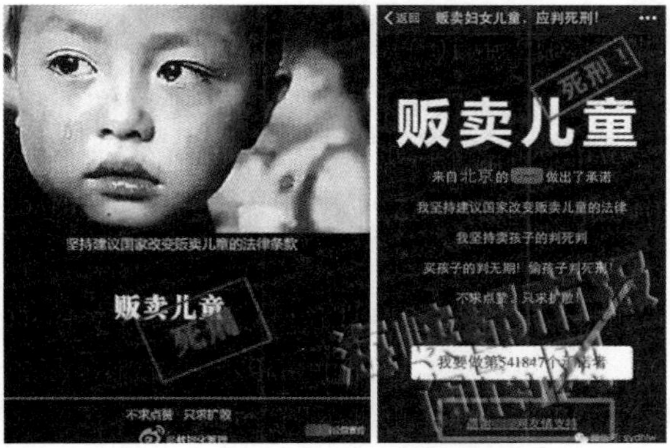

曾刷爆朋友圈的微信

该话题的讨论在“该死刑”和“罪不至死”两派的激烈争论中让舆论甚嚣尘上，不少名人也参与其中推波助澜，各路人马均利用这一事件发表观点。但在每个人都在发声的时候，实际上每个人的声音已经被极大稀释了，唯一持续曝光的就是事件的策划者珍爱网。

网友终于发现在文章的底部有一个链接：“感谢珍爱网友情支持”。这些在朋友圈疯转的图片，最后被证实是珍爱网的营销策划。也正是在这一消息被公布后，话题讨论的方向发生了巨大转变，变为讨论营销手段是否符合道德和法律，然而这一过程相当短暂，在被揭穿是营销事件后，该话题的讨论和图片传播戛然而止。这正是上文提到的消费者心理的作用：消费者都由于好面子的心理而没有第一时间进行反对，但却由于被欺骗的受伤心理而选择放弃甚至在以后抵制该品牌。

实际上，利用这次营销事件，有一个公众号“移动互联网”的营销反而做得最好，该公众号并没有对人贩子死刑的话题进行讨论，而是针对事件背后的商业逻辑发了一则名为“你在朋友圈接力坚持贩卖儿童判死刑，那只是在帮别人赚钱”的帖子，称这种营销行为每获得一个注册用户，就要向营销公司付费，这是珍爱网在“花钱买用户”。

不久后，被质疑利用公众情绪进行营销的珍爱网发出声明，称这是个别员工未经批准擅自启动的营销行为，并表示将对相关员工进行严肃处理。虽然不知道是真的员工失职还是公司公关口径，负面影响已经不可挽回。

在珍爱网认错后，当初质疑珍爱网营销行为的公众号“移动互联网”的帖子在朋友圈中被广泛转发，瞬间涨粉无数，可见信任心理和不信任心理导致的差距。

5.3 创意不能走两个极端

不少时尚品牌在欧美部分国家开展男色、女色营销，受到消费者的普遍欢迎。然而同样的营销手段搬到东方的中国、日本、东南亚等国家大都没有好结果。不同的文化、不同的社会心理、不同的发展阶段都影响着营销效果。

所以在选择营销手段时也必须对市场情况有足够的研究和思考。

失败的创意营销往往都是走了两个极端路线：一是低俗化，二是极端化。低俗已经不必解释。极端化的创意营销一般是指利用一些社会问题，比如民族情感等，引导大众的极端情绪，煽动争论并从中利用各种手段扩大自己企业和品牌的传播。

这些极端方式虽然能够在短时间内吸引大量的关注，但是从长期来看却是对品牌和企业的伤害。毕竟极端的人只是少数，大部分人虽然在传播的大潮中跟风进行了传播或者评论，但是经过反思和冷静后终究会逐渐理智，因此在疯狂中进行的不理智传播，等到他们醒悟过来就会有一种被利用的感觉，最终在潜意识中对企业和品牌产生不信任甚至反感。因此，营销尺度必须要进行把控，否则得不偿失。

5.4　创意营销不要一味追求手段

有的企业在一开始营销目标是非常明确的，但是在选择的手段上往往喜欢尝试新的花样，在这种试探中往往会因为受众的情绪反应而影响企业对营销目标的判断，一旦这种判断扭曲了最初的营销目标，将传播话题的量化效果作为判断标准，就很难避免走形变味儿。

无论营销手段多么新奇，对社会情绪的影响才是根本，传递温馨或愉悦等正面情绪的创意营销会周期性地产生效果，例如每年母亲节都会有过去的优秀创意营销方案被重复传播，能够成为企业的长期财富；而相反，传递低俗、负面内容或情绪的创意营销即便再热闹也无法长久。仅仅关注眼球是不明智的，只有关注产品本身给用户带来的价值，传递正面积极的情感，才是优秀的创意营销。

曾有一家甜品店开业前为了吸引眼球做的创意事件营销，雇佣了一批国外男子，身穿斯巴达战士服装，在北京国贸地铁“招摇过市”。

因活动对街面秩序造成影响，民警劝阻无效后采取强制措施，将部分参与者控制。此后事件转移至微博，传出在朝阳区街头众多“斯巴达勇士”进行营销宣传时的图片，引来众多网友关注。

但是从效果来看，笔者认为营销效果并不够理想。

首先在操作上，这群装扮为斯巴达勇士的人员出现在国贸地铁站、三里屯过街天桥、西大望路建外 SOHO，甚至是地铁当中，每人手中都拿着一款罐装饮品。没有足够知名度的产品展示并不能带来足够的传播效果，如果是可口可乐做这样的营销活动，一定有传播效果。如果一定要做，必须考虑拍照后的效果，毕竟现场看到的人是极少数。所以，应该做一个罐装的大模型，可以 3D 打印，成本也不高，如果再想便宜直接喷绘也行。如果再想好玩，恶搞一下加多宝，调侃一下可口可乐，都是不错的选择。

其次是该活动的现场控制上。该事件营销活动很快就引起警方注意，甚至有人员被警方拘捕，显然有损品牌形象。也让“斯巴达战士”们很“受伤”。现场活动的时间持续得太短了。

最后，事件营销的后期传播上策划和执行不够到位。我们看到，在媒体的传播中雇佣这些“斯巴达”的商家的名字几乎没有出现，通过网络进行搜索，找到的几乎都是简单的新闻报道，新闻报道中仅出现“一家甜品店”、“一家咖啡店”、“一加沙拉店”这样的模糊信息，并没有起到足够好的宣传效果。当然，如果想埋一个伏笔，后期再揭开谜底也未尝不可。可惜，谜底一直没有揭开。

笔者认为，该商家仅仅想了一个很好的创意点子，但是没有进行整体传播策划就上马执行了。微博话题的传播和新闻报道均与商家无关，所以声音也就很快消失了。不过，能够想出这个创意点子并很快地执行到位，这种执行力还是应该点赞的。

创意营销没有最好，只有更好！

5.5 简单复制创意要不得

创意营销的最大魅力来自于创意，创意的奥秘就是结合自己产品的风格和亮点。简单地复制别人的创意，虽然成本低，但是却未必适合自己的产品，并且一旦带上抄袭的名声，品牌形象也会大打折扣。

近两年，湖南台制作的大型综艺类歌唱节目《我是歌手》一直受到大家的广泛关注。然而就在《我是歌手》第三季播出时，宣传片的片头在网上引起了热议，该片头被指抄袭西班牙设计公司 Dvein 三年前给电影 EVA 做的片头设计，该片头设计获得了 2012 年澳大利亚特技动画节奖项。EVA 是西班牙电影导演 Kike Maillo 拍摄的第一部剧情长片。

网友将两个片头截图后发现，其片头动画和西班牙设计公司 Dvein 给电影 EVA 做的片头几乎是“一比一、逐帧抄袭”。EVA 的片头视频长度约 1 分 40 秒，而《我是歌手》第三季的片头动画与之相似的画面长达 30 秒。经截图对比，《我是歌手》第三季片头中水晶如水滴状扩散、延伸，如人体脊柱般的变形发展，到最后的组合重聚，在颜色基调、造型设计和动态质感上，与 EVA 片头的一些画面高度重合。

EVA 的片头设计在业界是十分有名的，动画制作精良，技术含量很高。虽然业界普遍认同创意的相互启发和借鉴，但是这样具体细节化的“复制”，明显具有抄袭的嫌疑，这则新闻在网上引起了上千网友的转发。

湖南台也迫于舆论的压力，出面表示该片头是委托某广告公司制作，跟节目导演组无关。被抄袭的西班牙设计公司 Dvein 也在随后的采访中表示公司从未处理过这类的抄袭事件，处理起来十分头疼。

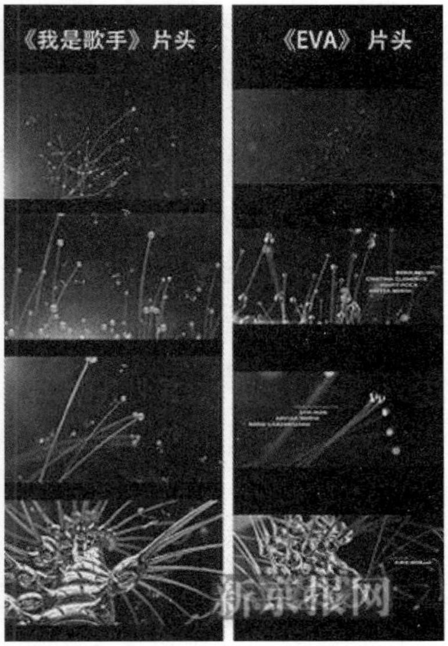

片头对比

在许多电影和电视剧的宣传海报上也常常出现不同程度的复制。例如由夏永康、陈国辉执导的爱情喜剧《全城热恋》的宣传海报，就直接抄袭了由著名导演盖瑞·马歇尔执导的《情人节》的海报。《全程热恋》作为一部大明星云集的拼盘式爱情片，故事情节与《情人节》很相似，但是海报却更像，都是大头贴式的海报设计，用一个大桃心框住所有主演的头像，网友纷纷表示这样的设计居然也有人抄袭，实在令人费解。

电影海报对比

5.6 永远不要和消费者对着干

奢侈品电商平台寺库在开展周年庆活动中推出了一系列广告宣传语：“别怪寺库没告诉你，买贵就‘二’了。”“如果各位还去奢侈品商场购物，你肯定很‘二’”。此系列宣传海报向消费者推出之后，寺库真的“二”了。

寺库海报

首先是一些消费者第一时间要求寺库公开道歉。但是寺库并没有意识到问题所在，依然觉得这是个营销的机会，推出了更“二”的回复：“道什么歉啊，怕你买贵了，对你好都不知道！骂你是爱你，你还真 2 啊！”

这条回复彻底惹恼了消费者，不少消费者向工商局举报寺库侵犯消费者人格尊严。结果工商局约谈寺库，并责令改正不当用语、撤销相关海报。

这一结果导致寺库精心策划的一系列活动均以这一负面新闻而告终，前面的铺垫都白费了。寺库在此前做的很多努力也前功尽弃。

本应是向线下奢侈品店宣战的周年纪念日，却变成了与消费者发生冲突的局面。在这一系列过程中，寺库从最开始的宣战线下实体店，转变为代替消费者，用消费者角色“自述”去线下实体店“很二”，进而转变为直接评价消费者“很二”。在这一过程中，企业的营销部门没有把握好营销的度，没有进行有效管理和及时监控，使得整个营销活动以失败告终。

创意要避免进入误区，网络营销尤其要从传播的角度来考量，因为通过互联网的力量，好的事情传播范围可以放大，但是坏的事情传播起来速度更快，甚至发展到局面失控。

第 6 章

创意营销的载体

创意营销很好玩，玩好了也很有效果，那么创意营销的载体有哪些呢？

6.1 自媒体和企业自媒体

早在 2006 年，谷歌就开通了属于自己的企业媒体“黑板报”，当时的“黑板报”以博客形式发布新鲜有趣的企业资讯。后来，英特尔也推出了自己的企业媒体“Intel Free Media”，并打造成“独立科技新闻媒体”的定位。这就是自媒体的起源。

企业自媒体实际上早已有之，例如企业内刊。只不过没有多少企业有能力将自媒体运作成大众媒体，但随着互联网技术的蓬勃发展，越来越多的企业拥有了打造“黑板报”和“Intel Free Media”这样的媒体平台的可能性。

最近几年，实力雄厚的企业都在自媒体领域投入了大量人力和财力，生产的内容越来越专业化。因此也可以判断，当下的企业自媒体与过去的企业内刊承担着完全不一样的责任。

第一，可以谋求更大的公众影响力和话语权。

第二，可以为主流媒体提供了解公司的渠道，提供媒体需要的素材、故事和话题。

第三，掌握发布消息的渠道，及时辟谣，成为公司对外发言的官方渠道。

第四，通过各种手段支持公司的营销行为。

随着移动互联网的快速发展，自媒体的成本也随之降低，这给企业自媒体提供了巨大的生存空间。与大众传媒比起来，企业自媒体掌握在自己手中，只要坚持不懈地运营，大都能发挥出来作用。如果做好自媒体，能够替企业节约大量的营销推广费用，杜蕾斯、宝马、奔驰的自媒体已经具有效果可观的传播能力。

此外，对于能够充分利用企业自媒体的公司来说，自媒体已经不仅仅是营销渠道，同时也能够链接整个公司的运营体系，并且逐渐带来企业社会意识和文化意识的觉醒。

对比苹果、谷歌、小米、脸书，我们可以发现，同样是从零到二十亿美元销售额的过程，苹果花费了十年，脸书花费了七年，谷歌花费了六年，而既没有门店又不铺设渠道的小米只花费了两年。主要原因之一就在于小米充分利用了自媒体时代粉丝经济的力量，小米更擅长玩企业自媒体。

不过，并不是所有企业都能掌握自媒体营销的方法和尺度。绝大多数企业通过微博、微信等社交平台传递的信息，只是直接地来自于广告传播或营销传播内容，大多数内容对用户来说毫无价值。当用户对这样的信息产生疲倦以后，就放弃了关注。更严重的是，这样的自媒体向消费者传递的企业形象、品牌形象、产品形象是枯燥乏味的，反而会让消费者产生倦怠或者厌烦的情绪，这样的企业自媒体运营实际上是在自娱自乐。

因此，企业自媒体在做企业品牌产品传播的时候，一定要兼顾信息的实用性，既要对用户产生价值，同时还要用心与每一位粉丝互动。

如今国内企业自媒体的表现形式主要有企业微博、企业微信公众号、企业 APP 等。笔者建议，如果有运营团队，能把握好内容，可以大胆地尝试企业自媒体。不过对于诸如航空公司、物流公司之类的服务型企业，做好企业微信公众号就可以了，不建议去做官方微博，因为那里会出现大量的主观投诉行为，对维护和化解的技巧和水平会要求比较高。

那么如果没有企业自媒体怎么办？

创意营销是不是少了载体？

并非如此。

自己做不了，那就直接购买就完了。目前针对各类人群都有不同的自媒体，以微信为例，粉丝量比较大、人群细分的大号有很多，有企业号也有个人号，根据自己的需要直接购买进行投放就可以了。我们看到的大品牌做的成功的创意营销案例，都有企业自媒体之外自媒体的软性和硬性投放。（自媒体类型可以参看传播易、微播易、泉之媒等媒介平台。）

6.2 适合创意施展的 H5

H5 交互技术近年来在被商业化后，广泛地用来展现营销创意，已经成为一种常见的营销手段。但是，大部分企业还只是利用第三方平台提供的模板进行创作，只有互联网行业的企业，才具备自己开发 H5 的能力。没有能力自己开发的企业，只能雇佣外包团队进行开发，动辄花费数万甚至十几万元人民币。

实际上，已经有越来越多的企业开始具备网站和前台、后台开发人员，企业迟早会自己广泛地进行设计和开发 H5 等互动数字产品以进行营销。

H5 的优势就是实时互动的感受，如果能做出优秀的 H5 产品，就可以将产品最直观的感受传递给消费者。因此，对于 H5 页面的设计和营销实践，越早动手越能总结经验和培养人才。当然，这种做法适合现金流比较宽松的企业。

既然 H5 是一种交互技术，那么也就没有什么比与用户产生交互更有价值的事情了。随着 90 后逐渐走上社会，逐渐成为最具潜力的消费群体，尤其是移动互联网的参与主力，针对这个群体的互动最有效果的载体就是 H5。

时尚杂志 VOGUE 就曾经针对自己的 90 后受众做了一个创意 H5。内容是该杂志针对 90 后进行调查的结论分析，首先将 H5 美其名曰“型格大调查”，接下来从 90 后对生活、时尚、消费等几个方面的态度对其进行分析。

创意 H5

在页面呈现上，广泛使用了各种统计数字和标签，同时采用了非常富有表现力的色彩，也用了大量 GIF 动态图进行呈现以提升趣味性，以此来契合 90 后的个性追求。这个调查得到了很多 90 后的响应，取得了成功，这也是 H5 实现创意营销中的一个小案例。

笔者注意到，目前很多品牌企业对 H5 的把握能力越来越强，新的趋势也逐渐产生，其中之一就是模拟场景，打电话、微信对话、短信提醒、手机桌面等场景被广泛应用于 H5 营销中。如果资金实力还不够，也没有自己的技术团队，那就直接应用模板修改吧，有很多都是免费的，比如易企秀。

6.3　软文

微信公众号应用到企业营销之后，许多微信公众号的粉丝开始天天盼着自己喜欢的公众号发广告。而且往往在阅读完文章后留言：“看到是广告我就放心了！”“心甘情愿地干了这碗广告！”、“果然没有让我失望，看到广告了”、“竟然没有广告，我要去投诉”……

《梵高为什么要自杀》《清朝公主为什么这么丑》《什么？梅长苏没死？》等以故事或者热门话题开头，却以广告结尾的文章屡屡阅读量突破“10 万＋”。

微信公众平台上的软文如今已经成为一种传播现象，写手们如果没写过神文案级别的软文都不敢称是大号了。

是什么让软文有了这样的传播力呢？

我们先来看看著名的“神文案”之一《梵高为什么要自杀》。

文章包括图片和文字在内完全以排好版的图片形式呈现，先是扯了扯梵高的历史，穿插着众多知名画家的一些信息，莫奈、毕沙罗等，看起来仿佛作者对这些历史轻车熟路、了如指掌，同时将梵高描述为一个精心规划了自己一生的人，从画风到人生路径都如“阴谋论”一般是梵高自己的设计。近而提出问题，这样规划了自己的一生，却在成名之前就因为“穷”而自杀了！但是梵高的弟弟一直都给梵高足够的生活费，难道不奇怪吗？钱哪儿去了？

虽然作者也不知道原因，但却为梵高扼腕叹息：“可惜当时没有支付宝，不然划几下手指就能轻松理财了”、“根据你近几年的财务状况和人际关系，能推算出未来十年成为土豪的可能性。那样，也许梵高就能多活几年，看到生命的曙光。”

虽然文章非常无厘头，但是传播效果却非常好。

“神文案”

这种新媒体形式的软文无疑是最流行的创意营销载体。这种软文大多具备几个特征：第一，以优秀的故事或者事件分析等吸引人的内容开头；第二，在文章结尾处巧妙植入广告；第三，明确告诉观众文章目的就是为了广告。

让观众从优质内容直接过渡到广告，在落差和反差之中产生会心一笑的感觉，并不会对广告反感，甚至让读者有脑洞大开的喜感，不仅仅自己看了觉得有趣，还要转发分享给朋友。

当然，平面媒体和 PC 的时代，软文营销早已存在。这里重点介绍新媒体软文，特别是微信公众号热点文章类型，是想告诉大家，创意营销如果用软文承载要特别重视新媒体的形式。

不过平面媒体和 PC 端的软文同样很重要，作为创意营销的预热、总结都必不可少，软文形式也需要整合。现在大大方方地为自己做个广告，对软文营销有兴趣的朋友，推荐阅读笔者曾经写过的《网络营销决胜武器——软文营销》（当当、京东、亚马逊均有销售）。

也许有人会问，软文既然是形式，为啥在这里说载体还要专门拿出来混着讲呢？因为软文在创意营销中实在是太重要了！无论是创意营销预热铺垫、发起、阐述、总结，都可以实现。最重要的是，软文写完之后可以有多种发布渠道，有免费的、有付费的，发布出来不就成为载体了吗？！

6.4　图片

在移动互联网兴起之前，就有营销专家说我们已经进入了读图时代，笔者非常赞同这个观点，在手机端尤其如此。

图片也分几种类型，一种是海报，这个是融入设计元素，结合传统平面广告的玩法，当然创意营销在表现手法、材质上都可以动动脑筋。

另外一种是原汁原味的图片，创意来源于生活，用生活、工作场景中原汁原味的图片如果能够实现创意，更能打动人。

还有一种是 PS 的图片。有网友说过，找女朋友千万别看照片，美图秀秀之类的神软件让每一个女孩都是超级大美女。说的是一种自嗨现象，但是一语道出了 PS 的价值。对于创意营销的表现方法来讲，轻松的 PS，能实现很多出人意料的效果。如果配以经典的文字，那就真的可以让创意飞起来了。

最后一种是动态图片，一般都是 GIF 格式，在网页和手机端打开，一个或者几个动作可以变得很夸张。

啥都不说了，上图吧。

禁烟创意海报

原汁原味的生活中的照片

（扫码看 GIF 图示例）

6.5 动漫（卡通）

大脑袋、小身子、大嘴巴、小脸蛋，这些在动画和漫画中都可以表现出来。卡通其实也是动漫的前身，动画、漫画和卡通的具体定义大家就百度吧。

无论是动画、漫画还是卡通，都可以承载创意营销，有条件的可以外包，没有条件的可以自己玩，例如暴走漫画就是一款可以自己 DIY 的漫画软件。

这种形式比较符合追求新潮的男生和女生，对于部分明星的肖像侵权问题也能在一定程度上解决，那就是根据明星剧照，再创作成动漫形象。这个动漫形象，创作者只要不以直接盈利为目的地推广和使用，就基本不会出现法律风险。

下面看几个小案例消遣一下，记住这个载体吧。

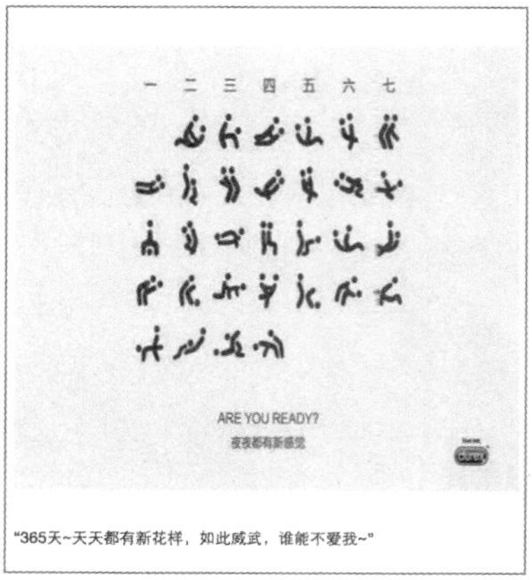

杜蕾斯的创意营销

杜蕾斯的玩卡通

6.6 音频

有人认为音频已经过了气数，但笔者坚信，存在就是有道理的。2016 年罗辑思维与 Papi 酱联手制造了不少“吸粉”话题，这个大家都不会再怀疑。不过你可能还不知道，罗辑思维在喜马拉雅 FM 上也已经拥有了超过 500 万的粉丝，播放量突破了 1.8 亿，音频吸粉儿也不是吹的。

不过，音频有两个特点是其他载体难以实现的。笔者认为，一个是“闭屏”，我们每天都被各种屏幕吸引着，每天各种信息刷屏，反过来在音频里，会突然静下来，潜心用声音感受世界。因此占领耳朵是很有效的营销方法，音频会成为企业在移动互联时代进行整合营销的重要部分，而且不会被取代。

另外一个就是“伴随”，与视频、文字等其他媒体相比，音频具有独特的伴随属性，不用双眼，耳朵足矣，因此能在各类生活场景中发挥最大效用。

此外，随着手机、汽车、智能家居等各类硬件产品的音频播放，在移动互联环境下，“听”可以发生在任何场景中，比如跑步、做饭、开车等碎片化时间。当用户不能用眼睛的时候，音频就是一个最方便的获取信息的载体。

那么基于音频的营销，同样可以开展得有声有色。仍以音频 APP 喜马拉雅为例，2015 年底喜马拉雅 FM“2015 你最喜爱的主播评选”活动刚结束，而年底本身也是主播举办感恩活动的密集时刻，平台上各大主播都有意感谢粉丝，必胜客联合喜马拉雅以此为切入点，发起了《感谢有你，必胜客请粉丝吃大餐》活动，赞助喜马拉雅 FM 平台前 50 名主播的大餐宴请。

最终喜马拉雅平台上排名前 50 位主播有 42 位愿意参与，由于各个主播人气超高，在长期创作过程中与粉丝建立了信任度，所以当他们在当期节目中露出“请吃必胜客”以及必胜客新菜品信息时，反而大受粉丝欢迎，轻松完成答谢任务。

对于本次尝到甜头的广告主必胜客来说，它只花了极少的费用，就撬动了整个平台上 42 个主播的数十档人气节目，同时引爆数千万人次的集中传播。无论是必胜客品牌宣传还是新菜品曝光，都在此次答谢活动中收到了以一当百的效果。

引用笔者好朋友《数字营销战役》作者魏家东对音频营销总结的一首打油诗，供大家参考：“音频新玩法，闭屏易触达。场景伴随式，营销乐开花！”

对于中小企业的网络营销创意载体来讲，想清楚音频的这三个问题就可以了：创造什么样内容的音频，用什么平台推广，整合什么渠道去传播。

最后给大家介绍一下几个比较火的音频平台：蜻蜓 FM、喜马拉雅 FM、荔枝 FM、考拉 FM、豆瓣 FM、优听电台、酷我听书等。

6.7 视频

视频包括电视广告、网络视频、宣传片、微电影、直播等各种方式，在网络营销中是一个重要的载体。电视广告、宣传片、网络视频等不用再讲，本书中扫码观看的内容都可以归为这三大类。微电影和微视频（只有几秒的超短视频）值得单独再讲一下。

微电影是用电影的艺术表现手法，比如画面、剧情、渲染等，植入营销内容。微电影一般比较短，适合网络传播。但是微电影需要有好的内容策划，还需要好的影视拍摄来呈现，对于营销费用不足的小微企业，困难很大。

但是微视频就比较简单，因为比较短小，原汁原味的视频，只要创意足够好，营销可以硬性植入或者软植入，都能达到一定的效果。

此外，有了微信朋友圈和微信群及公众号发布视频的传播渠道，有了微博一键分享的功能，有了优酷、土豆等视频网站的分享功能，让有创意的视频传播变得相对更容易。至少，如果有数据，及时传播给定向人群是能够实现的。

（扫码看奥利奥魔术广告，生活化普通视频）

6.8 平面广告

这里说的平面广告主要针对平面媒体而言，比如报纸、期刊。即使是人民日报，目前硬广的内容和形式也在与时俱进。至于像南方都市报之类的，在平面广告内容和形式上的探索就更大胆了。因此不要把平面广告看得那么死板，毕竟人家还有一定的发行量，阅读报纸的读者还是有相当的人数。

最主要的，平面广告的形式感比网络广告和移动端广告显得正式。此外，平面广告审查广告主资质比较严格，相当于为消费者把了第一道关。

笔者建议，如果营销费用预算够，不要忽视平面广告作为创意的载体。下面看两个平面媒体的创意广告。不过如果要用了平面广告，要尽量考虑互动的元素（可以回看三十六计中的玩互动），一定要用新媒体和网络媒体大力配合，用软文做评论辅助，这样才能形成合力。

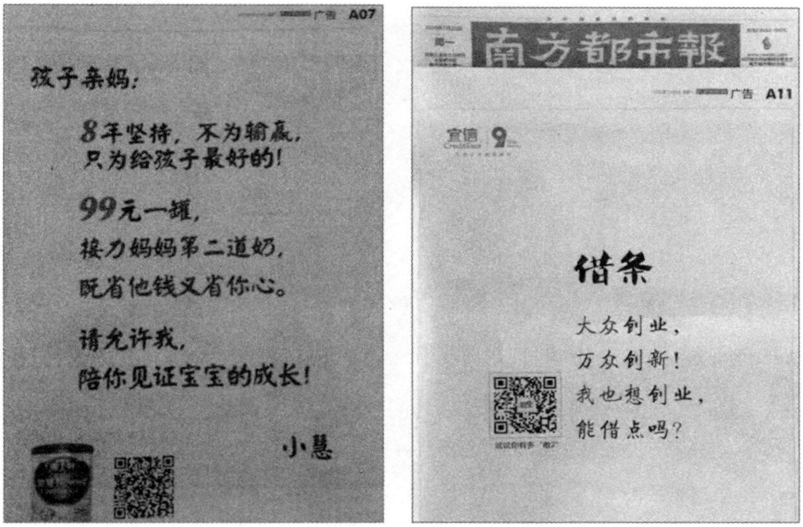

《南方都市报》的文字硬广，很有创意

6.9　户外广告

户外广告的创意如果当地工商、城管部门能够审批通过，是创意营销实现的最佳载体。户外广告无论是高速路边，还是城市街头，乃至地铁车站，因为在众目睽睽之下，曝光度还是比其他媒体强。

国外的户外异型创意广告

谷歌的透明户外广告

国外户外立体广告

总之，笔者建议，因户外广告费用比较高，所以要么不做，如果要做，必须有创意，否则就是浪费营销费用。

6.10　其他载体

比如墙体广告、3D 广告、沙画广告、桌签广告、电梯广告、超市液晶屏广告等各种场景下的不同形式和不同材质表现形式的广告位，都可以用来承载创意营销的创意。甚至连产品的包装、名片都能承载营销的创意。

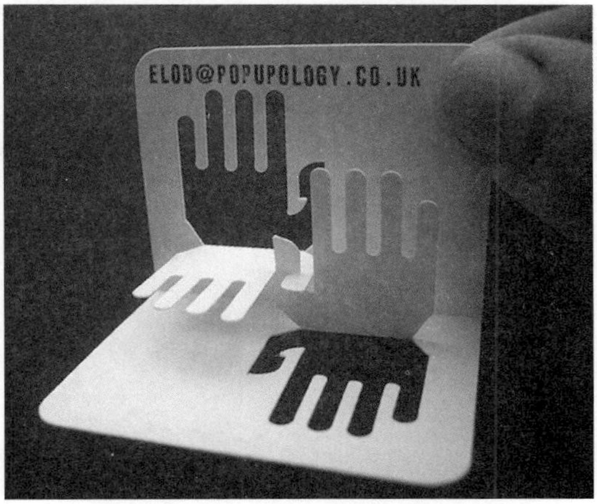

国外的创意名片

地面立体画

雕塑式创意广告

其实，创意的载体只是一种传播介质。笔者认为，网络营销创意的高手应该天马行空地想，更应该结合企业的资金预算和产品特点，综合传播渠道确定载体，这样才能脚踏实地地做好营销。

如果给你足够的预算，一定遵照营销大师所忠告的两个核心词“简单、重复”去操作，只要传播到位，创意已经不重要了。正是因为不同的创意和不同的推广方式，需要花费不同的费用，才有了我们研究网络营销创意三十六计的必要。

这或许也就是我们要分析载体的重要原因吧。

第 7 章

创意营销的风险

创意营销需要颠覆性的思维创新方式，我们经常会说“意料之外、情理之中”，就是这个道理。在本书第 5 章中，我们分析了创意营销的误区，其实风险和误区有交叉之处，我们单独再拿出来做一个章节，目的就是为了引起大家足够的重视。

创意无边界，执行方案要有边界。创意营销出来了，真正要落地了，就必须评估这种风险。

7.1 法律风险

首先是法律风险。

作为人类文明和社会进步的象征，法律已经渗透到社会生活的每一个角落。我们日常生活和经济生产活动都在无形中受到法律的约束。所以企业的各类营销活动也要在合法的范围之内，一旦触及法律的底线，就必然会承担相应的法律责任。

营销关系到企业经营的成败，卓有成效的创意营销可以促进企业的发展，直接带动一个企业的业绩。但是对于企业而言，营销法律风险的破坏性仅次于投资风险。营销的法律风险如果得不到重视或者不能及时规避、化解，在企业经营活动中可能就会带来一系列的麻烦。

河南省一家房地产企业为博眼球，曾经上演过半空中狂撒10万元人民币的疯狂一幕。该房企为了扩大自身影响，硬是把“天女散花”变成了“天女撒钱”，面额1元至100元的人民币纷纷扬扬地从广场楼上抛撒而出，瞬间就遭到市民的疯抢。由于当天风太大，很多纸币都被大风卷入空中，四处飘散。撒钱影响的人群很快扩展开，引来了大批市民聚集，造成了当地交通的严重堵塞，交警不得不赶来维持秩序。在这次的争抢人民币大战中，还有市民受伤。

从这家房企的角度看，“撒钱营销”这种营销形式达到了他们想要的现场火爆结果，大批市民聚集，获得了关注度，但是他们完全没有估计到在这种无秩序的争抢中，市民可能受伤，甚至发生严重的踩踏事件，对生命安全造成重大威胁。其次交通堵塞瘫痪也会影响正常的交通秩序，发生危险。

此外，还要指出，为了几块钱、几十块钱在寒风中争抢的人群，显然也不是这家地产企业的潜在客户。更重要的是，按照银行法和《人民币管理条例》等国家法律法规的相关规定，任何居民和单位都有爱护人民币的责任和义务，所以这种“撒钱营销”引诱众人哄抢，已经涉嫌违反国家金融法规，属于违法行为。

据当地媒体报道，在这场闹剧中，这家公司还在网上以当地市政府、市国际茶文化节组委会、市工商联、市房产管理中心等国家机关名义发邀请给相关人员，以此来提高自己的知名度。然而该市工商联一负责人证实，该房企根本不是其会员，可能是自己的名义被盗用了。

针对这一系列行为，该市房管中心专门下发了一份禁止参加该企业招商会的通知。通知中表示该房企举办的商业活动未经过相关部门批准，系违法违规的欺诈行为，该市辖区内房地产企业禁止参加该企业举办的商业活动。据当地官方证实，当地最后组织了公安、检察院、法院、房管等部门介入，对这场闹剧展开了深入调查。

其实规避创意营销的法律风险非常简单，创意营销方案制定后，找律师认真看一下，把一下关。如果有法律风险，大家充分讨论，评估最坏的承担责任的结果，再调整方案去执行。

7.2　道德和社会接受度风险

早在十余年前，思薇尔“玩美女人”创意营销案例就曾经备受批评。思薇尔早年只是台湾一个普通的内衣品牌，在大陆就更没有什么名气可言。其所属公司思薇尔南海服装有限公司也只是广东省南海市数百家台资企业之一。

该公司为了在内地市场打响知名度，推销自家女性内衣，委托上海华智地铁广告有限公司制作了印有“玩美女人”字样的灯箱广告，并在上海火车站、人民广场站、黄陂路站和徐家汇站等地铁站处发布。这一行为一时间博得不少关注，过往群众对广告上“玩美女人”字样提出很大异议，上海市有关媒体也对其进行了报道。

由于社会舆论的压力，上海华智公司隔天就对这些灯箱进行了拆除。之后上海市工商局黄浦分局还对思薇尔南海服装有限公司下达了整改意见书，要求停止发布，公开更正并处以 20 多万元的行政处罚。

思薇尔公司向法院提出撤销行政处分的请求，被法院驳回，维持原来行政处罚的判决。法院给出的判决书中这样写道：“由于广告词中玩字的多义性及玩美女人的词语搭配，极易误导地铁中的乘客产生‘玩弄美女’的不良印象，而且客观上已经产生了不良后果，明显有悖于社会主义精神文明所倡导的社会良好风尚，法院认为工商部门对此进行查处并无不当。”

虽然思薇尔公司“玩美女人”这样的字眼只是新文化的一种表现，可以解释成是对“完美女人”的另一种改写，并没有表达对女性角色和地位的不尊重。但是从普通大众角度出发，广告词中的“玩”字，极易误导观众，让人们产生“玩弄美女”的不良印象，对青少年容易有误导。

再比如，“买房送老婆”的广告不止出现过一次，百度一下，就可以看到，2008 年北京出现过，2009 年广西出现过，2012 年广东出现过，2014 年四川德阳出现过，2016 年 7 月上海地铁站内又再现“买房送老婆”的小广告。

广告吸引眼球，玩创意无可厚非，但广告用语应当清楚明白，如果违反公序良俗，使用文字游戏误导消费者，只会使消费者感觉受到欺诈，效果只会适得其反。

此外，创意营销也要考虑客户和公众的接受度以及可能带来的反应。

马航做的创意营销“遗愿清单”就是典型的一个失败案例。2014 年 3 月 8 日，马航 MH370 航班失联，机上 239 名乘客下落不明。同年 7 月 17 日，MH17 航班被击落，机上

298 人全部遇难。这两起悲剧发生之后，马航机票的预订量大幅下滑。

马航为吸引游客再次选择自家公司飞机出行，用了自黑式营销。马航公司推出了一项名为 My Ultimate Bucket List（我的终极遗愿清单）的互动营销活动。这一活动主要是鼓励参赛人员写出“你死前最想在哪个地方完成哪件事”，最终的获胜者可以赢得马航免费提供的机票。这次的营销可以说悄悄地开始，又悄悄地结束了。

对此马航给出了自己的解释，“Bucket List”这一词虽然在两国普遍应用，但是就现在这个特殊时期，出于对消费者的尊重，决定结束这一活动。其实如果正确地运用自黑营销，有时候可以做到“黑”转“粉”，但是这次马航却选错了，拿旅客的生死开玩笑，这无疑是一次失败的营销事件。马航可谓是 2014 年全球最“衰”的航企，马航品牌的重塑至今依然面临着巨大的考验。

笔者认为，“己所不欲，勿施于人”。你自己及家人都不愿意接受的创意营销传播的内容，那就不要再去做了，自“黑”除了艺术，更要讲究选题，不能把调侃、不尊重建立在伤害其他人的痛点之上。马航这个“自黑”式的创意营销，除了让人感到“不吉利”之外，又再一次戳中人们对于飞行安全的痛点，痛得太深又没有给出值得信赖的解决方案，自然受到抵制。

7.3 舆论风险

很多时候，除了直接吸引客户外，我们做创意营销还是为了传播有看点，有内容。那么能否让舆论向我们希望的方向发展呢？如果出现偏差甚至负面舆论，得不偿失，就需要评估这个风险。

链家曾经推出公益营销项目“失联儿童守护站”，却因为舆论批评不得不中途夭折。2016 年 5 月，链家将要建立“失联儿童守护站”的消息在网上引发讨论。这条消息的内容是：从 5 月 25 日起，链家全国 6000 家门店将成为中国“失联儿童守护站”，请家长告诉孩子，只要与家人走失，就去链家，那里的员工会保护孩子，帮孩子回家。链家的这条官方信息在微博上受到了多地网警的质疑。重庆网警发帖称“走失后应原地等待父母或借手机打 110”、“不要借机作秀”。还有江苏网警也发帖：“帮助寻找走失儿童，不该成为营销炒作的噱头。”

单纯从满足建立失联儿童守护站的条件来看，全国 6000 家链家的门店和广泛分布在全国的 4 万家公安派出所相比，简直微不足道，且链家作为一个社会机构根本没有警察的执法权，在守护失联儿童的过程中，会出现力不从心的状况。作为全国知名的地产企业，不可能考虑不到这其中的种种问题，所以链家的这种看似社会公益的行为实则就是一种营销手段，只是为了博眼球而已。

链家公益营销

链家的这个公益营销项目，出发点很好，但是舆论却是质疑和批评居多，后来导致舆论失控，项目夭折。如果要做好这个项目，传播方面就要有应对批评的预案。因为有争议才会有真理，才会更有传播力。

再来看看乐视“傍名人”失败的创意营销。2015 年 4 月 14 日乐视手机发布会上贾跃亭邀请到 300 余位明星为其助阵，包括羽泉、邓紫棋、黄晓明、李小璐、贾乃亮、郭德纲等超多一线明星都来到现场，盛况空前。

大家在对贾总表示祝贺的同时也纷纷对乐视发布的新手机给予赞赏。大部分明星都很支持，不过很多明星比如李小璐、羽泉等在微博帮忙转发时，都拿出了自己的 iPhone 并且全都留下了“发自 iPhone 手机”的微博提示。一下子被眼尖的网友认出，“己所不欲，勿施于人”，新媒体方面争议就出来了。建议乐视下次开发布会前，一定要检查明星好友们是不是都换了自家手机。

其实舆论风险，有些是文化习俗引起的。不同的国家有不同的文化，不同的区域有不同的风俗，违背这些自然就有引发舆论的风险。

《国际广告》杂志曾发表过一篇题为《7＋的创意，持续的激情》的文章，文章主要介绍世界顶级广告公司——李奥贝纳全球广告评审会的评选标准、操作规程及创意管理。该文章中还介绍了上海李奥贝纳广告有限公司广州分公司为立邦漆制作的一个名为《龙篇》的创意作品。

该作品的画面上有一个中国古典式的亭子，亭子的两根立柱各盘着一条龙，左立柱色彩黯淡，但龙紧紧攀附在柱子上；右立柱色彩光鲜，龙却跌落到地上。文章还配文解释道是因为涂抹了立邦漆，龙就滑了下来，旨在突出立邦漆的特点。

据了解，李奥贝纳全球有 200 个分支机构。所有的机构都会在每个季度甄选出约 1200 件创意作品送到美国芝加哥全球创意作品评审委员会参加 GPC 评选。其中立邦漆《龙篇》也是参赛作品，该广告创意在该评选中获得了 8.3 分的高分。

然而大多数网友认为龙作为中华民族的图腾，被如此戏谑，从民族情感的角度是无法接受的。加之立邦漆的生产企业有日资的背景，更加速催化了中国人的民族情绪，认为这是一次利用广告来进行“辱华”的严重事件。

立邦漆《龙篇》

中华广告网还就此事在网上做过投票调查，在被调查的 1053 人中，36.18%认为“创意应尊重民族文化”，38.27%认为“忽略了广告和文化之间的联系”，2.66%认为“创意人员缺乏历史知识”，另有 22.89%则认为“创意不涉及侮辱民族文化”。在中国人的思想中，龙一直是神圣而不可侵犯的，所以在营销过程中，类似这样的文化禁忌是绝对不能随便拿来戏谑的。

虽然该广告公司和《国际广告》杂志后来为此次事件所带来的不良影响而公开道歉，但是这个失败的创意却永远记录在了企业营销的史册上。值得提出的是，随着当前中日国际关系的变化，随时有可能出现在抵制日货风潮下，“旧账新账”一起算。

在这方面，赵薇应该感触更深。从《还珠格格》里活泼灵动的小燕子，到《情深深雨蒙蒙》中的苦情姑娘，再到《致青春》中的导演一把手，40 岁的赵薇事业如日中天。2016 年 7 月，赵薇有点烦，个人品牌形象降到冰点。

事情的起因是赵薇在刚杀青的影片《没有别的爱》里启用了“问题”演员戴立忍和水原希子，一个被曝具有“台独”背景，不但力挺“反课纲”和“太阳花运动”，另一个则被发现曾辱华、还曾参拜过靖国神社。网友们纷纷谴责赵薇“没有政治立场”、“赚钱没下限”，并自发抵制其影片。

特别是网友们又扒出了赵薇“军旗事件”之后（2001 年夏天，赵薇在美国曼哈顿为《时装》杂志拍摄春夏服装的宣传照片时肩披了一块“日本军旗”方巾），让舆论几乎呈现一边倒的态势，尽管赵薇自己也有 8000 万粉丝，也有一些大 V 力挺，可惜依然承受不了网友的持续“猜想”能力，被质疑用资本控制舆论，被质疑和国外势力有关，甚至与南方的洪水、国际政治关系都有瓜葛，最主要的原因就是十余年前的“军旗事件”网友给的定性。

如果在创意营销策划的过程中，涉及敏感的民族情结、民族的文化习惯、文化传统或者宗教信仰时，一定要充分考虑细节，考虑任何一种表达和传播内容所带来的舆论风险。

此外，舆论的风险还不完全止于代言人和社会接受度，来自业内专业人士和同行的思考角度和发声行为同样不可忽视。

2016 年 6 月底，汽车圈发生了两件闹得沸沸扬扬的创意营销事件。一是“迈腾包机”：6 月 20 日，一汽-大众豪气万千地包下了一架波音 787-9 客机，邀请了约百位媒体记者，在北京飞赴厦门的途中，举行了一场全新迈腾的“空中发布会”。二是“网红直播”：6 月 21 日，东风风光为了给其首款 SUV——风光 580 上市造势，请来了一百名“网红”。

一汽-大众迈腾的空中媒体见面会见不到新车，现场也没有公布新迈腾的配置参数，看到的画面除了专机还是专机。“迈腾包机”被部分人士深挖“迈腾断轴”事件，被批评“包机”抢了新车的风头，“包机”玩法太土豪，代言人周杰伦不符合迈腾品牌形象。甚至有网友提出在飞机上大众高管化身机长介绍新车更是被质疑违反航空器管理规定。

东风风光号称有 500 万人观看了直播，大多数观众恐怕看到的都是那 100 张长得如出一辙的“网红”脸，这些“主播”的“网红”们，99%的时间都是把镜头对着自己，留给车和发布会的镜头寥寥无几。风光 580 的百名网红直播，被部分媒体批评为不恰当的营销，尽管网红们带来了传播量，但是从长远角度来讲，东风小康的品牌形象与网红不符。甚至有网友调侃现场尽是“大白腿”，抢了新车的风头，是“东莞经济的转型”。

从传统眼光来看，新车上市，最值得传播的内容无非两个方面：一个是新车的外形，二是配置、参数和价格。然而在这两个发布会上这些都没有得到充分展示。

尽管汽车圈对这两场发布会褒贬不一，但两家车企却乐此不疲。一汽-大众认为，波音 787-9 客机在高端科技、商务定位等方面与全新一代迈腾完全契合，传递给消费者的信息也是准确的。东风风光 580 定价在 7～10 万元之间，瞄准的将是三四线城市及农村市场，而他们邀请来的这些“网红”多为各类淘宝店模特，代言的产品定位也较低，两者的目标受众确实非常接近。

笔者认为，两家车企做的创意营销，敢于实践，值得点赞。不过对于舆论风险基本没有评估，以为把“媒体”搞定就可以了，以为一旦能成为新闻热点，品牌传播的效果就能达到了。殊不知，在执行过程中，自媒体人、同行、业界专家很多都没有被这个事件本身牵着鼻子走，而是有自己的独立思考能力，也有表达的诉求，最终造成了舆论没有引导和控制，负面信息反而多于正面信息。

7.4 效用风险

简单地说，就是做了没有效果。这个风险其实比较复杂。创意本身执行问题，传播渠道整合问题，突发事件处理、销售转化流程等，都会影响到网络营销创意的效果。

下面以广告植入和代言人为例进行简单分析。

在中国的电影和电视剧中，广告的强行植入可谓司空见惯，无处不在。故事情节与广告产品间生硬地连接在一起，让本就零散的故事情节变得更加松散，总会让观众产生一种广告里插播电影、电视剧的错觉。这方面，2011 年上映的《杜拉拉升职记》就成为了典型。

这部号称国内首部职场时尚电影，吸引了众多广告商的加盟，全片广告的植入速率几乎做到了三分钟一个小广告，五分钟一个大广告，从上到下，从吃到穿，无一不广告。植入品牌从马自达 6 到联想笔记本，从 Lotto 的运动服到屈臣氏，应有尽有。有网友评论：“如果徐静蕾的这部电影有广告删减版的话，我们真不知道还能看几分钟。”

我们在这里不讨论电影到底应该怎么拍，因为本身有些导演就是玩票的，票房高，赚到就可以了，也许继续转型拍电影，也许就此收手转型其他。我们从企业营销的角度来看，对于产品和品牌来讲，植入影视环节，是一个不错的创意方式。如果电影能够取得成功，多少都会沾光。不过必须指出，如果对影视和电视剧的内容、演员、推广都不能深入了解的情况下，还是要慎重。如果一部影片有几十个品牌植入，要么做最强的老大，要么不做。否则基本上起不到作用，还会被影视剧本身以及大品牌吸掉传播力，除非你自己的团队有相当的话题制造和传播能力。

在这方面，选择代言人要考虑效果风险也是一样的道理。如果代言人代言的品牌比较多，代言的种类又比较杂，不管是多大的明星，也不管是多么厉害的网红，所带来的品牌价值和产品销量都会非常有限。如果代言人不够配合，或者代言人的潜力不够，或者代言人的形象与品牌内涵不符合，创意营销也就只能等着引导话题了，最终的效果只能听天由命。

七匹狼创业至今始终坚持创立自主品牌，创建积极向上的价值观和具有七匹狼特质的品牌文化。“男人不只一面”，一直是七匹狼的品牌口号。但是 2003 年和 2005 年，两次失败的赞助皇马的营销事件，让七匹狼成为业界的谈资笑料。

2003 年七匹狼耗费 400 万元一举成为皇马中国行唯一指定服装赞助品牌，当时有杂志这样报道：“对于七匹狼来说，赞助皇马无疑有利于启动七匹狼更加广阔的市场，塑造七匹狼的国际形象。七匹狼不仅志在中国，也胸怀国际，既需要每个队员的精明强干，又需要整个团队的合作精神，足球的精神与七匹狼相信自己、相信伙伴的文化理念不谋而合，而名震五洲的皇家群星的强者象征与七匹狼的男性杰出的精神代言，两者相得益彰。”但是似乎是缺乏长远的营销理念，七匹狼把这次难得的合作机会当成了一锤子买卖，结果大家自然能猜到。

2005 年，七匹狼仍以服装赞助商身份出现在皇马的第二次中国行上，然而，七匹狼并没有吸取第一次的惨痛教训，又一次拿钱打了水漂。七匹狼出资 300 万与高德公司签订协议，邀请皇马全队在北京昆仑饭店出席产品新闻发布会。然而发布会开始两小时仍不见皇马现身，主办方只好对外宣布发布会取消，七匹狼既丢了颜面，经济上又损失惨重。而就在同一天，吉列公司有形象代言人贝克汉姆为其站台，奥迪中国邀请到了罗纳尔多与菲戈，第二天阿迪达斯也成功邀请到了贝克汉姆和劳尔。有人曾这样评价七匹狼这次赞助：“300 万可以赞助中超或 CBA 一年的时间，七匹狼一个星期就花完了，却什么也没得到。”

无独有偶，同样的事情也发生在 TCL 的身上。2005 年，经过与法国汤姆逊结盟一年来的整合，TCL 在全球家电业取得了举足轻重的地位，海外销售量占去年总销量的一半。为了更加扩大自身品牌在全球范围内的品牌影响力，树立国际化形象，TCL 决定在世界杯期间掷重金进行品牌营销战略。2006 年 TCL 邀请了当年德国世界杯夺冠热门巴西队的主力前卫罗纳尔·迪尼奥作为品牌形象代言人，代言费高达 1000 万欧元，折合人民币 1.3 亿元。

然而 2006 年的世界杯巴西队早早地就止步八强，小罗的表现也不是很出色，对于品牌代言无疑会产生不利的影响。但是 TCL 在这次营销中还有更大的失策，在 TCL 与小罗签约前，小罗就已经接受了十几个产品的代言，其中包括耐克、百事可乐、联合利华这样的国际大牌企业，球星的品牌价值被严重稀释。更为根本的失误是完全没有考虑到企业产品与世界杯之间的关联性，生硬地强加联系必然不会收到好的宣传效果，而且一种彩电产品的生命周期很短，如果该产品进入衰退期，那么为其代言的明星也就失去了价值。

再来看看近期汽车行业的明星代言。

途观，是上海大众的明星产品，自上市以来一直受到消费者的青睐。2014 年汪峰代言途观，一篇《汪峰代言途观却开劳斯莱斯，大众 care 么》的文章在网上点击率非常高，只看标题就能看明白文章要表达的意思。

汪峰作为内地著名歌手，歌曲风格以自由、奔放为主题的居多，与途观的外形还算相符。但是汪峰是知名艺人，也算国内顶级富豪之列，他开途观、坐途观谁会相信呢？此外关于汪峰的负面新闻实在太多，选择代言人应该人气和美誉度都考量。汪峰代言途观之后的网友评价，请大家点开新浪微博，直接搜索一下就可以了，因为每一屏都有爆粗口的文字，笔者在这里就不做截图了。

尽管途观选择汪峰代言值得讨论，毕竟途观的销量还是过得去的。相比小沈阳代言酷熊、成龙代言开迪，途观代言还是划算得多。而途安的代言人就出乎意外了，途安主打 MPV 市场，重点针对二胎家庭。大众途安打着一家“和睦家庭”主题，并邀请文章、马伊琍来担当代言人，可惜“文章出轨”事件，让和睦家庭气氛大打折扣。

（扫码延伸阅读：吐槽那些坑了车商的明星代言人）

所以笔者认为，研究网络营销创意三十六计非常有必要，不一定非要选择代言人，即使选择也应该从长线角度来考量，不能只靠一时的人气。

网络营销创意，更要评估效用风险。换句话说，就是要考虑一下如果做不成功，付出的代价是不是在承受范围之内。因为，没有 100%的成功，主观的事情我们可以尽力掌控，客观的事情很多只能做到相对掌控或者只能顺其自然。

必须要提出的是，评估网络营销创意风险，并不意味着保守。做企业不能束手束脚，做网络营销更是要注重创意的力量。偶尔的犯错不可怕，可怕的是不评估风险大小，可怕的是不去思考和总结，不去采取相应的预防措施，盲目实践。

第 8 章

十大行业创意营销案例

8.1 农业："状元蟹"改名一举成功

农产品近年来滞销的报道屡见报端，农产品的创意营销长期以来一直是个短板。毕竟，农业领域从业者相对 IT 领域和其他行业年轻人的比例还是比较低的。不过随着褚橙、潘苹果、三只松鼠的声名鹊起，农产品的创意营销似乎打开了一个新局面。

下面介绍阳澄湖大闸蟹的"状元蟹"创意，比较有参考和借鉴价值。

由于阳澄湖大闸蟹市场的火爆，越来越多的水产养殖户投入到阳澄湖大闸蟹的养殖中，市场竞争日趋激烈。同时由于电商的火爆，不断有人尝试通过电商渠道销售大闸蟹。竞争激烈加上市场饱和，使得大闸蟹价格涨幅下降，大部分阳澄湖大闸蟹卖到消费者手上的终端价格并没有涨多少，只有一些用来送礼的大规格蟹才有稍大的涨幅。

实际上，大闸蟹这样的产品有其特殊性，通过网络渠道售卖看起来省力，但需要的投入也很大，人力、场地、经费、押金等，还会碰到竞争对手恶意刷单、恶意降价。

所以，许多有实力的蟹农选择坚持实体店经销加上营销自己的个人品牌的方式提升销量。

俞三男就是其中营销个人品牌做得很好的案例，成功地将自己营销为大闸蟹行业的知名品牌。俞三男算得上是养蟹非常兢兢业业的农人，产业小有规模，在当地小有名气，但远远算不上名声在外。其大闸蟹品牌本来叫作“金澄牌”，寓意金色的阳澄湖。但是，阳澄湖作为品牌，只是地域上的说明，没有独特的品牌内涵。

为了营销自己的个人品牌，加上自己曾经获得过阳澄湖大闸蟹协会的“养蟹状元”证书，俞三男将自己养殖的螃蟹品牌改为“俞三男状元蟹”，这样，俞三男的大闸蟹品牌就具有了其个人特质，而且这种特质还是具备“状元”属性的。这一改品牌的创意，让大闸蟹有了文化价值，一下子就从众多的大闸蟹品牌中跳出来了。

品牌改名后，俞三男围绕“状元”二字开始进行创意营销。首先是抓住阳澄湖大闸蟹盛产期的 9 月，高考状元开始进京，各大高校均在比较自己抢到多少高考状元，高考状元成为全社会的热门话题。于是，俞三男对外宣传要连续三年开“状元宴”，每年状元宴的经费是 10 万元，邀请媒体参加，品评螃蟹，同时一同采访清华北大的几十名高考状元，这一营销手段很快就为俞三男带来了大量媒体曝光。因为话题与高考状元相关，使俞三男“养蟹状元”的称号声名鹊起、轰动京城。

2014 年，俞三男状元蟹的网络销售额翻了三倍以上，超过了一千万。据俞三男对媒体透露，其网络销售额只是总销售额的零头。

“状元宴”和“养蟹状元”的营销还让俞三男大大提升了在大闸蟹行业的话语权。此后，无论大闸蟹行业有大事小情，媒体都会在采访中加入俞三男的观点和判断，持续提升了媒体的曝光度，也提升了个人品牌在行业中的分量。

8.2　汽车行业：最擅长整合的宝马创意营销

微信火了之后，如何利用微信营销是很多企业都在思考和实践的问题。大多数企业要么是用微信群发，要么是用微信朋友圈晒产品，或者是用公众号圈粉丝。宝马不仅财大气粗，更是创意十足，利用微信玩起了大手笔的营销。

2015 年 1 月 25 日，微信朋友圈的首推广告之一就是宝马，引发了关于“微信朋友圈广告你收到的为什么不是宝马？”的调侃，宝马是三家广告商中最大的赢家。

2015 年 12 月 10 日，宝马借助朋友圈视频广告“小视频+长视频+H5”的组合广告模式，再度成为创意营销的赢家。当天宝马在朋友圈发布了“贪吃蛇”广告，堪称此类玩法的一次创新尝试。

宝马的这次创意目标比较清楚，要树立在小排量市场上的品牌优势。因为随着国家推出“小排量汽车购置税减半政策”，宝马顺势推广旗下小排量车型，希望通过极富创意的广告形式展示其小排量车型的卓越性能，进而在这一细分市场树立品牌核心优势。

一直以来，小排量汽车因为制动差、提速慢等性能缺陷而被贴上了“小气”的标签。宝马希望借助创新的广告形式，颠覆大众对于宝马小排量车型的固有认知，最大程度地传递宝马“小排量，大乐趣”这一品牌优势。

考虑到视频的冲击力和故事表现方面的优势，宝马首推《贪吃蛇》视频广告，依托微信的强社交关系链，在引发用户互动与讨论的同时，有效传递小排量汽车的卓越性能优势。

除了视频《贪吃蛇》有创意之外，宝马的整合能力也超强。宝马在朋友圈这次尝试了“小视频+长视频+H5”的组合，利用不同的广告形式步步深入。

动感小视频制造悬念，吸引用户注意。

趣味长视频完整呈现创意，引发用户兴趣。

互动 H5 深化品牌价值。

最值得借鉴的是宝马的这个组合，可以直接引流到宝马官方微信，为下一步的销售转化打下了坚实的基础。

来看一下宝马这一次创意营销的战果：

- 1.3 亿朋友圈总曝光
- 14%小视频总点击率
- 近 2 亿视频播放量
- 106 万的点赞&评论

正如宝马中国市场部经理唐少辉介绍：“从 2015 年开始，宝马一直和微信广告保持着密切合作，从之前的图文广告到这次的视频广告，我们都有幸成为第一批吃螃蟹的人。朋友圈视频广告这一极富创意的营销传播形式，帮助我们向目标受众传递了新产品‘小排量，大乐趣’的品牌精髓，同时也响应了国家节能减排的号召，拉动了用户转化。今后，我们也希望持续成为朋友圈新玩法的首发合作者。”

8.3 互联网：谷歌创意营销“请给我爸爸放一天假”

互联网行业的营销创意一向是最丰富的，而且与传统行业动辄明星代言、大片广告、4A 公关等“大手笔”不同的是，互联网行业非常擅于用非常低的成本做出能够打动人的营销事件。众所周知，互联网公司表面看起来高大上，实际上是最容易加班、也最经常需要加班的行业。

2014 年谷歌曾经用一封小女孩儿的信和一封公司回信玩了一把创意营销。

小女孩儿的信件内容是这样的：

“亲爱的谷歌，你可以在我爸爸上班的时候，给他放一天假吗？比如让他在周三休息一天。因为我爸爸每周只能在周六休息一天。凯蒂。PS：那天是爸爸的生日。再 PS：这是暑假。”

而谷歌方面，小姑娘父亲的上司回复也很简单：

“亲爱的凯蒂，感谢你的来信和你提出的要求。你的父亲在工作上一直很努力，他为谷歌和全世界千千万万人设计出了很多漂亮的、令人欣喜的东西。鉴于他的生日已快到来，以及我们也意识到了暑期休假的重要性，我们决定让他在 7 月的第一周休假一个星期。祝好！丹尼尔·席普蓝克夫。”

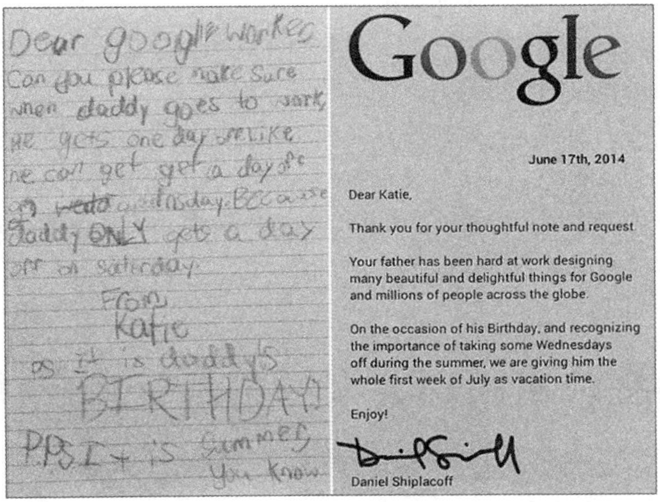

Dear google workes
Can you please make sure
when daddy goes to work
he gets one day off like
he can get get a day off
on wednsday. Because
daddy ONLY gets a day
off on saturday.
From
Katie
ps it is daddy's
BIRTHDAY!
P.P.S It is summer
you know.

Google

June 17th, 2014

Dear Katie,

Thank you for your thoughtful note and request.

Your father has been hard at work designing many beautiful and delightful things for Google and millions of people across the globe.

On the occasion of his Birthday, and recognizing the importance of taking some Wednesdays off during the summer, we are giving him the whole first week of July as vacation time.

Enjoy!

Daniel Shiplacoff

谷歌的回复

就是这么简单的一个故事，却在全球范围内获得了广泛关注和媒体报道，并且在美国的 Facebook、Twitter 和我们中国的微博等社交网站上也被大量转载。一篇报道在美国一家流量较高的网站上浏览量有 80 多万次，消息发布不久后谷歌搜索到的相关信息就超过 7500 万条。

谷歌搜索到的相关信息

小女孩儿为了让爸爸过生日给爸爸请假，简直就是个美好的童话故事，非常容易戳中观众的内心。相信这个案例的发端一定是一个真实的事件，但谷歌的营销团队敏锐地抓住了这个营销卖点，将消息和信件透露给媒体，通过媒体报道引发公众关注、转发、参与讨论。

不过由于小女孩儿的纯洁形象，人们并不会过多地向营销层面思考，而是对故事传递的童贞童趣和谷歌的大度开放给予了重点关注。

创意营销一定要来自生活的灵感，在谷歌的这一案例中，虽然小女孩儿用的是小蜡笔，但丝毫不比众多广告公司、公关公司的力量弱小。并且，在这一营销案例中，谷歌并没有营销任何产品，而是在营销谷歌的公司形象和价值观。

这个案例中最直接的体现就是小女孩儿的信件，首先用的是蜡笔，然后字体非常富有童趣，并且还用了两个 PS，对小女孩儿犹豫不决和踌躇满志的心理表现得很恰当，非常容易引发共鸣。创意营销需要以小见大。此外，无论通过什么样的传播套路，娱乐、搞笑、写实，都应该对观众有消费和传播的价值。

8.4 房地产：不再高大上，成都儿童广告画成明星

如果说 2014 年谷歌的小女孩儿信件的创意营销堪称经典之作，那么 2016 年成都一家地产商借鉴了这种思路，搞的一次儿童作品成为明星广告的创意就更值得点赞了。

成都，府青立交，成都交通流量很大的路口，这个位置的户外广告展示效果好，价格自然贵，不过因为地理位置优越，一直是各大商家必争之地。2016 年 2 月初，这块“宝地”被一幅幼稚的儿童画霸占了。

府青立交儿童画

这幅画不仅笔触幼稚，构图还非常不合理，但却占据了整版价值不菲的广告位（实则是在开发商引导之下），朋友圈、微博、论坛里一时之间纷纷出现了各种刷屏吐槽。不过看多了千篇一律的“高大上”广告，这个画面倒是一抹清新，让人眼前一亮。

接下来就开始讲述这样一个故事：永立星城都的策划团队在业主群里发现了一个 5 岁的小朋友 YOYO（化名），把他称为是永立星城都未来的小业主。他喜欢用画笔记录生活，有次幼儿园让小朋友们画“长大后”，YOYO 用丰富的想象力和天真的笔触描绘了自己即将上小学的场景。妈妈将他的画发到业主群和家长们分享，永立星城都的策划团队在征得家长同意后，就有了儿童画的户外广告。

讲这个故事的同时，永立星城都的营销团队没闲着，趁着户外广告牌的幼稚风，把最萌的 DM 单带到了幼儿园。这看似是一个简单的 DM 单，然而系上绳子就变成了非常可爱的面具，萌萌的画风立即引起了孩子们的疯抢，萌娃们都带上这样的面具嬉戏，原来广告也可以这么好玩。

为什么这么做创意营销呢？因为这个楼盘的卖点就是学区房！最萌广告的成功之处就在于无论从广告切入点“儿童画”，还是从后期的线下配合、线上媒体选择，都紧扣项目当前最大卖点——“石室学位房”，并针对幼儿园、小学等客群的媒体接触习惯，进行精准宣传。

这个创意营销案例不是太大的投入，有噱头，有区域性话题，能落地，值得借鉴。如果把传播做好，只要房子品质不太差，是一定能够见到喜人的销量的。

8.5 交通运输：情感、卖萌、自黑你喜欢哪一个？三家航空公司的创意营销

交通运输领域里，航空公司拥有更强大的经济实力，更能生产出较好的营销案例。

2015 年，一条名为《梦想，从心出发》的微视频刷爆朋友圈。

该片改编自一个真实的故事，一群新疆地区的小男孩儿为了追寻足球梦想，想要参加一场比赛，但由于经济条件不允许，无法承担路费。

一个小男孩儿给南航领导写了一封信，得到了南航的支持，得以资助乘坐飞机去参加比赛，虽然比赛结局依然以失败告终，但是追寻梦想的希望得以延续。该片堪称当年最煽情微视频，是过去寻求品牌传播新创意的有益尝试。

该片由南航投资拍摄，投资额度超过 200 万元，聘请了金马奖导演执导。片中主角是一群新疆和田市墨玉县喀瓦克乡的小学生，他们从小光着脚在沙地中练习足球，在老师的鼓励下一直憧憬着走出家乡，到外面去比赛。

机会终于来临，却没有路费，在对航空公司的求助下，南航被感动，决定出资支持他们，不仅提供了往返机票，还提供了不少足球装备。最终，这群孩子终于能够来到大城市乌鲁木齐与当地小学生进行友谊赛。

在传播中，南航也雇用了大量微信大号进行转发，标题多走标题党路线。“看哭了”、“今年最感动”等标题引发大量点击，而视频本身的内容又在纯真中唤起观众的情感共鸣，7 小时播放量超过 10 万次。

抛弃商业化，将好的故事讲述出来，弱化品牌形象，这样的尝试突破了众多大型国企“高大上”、“又红又专”的路线，带来了非常好的传播效果。

相比这种感人路线，卖萌则是另一种选择，荷兰皇家航空也拍摄了一支广告片，讲述

的是一只机场工作犬帮助乘客找回丢失的行李的故事。

视频拍摄的故事中，荷兰皇家航空公司的空姐捡到了乘客丢失的物品。于是，故事的主角，一只荷兰皇家航空公司的工作犬穿着工作制服登场。小狗明显经过精挑细选，不仅可爱，而且淡定沉着，它寻着气味很快就在机场找到尚未离开的失主，将失物奉还。

人们对这只小狗都很惊奇，纷纷合影拍照，其中小狗与儿童的组合画面更击中人心。航空公司官方账号在 YouTube 上上传了该视频，点击量已经达到数千万次，甚至导致小狗的犬种比格犬价格一路飙升。

小狗送回失物广告

被称为广告教父的大卫·奥格威曾经提出过广告的“3B 原则”，即美女（Beauty）、动物（Beast）、婴儿（Baby），以这三种形象作为广告的表现手段能够吸引更多消费者的关注和青睐。

除了讲故事和卖萌以外，自黑也成为越来越流行的营销方式。从娱乐圈的杨幂自黑营销自己脚臭以后，各路明星都开始自黑，航空公司也有这样的案例。

精神航空（Spirit Airlines）是美国的廉价航空公司，该公司经营有方，被称为最会赚钱的航空公司，但由于其廉价的特性，被投诉服务不好也是家常便饭。为此，精神航空推出了一条“自黑”广告。嫌弃服务不好，那就来骂一骂，而且还不白骂，吐槽还会赠送里程。甚至广告上就直接写着：“航空公司一团糟，但至少精神航空愿意承认。”但是，参与的条件可不仅仅是骂精神航空，不论骂哪家航空公司都能够得到里程兑换。这样，把竞争对手也一起拉下水，而且，在众多吐槽中，消费者可以看到，不仅精神航空服务糟糕，其他航空公司也“差不多嘛”！不仅让消费者有了宣泄的出口，还有了公开对比的效果，让众多竞争对手措手不及。

精神航空广告：骂我就送里程

8.6 餐饮业：吃客不死，创意不息

餐饮业，实力有大有小，做创意营销的团队有大有小，这个行业的竞争是最惨烈也是创意营销诞生最多和最容易落地的行业。

双十一，电商大战是例行的看点和发生的事实。不过 2015 年的双 11，北京几个社区的看点竟然转移到了线下。双 11 当天一大早，北京的潮牌火锅 Hi 辣店门外就拉起了“双 11 老公补血套餐”、“老婆网购老公补血”的横幅，这是百度糯米“补血套餐”上线后的首次落地尝试，店员们更是在营业前先来了一场誓师大会，光是这浩大的声势就让人感到气血振奋。

店中更是处处洋溢补血气氛，店内“血槽”标志十分醒目，老婆酣战血拼，老公们也能在火锅边战斗回血。旁边还有装扮成英雄联盟游戏中补血角色的萌妹子出现，手拿“血瓶”（鲜榨西瓜汁）站在旁边，为广大“失血群众”全程回血。

据了解，其实“补血团单”是百度糯米在双 11 时期联动一些精品餐饮商户推出的团购活动，除了 Hi 辣火锅，还有老城一锅、东来顺等诸多知名火锅品牌一起都加入这次活动中。

不过 Hi 辣道更会玩，迅速把线下的营销整合起来配合百度糯米玩线上，除了各种菜品和套餐全面配合外，还配合百度糯米请了美女演员出任英雄联盟里的风女和琴女两个回血角色，为广大食客服务。结果不用说，Hi 辣道赚到了足够的人气和眼球。

雷人的补血横幅

萌妹给你补血

说完了线上发起的餐饮创意营销案例，再说一下从线下回到线上的餐饮创意营销案例。

一家位于拉斯维加斯的餐厅在遭遇打劫后，用监控录像资料制作了一个视频，配上了轻松的音乐和幽默的字幕，一下子就让这个悲惨的遭遇变得轻松有趣了起来。

这个有趣的视频当天就登上了 Reddit 论坛的主页，几小时内在 YouTube 上就突破了一百万的浏览次数。视频页面下最多的评论是：看了之后真的饿了想吃卷饼。如果说第一个案例是天上掉馅饼，那这个老板就是活生生自己画了一张馅饼，将借势营销运用得炉火纯青。

最后再看几个脑洞大开的创意促销方式。

浙江慈溪餐饮竞争很激烈，2015 年曾经有餐厅推出“穿 15cm 以上高跟鞋打 3 折”的创意促销活动。“只要高跟鞋够高，就可以在这家餐厅吃到天荒地老，鞋跟 4～6cm 享 7.5 折，7～9cm 享 6.5 折，10～15cm 享 5.5 折，15cm 以上享 3 折。”短短几天时间，这条微信的阅读量就超过了六万次。

据媒体报道，活动期间在这家餐厅门口看到不少顾客排队等候，绝大多数都是看了微信的这条内容，找了爱穿高跟鞋的朋友过来的。另据该店负责人介绍，“虽然开店有一阵子了，但是很多顾客并不知道我们这家店。活动推出后，前来消费的顾客里有 95%是首次光顾本店，活动反响确实不错。”谈起活动的效果，店主还是很满意的，“我们前两天每天排位子都要排到 40 多桌，打电话预订的也很多。”

除了根据高跟鞋的高度打折，还有更牛的促销。有餐厅提出“比胖瘦”，通过微信推出了“带个胖纸，就打折”活动，活动称：“男子体重达到 226 斤、女子体重达到 156 斤即可享受 4 折优惠；男子体重达到 246 斤以上、女子体重达到 166 斤以上即可享受一折优惠。”据了解，活动期间日均接客量达到了 2000 多人。

除了比胖瘦，还有比头发长短的。有餐厅打出过“长发妹子专享福利，吃饭打折”的优惠活动，其中最大的折扣是集齐四个不同头发长度的长发妹子就可以免单。

以上都是花样创意的促销，实施起来只要客观简单，做好事前事后的传播，还是很容易落地的。有点儿技术含量的餐饮创意是主题餐厅，平日里看似与美食无关的事物，随着“另类”主题餐厅的出现，似乎也有了更多趣味。在吉林长春，主题餐厅这种形式就颇受商家的欢迎和食客的认可。

2016 年 7 月，据媒体报道，长春一家主打“土匪”主题的餐厅，新鲜的揽客方式颇为受用。餐厅设计以电影《智取威虎山》中场景为蓝本，不仅装修酷似山寨，还陈列着“老虎椅”、“弹药箱”等物品，食客甚至可以穿上土匪装拍照留念。

当然，餐饮行业最根本的还是餐厅的环境、菜品、口味、卫生，其次才是文化。只要这些搞得有基础，就可以大玩创意营销了。

8.7　家电业：小狗电器玩空白广告

家电行业近年来的竞争也可以用惨烈来形容。传统家电企业战火已经不小，新兴的乐视、小米等的加入，更是让这把火烧得旺盛。可喜的是，家电行业的创意营销已经越来越经典。

除了效仿为自己代言的大佬们，用个人品牌来带动企业品牌，或魅力或情怀，总能占据着传播的热点。比如董明珠凭借其鲜明的个性一直站在舆论的风口浪尖上，一直亲力亲为，为“格力，爱上中国造”站台。2015 年底携刘强东在央视黄金时段广告“合体”，身体力行的创意自然不同凡响。

看到董明珠把格力空调搞得红红火火，志高老板李兴浩终于按捺不住，从退居二线高调宣布复出，重掌营销大权。在接连与苏宁、国美签下大单之后，李兴浩更是喊出了明年进空调行业前三的口号。其实，这些大佬亲自站台的原因和目的各不相同，但一切为了营销的目的毋庸置疑。

除了老板亲自站台秀创意的台词、秀创意的管理、秀创意的情怀，不少家电企业继续请明星助阵。从 2014 年底成龙“助拳”志高，2014 年 8 月范冰冰“天仙下凡”康佳，再到 2015 年 7 月“神雕侠侣”黄晓明夫妇为华帝站台，2016 年田亮代言金帝厨房，整个家电圈子近年来也没少过明星大腕们的身影。

但是真正把明星代言玩出创新思路的，非长虹莫属。2015 年 9 月，长虹宣布明星邓超加盟长虹，并出任长虹 CHiQ 产品经理一职，开创了聘用明星做企业高管的先河。有人说长虹此举是规避新广告法，也有人说邓超在长虹只是担任虚职，其根本还是一名品牌代言人。

“邓超任长虹产品经理”事件，引发了媒体和公众对邓超及这一事件空前的关注，尤其是争议，由此日后的公关事件也将会是这一套路，因为对邓超的关注从而带动长虹品牌的宣传。

但不管怎么说，长虹的新套路实现了其营销推广的目的，这就是成功，这就是家电行业最有创意、最有含金量的案例。

“这是娱乐精神与传统制造业史无前例的一次碰撞。”这是有些媒体对此事件的评价。

这样的传播事实上最大限度地挖掘了品牌代言人的价值。

[毒创新] 邓超+二次元,长虹能否借此搞定8090后?
百度百家 2015年12月18日 14:00
长虹的一个奇葩动作是请明星邓超做产品经理,甚至搞了一个"小咖大梦"的视频系列,很二次元,搞了一大堆眼花缭乱的活动。 一个拷问:邓超+二次元,能否破解传统电视...
2条相同新闻 - 百度快照

邓超加入长虹属实并非简单代言
太平洋女性网 2015年12月26日 00:32
邓超加入长虹属实,根据长虹集团的官方微博信息,娱乐圈火热的邓超最近加盟了长虹集团,最令人惊讶的是登场不只是代言人,更是有了深层的合作,而且出任的职位令人大跌...
10条相同新闻 - 百度快照

邓超任职长虹 明星代言模式突变
凤凰网 2015年10月17日 10:00
明星为某品牌做代言司空见惯,但从代言人变成经理人却并不多见。日前,长虹集团打破常规。影视明星邓超已经正式加盟长虹,出任长虹CHiQ产品经理一职,参与CHiQ产品的...
3条相同新闻 - 百度快照

长虹回应邓超加盟:他懂市场
网易财经 2015年09月23日 03:37
长虹公司企划部部长刘海中表示:"邓超的加入,是长虹在转型上的一次突破。此次邓超加盟将担任长虹产品经理一职,与长虹正在招聘的总经理职务并不重合。长虹对邓超的...
60条相同新闻 - 百度快照

邓超"跑"进长虹任产品经理 花瓶还是救命稻草
新浪财经 2015年09月22日 01:00
"跑"进长虹任产品经理邓超当花瓶还是救命稻草? ◎每经记者黄丽 邓超加盟长虹一事终于尘埃落定。昨日(9月21日),长虹集团官方微博公开宣布,邓超正式加盟长虹,并出...
79条相同新闻 - 百度快照

长虹案例

家电行业除了玩代言人之外，创意营销方面体现最多的还是火热的影视节目的植入。

海尔旗下的卡萨帝借浙江卫视的金牌烹饪栏目《十二道锋味》，利用“主厨”香港明星谢霆锋的超高人气，很好地将厨电产品融入了节目的每个环节。苏宁赞助《奔跑吧兄弟》，在明星大腕的调侃中，赢得曝光率。

如果一定要再找出一个家电行业非常值得点赞的创意营销案例，那就应该算小狗电器。因为小狗电器的实力与上述家电巨头相比，不在一个层面上。但是单从创意营销的角度来讲，小狗电器并不逊色。

“6.18”是电商最为重要的年中大促，仅次于“双 11”。对于商家而言，“价格战”早已升级为“营销战”。

2016 年 6 月 3 日，北京、上海、广州、深圳等城市的地铁、户外大屏、院线及楼宇，有组空白广告只在左上角有“小狗电器”及“京东家电”的 Logo，除此之外没有任何文案或解释。

小狗电器空白广告

小狗电器的“空白广告”，有业内人士表示，此次小狗电器剑走偏锋的空白广告可谓一箭三雕。

首先，如此有创意的广告形式成功地吸引了用户的关注引起争议，并由线下事件快速发酵，转向网络扩散，形成热点。

其次，户外广告的视觉冲击力是其他形式的广告无法比拟的，硕大的白底色上只呈现出两个 Logo 元素，会让看到的用户牢牢记住“小狗电器”和“京东家电”的 Logo，进而形成记忆碎片。

而更深刻的一层隐喻是，作为中国高端吸尘器品牌，一张“白纸”巧妙地传递了小狗电器的品牌追求——为用户带来更干净的生活环境，试问还有什么比一张白纸看上去更干净呢？

8.8　家居行业：TATA 木门玩爽世界杯

笔者认真盘点了 2015 年和 2016 年上半年的家居行业创意营销案例，尽管有玩情感之作，有玩公益之作，有讲故事的高手，但是都不如 TATA 木门 2014 年利用世界杯推出的创意营销更经典。在这个案例中，本书所讲的借东风、傍名人、玩暧昧、讲故事、玩互动等都有所体现，认真思考和总结，能够受到很多启发。

2014 的夏季，因为四年一遇的“世界杯”到来，让全世界都变得狂热起来。各大商家趁机搭车世界杯的营销盛宴，把品牌内涵和卖点与世界杯真正相融合的创意营销屈指可数。

TATA 木门首次打出“没有静音门，怎么看世界杯”的广告语和传播点，不兜圈子，直接把产品带入。

要知道，2014 年的世界杯是“史上最大时差世界杯”。国内球迷，想要看球只能深夜悄悄爬起，为了不吵醒妻儿，必须鬼鬼祟祟像做贼一样。看球也要尽量调低音量，看到精彩处想要喊出来，也只能强忍憋回去！

TATA 木门广告

TATA 木门瞄准了世界杯期间广大球迷及其家庭的特殊需求，巧妙结合自己产品“静音”的巨大优势，打出“没有静音门，怎么看世界杯”的宣传标语，并且自制幽默短片《没有静音门，怎么看世界杯》投放网络，一经投放，便迅速引起广泛关注，先后有 260 多万网友参与话题讨论。

创意营销见到效果后，TATA 木门乘胜追击，请来了著名足球评论员张路担任“世界杯静音大使”，呼吁广大球迷“文明看球”，而且还携手张路在新浪微博@张路评球上开通了一档专业的评球栏目《TATA 木门/张路说球看门道》，共有六期经典评球节目，引来无数球迷叫好不断，先后有近 255 万多网友参与转发评论。

世界杯期间，除了博得球迷的好感，球迷的家属也不放过。TATA 木门玩了一把暧昧，拍摄了一部搞笑 Flash 动画，起的标题很有看点，《不喊出来算什么高潮》。趣解世界杯，幽默有趣的动画形象和夸张的情节展现国内球迷深夜看球的尴尬，但却直戳球迷痛点，让人在捧腹大笑的同时感同身受。上传网络后，点击数量迅速突破 48 万。

TATA 趣解世界杯

玩创意搞笑视频取得成功后，TATA 木门再度出手，继续拍了一部搞笑视频，《为了世界杯，我和老婆拼了》，塑造出了三个因看世界杯而饱受折磨的屌丝男形象，直指痛处，说到每一个深夜看球的人心里，并引发网友持续关注并纷纷留言表示：“我家里老婆也这样！”这部视频引来 60 多万名网友围观。

最后一个视频“终极大招来袭”，讲述了男主人公运用 TATA 的静音技术，解决家庭矛盾。老婆屋内安适睡眠，好哥们狂欢看球，互不影响，让生活从支离破碎回归和谐美好。尽管这个视频有点硬，但是硬得有理，前三次都把用户逗笑了，后一次硬一点又有何妨？有需求的潜在客户倒宁愿看广告视频了。

TATA 木门锐意创新，成功搭车世界杯的营销案例，被新浪家居评为“2014 上半年最具创新营销案例”之一。

8.9　电商行业：走正字辈的八百方

电商行业的创意营销近两年真的看腻歪了，无论是 2013 年京东推出的“马踏飞燕”无节操海报，2014 年苏宁推出的“妈妈再打我一次”打脸广告，还是 2015 年喊话京东“老板真的强，头条何须老板娘”广告，都是打口水仗甚至无节操的互黑吸引眼球。除此以外，就是各类秒杀门，明星代言。

真正有内涵的创意是 2015 年 11 月份，新兴的医药电商平台八百方推出的一组创意海报。

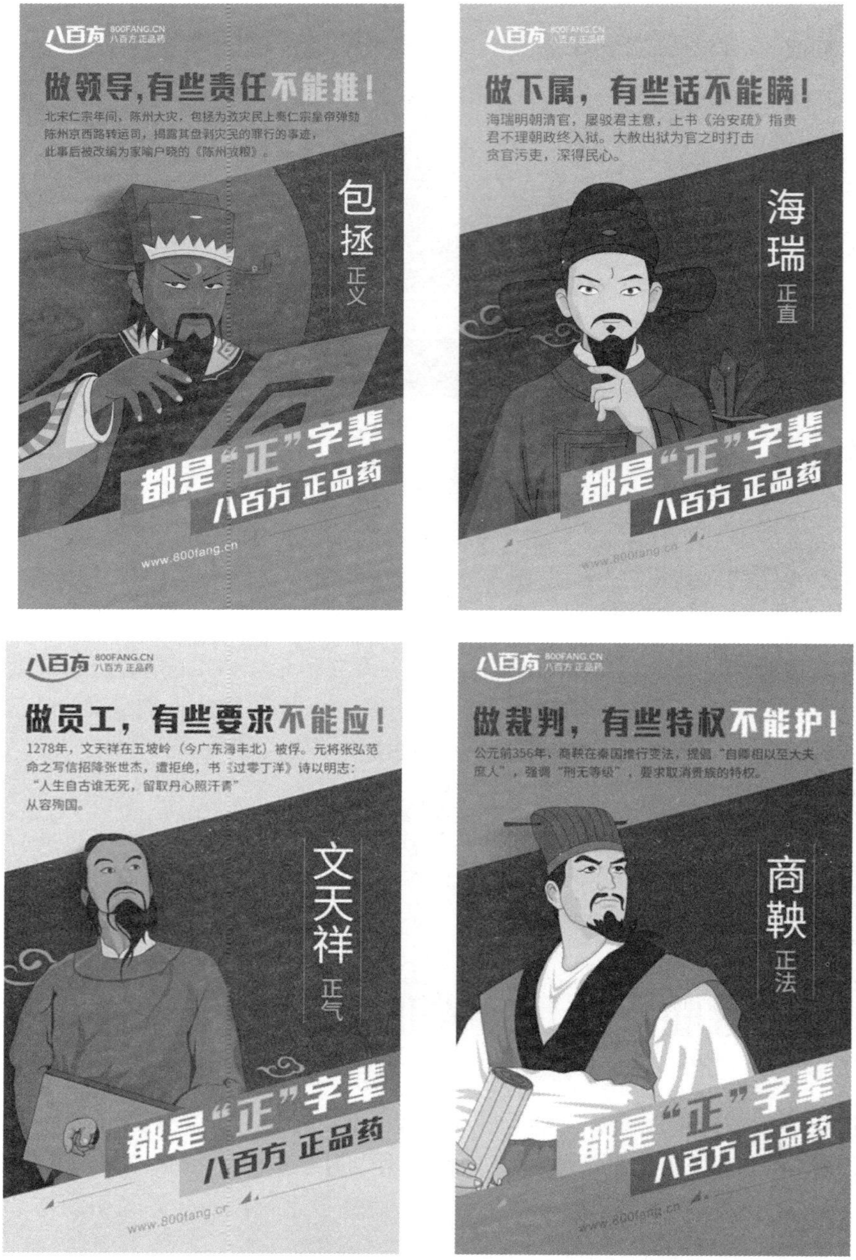
八百方 800FANG.CN 八百方 正品药
做领导，有些责任不能推！
北宋仁宗年间，陈州大灾，包拯为救灾民上奏仁宗皇帝弹劾陈州京西路转运司，揭露其盘剥灾民的罪行的事迹，此事后被改编为家喻户晓的《陈州放粮》。
包拯
正义
都是“正”字辈
八百方 正品药
www.800fang.cn
八百方 800FANG.CN 八百方 正品药
做下属，有些话不能瞒！
海瑞明朝清官，屡驳君主意，上书《治安疏》指责君不理朝政终入狱。大赦出狱为官之时打击贪官污吏，深得民心。
海瑞
正直
都是“正”字辈
八百方 正品药
www.800fang.cn
八百方 800FANG.CN 八百方 正品药
做员工，有些要求不能应！
1278年，文天祥在五坡岭（今广东海丰北）被俘。元将张弘范命之写信招降张世杰，遭拒绝，书《过零丁洋》诗以明志：“人生自古谁无死，留取丹心照汗青”从容殉国。
文天祥
正气
都是“正”字辈
八百方 正品药
www.800fang.cn
八百方 800FANG.CN 八百方 正品药
做裁判，有些特权不能护！
公元前356年，商鞅在秦国推行变法，提倡“自卿相以至大夫庶人”，强调“刑无等级”，要求取消贵族的特权。
商鞅
正法
都是“正”字辈
八百方 正品药
www.800fang.cn

八百方创意海报

八百方 800FANG.CN 八百方 正品药
做老师，有些言行不能偏！
在《论语•子路》中，孔子提出："其身正，不令而行；
其身不正，虽令不从"强调了言传身教的榜样作用。
孔子
正身
都是"正"字辈
八百方 正品药
www.800fang.cn
八百方 800FANG.CN 八百方 正品药
做妻子，有些范儿不能丢！
明太祖马皇后多次劝阻了朱元璋的任意决杀，成为丈夫的贤内助。
据《明史》记载：后仁慈有智鉴，好书史。尝语太祖，
定天下以不杀人为本，太祖善之。
马皇后
正室
都是"正"字辈
八百方 正品药
www.800fang.cn
八百方 800FANG.CN 八百方 正品药
做男人，有些念头不能动！
元末明初陶宗仪《南村辍耕录•不乱附妄》记载：夫柳下
惠夜宿郭门，有女子来同宿。恐其冻死，坐之于怀，
至晚不乱。
柳下惠
正派
都是"正"字辈
八百方 正品药
www.800fang.cn
八百方 800FANG.CN 八百方 正品药
做女人，有些权利不能让。
1907年，秋瑾与陈伯平等人创办《中国女报》，以提倡女权为己
任，求男女平等。她说"女学不兴，种族不强；女权不振，
国势必弱"，"女子必当有学问，求自立，不
当事事仰给男子"。
秋瑾
正等
都是"正"字辈
八百方 正品药
www.800fang.cn

八百方创意海报

八百方创意海报

这一组海报，正如八百方营销团队所讲，相比其他医药电商的促销大战，八百方选择以“正字辈”的角度入手，通过代表正义的包拯、代表正直的海瑞、代表正派的柳下惠、代表正气的文天祥等历史人物，引出代表“正品药”的八百方，用国人最熟悉的历史典故，融会贯通引出医药电商的经营原则。不干仗，不谩骂，看似平淡地讲述历史故事，实际上力求赢得用户信任，正是《孙子兵法》中所谓“攻城为下，攻心为上”。

这一个“正字辈”创意，也与医药电商平台讲究诚信、注重信任度的内涵相吻合。笔者认为，这个与电商行业涌现的口水仗、低俗营销相比，“逆思维”的创意和落地实践值得点赞。如果推出的时间能嫁接一个热点事件就能一炮而红，当时的推广和传播尽管创意不错，传播的渠道和传播量还远远不够。比如，如果嫁接到南方抗洪上，如果嫁接到电商大战口水仗正酣的“鸡鸭大战”上，都会关注度和传播力倍增。

8.10　零售行业：黑色星期五停业一天

黑色星期五（感恩节第二天）在美国人民的心中是个极为重要的购物狂欢节，有点类似阿里首创的“双 11”。每年的这一天，和国内的双 11 一样，是大品牌和商家集中促销和“拼杀”的时间。

REI 是全球最大的户外用品连锁零售组织，网站在线陈列超过 40000 种商品，线下最大直营分店面积超过 10000 平方米。2016 年的黑色星期五前夕，户外用品零售品牌 REI 宣布：黑色星期五停业一天！

这也就意味着选择在一年中最忙的购物日，将旗下 143 家门店暂停营业，让自己的 12000 名员工全部外出玩耍。放着生意不做的 REI 究竟是为哪般？

如此牛气冲天的户外帝国做出这样视金钱如粪土的决定，顷刻便让社交媒体炸开了锅，“REI#黑色星期五，我们不见”在 24 小时引起 27 亿的公众讨论，社交媒体报道飙升到 7000%！

黑色星期五不开业对于 REI 来讲绝对不是土豪的有钱任性，而是一场蓄谋已久的营销大战。在黑色星期五不开业频频被新媒体和传统媒体曝光之际，REI 顺势抛出了作为一家户外零售商的终极追求：“选择户外，不管上山还是下海，这个黑色星期五穿着我们家的户外装备，我们一起出去浪吧！”。

黑色星期五停业一天

REI 自己解释，作为运动品牌的 REI 觉得美国人民的购物热情逐年升高，已经近乎癫狂的状态，人们应该回归理性，将业余生活放在亲近自然与户外休闲上面。所以，REI 不仅鼓励自己的员工多多参加户外运动，也呼吁其他商家加入其中。

反其道而行的创意，理性的呼吁，冠冕堂皇的情怀，在事件结束很长时间都引起各大媒体的关注和讨论，在社交媒体上也引发了大众进一步的思考。

REI 显然是黑色星期五中杀出来的怪兽，怪得有理，怪得让人佩服。当大部分商家在赤裸裸地玩价格战的时候，REI 已成功地向目标人群传达该去玩户外了，而这种理念正是其品牌价值观。这个创意拿下了 2016 年戛纳促销类全场大奖。

笔者认为，“双 11”也是模仿的国外黑色星期五造出来的电商节，之后“6.18”、“双 12”又陆续被造出来，相信迟早也会有商家在国内第一个站出来对“双 11”说“NO！”我们期待在国内有更好的创意营销案例诞生。

创意等于零

——如果没有落地和传播，就别折腾了

经过几个月的努力，这本《网络营销创意三十六计》终于完成了。回过头来认真地梳理了一下参考过的资料，结合我服务企业营销的经验和感受，突然倒吸了一口凉气。

这个世界不缺创意。这句话乍一看好像似乎和我写这本书之初的雄心壮志有很大矛盾，但却是我们写完这本书的真心感受。

从两个方面来讲：

其一是落地。

我见到过特别有创意的老板和策划，点子来得非常快，甚至今天一个新产品，明天一个新项目，可是你问他上一次谈到的产品或者项目进展如何了，立马就没了下文。

创意可以改变商业模式，创意可以诞生一个新产品，创意可以改变生活，这一切都需要落地。需要脚踏实地地去尝试，需要承担精神压力和经济压力，需要战胜自我，有些时候甚至需要战胜舆论。

其二是传播。

传播就离不开传播渠道，自然就会涉及传播费用。

创意决胜营销的案例确实有很多，可是再好的创意如果没有传播，同样等于零！

举个简单的例子，恒源祥打的电视广告，“恒源祥，北京奥运会赞助商，鼠鼠鼠，牛牛牛”，一直数完十二生肖才算完事儿，被电视观众投诉恶俗，被业内同行炮轰。可最终结果呢？恒源祥大卖！

因此有人又开始把这个“最没有创意的广告”评价为“最有创意的广告”！胜者王侯败者寇。当然，这也符合一位国际广告大师讲过的最有效的广告原则：“简单、重复！”。

进入新媒体时代，自媒体和社群营销似乎让中小微企业看到了点儿希望。笔者也承认，机会确实比以前多了。无论是媒介传播渠道的分散化和小众化，还是网红的兴起，有背后的传播规律，也有新的变化。

当笔者回想起见到过的企业媒介采购，委托第三方用资金去采购自媒体软文和硬广后，尽管笔者对于投放的内容和创意并不是完全认同，然而事实呢？很多次都能证明，资本还是有力量的。

这也正是很多企业、很多土豪老板不太重视创意的真正原因！

值得欣慰的是，我们梳理的案例包括我们参与过的企业网络营销案例，也有一些“四两拨千斤”、“小成本大产出”的经典案例。

换句话说，如果你的企业银子足够，舍得花钱，再加上重视创意就会让你的营销效果几倍、几十倍、上百倍地增长。如果你的企业没有银子，那就只有一条路，研究创意吧！尽管很苦，也不一定能够最终取得商业上的多大成就。但是只要希望在，梦犹在，一切皆有可能！

最后，再提醒一下大家，不存在十全十美的创意，如同不存在彻头彻尾的成功。网络营销无定式，创意营销三十六计不要孤立开来，在思考中实践，在实践中思考吧！

徐茂权

2017 年 4 月于北京